Papier / Krönke

Grundkurs Öffentliches Recht 2

Hans-Jürgen Papier/Christoph Krönke

Grundkurs Öffentliches Recht 2

Grundrechte

3. Auflage

C.F. Müller
CFM

Professor em. Dr. Dres. h.c. Hans-Jürgen Papier ist entpflichteter Universitätsprofessor an der Ludwig-Maximilians-Universität München. Bis zu seiner Emeritierung im Jahr 2011 war er dort Inhaber des Lehrstuhls für Öffentliches Recht, insbesondere deutsches und bayerisches Staats- und Verwaltungsrecht sowie Öffentliches Sozialrecht. Prof. Papier war von 1998 bis 2010 Richter des Bundesverfassungsgerichts, zunächst dessen Vizepräsident, ab 2002 dann Präsident.

Dr. Christoph Krönke war von 2009 bis 2012 wissenschaftlicher Mitarbeiter und Doktorand von Prof. Papier am Institut für Politik und Öffentliches Recht an der Ludwig-Maximilians-Universität München. Im Juli 2013 wurde er mit einer Arbeit zum Thema „Die Verfahrensautonomie der Mitgliedstaaten der Europäischen Union" promoviert. Seit April 2015 ist er wissenschaftlicher Mitarbeiter, seit 2017 Akademischer Rat a. Z. und Habilitand am Lehrstuhl für Öffentliches Recht, Wirtschaftsverwaltungsrecht, Umwelt- und Sozialrecht (Prof. Dr. Martin Burgi).

Bibliografische Information der Deutschen Nationalbibliothek

Die Deutsche Nationalbibliothek verzeichnet diese Publikation in der Deutschen Nationalbibliografie; detaillierte bibliografische Daten sind im Internet über <http://dnb.d-nb.de> abrufbar.

ISBN 978-3-8114-5866-6

E-Mail: kundenservice@cfmueller.de

Telefon: +49 89 2183 7923
Telefax: +49 89 2183 7620

www.cfmueller.de
www.cfmueller-campus.de

Satz: Gottemeyer, Rot
Druck: CPI Clausen & Bosse, Leck

Vorwort

Die ersten beiden Auflagen unseres „Grundkurses Öffentliches Recht" wurden ausweislich der anhaltend positiven Rückmeldungen gerade aus dem Kreise der Studierenden durchweg wohlwollend aufgenommen. Sehr gerne legen wir daher nun die zweite Aktualisierung und Überarbeitung des Grundrechte-Bandes vor, die uns in Anbetracht der seit Erscheinen der zweiten Auflage im Frühjahr 2015 ergangenen Rechtsprechung des Bundesverfassungsgerichts geboten erscheint. Über die Aktualisierung hinaus haben wir auch einige inhaltliche Änderungen und Ergänzungen vorgenommen. Zwei Beispielsfälle sind hinzugekommen: Zum einen erschien es uns sinnvoll, nicht nur Lösungsvorschläge zu Fällen klassischer Grundrechtseingriffe zu unterbreiten, sondern im neuen Beispielsfall 2 auch faktisch-mittelbare Beeinträchtigungen didaktisch aufzuarbeiten. Zum anderen wird im neuen Beispielsfall 4 die Problematik der Untersagung religiöser Bekundungen aufgegriffen, die eine besonders klausurrelevante Konstellation zur Religionsfreiheit bildet. Inhaltliche Änderungen haben wir vor allem mit Blick auf Art. 3 Abs. 1 GG vorgenommen, da sich die Rechtsprechung des Bundesverfassungsgerichts in den vergangenen Jahren insoweit deutlich gewandelt hat.

Insgesamt haben wir freilich darauf geachtet, die Ausführungen weiterhin sehr schlank zu halten, um den Studierenden in den Anfangssemestern, aber auch den Examenskandidaten klare Linien in dem bisweilen bestehenden „Dickicht" von Grundrechtsdogmatik und -rechtsprechung aufzuzeigen. Vor diesem Hintergrund erklärt sich insbesondere auch, weshalb sich in unserem Grundkurs – wie schon in den ersten beiden Auflagen – keine gesonderten Darstellungen zur Privatschulfreiheit (Art. 7 GG), zum Verbot des Entzugs der Staatsangehörigkeit und der Auslieferung (Art. 16 GG) sowie zum Petitionsrecht (Art. 17 GG) finden. Unbeschadet der praktischen Bedeutung jener Grundrechte spielen diese in der juristischen Ausbildung kaum eine Rolle. Abgesehen von einzelnen Hinweisen auf jene Bestimmungen haben wir daher auf umfassendere Darstellungen verzichtet, um dem Leitsatz der Studienbücher des Verlages („Jura auf den Punkt gebracht") weiterhin treu zu bleiben.

Bedanken dürfen wir uns zunächst bei Frau Ass. jur. Isabel Jost für die sorgsame Aufbereitung des Rechtsprechungsmaterials sowie bei Frau Lisa Hagen für die kritische Durchsicht des Fußnotenapparats. Darüber hinaus profitieren wir stets auch von dem Feedback und den Anmerkungen aufmerksamer Leser, denen an dieser Stelle ebenfalls Dank gebührt.

München, im Februar 2018

Hans-Jürgen Papier
Christoph Krönke

Vorwort zur ersten Auflage

Der auf zwei Teilbände angelegte „Grundkurs Öffentliches Recht" geht auf die vorlesungsbegleitenden Materialien zu der gleichnamigen, auf je zwei Semester verteilten Lehrveranstaltung zurück, die die Autoren an der Ludwig-Maximilians-Universität München seit dem Sommersemester 2010 fortwährend angeboten beziehungsweise unterstützend begleitet haben – der Autor *Papier* als Veranstalter, der Autor *Krönke* als sein wissenschaftlicher Mitarbeiter. Der anhaltende rege Zuspruch, den die Materialien von Seiten der Studierenden erfahren haben, hat die Verfasser dazu veranlasst, den „Grundkurs Öffentliches Recht" trotz der bekanntlich bestehenden Fülle des Angebots an verfassungsrechtlichen Lehr- und Studienbüchern zu veröffentlichen. Obwohl dazu eine umfassende Neubearbeitung der Lehrmaterialien erforderlich gewesen ist, wird an deren Konzeption prinzipiell festgehalten.

Zu danken ist daher in erster Linie den Teilnehmern der Grundkurse selbst, die durch ihr Interesse an den behandelten Themen und ihre wertvollen, teils auch kritischen Anmerkungen zu den vorlesungsbegleitenden Materialien wichtige Beiträge zu deren steter Verbesserung und Überarbeitung geleistet haben. Dank gilt vor allem aber Frau Corinna Aschenbrenner, die sowohl das Ausgangsmaterial als auch das fertige Manuskript eingehend und sorgfältig durchgesehen hat.

Anregungen und Kritik sind per Email an christoph.kroenke@jura.uni-muenchen.de jederzeit willkommen.

Tutzing/München, im Januar 2012

Hans-Jürgen Papier
Christoph Krönke

Inhaltsverzeichnis

Abkürzungsverzeichnis

Die im Folgenden aufgeführten Abkürzungen sind (vor allem) im juristischen Schrifttum üblich und werden größtenteils auch im Rahmen der beiden Grundkurs-Bände gebraucht:

a.A.	andere Ansicht
AbgG	Gesetz über die Rechtsverhältnisse der Mitglieder des Deutschen Bundestages (Abgeordnetengesetz)
Abs.	Absatz
AEUV	Vertrag über die Arbeitsweise der Europäischen Union
a.F.	alte Fassung
AG	Aktiengesellschaft oder Amtsgericht
AO	Abgabenordnung
AöR	Archiv des öffentlichen Rechts
ArbG	Arbeitsgericht
ArbGG	Arbeitsgerichtsgesetz
Art.	Artikel
AtomG	Gesetz über die friedliche Verwendung der Kernenergie und den Schutz gegen ihre Gefahren (Atomgesetz)
Aufl.	Auflage
BAG	Bundesarbeitsgericht
BauGB	Baugesetzbuch
BayGO	Gemeindeordnung für den Freistaat Bayern
BayVerfGH	Bayerischer Verfassungsgerichtshof
BayVerfGHE	Amtliche Sammlung der Entscheidungen des Bayerischen Verfassungsgerichtshofs
Bd.	Band
Begr.	Begründer
BFH	Bundesfinanzhof
BGB	Bürgerliches Gesetzbuch
BGH	Bundesgerichtshof
BGHSt	Amtliche Sammlung der Entscheidungen des Bundesgerichtshofs in Strafsachen
BGHZ	Amtliche Sammlung der Entscheidungen des Bundesgerichtshofs in Zivilsachen
BSG	Bundessozialgericht
BV	Verfassung des Freistaates Bayern
BVerfG	Bundesverfassungsgericht
BVerfGE	Amtliche Sammlung der Entscheidungen des Bundesverfassungsgerichts
BVerfGG	Gesetz über das Bundesverfassungsgericht
BVerfGK	Amtliche Sammlung ausgewählter Entscheidungen der Kammern des Bundesverfassungsgerichts
BVerwG	Bundesverwaltungsgericht
BVerwGE	Amtliche Sammlung der Entscheidungen des Bundesverwaltungsgerichts
BWahlG	Bundeswahlgesetz
BWahlO	Bundeswahlordnung
ders.	derselbe
d.h.	das heißt
dies.	dieselben
DVBl.	Deutsches Verwaltungsblatt
EG	Europäische Gemeinschaft
EGBGB	Einführungsgesetz zum Bürgerlichen Gesetzbuch

EGMR	Europäischer Gerichtshof für Menschenrechte
Einl. ALR PR	Einleitung zum Allgemeinen Landrecht für die Preußischen Staaten
EMRK	Konvention zum Schutze der Menschenrechte und Grundfreiheiten (Europäische Menschenrechtskonvention)
EStG	Einkommensteuergesetz
EU	Europäische Union
EuGH	Europäischer Gerichtshof
EUV	Vertrag über die Europäische Union
EuZBLG	Gesetz über die Zusammenarbeit von Bund und Ländern in Angelegenheiten der Europäischen Union
f.	folgende Seite
ff.	folgende Seiten
FG	Finanzgericht
FGO	Finanzgerichtsordnung
Fn.	Fußnote
FS	Festschrift
GewO	Gewerbeordnung
GG	Grundgesetz
GmbH	Gesellschaft mit beschränkter Haftung
GOBRat	Geschäftsordnung des Bundesrates
GOBReg	Geschäftsordnung der Bundesregierung
GOBT	Geschäftsordnung des Bundestages
GVG	Gerichtsverfassungsgesetz
h.M.	herrschende Meinung
Hrsg.	Herausgeber
i.a.R.	in aller Regel
i.d.R.	in der Regel
i.e.	das heißt (lat. *id est*)
i.e.S.	im engeren Sinne
IGH	Internationaler Gerichtshof
IntVG	Gesetz über die Wahrnehmung der Integrationsverantwortung des Bundestages und des Bundesrates in Angelegenheiten der Europäischen Union (Integrationsverantwortungsgesetz)
i.Ü.	im Übrigen
i.V.m.	in Verbindung mit
i.w.S.	im weiteren Sinne
i.S.v.	im Sinne von
JA	Juristische Arbeitsblätter
Jura	Juristische Ausbildung
JuS	Juristische Schulung
JZ	Juristenzeitung
Kammerbeschl.	Kammerbeschluss
LAG	Landesarbeitsgericht
lat.	lateinisch
LG	Landgericht
lit.	Buchstabe (lat. *littera*)
LSG	Landessozialgericht
m.w.N.	mit weiteren Nachweisen
Neudr.	Neudruck
n.F.	neue Fassung
NJW	Neue Juristische Wochenschrift
Nr.	Nummer
NStZ	Neue Zeitschrift für Strafrecht
NVwZ	Neue Zeitschrift für Verwaltungsrecht

NVwZ-RR	Neue Zeitschrift für Verwaltungsrecht – Rechtsprechungs-Report
OLG	Oberlandesgericht
OVG	Oberverwaltungsgericht
PAG	Polizeiaufgabengesetz Bayern
PartG	Gesetz über die politischen Parteien
PUAG	Gesetz zur Regelung des Rechts der Untersuchungsausschüsse des Deutschen Bundestages
Rn.	Randnummer
RStV	Staatsvertrag für Rundfunk und Telemedien (Rundfunkstaatsvertrag)
S.	Satz (bei der Zitierung von Rechtsnormen) oder Seite(n) (bei der Zitierung von Literatur oder Entscheidungen)
SG	Sozialgericht
SGG	Sozialgerichtsgesetz
SJZ	Süddeutsche Juristenzeitung
StAG	Staatsangehörigkeitsgesetz
StGB	Strafgesetzbuch
StGH	Staatsgerichtshof
StPO	Strafprozessordnung
str.	streitig
StVG	Straßenverkehrsgesetz
StVO	Straßenverkehrsordnung
u.a.	unter anderem
UAbs.	Unterabsatz
Urt.	Urteil
u.U.	unter Umständen
v.a.	vor allem
VersammlG	Gesetz über Versammlungen und Aufzüge (Versammlungsgesetz)
VG	Verwaltungsgericht
VGH	Verwaltungsgerichtshof
vgl.	vergleiche
VwGO	Verwaltungsgerichtsordnung
VwVfG	Verwaltungsverfahrensgesetz
WahlprüfG	Wahlprüfungsgesetz
WRV	Weimarer Reichsverfassung
ZaöRV	Zeitschrift für ausländisches öffentliches Recht und Völkerrecht
z.B.	zum Beispiel
ZJS	Zeitschrift für das Juristische Studium (verfügbar unter www.zjs-online.com)
ZPO	Zivilprozessordnung

Zur Arbeit mit dem „Grundkurs Öffentliches Recht"

Die Heranführung an die Rechtswissenschaft im Allgemeinen und an das öffentliche Recht im Besonderen erfolgt in den ersten Semestern des rechtswissenschaftlichen Studiums über das **Staats- und Verfassungsrecht**, das in sämtlichen Bundesländern zu den Pflichtfächern in der ersten und zweiten juristischen Staatsprüfung gehört und den Gegenstand der beiden Bände „Grundkurs Öffentliches Recht" bildet. Im ersten Band dieses „Grundkurses" werden dabei die Grundlagen des (öffentlichen) Rechts und das Recht der Staatsorganisation behandelt, der vorliegende zweite Band beschäftigt sich mit den **Grundrechten**. 1

Die Auseinandersetzung mit dem Staats- und Verfassungsrecht, insbesondere mit den **Grundrechten**, ist zu Beginn des Studiums gleichermaßen **notwendig** – das Staats- und Verfassungsrecht bildet die Grundlage aller Rechtsgebiete, nicht nur des öffentlichen Rechts –, aber auch **anspruchsvoll**: Die Normen des Verfassungsrechts – allen voran die Grundrechtsbestimmungen – sind in hohem Maße **abstrakt gefasst** und **konkretisierungsbedürftig** und für den Anfänger daher nicht in gleichem Maße „griffig" wie etwa die Vorschriften des Bürgerlichen Gesetzbuchs (BGB) oder des Strafgesetzbuchs (StGB). Sie sind indes, wie sich vor allem aus Art. 1 Abs. 3 GG ergibt, **unmittelbar geltendes und anwendbares Recht**, und die Erfassung der **spezifisch juristischen Aspekte** der Lösung von Grundrechtsfällen fällt gerade in den Anfangssemestern schwer, zumal die Vermittlung grundlegender juristischer Arbeitsmethoden erst im Laufe jener Anfangszeit erfolgen soll und ihre Beherrschung somit nicht schon vorausgesetzt werden kann. Diese Umstände sorgen insgesamt dafür, dass dem Studienanfänger der Einstieg in das öffentliche Recht nicht selten schwerer fällt als die Beschäftigung mit dem Zivilrecht und dem Strafrecht. 2

Diesen Schwierigkeiten soll im Rahmen dieses Grundkurses in folgender Weise begegnet werden: Der „Grundkurs Öffentliches Recht" nimmt die Bezeichnung der Reihe („Start ins Rechtsgebiet") sowie den Leitsatz sämtlicher Studienbücher des Verlags („Jura auf den Punkt gebracht") beim Wort. Den Lesern soll ein **erster Zugriff auf das Rechtsgebiet der Grundrechte** verschafft und eine **Grundlage für das weitere Studium** mitgegeben werden. Daher wird eine **Überfrachtung** mit Details und Rechtsprechungsinhalten, die bei einem solchen ersten Zugriff eher abschreckend wirkt, vermieden. Weiterführende **Literatur- und Rechtsprechungshinweise** erfolgen mit Bedacht, um eine gezielte Vertiefung zu ermöglichen – letztere Hinweise im Übrigen, wenn möglich, unter Angabe des Namens, der den Entscheidungen auf der von *Axel Tschentscher* herausgegebenen, überaus hilfreichen Seite www.verfassungsrecht.ch zugewiesen worden ist. Die Darstellungen werden auf die **wesentlichen juristischen Fragen** beschränkt, wie sie von den Studenten im Rahmen der in den Anfangssemestern zu erbringenden Leistungsnachweise ernstlich verlangt werden können; auf ausschweifende allgemeine Ausführungen soll dagegen möglichst verzichtet werden, um das Augenmerk von Beginn an auf spezifisch juristische Gehalte zu lenken. Wichtige und schwierige Grundrechtsprüfungen sollen schließlich anhand von **Beispielsfällen** 3 veranschaulicht werden, bei deren Lösung auf eine klare Strukturierung der Subsumtionsschritte geachtet wird.

4 Der „Grundkurs Öffentliches Recht" richtet sich daher zunächst an **Studenten der Anfangssemester**, die sich mit den beiden Bänden in das Staats- und Verfassungsrecht der Bundesrepublik Deutschland einarbeiten möchten. Zugleich kann er aufgrund der Straffung des Stoffes und der Auswahl vor allem prüfungsrelevanter Fragen aber auch **Examenskandidaten** nahegelegt werden, die ihr vorhandenes Wissen zügig auffrischen möchten, zumal die Kenntnisse im Verfassungsrecht im Laufe des Studiums nicht erweitert, sondern allenfalls vertieft werden.

5 Schließlich sei noch eine vor allem an die Studienanfänger gerichtete Vorbemerkung erlaubt: Die Beschäftigung mit dem Staats- und Verfassungsrecht ist gewiss nicht nur notwendig und anspruchsvoll, sondern kann vor allen Dingen auch **spannend** sein. Als **Grundlage unserer Rechtsordnung** stellt das Staats- und Verfassungsrecht das rechtliche Ausgangsmaterial für die Auseinandersetzung mit zahlreichen **grundlegenden politischen, gesellschaftlichen, rechtlichen und persönlichen Fragen** der Gegenwart. Brisanz und Aktualität sind in diesem Rechtsgebiet daher garantiert.

1. Teil

Grundlagen

§ 1 Der Begriff der Grundrechte und ihre Rechtsquellen

A. Begriffliches: Grundrechte, Menschenrechte, Bürgerrechte

Die oftmals synonym verwendeten Begriffe der Menschenrechte, der Grundrechte 6
und der Bürgerrechte haben sich im Laufe der neuzeitlichen Verfassungsgeschichte herausgebildet. Möchte man Klarheit in diese bis heute nicht ganz einheitliche Terminologie bringen, so lassen sich jenen Begriffen – jedenfalls nach dem in der deutschen Staatsrechtslehre herrschenden Verständnis – folgende Bedeutungen zuordnen:[1]

Unter den **Menschenrechten** versteht man die dem Menschen von Natur aus zuste- 7
henden, also dem Staat vorausliegenden, **überpositiven** Rechte. Der Begriff der Menschenrechte ist eng mit der neuzeitlichen Naturrechtslehre verknüpft und betont die Geltung jener Rechte unabhängig von ihrer positiv-rechtlichen Gewährleistung.

Demgegenüber bezeichnet der Begriff der **Grundrechte** die verfassungsrechtlich **po-** 8
sitivierten Rechte des Individuums, die ihm Freiheit und Gleichheit gegenüber dem Staat sichern. Viele Grundrechtsgewährleistungen gehen allerdings inhaltlich auf die als überpositiv verstandenen Menschenrechte zurück, so dass sich die Gehalte von Menschenrechten und Grundrechten oftmals entsprechen.

> Der Begriff des **positiven Rechts** (von lat. *ponere* = setzen, *positum* = gesetzt) ist mehrdeutig. Im hier gemeinten Sinne wird der Ausdruck „positives Recht" als **Gegenbegriff zum Naturrecht** verwendet. So verstanden erfasst das positive Recht das durch einen bestimmten **Rechtserzeugungstatbestand** gesetzte Recht. Recht erzeugen kann dabei sowohl ein staatlicher Gesetzgeber als auch – unter besonderen Voraussetzungen – eine Gewohnheit der am Rechtsverkehr Beteiligten. Allein das (durch Vernunft, Moral oder religiöse Überzeugung begründete) „Naturrecht" soll vom „positiven Recht" in diesem Sinne nicht erfasst sein. Sofern man die Geltung naturrechtlicher Rechtssätze überhaupt anerkennt,[2] lassen sich diese dann als „überpositiv" bezeichnen, da sie unabhängig vom Vorliegen eines Rechtserzeugungstatbestands Geltung beanspruchen und das positive Recht im Konfliktfall verdrängen können. Daneben wird der Begriff des positiven Rechts auch als **Gegenbegriff zum Gewohnheitsrecht** verwendet, welches, im Gegensatz zu dem in jenem Sinne positiven Recht, nicht in einem **förmlichen Rechtsetzungsverfahren** – etwa nach Art. 76 ff. GG – gesetzt wird, sondern durch ständige Übung und Rechtsüberzeugung der von ihm betroffenen Kreise rechtsverbindliche Geltung erlangt.

Als **Bürgerrechte** versteht man schließlich individuelle Rechte gegenüber dem Staat, 9
die nicht allen Menschen, sondern nur den jeweiligen Bürgern einer staatlichen Gemeinschaft, also den Staatsbürgern, vorbehalten sind. Auch das Grundgesetz kennt

---

1 Vgl. *Kingreen/Poscher,* Grundrechte Staatsrecht II, 33. Aufl. 2017, § 2 Rn. 43 f.

2 Vgl. dazu die Erläuterung und Kritik des Rechtspositivismus *Dreier*, NJW 1986, 890 ff.

entsprechende Rechte, die nur den „Deutschen" im Sinne des Grundgesetzes (vgl. Art. 116 GG) eingeräumt sind.[3] Bisweilen werden mit dem Begriff der **(Staats-)Bürgerrechte** auch solche Rechte bezeichnet, die den Staatsbürgern Mitwirkungsbefugnisse in der staatlichen Gemeinschaft verleihen, insbesondere etwa das Wahlrecht (vgl. Art. 38 Abs. 1 S. 1 GG) und der Zugang zu öffentlichen Ämtern (vgl. Art. 33 Abs. 2 GG).[4]

B. Die Grundrechte im Sinne des Grundgesetzes

10 Von dem Begriff der Grundrechte im allgemeinen Sinne zu unterscheiden ist der grundgesetzliche Begriff der Grundrechte. **Grundrechte im Sinne des Grundgesetzes** sind die im ersten Abschnitt des Grundgesetzes (Art. 1 bis 19 GG) geregelten subjektiv-öffentlichen Rechte. Die übrigen subjektiv-öffentlichen Rechte des Grundgesetzes, die außerhalb des ersten Abschnitts geregelt sind, bezeichnet man als sog. **grundrechtsgleichen Rechte**. Auch diese Rechte sind im materiellen Sinne Grundrechte.[5]

Unter einem **subjektiv-öffentlichen Recht** versteht man die **einem Einzelnen** kraft **öffentlichen** Rechts verliehene „Rechtsmacht", von einem Träger öffentlicher Gewalt ein Tun, Dulden oder Unterlassen verlangen zu können.[6] Ein **subjektives Recht** ist demnach eine **individuelle Berechtigung**. „Subjektiv" ist ein solches Recht insofern, als es dem Einzelnen personal zugeordnet, also „sein" Recht ist. Gegenbegriff zum subjektiven Recht ist der Begriff des **objektiven Rechts**, mit dem die Gesamtheit der (in einer bestimmten Rechtsordnung) geltenden Rechtsnormen zusammengefasst wird. Das objektive Recht ist allerdings nicht als Gegensatz zum subjektiven Recht zu verstehen; vielmehr sind die subjektiven Rechte ein Ausschnitt des objektiven Rechts. **Bedeutung** hat das subjektive Recht insbesondere im Hinblick auf die (ihrerseits als Grundrecht zu qualifizierende) Rechtsweggarantie des Art. 19 Abs. 4 S. 1 GG, die dem Einzelnen den **Rechtsweg** zu den Gerichten nicht bei jeder Verletzung objektiven Rechts eröffnet, sondern nur dann, wenn er darzulegen vermag, „in *seinen* Rechten" verletzt zu sein.

11 Charakteristisch für die Grundrechte und grundrechtsgleichen Rechte des Grundgesetzes ist neben ihrem primär subjektiv-rechtlichen Gehalt vor allem ihre bereits aus Art. 20 Abs. 3 GG folgende, in **Art. 1 Abs. 3 GG** nochmals ausdrücklich bekräftigte unmittelbare Geltung. Als Verfassungsrechtsnormen entfalten die Grundrechte gegenüber jeder Form der Staatsgewalt auf allen Ebenen der Staatlichkeit eine **umfassende rechtliche Bindungswirkung**, die aufgrund der vergleichsweise hohen „formellen Geltungskraft"[7] des Grundgesetzes besonders stark ist.

---

3 Vgl. zur Grundrechtsberechtigung unten Rn. 86 ff.

4 Vgl. zu diesen grundrechtlich verbürgten Teilnahmerechten unten Rn. 49.

5 Soweit nichts anderes bestimmt ist, beziehen sich die nachfolgenden Darstellungen ausschließlich auf die Grundrechte und grundrechtsgleichen Rechte des Grundgesetzes.

6 Vgl. dazu und zum Folgenden *Sodan/Ziekow,* Grundkurs Öffentliches Recht, 7. Aufl. 2016, § 71 Rn. 1.

7 *Alexy*, VVDStRL 61 (2002), 7 (8), der die Gedanken von *Kelsen*, VVDStRL 5 (1929), 30 (53 ff.) aufgreift.

Zur **hohen formellen Geltungskraft des Grundgesetzes** tragen verschiedene Faktoren bei. Wesentlich ist dabei insbesondere die aufgrund der in Art. 79 Abs. 2 und 3 GG aufgestellten formellen und materiellen Anforderungen an verfassungsändernde Gesetze **erhöhte Bestandsfestigkeit der grundgesetzlichen Bestimmungen**; ferner der in Art. 20 Abs. 3 GG niedergelegte **Vorrang des Grundgesetzes**, mit dem die Normen des Grundgesetzes zur Rechtsquelle obersten Ranges und somit zum obersten Maßstab aller anderen Normen und sonstiger Hoheitsakte erhoben worden sind, sowie nicht zuletzt die Absicherung dieses besonderen Ranges durch ein **starkes Bundesverfassungsgericht**, welches im Rahmen seiner Zuständigkeiten (vgl. Art. 93 GG) die Einhaltung der grundgesetzlichen Vorgaben durch alle drei Staatsgewalten in vollem Umfang zu prüfen befugt ist.

Die Grundrechte des Grundgesetzes sind daher nicht bloß unverbindliche Leitlinien oder rein objektiv-rechtliche Grundsätze, sondern verfassungsmäßige Rechtsnormen und Berechtigungen, auf die sich der Einzelne grundsätzlich berufen kann, wenn der Staat gegen sie verstößt. Das zentrale verfassungsprozessuale Instrument zur Durchsetzung der Grundrechte und grundrechtsgleichen Rechte des Grundgesetzes ist dabei die **Verfassungsbeschwerde zum Bundesverfassungsgericht** gemäß Art. 93 Abs. 1 Nr. 4a GG.[8] 12

Nicht nur der Grundrechtsbegriff, sondern auch der Begriff der **Menschenrechte** findet sich im Grundgesetz. In Art. 1 Abs. 2 GG „bekennt sich" das Deutsche Volk „zu unverletzlichen und unveräußerlichen Menschenrechten als Grundlage jeder menschlichen Gemeinschaft, des Friedens und der Gerechtigkeit in der Welt". Da jene unveräußerlichen Rechte zu größten Teilen bereits in den positivierten Grundrechtsgewährleistungen des Grundgesetzes enthalten sind, erfolgt die Umsetzung des Art. 1 Abs. 2 GG in Gestalt der Grundrechte.[9] Erhebliche Bedeutung behält die Vorschrift allerdings, da sie „in Verbindung mit Art. 59 Abs. 2 GG die Grundlage für die verfassungsrechtliche Pflicht [bildet], auch bei der Anwendung der deutschen Grundrechte die **Europäische Menschenrechtskonvention** in ihrer konkreten Ausgestaltung als **Auslegungshilfe** heranzuziehen".[10] 13

C. Die Grundrechte der Landesverfassungen

Neben dem Grundgesetz enthalten auch die meisten Verfassungen der Länder grundrechtliche Gewährleistungen. Für die Grundrechte der Landesverfassungen stellt **Art. 142 GG** – insoweit als *lex specialis* zu Art. 31 GG – klar, dass diese in Kraft bleiben, sofern sie in Übereinstimmung mit den Art. 1 bis 18 GG Grundrechte gewährleisten. Dies ist dann der Fall, „wenn der Gewährleistungsbereich der jeweiligen Grundrechte und ihre Schranken einander nicht widersprechen";[11] andernfalls wird 14

8 Vgl. zu den verfahrensrechtlichen Grundlagen ausführlich unten Rn. 57 ff.

9 Vgl. *Jarass/Pieroth*, GG Kommentar, 14. Aufl. 2016, Art. 1 Rn. 27.

10 BVerfGE 111, 307 (329) – „Görgülü" (ohne Hervorhebungen im Original). Vgl. ebenso bereits BVerfGE 74, 358 (370) – „Unschuldsvermutung" sowie BVerfGE 128, 326 (366 ff.) – „Sicherungsverwahrung". Vgl. zur Europäischen Menschenrechtskonvention sogleich unten Rn. 18.

11 BVerfGE 96, 345 (365) – „Landesverfassungsgerichte".

das widersprechende Landesgrundrecht verdrängt.[12] Bei der Prüfung, ob eine Widerspruchsfreiheit im Einzelfall besteht, wird danach differenziert, ob das betreffende landesverfassungsrechtliche Grundrecht (1) **inhaltsgleiche Gewährleistungen** vorsieht oder ob es von den Grundrechtsgewährleistungen des Grundgesetzes abweicht und deren Gehalte (2) **überschreitet** oder gar (3) **unterschreitet**. Mit Blick auf (1) inhaltsgleiche Gewährleistungen ergeben sich keine verfassungsrechtlichen Bedenken, da inhaltsgleiche Grundrechte „den gleichen Gegenstand in gleichem Sinne, mit gleichem Inhalt und in gleichem Umfang" regeln.[13] Gleiches gilt nach der Rechtsprechung des Bundesverfassungsgerichts aber auch dann, wenn „die Landesgrundrechte gegenüber dem Grundgesetz einen (2) weitergehenden Schutz oder auch einen (3) geringeren Schutz verbürgen", sofern „das jeweils engere Grundrecht als Mindestgarantie zu verstehen ist und daher nicht den Normbefehl enthält, einen weitergehenden Schutz zu unterlassen".[14] Problematisch kann eine über grundgesetzliche Schutzgehalte an sich zulässigerweise hinausgehende landesgrundrechtliche Gewährleistung – also im Fall (2) – vor allem in sogenannten **mehrpoligen Grundrechtsverhältnissen**[15] werden, wenn sie nämlich gegenläufige, ihrerseits grundgesetzlich verbürgte Grundrechtspositionen einzuschränken droht. In solchen Fällen kommt es darauf an, ob sich aus der Abwägung der beteiligten Bundesgrundrechte ein Spielraum für Regelungen ergibt, in dessen Rahmen sich das aus der Abwägung der beteiligten Landesgrundrechte folgende Ergebnis bewegt – dann bleiben die Landesgrundrechte anwendbar –, oder ob das landesgrundrechtliche Abwägungsergebnis außerhalb des bundesgrundrechtlichen Regelungsspielraums liegt – dann wird das entgegenstehende Landesgrundrecht insoweit verdrängt.

Beispiel: Die Pilotengewerkschaft Cockpit e.V. erhob unter Berufung auf ihr Streikrecht nach Art. 29 Abs. 4 der Hessischen Verfassung (HV) Verfassungsbeschwerde zum Hessischen Staatsgerichtshof, nachdem ihr das Landesarbeitsgericht Ende 2015 die Durchführung eines Streiks gegen die Deutsche Lufthansa AG untersagt hatte.[16] Die Beschwerde hatte keinen Erfolg, da etwaige Grundrechtsgehalte des Art. 29 Abs. 4 HV, die über die streikbezogenen Gewährleistungen der grundgesetzlichen Koalitionsfreiheit des Art. 9 Abs. 3 GG hinausgingen, nach Ansicht des Staatsgerichtshofs jedenfalls wegen Art. 142 und Art. 31 GG verdrängt würden. Allein mit Blick auf Art. 9 Abs. 3 GG wären etwaige Mehrgewährleistungen des Art. 29 Abs. 4 HV zwar für sich unproblematisch. Allerdings habe das Landesarbeitsgericht seiner Entscheidung über die Zulässigkeit der Streikdurchführung eine Abwägung der grundgesetzlichen Koalitionsfreiheit (Art. 9 Abs. 3 GG), auf die sich Cockpit berufen konnte, mit der gegenläufigen Berufsfreiheit (Art. 12 Abs. 1 GG) und Eigentumsgarantie (Art. 14 GG) der Lufthansa als der Arbeitgeberin zugrunde gelegt, die ein bundesverfassungsrechtlich eindeutiges Ergebnis liefere. Damit bleibe kein Raum für landesgrundrechtliche Mehrgewährleistungen zugunsten der Streikpartei. Denn: „Würde Art. 29 Abs. 4 HV ein über Art. 9 Abs. 3 GG hinausgehendes Streikrecht gewährleisten, beschränkte das landesverfassungsrechtliche Grundrecht die in Art. 12 und Art. 14 GG geschützten Grundrechte der Arbeitgeber weitergehend als das bundesverfassungsrechtliche

---

12 Vgl. dazu *Dreier*, in: ders. (Hrsg.), GG Kommentar, Band 3, 2. Aufl. 2008, Art. 142 Rn. 59. Die Rechtsfolge soll sich dabei aus Art. 31 GG (und nicht aus Art. 142 GG selbst) ergeben.

13 So *Laforet*, zitiert nach Parlamentarischer Rat, Stenographischer Bericht der 6. Sitzung des Hauptausschusses vom 19. November 1948, S. 75.

14 BVerfGE 96, 345 (365) – „Landesverfassungsgerichte" (ohne Bezifferungen im Original).

15 Siehe dazu ausführlich unten Rn. 122.

16 Vgl. dazu und zum Folgenden StGH Hessen, Urt. v. 10.5.2017 – P. St. 2545.

Komplementärgrundrecht des Art. 9 Abs. 3 GG."[17] Dies stünde im Widerspruch (zwar nicht zu Art. 9 Abs. 3 GG, wohl aber) zu Art. 12 Abs. 1 und Art. 14 GG. – Die Entscheidung des Staatsgerichtshofs vermag allerdings zumindest in dieser Begründung nicht zu überzeugen.[18] Die bundesgrundrechtliche Abwägung produziert gerade keine abschließende Regelung des Streikrechts. Andernfalls hätte der Arbeitsgesetzgeber keinerlei Spielraum bei der Ausgestaltung des Streikrechts. Demgegenüber wird vom Bundesverfassungsgericht regelmäßig die Ausgestaltungsbedürftigkeit der Koalitionsfreiheit und der daraus resultierende „weite Handlungsspielraum" des Gesetzgebers zumal im Bereich des Arbeitskampfrechts betont.[19]

Als Maßstabsnormen kommen die Landesgrundrechte freilich nur vor den **Landesverfassungsgerichten** zum Zuge. Das Bundesverfassungsgericht entscheidet dagegen allein am Maßstab der Grundrechte des Grundgesetzes und prüft die Grundrechte der Landesverfassungen daher nicht. Im Übrigen setzt die Verfassungsbeschwerde zum Bundesverfassungsgericht nicht etwa voraus, dass sich der Beschwerdeführer zuvor erfolglos an das zuständige Landesverfassungsgericht gewandt hat. Bundes- und Landesverfassungsgerichtsbarkeit bestehen vielmehr unabhängig voneinander. **15**

Wenngleich den Landesgrundrechten daher prinzipiell eine **vergleichsweise geringe praktische Bedeutung** zukommt, so hat sich das Verhältnis zwischen Landesgrundrechten und Bundesrecht in der Rechtsprechung einiger Landesverfassungsgerichte dennoch als problematisch erwiesen, wenn eine Landesbehörde oder ein (Landes-) Gericht einfaches Bundesrecht anwendet. Die Landesbehörde bzw. das Gericht bleiben nämlich trotz jenes Vorrangs auch bei der Anwendung von Bundesrecht grundsätzlich an ihre Landesverfassung gebunden. In einer vieldiskutierten Entscheidung im Fall *Honecker* hatte der Verfassungsgerichtshof des Landes Berlin angenommen, dass die in jenem Fall angegriffenen Beschlüsse des Landgerichts und des Kammergerichts am Maßstab der Landesgrundrechte zu messen waren, obgleich sie auf Bundesrecht, vornehmlich auf der StPO, beruhten.[20] Dagegen hatten der Bayerische Verfassungsgerichtshof sowie der Staatsgerichtshof des Landes Hessen eine solche Kontrolle wegen des Vorrangs von Bundes- vor Landesrecht nach Art. 31 GG grundsätzlich abgelehnt und nur ausnahmsweise in Betracht gezogen.[21] Das Bundesverfassungsgericht hat eine Prüfung solcher Rechtsanwendungsakte am Maßstab der Landesgrundrechte zumindest dann als zulässig erachtet, wenn die betreffenden Landesgrundrechte mit den entsprechenden Bundesgrundrechten inhaltsgleich sind, da in einem solchen Fall die Verletzung des Landesgrundrechts gleichzeitig die Verletzung eines Bundesgrundrechts beinhalte.[22] **16**

Die Entscheidung des Bundesverfassungsgerichts beschränkte sich allerdings auf die Kontrolle der Anwendung von **Bundes*verfahrens*recht**. Die Möglichkeit einer Kontrolle der Anwendung

17 StGH Hessen, Urt. v. 10.5.2017 – P. St. 2545, Rn. 66.

18 Vgl. kritisch zu diesem Ergebnis auch das Sondervotum zu StGH Hessen, Urt. v. 10.5.2017 – P. St. 2545, sowie *Kaiser/Lindner*, DVBl. 2017, 1329 (1334 f.).

19 Vgl. etwa BVerfG NJW 2014, 1874 (1875) – „Flashmob-Streik".

20 VerfGH Berlin NJW 1993, 515 (517).

21 Vgl. etwa BayVerfGHE 39, 9 (16); StGH Hessen, Urt. v. 1.4.1981 – P. St. 928. Vgl. zu den Ausnahmen (insbesondere bei willkürlicher, „außerhalb der Rechtsordnung" stehender Gesetzesanwendung durch Landesgerichte) etwa BayVerfGH NVwZ 1994, 64.

22 BVerfGE 96, 345 (374) – „Landesverfassungsgerichte".

von *materiellem* Bundesrecht am Maßstab von Landesgrundrechten ließ das Bundesverfassungsgericht dagegen ausdrücklich offen.

D. Internationale und europäische Grund- und Menschenrechte

17 Schließlich existieren auch auf den Ebenen des Völker- und des Europarechts verschiedene Grund- und Menschenrechtskataloge. Hier ist zu unterscheiden:

18 Auf der Ebene des **Völkerrechts**, also des zwischenstaatlichen Rechts, finden sich die für die Bundesrepublik Deutschland bedeutendsten grund- bzw. menschenrechtlichen Verpflichtungen in der **Europäischen Menschenrechtskonvention (EMRK)**, einem völkerrechtlichen Vertrag, der durch Bundesgesetz in innerstaatliches Recht transformiert worden ist und damit den Rang einfachen Bundesrechts genießt. Zur Durchsetzung der in der EMRK gewährleisteten Rechte wurde der **Europäische Gerichtshof für Menschenrechte (EGMR)** mit Sitz in Straßburg geschaffen.

An der Terminologie der EMRK („*Menschenrechts*konvention") zeigt sich, dass der Begriff der **Menschenrechte** im **internationalen Recht** über den Charakter überpositiven Rechts weit hinausgeht und sich mit dem Begriff der Grundrechte weitgehend deckt.

19 Auf der Ebene des **Europäischen Unionsrechts**, also des supranationalen Rechts, gehören die sogenannten **Grundrechte des Unionsrechts** (früher: Grundrechte des Gemeinschaftsrechts) zu den allgemeinen Rechtsgrundsätzen, die den Rechtsordnungen der Mitgliedstaaten gemeinsam sind, und damit zum geltenden Unionsrecht. Diese EU-Grundrechte wurden durch den **EuGH** entwickelt und sind in der **Grundrechtecharta der Europäischen Union (GR-Charta)** kodifiziert worden. Mit Inkrafttreten des Vertrags von Lissabon ist die Grundrechtecharta gemäß Art. 6 Abs. 1 EUV verbindliches Recht geworden.

Nicht zu verwechseln sind die Unionsgrundrechte mit den unionsrechtlichen **Grundfreiheiten**, die in ihrer Anwendung zwar oftmals wie Grundrechte wirken, letztlich aber der Schaffung eines europäischen Binnenmarktes dienen, vgl. Art. 26 ff. AEUV.

Trotz förmlicher Verschiedenheit stehen das **Europäische Unionsrecht** und die **EMRK** nicht isoliert nebeneinander. Art. 6 Abs. 3 EUV erklärt die Grundrechte, wie sie in der EMRK gewährleistet sind, zum **Bestandteil der Unionsrechtsordnung**. Des Weiteren räumt Art. 6 Abs. 2 S. 1 EUV der Europäischen Union die Befugnis zum **Beitritt zur EMRK** ein und zielt damit auf eine Einbindung der Union in das Rechtsschutzsystem der EMRK ab. Dies soll dazu führen, dass die Organe der Union, einschließlich des EuGH, auch formal an Entscheidungen des EGMR zur Auslegung der EMRK gebunden sind. Den Entwurf einer entsprechenden Beitrittsübereinkunft hat der EuGH in seinem Gutachten 2/13 vom 18. Dezember 2014 allerdings für unionsrechtswidrig befunden, so dass ein EMRK-Beitritt der Union weiterhin nicht unmittelbar absehbar ist.

Literaturhinweise:

Zu A. und B. *Kingreen/Poscher*, Grundrechte Staatsrecht II, 33. Aufl. 2017, § 2 Rn. 43 ff.
Zu C. *Becker/Heckmann/Kempen/Manssen*, Öffentliches Recht in Bayern, 7. Aufl. 2017, 1. Teil Rn. 234 ff. (vertiefend zu den Grundrechten der Landesverfassungen)
Zu D. *Kingreen/Poscher*, Grundrechte Staatsrecht II, 33. Aufl. 2017, § 3 Rn. 51 ff.
Oppermann/Classen/Nettesheim, Europarecht, 7. Aufl. 2016, § 17 (zur Vertiefung)

Wichtige Rechtsprechung:

Zu C. BVerfGE 96, 345 – „Landesverfassungsgerichte"
(Verhältnis von Landesgrundrechten zu den Grundrechten des Grundgesetzes nach Maßgabe des Art. 142 GG – Verbleibender Anwendungsbereich des Art. 31 GG – Prüfung der Anwendung von einfachem Bundesrecht am Maßstab der Landesgrundrechte)

§ 2 Die Geschichte der Menschen- und Grundrechte

A. Historisch-geistesgeschichtliche Wurzeln

20 Eine einheitliche historische Wurzel der modernen Menschen- und Grundrechte lässt sich heute kaum ausmachen: Die Idee, dass dem Menschen gewisse angeborene Rechte zuzuerkennen sind, dürfte sich in der **griechischen und römischen Antike** zwar als solche nicht finden lassen; wohl aber sind bereits dort bestimmte Gedanken erkennbar, die für die Entwicklung dieser Idee durchaus von Bedeutung waren – etwa die Höherrangigkeit des Naturrechts gegenüber dem positiven Gesetz oder die Gleichheit der als gleichermaßen vernunftbegabt gedachten Menschen.[23] Einen wesentlichen geistesgeschichtlichen Beitrag zur Entwicklung der Menschenrechtsidee haben dann das **Christentum** und die christliche Naturrechtslehre mit ihrer Definition des Menschen als „Ebenbild Gottes" geleistet. Daneben sind ferner die sog. **Herrschaftsverträge des Mittelalters** zu nennen, allen voran die englische ***Magna Charta Libertatum*** aus dem Jahr 1215, mit der zwar in erster Linie ständische Privilegien des Adels und des Klerus gegenüber der Krone rechtlich verankert wurden, die aber zugleich jeden freien Mann vor willkürlichen, gegen ihn gerichteten staatlichen Maßnahmen schützte. In dieser Tradition standen später auch die ***Habeas Corpus*-Akte** (1679), welche eine gesetzliche Grundlage für die richterliche Haftprüfung im Falle von Verhaftungen durch Amtswalter der englischen Krone schaffte, sowie die **Bill of Rights** (1689), in der die Rechte des Parlaments gegenüber der Krone festgehalten wurden. Einen geistesgeschichtlichen Durchbruch erlangte die Menschenrechtsidee schließlich im 17. und 18. Jahrhundert durch die Werke der **neuzeitlichen Naturrechtslehrer und Staatsphilosophen**, etwa von *Hugo Grotius* (1583–1645), *Thomas Hobbes* (1588–1679) und *John Locke* (1632–1704), sowie durch die Vordenker der **Aufklärung**, allen voran *Immanuel Kant* (1724–1804),[24] dessen Formulierungen noch immer Anklang in der Menschenwürde-Judikatur des Bundesverfassungsgerichts finden.[25]

B. Die Positivierungen in den Rechteerklärungen Nordamerikas und Frankreichs

21 Im Jahre 1776 verabschiedete der Konvent von Virginia im Zuge der Loslösung vom Vereinigten Königreich eine Erklärung, die allen Menschen bestimmte grundlegende und unveräußerliche Rechte zuerkannte, als „basis and foundation of govern-

23 Vgl. dazu und zu den folgenden Stationen der Geschichte der Menschen- und Grundrechte *Stern*, Die Idee der Menschen- und Grundrechte, in: Merten/Papier (Hrsg.), Handbuch der Grundrechte, Band I, 2004, § 1 Rn. 5 f.

24 Vgl. ausführlich zu den wesentlichen „geistigen Schöpfern" der Menschenrechtsidee *Stern*, Idee der Menschenrechte und Positivität der Grundrechte, in: Isensee/Kirchhof (Hrsg.), Handbuch des Staatsrechts, Band IX, 3. Aufl. 2011, § 192 Rn. 11 ff.

25 Vgl. dazu unten Rn. 163, 165.

ment".[26] In dieser **Bill of Rights von Virginia** (1776) lag nichts Geringeres als die „erste gesamthafte und verfassungskräftige Positivierung von Grundrechten",[27] die zum Vorbild weiterer Rechteerklärungen in Nordamerika werden sollte – etwa für die **Declaration of Independence** aus dem selben Jahr. In Europa erfolgte eine erste Positivierung in Gestalt der französischen **Déclaration des droits de l'homme et du citoyen** (1789), die für sich jedoch – anders als die amerikanischen Dokumente – nicht den Anspruch erhob, konkrete Verfassung zu sein und einklagbare subjektive Rechte zu gewähren, sondern überverfassungsmäßige Grundsätze aufzustellen, die erst vom Verfassungsgeber umzusetzen waren.[28]

C. Spätere Positivierung in Deutschland

In Deutschland tauchten „Grundrechte" erst im Verfassungstext der **Frankfurter** 22 **Paulskirchenversammlung** in den Jahren 1848/1849 auf. Sie kamen jedoch aufgrund der Niederschlagung der „deutschen Revolution" und der folgenden Reaktionsära nicht zur Geltung. Die übrigen vereinzelten grundrechtsähnlichen Gewährleistungen in Deutschland – etwa in der **Verfassung Bayerns von 1818** – blieben hinter den Grundrechten nach heutigem Verständnis zurück: Sie wurden lediglich als vom Staat eingeräumte, nicht naturgegebene Bürgerrechte betrachtet, denen kaum rechtliche Verbindlichkeit zukam: Ihnen entgegenstehendes einfaches Recht war nicht nichtig, sie selbst waren durch einfaches Gesetzesrecht abänderbar und konnten gerichtlich nicht durchgesetzt werden.[29]

D. Die Grundrechte der Weimarer Reichsverfassung

Die **Weimarer Reichsverfassung** (1919) enthielt demgegenüber einen umfassenden 23 Katalog von Grundrechten, von denen viele – entgegen mancher Behauptung – unmittelbar und nicht nur als bloße „Programmsätze" oder „Leitlinien" für den Gesetzgeber gelten sollten. Allerdings war auch ihre rechtliche Wirkung begrenzt, da zahlreiche (vor allem klassische) Grundrechtsbestimmungen mit „Gesetzesvorbehalten"[30] versehen und der Beschränkung der Grundrechte durch den einfachen Gesetzgeber – an-

26 Zitiert nach *Stern*, Die Idee der Menschen- und Grundrechte, in: Merten/Papier (Hrsg.), Handbuch der Grundrechte, Band I, 2004, § 1 Rn. 25.

27 *Kingreen/Poscher*, Grundrechte Staatsrecht II, 33. Aufl. 2017, § 2 Rn. 20.

28 Vgl. *Kriele*, Zur Geschichte der Menschen- und Grundrechte, in: FS Scupin, 1973, S. 187 (191): „Die Amerikaner hatten ‚bloß' Grundrechte, Frankreich aber schenkte der Welt die Menschenrechte." Vgl. dazu ausführlich *Stern*, Die Idee der Menschen- und Grundrechte, in: Merten/Papier (Hrsg.), Handbuch der Grundrechte, Band I, 2004, § 1 Rn. 29.

29 Vgl. *Kingreen/Poscher*, Grundrechte Staatsrecht II, 33. Aufl. 2017, § 2 Rn. 30.

30 Vgl. zum Gesetzesvorbehalt und anderen Beschränkungsmöglichkeiten („Schranken") ausführlich unten Rn. 141 ff.

ders als heute[31] – zumindest anfangs kaum Grenzen gesetzt waren.[32] Auch war kein mit der heutigen Verfassungsbeschwerde vergleichbarer Durchsetzungsmechanismus vorgesehen. Die Grundrechte der Weimarer Reichsverfassung wiesen daher letztlich eine deutlich geringere Geltungskraft als die Grundrechte des Grundgesetzes auf und wurden während der Zeit des **Nationalsozialismus**, der den Grundrechten offenkundig keinen Platz einräumte, praktisch ignoriert.

E. Die Grundrechtsgewährleistungen des Grundgesetzes

24 (Auch) auf diese Schwächen reagierte nach dem Zweiten Weltkrieg der Grundgesetzgeber: Die überragende Bedeutung der Grundrechte wurde zum Ausdruck gebracht, indem sie an die Spitze der Verfassung gestellt wurden. Auch der Gesetzgeber sollte nunmehr ausdrücklich unmittelbar an sie gebunden sein (Art. 1 Abs. 3 GG), Änderungen wurden erhöhten formalen (Art. 79 Abs. 2 GG) und inhaltlichen (Art. 79 Abs. 3 i.V.m. Art. 1 GG) Anforderungen unterworfen. Außerdem wurde mit der Verfassungsbeschwerde zum Bundesverfassungsgericht für jedermann ein effektives prozessuales Mittel zur Durchsetzung der Grundrechte geschaffen.

Verfassungsrechtlich abgesichert wurde die Verfassungsbeschwerde indes erst im Jahr 1969 in Art. 93 Abs. 1 Nr. 4a GG.

F. Entwicklungen auf internationaler und europäischer Ebene

25 International gelang der (völker)rechtliche Durchbruch der Menschenrechtsidee erst nach dem Zweiten Weltkrieg: 1948 verabschiedete die UN-Generalversammlung die **Allgemeine Erklärung der Menschenrechte**. Ein weiterer wichtiger Schritt erfolgte im Jahr 1976, als der **Internationale Pakt über bürgerliche und politische Rechte** und der **Internationale Pakt über wirtschaftliche, soziale und kulturelle Rechte** in Kraft getreten sind. Zum Schutz der darin verankerten Rechte wurde im Jahr 1989 ein Fakultativprotokoll verabschiedet, das eine individuelle Beschwerdemöglichkeit vor dem Menschenrechtsausschuss der Vereinten Nationen vorsah.

Zu beachten ist dabei jedoch, dass völkerrechtliche Verträge nur **die Staaten untereinander** berechtigen und verpflichten, nicht jedoch automatisch dem Individuum subjektive Rechte gewähren.

26 In **Europa** trat im Jahr 1953 die **EMRK** in Kraft, welche seither für alle der mittlerweile 47 Mitgliedstaaten des Europarates verbindlich ist. Zur Durchsetzung der darin ver-

31 Vgl. zu den verfassungsrechtlichen Grenzen von Grundrechtsbeschränkungen („Schranken-Schranken") unten Rn. 145.

32 Vgl. dazu ausführlich *Dreier*, Die Zwischenkriegszeit, in: Merten/Papier (Hrsg.), Handbuch der Grundrechte, Band I, 2004, § 4 Rn. 20 ff.

bürgten Rechte war ursprünglich eine Individualbeschwerde vorgesehen, die von einer Kommission überprüft wurde. Im Jahr 1998 trat an die Stelle dieser Kommission schließlich der ständige EGMR. Innerhalb der Europäischen Union gilt seit Inkrafttreten des Lissabon-Vertrags außerdem die **Europäische Grundrechtecharta**, die ihre Wirkung im Anwendungsbereich des Unionsrechts entfaltet.[33]

Literaturhinweise:

Kingreen/Poscher, Grundrechte Staatsrecht II, 33. Aufl. 2017, § 2 Rn. 18 ff.
Stern, Die Idee der Menschen- und Grundrechte, in: Merten/Papier (Hrsg.), Handbuch der Grundrechte in Deutschland und Europa, Band I, 2004, § 1 (zur Vertiefung)
ders., Idee der Menschenrechte und Positivität der Grundrechte, in: Isensee/Kirchhof (Hrsg.), Handbuch des Staatsrechts, Band IX, 3. Aufl. 2011, § 192 (zur Vertiefung)

33 Vgl. zur Grundrechtsbindung im Anwendungsbereich des Unionsrechts unten Rn. 117 ff.

§ 3 Interpretation und Funktionen der Grundrechte

A. Notwendigkeit und Eigenart der Grundrechtsinterpretation

27 Die Grundrechte binden die drei Staatsgewalten als **unmittelbar geltendes Recht**, Art. 1 Abs. 3 GG, und müssen daher im Einzelfall zur Anwendung gebracht werden. Um den Inhalt der grundgesetzlichen Grundrechtsbestimmungen dort zu ermitteln, wo sie keine eindeutigen Maßstäbe enthalten, bedürfen die Grundrechtsnormen, wie grundsätzlich alle Rechtsnormen, der **Auslegung**.

28 Bei der Anwendung **einfachgesetzlicher Rechtsnormen** werden dazu die **herkömmlichen Mittel der juristischen Hermeneutik** herangezogen – also die Auslegung der Rechtsnorm nach ihrem Wortlaut, ihrer Entstehungsgeschichte, ihrem Sinn und Zweck und ihrer systematischen Stellung. Diese Kriterien sind gerade anhand (privatrechtlicher) Gesetzesnormen entwickelt worden und dienen der **Ermittlung des tatsächlichen Willens des Gesetzgebers**. Die Anwendung der Gesetzesnormen bedeutet somit zumeist das Nachvollziehen des gesetzgeberischen Willens und die **Subsumtion** des Sachverhalts unter einen vorgefassten Gesetzesinhalt.

29 Auf sämtlichen dieser Felder stellen sich allerdings bei der Auslegung von **Verfassungsrechtsnormen** im Allgemeinen und bei der **Grundrechtsauslegung** im Besonderen oftmals Probleme:[34] Die meisten Grundrechtsbestimmungen sind **in hohem Maße unbestimmt gefasst**, so dass die Wortlautauslegung schnell an natürlichsprachliche Grenzen stößt. Auch die Auslegung der Grundrechtsbestimmungen vor dem Hintergrund ihrer Entstehungsgeschichte und ihres Sinns und Zwecks führt regelmäßig nicht weiter, da die Urheber des Verfassungstextes vielfach **bewusst und gewollt offene Formulierungen** gewählt haben und den Grundrechtsnormen damit ein vorgefasster Gehalt, eine „Sinnentschiedenheit" oftmals fehlt.[35] Schließlich sind auch schwerlich systematische Argumente zur Ermittlung der Grundrechtsgehalte zu finden: Während sich einfachgesetzliche Rechtssätze regelmäßig „in einen Kosmos schon bestehender strukturgleicher Regelungen, d.h. in den Zusammenhang einer ausgeformten gesetzlichen Rechtsordnung" einfügen, stehen die Grundrechtsnormen – wie die Verfassung insgesamt – **„für sich und notwendigerweise allein"**.[36] Der Grund für das häufige Fehlgehen der herkömmlichen Auslegungsmethoden in Ansehung der Verfassungsrechtsnormen liegt darin, dass in all denjenigen Fällen, für deren Entscheidung die Verfassung selbst keine eindeutigen Maßstäbe enthält – mithin also in allen Fällen, in denen eine Verfassungsinterpretation erforderlich ist –, die Verfassung und ihre Urheber regelmäßig noch keine Entscheidung getroffen haben, ein **vorgefasster objektiver Wille der Verfassung** und ein **vorgefasster subjektiver Wille der Verfassungsgeber** mit Blick auf den zu entscheidenden Einzelfall also in Wahr-

---

34 Vgl. zum Folgenden im Ansatz auch BVerfGE 62, 1 (45) – „Bundestagsauflösung I".
35 *Böckenförde*, NJW 1976, 2089 (2091).
36 *Böckenförde*, NJW 1976, 2089 (2091).

heit **gar nicht existieren.**[37] Die Anwendung der Grundrechtsnormen kann sich aus diesem Grunde nicht allein darin erschöpfen, den Willen der Verfassung und ihrer Urheber nachzuvollziehen und unter den vorfindlichen Verfassungsinhalt zu subsumieren. Verfassungsinterpretation im Allgemeinen und Grundrechtsinterpretation im Besonderen erfordern – nicht immer, aber häufig[38] – auch rechtsschöpferische **„Konkretisierung"**; der Inhalt der zu interpretierenden Grundrechtsnorm ist dann nicht schon mit ihrer Setzung, sondern erst mit ihrer Anwendung vollendet.[39]

Gewiss können auch die **herkömmlichen Auslegungsmethoden** zu adäquaten Ergebnissen bei der Interpretation von Grundrechtsnormen führen. So hat sich das Bundesverfassungsgericht etwa im Rahmen seiner Elfes-Entscheidung bei der Auslegung des Schutzbereichs des in Art. 2 Abs. 1 GG verbürgten Rechts auf „freie Entfaltung der Persönlichkeit" und der Schranke der „verfassungsmäßigen Ordnung" maßgeblich auf die Entstehungsgeschichte der Norm, also auf ein klassisches Auslegungskriterium gestützt.[40] Als offen und damit **konkretisierungsbedürftig** erweist sich dagegen typischerweise die **Rechtsfolgenseite** der Grundrechtsnormen. Formulierungen wie etwa „Jeder hat das Recht ..." (vgl. z.B. Art. 2 Abs. 1 GG), „Die Freiheit ... ist unverletzlich." (vgl. z.B. Art. 2 Abs. 2 S. 2 GG), „Die ... wird gewährleistet." (vgl. z.B. Art. 4 Abs. 2 GG) sind einer Normauslegung im herkömmlichen Sinne nicht zugänglich. Sie bedürfen der Ausfüllung im Wege einer spezifischen Grundrechtsinterpretation.[41] Auch für die grundrechtlichen **Schutzbereiche** wird zunehmend eine schärfere Konturierung gefordert, welche die Grundrechtstatbestände gewährleistungsspezifischer fassen und den (auch) mit der Anerkennung von immer mehr Grundrechtsfunktionen verbundenen Ausweitungen der Grundrechtsnormen entgegenwirken soll.[42]

30 Die **adäquate Methode** zur Konkretisierung der offenen Formulierungen der Grundrechtsnormen ist freilich Gegenstand eines fortwährenden Streits, der sich nicht nur auf die Grundrechtsbestimmungen, sondern auf die Verfassungsauslegung insgesamt erstreckt. Unterscheiden lassen sich dabei, wie *Ernst-Wolfgang Böckenförde* bereits in den 1970er Jahren allgemein herausgearbeitet hat,[43] im Wesentlichen

– die **klassisch-hermeneutische Methode**, die im Wesentlichen an den herkömmlichen Auslegungsmethoden festhält,[44] (Savigny)

---

37 Vgl. dazu *Hesse*, Grundzüge des Verfassungsrechts der Bundesrepublik Deutschland, 20. Aufl. 1995, § 2 Rn. 56.

38 Vgl. zu dieser Einschränkung zutreffend *Ossenbühl*, in: Merten/Papier (Hrsg.), Handbuch der Grundrechte, Band I, 2004, § 15 Rn. 10 ff. (13).

39 *Hesse*, Grundzüge des Verfassungsrechts der Bundesrepublik Deutschland, 20. Aufl. 1995, § 2 Rn. 60.

40 Vgl. dazu ausführlich BVerfGE 6, 32 (36 ff.) – „Elfes".

41 Vgl. zu den wesentlichen Ergebnissen der Auslegung der grundrechtlichen Rechtsfolgen ausführlich unten Rn. 31 ff.

42 Vgl. dazu eingehend *Papier*, in: Merten/Papier (Hrsg.), Grundsatzfragen der Grundrechtsdogmatik, 2007, S. 81 ff. sowie die hier nicht näher nachzuzeichnende Diskussion zwischen *Wolfgang Hoffmann-Riem* und *Wolfgang Kahl*, siehe einerseits *Hoffmann-Riem*, Enge oder weite Gewährleistungsgehalte der Grundrechte?, in: Bäuerle u.a. (Hrsg.), Haben wir Recht?, 2004, S. 53 ff., andererseits *Kahl*, Der Staat 43 (2004), 167 ff.

43 Vgl. zum Folgenden ausführlich *Böckenförde*, NJW 1976, 2089 ff. Dort wird neben den im Folgenden genannten Methoden außerdem die hermeneutisch-konkretisierende Methode genannt; diese steht indes der topisch-problemorientierten Methode derart nahe, dass eine Abgrenzung hier nicht als sinnvoll erscheint.

44 Vgl. insbesondere *Forsthoff*, Rechtsstaat im Wandel, 1976, S. 130 ff.

- die **topisch-problemorientierte Methode**, die sich je nach Einzelfall von verschiedenen, immer wieder verwendeten und anerkannten Denk- und Argumentationsfiguren („Topoi", von griech. *topos* = Ort) leiten lässt – etwa von Gesichtspunkten wie der „Einheit der Verfassung", der „praktischen Konkordanz" oder der „Effektivität der Grundrechte" –,[45] sowie
- die **wirklichkeitswissenschaftlich orientierte Methode** im Sinne von *Rudolf Smend*, welche die Grundrechte als Festlegungen grundlegender Gemeinschaftswerte betrachtet (sog. Werttheorie der Grundrechte), den Gehalt der Grundrechtsnormen als Ausfluss der Wertgrundlagen des staatlichen Gemeinwesens begreift und diesen Gehalt daher nicht im Wege einer juristischen Methode, sondern durch kultur- und geisteswissenschaftliche Betrachtung gewinnen möchte.[46]

Das **Bundesverfassungsgericht** hat sich methodisch nicht auf einen der genannten Ansätze festgelegt, verfolgt in der Sache jedoch eine auf verschiedene Argumentationsmuster zurückgreifende und damit letztlich wohl der topisch-problemorientierten Methode nahestehende Linie.[47] Es haben sich dabei im Laufe der Jahre vor allem im Hinblick auf die Rechtswirkungen der Grundrechte verschiedene Grundrechtsgehalte verfestigt, die üblicherweise unter dem Gesichtspunkt „Funktionen der Grundrechte" behandelt werden.

B. Die Grundrechtsfunktionen als wesentliche Ergebnisse der Grundrechtsinterpretation

31 Wenn nach den unterschiedlichen **„Funktionen"** der Grundrechte des Grundgesetzes gefragt wird, so ist damit gemeint, welche unterschiedlichen rechtlichen Wirkungen die Grundrechte entfalten, also welche **unterschiedlichen Rechtsfolgen** die Grundrechtsnormen des Grundgesetzes im Einzelfall anzuordnen imstande sind. Methodisch sind die Rechtsfolgen der Grundrechtsnormen im Wege der Grundrechtsinterpretation zu ermitteln, deren besondere Probleme soeben beschrieben worden sind. Im Rahmen der ständigen Grundrechtsinterpretation durch Verfassungsrechtsprechung und Wissenschaft ist mittlerweile ein ganzes Bündel anerkannter Grundrechtswirkungen entwickelt worden. Man kann insoweit von einem vorherrschenden **funktional pluralistischen Grundrechtsverständnis**[48] sprechen.

32 Nach klassischem Verständnis wird zur **Systematisierung** der verschiedenen Rechtswirkungen der Grundrechtsnormen insbesondere auf *Georg Jellineks* System der sub-

45 Vgl. dazu speziell mit Blick auf die Grundrechtsinterpretation etwa *Ossenbühl*, in: Merten/Papier (Hrsg.), Handbuch der Grundrechte, Band I, 2004, § 15 Rn. 14 ff.
46 Vgl. zur Werttheorie der Grundrechte referierend und m.w.N. *Böckenförde*, NJW 1974, 1529 (1533 f.).
47 So bereits *Böckenförde*, NJW 1976, 2089 (2091 f.); ebenso *Ossenbühl*, in: Merten/Papier (Hrsg.), Handbuch der Grundrechte, Band I, 2004, § 15 Rn. 14 ff.
48 Vgl. dazu (kritisch) *Poscher*, Grundrechte als Abwehrrechte, 2002, S. 84 ff.

die Aufklärung geprägten Vorstellung des vernunftbegabten, nach Freiheit strebenden Menschen – gewisse individuelle und soziale Freiheiten zustehen, die dem Staat vorausliegen. Innerhalb dieser Freiheitssphären sind die Befugnisse des Staates nach diesem Verständnis prinzipiell begrenzt; die positivierten Grundrechte sichern diesen Zustand verfassungsrechtlich ab. Diese klassische Abwehrfunktion ist nach wie vor und unbestritten die **primäre Funktion der Grundrechte** des Grundgesetzes, wenngleich auch ihre objektiv-rechtlichen Dimensionen mittlerweile überragende Bedeutung gewonnen haben.[55]

II. Leistungs-, Teilhabe-, und Verfahrensrechte, Schutzpflichten – *status positivus*

Der klassische *status positivus*, also der Zustand, in dem der Einzelne seine Freiheit – 37
gemeint ist „nicht nur die rechtlich-abstrakte, sondern die reale Freiheit"[56] – „nicht ohne den Staat haben kann", in dem er also zur Ausübung einer realen Freiheit „auf staatliche Vorkehrungen angewiesen ist",[57] wird durch grundrechtliche Leistungs-, Teilhabe- und Verfahrensrechte sowie Schutzpflichten gesichert, die teilweise auch unter den Begriffen der Leistungsrechte oder Teilhaberechte in einem weiteren Sinne zusammengefasst werden.[58] Die Grundrechtsnormen begründen in dieser Funktion auf der Rechtsfolgenseite **Handlungspflichten** des Staates, insbesondere des Gesetzgebers.

1. Leistungsrechte

Unter den sog. **Leistungsrechten i.e.S.** versteht man **unmittelbar auf Grundrechts-** 38
normen gestützte Ansprüche auf **staatliche Leistungen** (sog. **originäre** Leistungs- bzw. Teilhaberechte). Nur ganz ausnahmsweise werden solche Ansprüche unmittelbar aus Grundrechten gewährt, zumal die verfassungsrechtlich begründete Verpflichtung des Staates zu Leistungen die Gestaltungsfreiheit der demokratisch legitimierten Staatsorgane, insbesondere des Gesetzgebers, einschränken und die (künftigen) Staatshaushalte erheblich belasten kann. Bislang hat das Bundesverfassungsgericht originäre grundrechtliche Leistungspflichten nur in den folgenden Fällen angenommen:

- Leistungspflicht zur Förderung privater Ersatzschulen aus **Art. 7 Abs. 4 S. 1 GG**[59]
- Leistungspflicht zur funktionsgerechten Finanzierung der öffentlich-rechtlichen Rundfunkanstalten aus **Art. 5 Abs. 1 S. 2 GG**[60],

---

55 Vgl. ebenso *Ossenbühl*, Grundsätze der Grundrechtsinterpretation, in: Merten/Papier (Hrsg.), Handbuch der Grundrechte, Band I, 2004, § 15 Rn. 44.

56 *Böckenförde*, NJW 1974, 1529 (1536).

57 *Kingreen/Poscher*, Grundrechte Staatsrecht II, 33. Aufl. 2017, § 4 Rn. 97.

58 Vgl. zur Terminologie *Murswiek*, Grundrechte als Teilhaberechte, in: Isensee/Kirchhof (Hrsg.), Handbuch des Staatsrechts, Band IX, 3. Aufl. 2011, § 192 Rn. 5 ff., der den Oberbegriff „Teilhaberechte" benutzt. Den Oberbegriff „Leistungsrechte" benutzt etwa *Stern*, Staatsrecht, Band III /1, 1988, § 67 II 1 c) (Fn. 31, 32). Vgl. begrifflich wie hier *Bumke/Voßkuhle*, Casebook Verfassungsrecht, 7. Aufl. 2015, Rn. 248 ff.

59 Vgl. BVerfGE 75, 40 (61 ff., 65 f.) – „Privatschulfinanzierung".

60 Vgl. BVerfGE 87, 181 (197 f.) – „7. Rundfunkentscheidung".

- Leistungspflicht zur Finanzierung einer außerhalb des schulmedizinischen Behandlungsspektrums liegenden medizinischen Behandlung bei krankheitsbedingter Lebensgefahr aus **Art. 2 Abs. 1 i.V.m. Art. 20 Abs. 1 GG** und aus **Art. 2 Abs. 2 S. 1 GG**[61],
- Leistungspflicht zur Gewährung eines wirtschaftlichen Existenzminimums aus **Art. 1 i.V.m. Art. 20 Abs. 1 GG**[62].

39 Nicht zu verwechseln sind diese originären grundrechtlichen Leistungsansprüche mit Ansprüchen, die sich aus den Grundrechten in ihrer Abwehrfunktion ableiten lassen, etwa Beseitigungs-, Unterlassungs- und Entschädigungsansprüche im Falle grundrechtswidriger staatlicher Eingriffe oder Ungleichbehandlungen. Dort sind die ebenfalls auf eine Leistung gerichteten Ansprüche lediglich **Rechtsfolgen der freiheits- bzw. gleichheitsrechtlichen Abwehrrechte**.[63]

2. Teilhaberechte

40 Als **Teilhaberechte i.e.S.** versteht man solche Ansprüche auf eine staatliche Leistung, die aus einem **bereits existierenden Bestand staatlicher Vorkehrungen** zu erbringen sind (sog. **derivative** Leistungs- bzw. Teilhaberechte). Der Grundrechtsberechtigte kann also einen Anspruch auf (gleiche) Teilhabe geltend machen. Gegenüber den (originären) Leistungsansprüchen werden diese (derivativen) Teilhabeansprüche erheblich häufiger gewährt, insbesondere

- Ansprüche auf Zulassung zum Hochschulstudium nach Maßgabe der vom Staat geschaffenen Studienangebote aus **Art. 12 Abs. 1 GG** i.V.m. dem allgemeinen Gleichheitssatz nach **Art. 3 Abs. 1 GG**,[64] die den mit Abstand bedeutsamsten Anwendungsfall grundrechtlicher Teilhaberechte bilden, des Weiteren
- Ansprüche von in der Wissenschaft Tätigen auf Teilhabe an der Ausstattung ihrer Hochschule[65] sowie an sonstigen öffentlichen Ressourcen und an der Organisation des Wissenschaftsbetriebs[66] aus **Art. 5 Abs. 3 GG** sowie
- ausnahmsweise Ansprüche auf gleiche Teilhabe(-chance) an dem sonstigen bestehenden staatlichen Leistungsangebot aus dem Gleichheitssatz nach **Art. 3 Abs. 1 GG** i.V.m. dem sachlich einschlägigen **Freiheitsrecht**, soweit die ungerechtfertigte Ungleichbehandlung nicht auf andere Weise beseitigt werden kann.[67]

---

61 Vgl. BVerfGE 115, 25 (41 ff.) – „Finanzierung alternativ-medizinischer Behandlungsmethoden"; zu den diesbezüglichen Substantiierungsanforderungen BVerfGE 140, 229.

62 Vgl. insbesondere BVerfGE 125, 175 (222 ff.) – „Hartz-IV"; im Anschluss daran E 132, 134 (159 ff.) – „Asylbewerberleistungsgesetz"; E 137, 34 (72 ff.) – „Existenzsichernder Regelbedarf". Ebenso BVerfGE 40, 121 (133 f.) – „Waisenrente II"; E 45, 187 (228 f.) – „Lebenslange Freiheitsstrafe"; E 82, 60 (85) – „Steuerfreies Existenzminimum"; E 99, 246 – „Kinderexistenzminimum".

63 Vgl. *Kingreen/Poscher*, Grundrechte Staatsrecht II, 33. Aufl. 2017, § 4 Rn. 121 ff., die insoweit treffend von „akzessorischen Leistungsaspekten der Abwehrrechte" sprechen.

64 Vgl. BVerfGE 33, 303 (329 ff.) – „1. Numerus-clausus-Urteil" sowie jüngst BVerfG, Urt. v. 19.12.2017, 1 BvL 3/14 u.a., Rn. 106 ff.

65 Vgl. BVerfGE 43, 242 (267 ff.) – „Universitätsgesetz Hamburg".

66 Vgl. BVerfGE 111, 333 (354) – „Brandenburgisches Hochschulgesetz".

67 Diese Fallgruppe ist in der Rechtsprechung des Bundesverfassungsgerichts bislang so nicht relevant geworden. Vgl. dazu *Jarass/Pieroth*, GG Kommentar, 14. Aufl. 2016, Art. 2 Rn. 93.

Im ersten und letzten Fall wird allerdings wegen der Verknüpfung mit dem allgemeinen Gleichheitssatz der Unterschied zwischen teilhaberechtlichen Grundrechtsgehalten und der **abwehrrechtlichen Wirkung des Art. 3 Abs. 1 GG** verwischt, denn der aus Art. 3 Abs. 1 GG i.V.m. dem sachlich einschlägigen Freiheitsrecht abgeleitete Teilhabeanspruch kann auch als Rechtsfolge eines vorangegangenen oder bevorstehenden, durch gleichheitswidrige staatliche Leistungsvergabe erfolgten Verstoßes gegen den Gleichheitssatz aus Art. 3 Abs. 1 GG verstanden werden.[68]

3. Schutzpflichten

Gegenüber den genannten subjektiven Leistungs- und Teilhaberechten bilden die grundrechtlichen **Schutzpflichten** einen **objektiv-rechtlichen** Aspekt der Grundrechte: Der Staat ist grundsätzlich und **unabhängig** vom Bestehen eines entsprechenden **subjektiven Rechts** verpflichtet, die grundrechtlich geschützten Rechtsgüter gegen Beeinträchtigungen durch Dritte oder durch äußere Einwirkungen (z.B. Naturgewalten) in Schutz zu nehmen. 41

Der Begriff der **„objektiv-rechtlichen" Wirkung** der Grundrechte ist daher nicht als Gegensatz zu ihrer Funktion als subjektive Rechte zu verstehen, sondern bringt lediglich zum Ausdruck, dass der Staat unabhängig von jeder subjektiven Rechtsposition „objektiv" an bestimmte normative Vorgaben des Grundrechts gebunden ist.

Im Zusammenhang mit den objektiven Schutzpflichten stellt sich die Frage, ob dem Einzelnen gegenüber dem Staat ein **subjektives Recht auf Erfüllung der objektiven staatlichen Schutzpflicht** zusteht, welches er gegebenenfalls im Wege der Verfassungsbeschwerde durchsetzen kann. Das Bundesverfassungsgericht geht grundsätzlich davon aus, dass die „Vernachlässigung [der staatlichen Schutzpflicht] von dem Betroffenen mit der Verfassungsbeschwerde geltend gemacht werden kann"[69], wobei freilich zu beachten ist, dass der Einzelne aufgrund des breiten Einschätzungs- und Gestaltungsspielraums des Staates bei der Erfüllung seiner Schutzpflichten[70] nur „unter ganz besonderen Umständen" verlangen kann, dass der Staat eine ganz bestimmte Schutzmaßnahme ergreift.[71] 41a

Beispiel: Vernachlässigt der Gesetzgeber seine objektiv-rechtliche Pflicht aus Art. 2 Abs. 2 S. 1 GG (körperliche Unversehrtheit) zur Gewährleistung eines hinreichenden Schutzes von Straßenanwohnern vor Verkehrslärm, kann dieses Versäumnis von einem Betroffenen grundsätzlich unter Berufung auf Art. 2 Abs. 2 S. 1 GG geltend gemacht werden. Im Allgemeinen wird man freilich annehmen können, dass der Gesetzgeber dieser Pflicht durch Erlass der Lärmschutzvorschriften im Bauleitplanungs- und im Immissionsschutzrecht für die Straßenfestsetzung Genüge getan hat.[72]

Das Bundesverfassungsgericht leitet objektive Schutzpflichten wie folgt her: „Ihren **Grund** hat diese Schutzpflicht in Art. 1 Abs. 1 GG, der den Staat ausdrücklich zur Achtung und **zum Schutz** der Menschenwürde verpflichtet; ihr **Gegenstand** und – von ihm her – ihr Maß werden durch [die jeweilige konkrete Grundrechtsbestimmung] 42

---

68 Vgl. *Stern*, Staatsrecht, Band III/1, 1988, § 67 V 6. Siehe zur mitunter schwierigen Abgrenzung zwischen Leistungs- und Abwehrdimension bereits oben Rn. 39.

69 BVerfGE 125, 39 (78) – „Ladenöffnung an Adventssonntagen".

70 Vgl. dazu sogleich unten Rn. 44 f.

71 BVerfGE 70, 170 (215) – „Lagerung chemischer Waffen".

72 BVerfGE 79, 174 (202) – „Straßenverkehrslärm".

näher bestimmt."[73] Unklar war dabei geblieben, ob die Vorschrift des Art. 1 Abs. 1 S. 2 GG nur „als Beleg für eine auf alle Grundrechte abstrahlende Schutzpflicht" genommen wurde oder ob der darin verankerte Schutz auf alle Grundrechte übertragen werden kann, da ja die Menschenwürdegarantie den Kern aller Grundrechte bildet.[74]

43 Mittlerweile hat das Bundesverfassungsgericht jedenfalls, ohne dabei stets auf Art. 1 Abs. 1 S. 2 GG zurückzugreifen, eine objektive grundrechtliche Schutzpflicht u.a. in folgenden Fällen angenommen:

- Pflicht zum Schutz des ungeborenen Lebens beim Abbruch von Schwangerschaften aus **Art. 2 Abs. 2 S. 1 GG** (sowie daneben aus Art. 1 Abs. 1 S. 2 GG)[75];
- Pflicht zum Schutz von Leben und Gesundheit etwa im Falle terroristischer Erpressung,[76] im Rahmen der friedlichen Nutzung der Kernenergie[77] sowie bei anderen Gefahren für Leben und Gesundheit[78] aus **Art. 2 Abs. 2 S. 1 GG** (sowie daneben aus Art. 1 Abs. 1 S. 2 GG);
- Pflicht zur Sicherung und zum Schutz eines Betätigungsraums zur Entfaltung der Persönlichkeit auf weltanschaulich-religiösem Gebiet aus **Art. 4 Abs. 1 und 2 GG**[79];
- Pflicht zum Schutz der Privatautonomie (**Art. 2 Abs. 1 GG**) und des Eigentums (**Art. 14 GG**) durch angemessene Regelungen über die Übertragung von privatrechtlichen Lebensversicherungsverträgen[80].

44 Auf der **Rechtsfolgenseite** ist dem Staat allerdings ein **weiter Ermessens- und Gestaltungsspielraum** im Hinblick darauf eröffnet, wie er diesen objektiven grundrechtlichen Schutzpflichten im Einzelfall nachkommt, und zwar auch dann, „wenn er [im Grundsatz] verfassungsrechtlich verpflichtet ist, wirksame und ausreichende Maßnahmen zum Schutz eines Rechtsguts zu ergreifen".[81] Er muss freilich ein gewisses Mindestmaß an Schutz bieten (sog. **Untermaßverbot**). Eine verfassungsrechtlich nicht mehr vertretbare Handhabung jenes Spielraumes und damit ein Verstoß gegen die Schutzpflicht liegt daher vor, „wenn die öffentliche Gewalt Schutzvorkehrungen entweder **überhaupt nicht getroffen** hat oder die getroffenen Regelungen und Maßnahmen **gänzlich ungeeignet** oder **völlig unzulänglich** sind, das gebotene Schutzziel zu erreichen, oder **erheblich dahinter zurückbleiben**".[82] Als maßgebliche **Kriterien** bei der Prüfung einer Schutzpflichtverletzung sind dabei insbesondere

73 BVerfGE 88, 203 (251 f.) – „Schwangerschaftsabbruch II".

74 Vgl. dazu *Klein*, NJW 1989, 1633 (1635).

75 Grundlegend BVerfGE 39, 1 (36 ff.) – „Schwangerschaftsabbruch I".

76 BVerfGE 46, 160 (164) – „Schleyer".

77 BVerfGE 49, 89 (132, 141 ff.) – „Kalkar I"; E 53, 30 (57) – „Mülheim-Kärlich".

78 Vgl. etwa BVerfGE 56, 54 (73) – „Fluglärm" (Schutz der Anlieger eines Flughafens vor den Auswirkungen von Fluglärm); E 115, 118 (152, 159 ff., 164) – „Luftsicherheitsgesetz" (Schutz der Personen im Zielbereich eines von Terroristen beabsichtigten Flugzeugabsturzes).

79 BVerfGE 41, 29 (49) – „Simultanschule"; E 93, 1 (16) – „Kruzifix". Vgl. außerdem die in BVerfGE 125, 39 (79) – „Ladenöffnung an Adventssonntagen" vorgenommene konkretisierende Auslegung des Schutzgehalts von Art. 4 Abs. 1 und 2 GG anhand des Art. 139 WRV (i.V.m. Art. 140 GG).

80 BVerfGE 114, 1 (33 ff.) – „Übertragung von Lebensversicherungsverträgen".

81 BVerfGE 88, 203 (262) – „Schwangerschaftsabbruch II".

82 BVerfGE 92, 26 (46) – „Zweitregister" (ohne Hervorhebungen im Original).

- die „**Eigenart** des in Rede stehenden **Sachbereichs**",
- die „**Möglichkeiten** sich – zumal über **künftige [tatsächliche] Entwicklungen** wie die Auswirkungen einer Norm – ein **hinreichend sicheres Urteil zu bilden**" sowie
- die „**Bedeutung** der auf dem Spiel stehenden **Rechtsgüter**" zu berücksichtigen.[83]

Der Sache nach handelt es sich bei der Prüfung einer Schutzpflichtverletzung am Maßstab des Untermaßverbots **nicht** etwa, wie dies teilweise behauptet wird, um eine (modifizierte oder umgekehrte) **Verhältnismäßigkeitsprüfung**,[84] sondern um eine **eigenständige dogmatische Figur**.[85] 45

4. Verfahrensrechte

Schließlich lösen die Grundrechte auch im Hinblick auf die **Gestaltung staatlicher Verfahren**, also in formell-rechtlicher Hinsicht, bestimmte staatliche Handlungspflichten aus, die zur Ausformung des klassischen *status positivus* beitragen. Grundrechtliche Anforderungen an die Ausgestaltung staatlicher Verfahren können sich dabei zum einen aus den **speziellen Verfahrensgrundrechten** (a), zum anderen aber auch aus den **materiellen Grundrechten** (b) ergeben. 46

Das besondere Interesse am verfahrensrechtlichen Gehalt von (materiellen) Grundrechten ist vor dem Hintergrund der prinzipiellen Unterscheidung von materiellem und formellem Recht zu sehen. Das **materielle Recht** erfasst alle Rechtsnormen, die Regelungen zum *Inhalt* von Rechten und Rechtsverhältnissen treffen. So ist z.B. die Vorschrift des Art. 2 Abs. 2 S. 1 GG in erster Linie eine materiell-rechtliche Norm, da sie staatliche Beeinträchtigungen und Gefährdungen des Lebens und der körperlichen Unversehrtheit des Einzelnen grundsätzlich untersagt und damit dem Einzelnen gegenüber dem Staat ein Recht einräumt, das sich auf sachlich-inhaltliche Gegebenheiten (Schutz des Lebens und der körperlichen Unversehrtheit) bezieht. **Formelles Recht** (oder: **Verfahrensrecht**) sind dagegen nach traditionellem Verständnis Rechtsnormen, die der Verwirklichung und Durchsetzung von anderen (nämlich: materiellen) Rechtsnormen *dienen* (sog. dienende Funktion des Verfahrensrechts). So gehören z.B. die Vorschriften über die Verfassungsbeschwerde (Art. 93 Abs. 1 Nr. 4a GG i.V.m. §§ 13 Nr. 8a, 90 ff. BVerfGG) zum formellen Recht, da sie der (verfassungsgerichtlichen) Durchsetzung bestimmter verfassungsmäßiger Rechte dienen, etwa auch der Grundrechte des Einzelnen aus Art. 2 Abs. 2 S. 1 GG. Das **Prozessrecht** schließlich ist besonderes formelles Recht, das speziell der *gerichtlichen* – und nicht auch der behördlichen – Durchsetzung (materiellen) Rechts dient. Dass sich aus **materiellen Grundrechten** wie etwa aus Art. 2 Abs. 2 S. 1 GG verfahrensbezogene, also **formell-rechtliche Vorgaben** ableiten lassen, erscheint aufgrund der beschriebenen grundsätzlichen Unterscheidung nicht als Selbstverständlichkeit.

---

83 BVerfGE 88, 203 (262) – „Schwangerschaftsabbruch II".

84 So wohl noch in der Vorauflage *Bumke/Voßkuhle*, Casebook Verfassungsrecht, 5. Aufl. 2008, S. 32 (anders nun *dies.*, Casebook Verfassungsrecht, 7. Aufl. 2015, Rn. 211 ff.); *Sodan/Ziekow*, Grundkurs Öffentliches Recht, 7. Aufl. 2016, § 22 Rn. 24. Vgl. zur Verhältnismäßigkeitsprüfung ausführlich unten Rn. 149 ff.

85 Vgl. in diesem Sinne und zum Untermaßverbot ausführlich den Beitrag von *O. Klein*, JuS 2006, 960 (962).

a) Die speziellen Verfahrensgrundrechte

47 Zum einen sieht das Grundgesetz spezifische, subjektiv-rechtlich ausgestaltete **Verfahrensgrundrechte** vor, die **ihrem Inhalt nach** bereits **unmittelbare Rechtsfolgen** im Hinblick auf das **Verfahren** setzen, insbesondere

- die Rechtsschutzgarantie, **Art. 19 Abs. 4 GG,**
- das Recht auf den gesetzlichen Richter, **Art. 101 Abs. 1 S. 2 GG** sowie
- den Anspruch auf rechtliches Gehör, **Art. 103 Abs. 1 GG.**[86]

b) Die Anforderungen der materiellen Grundrechte an das Verfahrensrecht

48 Zum anderen ist anerkannt, dass auch die übrigen, **nicht unmittelbar verfahrensbezogenen** Grundrechte zur Sicherung und Verstärkung ihres jeweiligen materiellrechtlichen Gehalts bestimmte **Anforderungen an die Gestaltung und Anwendung verfahrensrechtlicher Regelungen** stellen (sog. Grundrechtsschutz durch Verfahren). Diese Anforderungen sind den **objektiv-rechtlichen** Gehalten der Grundrechte zuzurechnen. Die Rechtsprechung hat eine solche verfahrensbezogene Wirkung von Grundrechten insbesondere in folgenden Fällen angenommen:

- Anforderungen des Grundrechts auf Leben und Gesundheit aus **Art. 2 Abs. 2 S. 1 GG** sowie der Eigentumsgarantie des **Art. 14 Abs. 1 S. 1 GG** an die Ausgestaltung des atomrechtlichen Genehmigungsverfahrens[87] und der Verfahren zur Genehmigung sonstiger Großprojekte;
- Pflicht des Staates zur Kooperation mit Versammlungsteilnehmern aus **Art. 8 Abs. 1 GG**[88].

III. Teilnahmerechte – *status activus*

49 Die subjektiven **Teilnahmerechte** (oder: **staatsbürgerlichen Rechte**) gewähren dem Einzelnen Rechte im Zusammenhang mit der **Teilnahme am Staatsleben**. Durch diese Rechte wird derjenige Zustand „ausgeformt", in dem der Einzelne seine Freiheit „für den Staat ausübt" und ihn dadurch „mitgestaltet", nach klassischem Verständnis also der sog. *status activus*.[89] Zu den staatsbürgerlichen Teilnahmerechten zählen insbesondere

- das aktive und passive Wahlrecht aus **Art. 38 Abs. 1 S. 1 GG**[90];
- das Recht auf Zugang zu öffentlichen Ämtern aus **Art. 33 Abs. 2 GG.**

---

86 Siehe zu den Verfahrensgrundrechten ausführlich unten Rn. 431 ff. (Rechtsweggarantie), Rn. 441 ff. (Recht auf den gesetzlichen Richter) sowie Rn. 450 ff. (Anspruch auf rechtliches Gehör).

87 Vgl. zusammenfassend BVerfGE 53, 30 (65 f.) – „Mülheim-Kärlich". Vgl. speziell zum Eigentumsschutz durch Verfahren *Papier*, in: Maunz/Dürig, GG Kommentar, 59. EL 2010, Art. 14 Rn. 43 ff.

88 BVerfGE 69, 315 (355) – „Brokdorf".

89 *Kingreen/Poscher*, Grundrechte Staatsrecht II, 33. Aufl. 2017, § 4 Rn. 99.

90 Vgl. zur enormen Tragweite dieses subjektiven staatsbürgerlichen Beteiligungsrechts im Zusammenhang mit der europäischen Integration BVerfGE 123, 267 (340 ff.) – „Lissabon-Vertrag" sowie den Beschluss des Bundesverfassungsgerichts betreffend den OMT-Beschluss der Europäischen Zentralbank, mit dem das Gericht in dem Verfahren dem EuGH (erstmals) gemäß Art. 267 AEUV eine Frage zur Vorabentscheidung vorgelegt hatte, BVerfGE 134, 366 (396 f.) – „OMT-Beschluss".

Eine nicht zu unterschätzende Tragweite kommt dem grundrechtsgleichen (aktiven und passiven) **Wahlrecht aus Art. 38 Abs. 1 S. 1 GG** zu, welches Ausfluss des in Art. 20 Abs. 1 und 2 GG niedergelegten Demokratieprinzips ist. Einerseits gewährleistet es **Wahlen zum Deutschen Bundestag**, die den Grundsätzen einer allgemeinen, unmittelbaren, freien, gleichen und geheimen Wahl genügen müssen; die gesetzliche Ausgestaltung der Bundestagswahlen (Art. 38 Abs. 3 GG) sowie deren Durchführung sind daher stets an jenen Wahlrechtsgrundsätzen zu messen. Darüber hinaus kommt dem Recht aus Art. 38 Abs. 1 S. 1 GG auch besondere Bedeutung im Hinblick auf Maßnahmen im Zuge der **europäischen Integration** zu. Das Bundesverfassungsgericht hatte bereits im Rahmen seines Urteils zum Maastricht-Vertrag dazu festgehalten: „Das durch Art. 38 GG gewährleistete Recht, durch die Wahl an der Legitimation von Staatsgewalt teilzunehmen und auf deren Ausübung Einfluss zu gewinnen, schließt es im Anwendungsbereich des Art. 23 GG aus, dieses Recht durch Verlagerung von Aufgaben und Befugnissen des Bundestages so zu entleeren, dass das demokratische Prinzip, soweit es Art. 79 Abs. 3 i.V.m. Art. 20 Abs. 1 und 2 GG für unantastbar erklärt, verletzt wird."[91] An diesen Gedanken anknüpfend hat das Gericht im Rahmen seiner Entscheidung zum Lissabon-Vertrag u.a. geprüft, ob der **Bundestag** auch nach der im Vertrag vorgesehenen Übertragung von Hoheitsrechten an die Europäische Union noch „über ein **hinreichendes Maß an Aufgaben und Befugnissen** verfügte, in denen die legitimierte Handlungsmacht wirken kann", ob „die **Europäische Union** ... **hinreichend demokratisch legitimiert**" ist und ob die Zustimmung zum Lissabon-Vertrag „den **Verlust der Staatlichkeit** der Bundesrepublik Deutschland" zur Folge hätte.[92] Über den „Hebel" des Art. 38 Abs. 1 S. 1 GG hat das Gericht damit wesentliche Teile des an sich objektiv-rechtlichen Demokratieprinzips **„versubjektiviert"** und so eine Geltendmachung von im Rahmen der Übertragung von Hoheitsrechten auf die Union begangenen Verstößen gegen wesentliche Inhalte des Demokratieprinzips im Wege einer Verfassungsbeschwerde ermöglicht.

IV. Einrichtungsgarantien

Mitunter gewähren Grundrechte nicht nur dem Einzelnen Schutz durch subjektive Rechte oder objektive Schutzpflichten, sondern **garantieren** – als Teil des **objektivrechtlichen** Grundrechtsgehalts – bestimmte **Einrichtungen** (lat. *institutiones*), die der Gesetzgeber durch entsprechende **Normenkomplexe** auszugestalten und zu sichern hat, und deren **Kernbereich unantastbar** ist. Zu unterscheiden sind hier Institutsgarantien (1.) und institutionelle Garantien (2.). 50

Diejenigen Grundrechte, welche neben subjektiven Rechtspositionen zugleich bestimmte Einrichtungen gewährleisten, die vom Gesetzgeber durch entsprechende Normenkomplexe bereitzustellen sind, erweisen sich typischerweise als sog. **normgeprägte Grundrechte**. Von einem normgeprägten Grundrecht ist immer dann die Rede, wenn die grundrechtlich geschützte Freiheitsbetätigung oder der grundrechtlich geschützte Zustand nicht an eine dem Recht vorausliegende *natürliche* Gegebenheit anknüpft – wie etwa das Recht auf Leben und körperliche Unversehrtheit, Art. 2 Abs. 2 S. 1 GG, oder das Recht auf freie Meinungsäußerung, Art. 5 Abs. 1 S. 1 GG –, sondern von einem gewissen Bestand an *Rechtsnormen* abhängt, die also „ohne Recht nicht denkbar" sind[93] – etwa die Eigentumsfreiheit des Art. 14 Abs. 1 S. 1 GG, die an das Eigentum, also ein rein rechtliches Konstrukt anknüpft. Bei der Prüfung einer gesetzgeberischen Maßnahme am Maßstab eines normgeprägten Grundrechts stellt sich oftmals die Frage, ob es sich bei der zu prüfenden Regelung um eine rechtliche **Ausgestaltung des Schutz-**

91 BVerfGE 89, 155 (182) – „Maastricht".
92 BVerfGE 123, 267 (330 ff., 340 ff.) – „Lissabon".
93 So mit Blick auf den Schutz der Ehe aus Art. 6 Abs. 1 GG *Gusy*, JA 1986, 183 (184).

bereichs handelt, die das normgeprägte Grundrecht ja gerade voraussetzt, oder ob es um einen verfassungsrechtlich rechtfertigungsbedürftigen **Eingriff in den Schutzbereich** geht.[94]

1. Institutsgarantien

51 Die sog. **Institutsgarantien** erfassen **privatrechtliche** Normenkomplexe. Insbesondere die folgenden privatrechtlichen Institute werden grundrechtlich garantiert:

- Garantie von Ehe und Familie durch Gewährleistung eines Normenkerns des Ehe- und Familienrechts, **Art. 6 Abs. 1 GG**[95],
- Garantie des Eigentums und des Erbrechts durch Gewährleistung eines Grundbestands von Normen, die als Eigentum und Erbrecht im Sinne der Grundrechtsbestimmung bezeichnet werden, **Art. 14 Abs. 1 S. 1 GG**[96].

2. Institutionelle Garantien

52 Die sog. **institutionellen Garantien** erfassen dagegen **öffentlich-rechtliche** Normenkomplexe. Hierzu gehören insbesondere

- die Garantie des Berufsbeamtentums in seiner hergebrachten Gestalt, **Art. 33 Abs. 5 GG**[97] sowie
- die Garantie der kommunalen Selbstverwaltung, **Art. 28 Abs. 2 S. 1 GG.**[98]

V. Objektive Wertordnung

53 Über die bislang genannten Wirkungen (als Abwehrrechte, Leistungs- und Teilnahmerechte sowie als Einrichtungsgarantien) hinaus kommt den Grundrechten nach der Rechtsprechung des Bundesverfassungsgerichts außerdem eine ganz wesentliche Funktion für die Rechtsordnung unter dem Grundgesetz insgesamt zu: In seinem Grundrechtsabschnitt habe das Grundgesetz, so das Bundesverfassungsgericht in seiner berühmten Lüth-Entscheidung, eine „**objektive Wertordnung** aufgerichtet", mit der „eine prinzipielle Verstärkung der Geltungskraft der Grundrechte zum Ausdruck kommt (…). Dieses Wertsystem (…) muss als **verfassungsrechtliche Grundentscheidung für alle Bereiche des Rechts** gelten; Gesetzgebung, Verwaltung und Rechtsprechung empfangen von ihm Richtlinien und Impulse."[99] Die Grundrechtsnormen entfalten auf diese Weise, zumal über die Bindung aller drei Staatsgewalten, eine **Ausstrahlungswirkung** in sämtliche Bereiche des einfachen Rechts (Zivilrecht, Strafrecht, Verwaltungsrecht usw.), die auf eine „Optimierung" der Grundrechtsgehalte abzielt.[100] Die einzelnen Rechtsbereiche bleiben dabei zwar als solche bestehen,

94 Vgl. dazu weiterführend etwa unten Rn. 350 f.
95 BVerfGE 6, 55 (72) – „Steuersplitting".
96 BVerfGE 24, 367 (389) – „Hamburgisches Deichordnungsgesetz".
97 BVerfGE 3, 58 (137) – „Beamtenverhältnisse".
98 BVerfGE 1, 167 (173 f.) – „Selbstverwaltungsrecht der Gemeinden".
99 BVerfGE 7, 198 (205) – „Lüth" (ohne Hervorhebungen im Original).
100 Vgl. zum Optimierungsgedanken grundlegend *Alexy*, Theorie der Grundrechte (1985), 3. Aufl. 1996, S. 71 ff.

werden aber „verfassungsrechtlich durchwirkt" und bilden mit den objektiv-rechtlichen Gehalten der Grundrechtsnormen „eine – oftmals schwer auflösbare – Gemengelage".[101] Verbunden ist damit zugleich ein grundsätzlicher **Zugriff des Bundesverfassungsgerichts** auf die Beachtung dieser objektiv-rechtlichen Grundrechtswirkungen bei der Setzung, aber auch und insbesondere bei der – die primär den Fachgerichten zugewiesenen – Auslegung und Anwendung sämtlicher Vorschriften des einfachen Rechts.[102]

Es ließe sich gewiss darüber streiten, ob die „Wertordnungsfunktion" tatsächlich eine **eigenständige Grundrechtsfunktion** darstellt oder nicht vielmehr in anderen objektiv-rechtlichen Funktionen aufgeht, insbesondere in der Schutzpflichtfunktion sowie in den Verfahrens-, Organisations- und Einrichtungsgarantien. Das Bundesverfassungsgericht rekurriert jedenfalls auch heute noch auf den Wertordnungstopos als selbständige Grundrechtsfunktion,[103] zum Teil sogar explizit neben der Schutzpflichtenlehre.[104]

Besonderer Ausdruck dieser Grundrechtsdimension sind die **Gebote grundrechtskonformer Auslegung** sowie **grundrechtskonformer Fortbildung** des einfachen Rechts. Dies gilt auch und insbesondere für das **Privatrecht**: Vor allem privatrechtliche **Generalklauseln** (z.B. die Schadenszufügung „in einer gegen die guten Sitten verstoßenden Weise" i.S.v. § 826 BGB oder die Pflicht zur Leistung gemäß „Treu und Glauben" i.S.v. § 242 BGB), also in hohem Maße ausfüllungsbedürftige Rechtsbegriffe, sind **im „Geiste" des grundrechtlichen Wertsystems auszulegen**. Da das Privatrecht die Rechtsbeziehungen zwischen Bürgern untereinander regelt und an sich nicht, wie das öffentliche Recht und damit auch die Grundrechtsnormen, das Verhältnis zwischen Bürger und Staat betrifft, spricht man von der sog. **mittelbaren Drittwirkung der Grundrechte**.[105] **54**

Die grundrechtskonforme Auslegung und Rechtsfortbildung sind Spezialfälle der verfassungskonformen Auslegung und Fortbildung des einfachen Rechts. **1.** Nach dem Gebot **grundrechtskonformer Auslegung** dürfen von zwei oder mehreren Auslegungsmöglichkeiten, die sich bei der Auslegung des einfachen Rechts unter Anwendung der herkömmlichen juristischen Auslegungsmethoden anbieten, nur diejenige(n) Auslegungsvariante(n) der Einzelfallentscheidung zugrunde gelegt werden, die sich als grundrechtskonform erweisen. **Beispiel:**[106] Zur Absicherung eines von ihrem Vater aufgenommenen Darlehens schließt die unerfahrene 18-jährige T einen Bürgschaftsvertrag mit der Bank ihres Vaters gemäß § 765 BGB, wobei die Bank die Haftungsrisiken verharmlost; nachdem der Vater die Zinsen nicht mehr aufbringen kann, kündigt die Bank das Darlehen und nimmt zunächst erfolglos den Vater, anschließend T aus dem Bürgschaftsvertrag in Anspruch.[107] – Bei der Beurteilung der Frage, ob der Bürgschaftsvertrag gemäß § 138 Abs. 1 BGB „gegen die guten Sitten" verstieß und damit unwirksam war – also bei der Auslegung des § 138 Abs. 1 BGB –, ist zu berücksichtigen, dass beim Abschluss privatrechtlicher Verträge die durch Art. 2 Abs. 1 GG auch grundrechtlich geschützte Privatautonomie

101 *Böckenförde*, Der Staat 29 (1990), 1 (8).
102 Vgl. zu den Schwierigkeiten, die sich bei der Bestimmung des Prüfungsmaßstabs im Rahmen der verfassungsgerichtlichen Kontrolle der Verfassungsmäßigkeit der Auslegung und Anwendung des einfachen Rechts ergeben, ausführlich unten Rn. 79 ff.
103 Vgl. etwa BVerfG NJW 2016, 3014.
104 Beide Lehren aktivierte das Gericht etwa nebeneinander in seinem Beschluss zu einem arbeitsrechtlichen Fall in BVerfGE 137, 273 (313) – „Katholischer Chefarzt".
105 Vgl. dazu ausführlich unten Rn. 120 ff.
106 Nach BVerfGE 89, 214 – „Angehörigenbürgschaft".
107 Vgl. zu diesen Konstellationen grundlegend BVerfGE 89, 214 (229 ff.) – „Angehörigenbürgschaft".

der Vertragsschließenden betroffen ist; diese ist (ausnahmsweise) beeinträchtigt, wenn ein strukturelles Ungleichgewicht zu Lasten eines Vertragspartners besteht. Im Fall der T müsste man wegen ihres geringen Alters, ihrer Unerfahrenheit und der Verharmlosung des Haftungsrisikos von einer solchen Störung der Vertragsparität und damit bei grundrechtskonformer Auslegung des § 138 Abs. 1 BGB von einer Sittenwidrigkeit des Bürgschaftsvertrags im Sinne dieser Vorschrift ausgehen. **2.** Eine **grundrechtskonforme Rechtsfortbildung** ist dagegen dort geboten, wo sich bei einer Auslegung des Gesetzes nach den herkömmlichen Auslegungsmethoden keine zur Entscheidung des Einzelfalls heranziehbare Anordnung ergibt, die den aus den Grundrechtsnormen folgenden zwingenden Anforderungen genügt, der Gesetzeswortlaut diesen Anforderungen allerdings auch nicht entgegensteht.[108] **Beispiel:**[109] § 253 Abs. 1 und 2 BGB sehen den Ersatz eines Schadens, der nicht Vermögensschaden ist, für den Fall einer Verletzung des allgemeinen Persönlichkeitsrechts nicht vor. Der BGH geht dennoch in ständiger Rechtsprechung davon aus, dass jede Verletzung des in Art. 2 Abs. 1 i.V.m. Art. 1 Abs. 1 GG grundrechtlich geschützten allgemeinen Persönlichkeitsrechts eine Verpflichtung zum Ersatz auch immaterieller Schäden auslöst.[110] **3.** Ist eine gesetzliche Regelung weder einer grundrechtskonformen Auslegung noch einer grundrechtskonformen Fortbildung zugänglich, so ist sie **verfassungswidrig** und damit **nichtig**. Dies ist insbesondere bei der grundrechtskonformen Rechtsfortbildung zu beachten, da diese nicht *contra legem* erfolgen, also nicht gegen das vom Gesetzgeber Gewollte verstoßen darf.

55 Die im Laufe der Jahre vorangetriebene objektiv-rechtliche Auslegung der Grundrechtsnormen hat freilich nicht nur Zustimmung, sondern auch **Kritik** erfahren. Im Mittelpunkt stehen dabei vor allem die mit dem Gedanken einer umfassenden Optimierungswirkung der Grundrechtsnormen verbundenen Möglichkeiten des Bundesverfassungsgerichts zur Einflussnahme auf die Setzung und Anwendung des einfachen Rechts. Es wird hier die Gefahr gesehen, das Gericht könnte durch eine extensive Auslegung der im Verfassungsrang stehenden und damit dem einfachen Recht vorgehenden Grundrechtsnormen sowohl die **Gestaltungsspielräume des (einfachen) Gesetzgebers** als auch die **Befugnisse** der zur Auslegung und Anwendung des einfachen Rechts in erster Linie berufenen **Fachgerichte** aufsaugen. Da die Grundrechtsnormen regelmäßig in hohem Maße unbestimmt und offen gefasst sind, bestehe zudem ein gesteigertes Potential für richterlichen Dezisionismus, der **einer rationalen Überprüfung kaum zugänglich** sei.[111] Die Entscheidungspraxis des Bundesverfassungsgerichts zeigt indes, dass eine Realisierung dieser Gefahren bislang im Wesentlichen ausgeblieben ist. Das Gericht hat den Eigenwert sowohl der Gestaltungsspielräume des parlamentarischen Gesetzgebers als auch der Befugnisse der Fachgerichtsbarkeit schon immer nachdrücklich betont und sich prinzipiell bemüht, dem Gesetzgeber und den Fachgerichten einen möglichst breiten Gestaltungs- bzw. Entscheidungskorridor zu belassen. Ausdruck dessen ist zum einen die Anerkennung **großzügiger Einschätzungs- und Wertungsspielräume des Gesetzgebers** sowie die häufig genutzte verfassungsprozessuale Möglichkeit, von der Nichtigerklärung eines verfassungswidrigen Gesetzes abzusehen und dem Gesetzgeber die Gelegenheit zum Erlass einer **verfas-**

108 Vgl. zu den Voraussetzungen einer zulässigen gesetzesübersteigenden Rechtsfortbildung *Larenz/Canaris*, Methodenlehre der Rechtswissenschaft, 3. Aufl. 1995, S. 245 ff.

109 Nach BVerfGE 34, 269 – „Soraya".

110 Vgl. grundlegend BGHZ 26, 349 (354 ff.) – „Herrenreiter". Vgl. diese Rechtsprechung grundsätzlich billigend BVerfGE 34, 269 (285 ff.) – „Soraya".

111 Vgl. zum Ganzen die grundsätzliche Kritik von *Böckenförde*, Der Staat 29 (1990), 1 (26 ff.), der von einem „Fortschreiten zum verfassungsgerichtlichen Jurisdiktionsstaat" spricht (S. 29).

sungsgemäßen Neuregelung zu geben;[112] zum anderen zeigt das Bundesverfassungsgericht im Rahmen der Überprüfung **fachgerichtlicher Entscheidungen** im Hinblick auf die grundrechtskonforme Auslegung und Anwendung des einfachen Rechts eine besondere Sorgfalt bei der Bestimmung des **verfassungsrechtlichen Prüfungsmaßstabs.**[113] Von einer mangelnden rationalen Überprüfbarkeit der verfassungsgerichtlichen Entscheidungen schließlich kann angesichts der auch im internationalen Vergleich herausragenden **Quantität und Qualität der Entscheidungsbegründungen**, die auch Maßstäbe für nachfolgende Entscheidungen bilden, nicht die Rede sein.

VI. Grundpflichten – *status passivus*

Keine Entsprechung im heutigen Grundrechtsverständnis findet der klassische *status* 56
passivus, also der „Pflichtenstatus, der durch Leistungen des Bürgers an den Staat gekennzeichnet ist".[114] Insbesondere statuiert das Grundgesetz **keine Grundpflichten** des Einzelnen gegenüber dem Staat, wie dies etwa noch die Weimarer Reichsverfassung in ihrem Zweiten Hauptteil („Grundrechte und Grundpflichten der Deutschen") vorsah. Zwar werden sich letztlich alle einfachgesetzlich begründeten Pflichten des Einzelnen – etwa die Steuerpflicht oder, allgemeiner, die Pflicht zur Befolgung der Gesetze – in irgendeiner Weise auf eine verfassungsrechtliche Grundlage zurückführen lassen – etwa auf das Sozialstaatsprinzip (Art. 20 Abs. 3 GG), auf die Sozialbindung des Eigentums (Art. 14 Abs. 2 GG) oder kollidierende Grundrechte Dritter. Grundrechtsdogmatisch stellen sich derartige Pflichten indes allesamt als **Schranken der grundrechtlichen Freiheitsbetätigung** dar. **Unmittelbar aus der Verfassung** lassen sich konkrete Pflichten des Einzelnen gegenüber dem Staat **nicht** herleiten. Einer expliziten Figur der „Grundpflichten" bedarf es daher nicht.

Literaturhinweise:

Zu A. *Ossenbühl*, Grundsätze der Grundrechtsinterpretation, in: Merten/Papier (Hrsg.), Handbuch der Grundrechte, Band I, 2004, § 15 (zur Vertiefung)

Zu B. *Kingreen/Poscher*, Grundrechte Staatsrecht II, 33. Aufl. 2017, § 4 Rn. 93 ff.
Jarass, Funktionen und Dimensionen der Grundrechte, in: Merten/Papier (Hrsg.), Handbuch der Grundrechte, Band II, 2006, § 38 (zur Vertiefung)

Wichtige Rechtsprechung:

Zu B. II. BVerfGE 33, 303 – „1. Numerus-clausus-Urteil"
(Anspruch auf Zulassung zum Hochschulstudium aus Art. 12 Abs. 1 GG – Voraussetzungen der Zulässigkeit absoluter Zulassungsbeschränkungen für Studienanfänger)

---

112 Vgl. etwa die Verhältnismäßigkeitsprüfung sowie die dem Gesetzgeber eingeräumte Neuregelungsfrist bei BVerfGE 121, 317 (349 ff.) – „Nichtraucherschutz".

113 Vgl. beispielsweise BVerfGE 120, 180 (209 f.) – „Caroline von Monaco III". Siehe zu den Schwierigkeiten bei der Bestimmung des verfassungsrechtlichen Prüfungsmaßstabs im Rahmen einer Urteilsverfassungsbeschwerde ausführlich unten Rn. 79 ff.

114 *Kersten*, Georg Jellineks System – Eine Einleitung, in: Jellinek, System der subjektiven öffentlichen Rechte (1892), 2. Aufl. 1919 (2011), S. *37.

Zu B. III.	BVerfGE 39, 1 – „Schwangerschaftsabbruch I" (Objektive Pflicht des Staates zum Schutz des ungeborenen Lebens aus Art. 2 Abs. 2 S. 1 und Art. 1 Abs. 1 S. 2 GG)
Zu B. IV.	BVerfGE 53, 30 – „Mülheim-Kärlich" (Erforderlichkeit besonderer Verfahrensgestaltung im atomrechtlichen Genehmigungsverfahren wegen des Grundrechts auf Leben und Gesundheit aus Art. 2 Abs. 2 S. 1 GG)
Zu E.	BVerfGE 7, 198 – „Lüth" (Grundrechte als objektive Wertordnung – Figur der mittelbaren Drittwirkung von Grundrechten – Begriff der Sittenwidrigkeit i.S.v. § 826 BGB im Lichte der Meinungsfreiheit aus Art. 5 Abs. 1 S. 1 GG – Begriff der allgemeinen Gesetze i.S.v. Art. 5 Abs. 2 GG – Wechselwirkungslehre)

ist, **dessen Verletzung er rügt**.[119] Es ist daher zu prüfen, ob der Beschwerdeführer im Hinblick auf das als verletzt gerügte Grundrecht oder grundrechtsgleiche Recht **grundrechtsfähig** ist.[120]

3. Prozessfähigkeit

Die **Prozessfähigkeit** ist die Fähigkeit, Prozesshandlungen selbst oder durch einen selbst ernannten Vertreter rechtswirksam vorzunehmen.[121] Sie ist für das Verfahren vor dem Bundesverfassungsgericht nicht ausdrücklich geregelt und kann wegen der Eigenart des verfassungsgerichtlichen Verfahrens auch nicht ohne Weiteres aus anderen Verfahrensordnungen – etwa aus der Verwaltungsgerichtsordnung oder der Zivilprozessordnung – abgeleitet werden; maßgeblich ist vielmehr die Ausgestaltung des jeweiligen vom Beschwerdeführer in Anspruch genommenen Grundrechts.[122] 62

Allgemein gilt dabei Folgendes: Erhebt eine **natürliche, voll geschäftsfähige Person** Verfassungsbeschwerde, so kann die Prozessfähigkeit **ohne jede Problematisierung** bejaht werden. **Problematisch** und daher anzusprechen ist die Prozessfähigkeit v.a. in folgenden Fällen: 63

- Verfassungsbeschwerde eines nach bürgerlichem Recht **Minderjährigen** (oder sonst in der Geschäftsfähigkeit Beschränkten oder Geschäftsunfähigen)

  Hier entscheidet die sog. **Grundrechtsmündigkeit**[123] über die Prozessfähigkeit. Die Grundrechtsmündigkeit wird in diesem Zusammenhang davon abhängig gemacht, ob das jeweilige Grundrecht den Einzelnen generell als reif genug ansieht, im Schutzbereich des Grundrechts eigenständige Entscheidungen zu treffen, insbesondere ein Verfassungsbeschwerdeverfahren ordnungsgemäß zu führen. Fehlt diese Reife, so wird der Minderjährige von seinen **gesetzlichen Vertretern** – i.a.R. also von den Eltern, § 1629 BGB – im Prozess vertreten. **Indizien** für die Reife können sich aus Entscheidungen des einfachen Gesetzgebers ergeben, auch wenn dieser wegen des Vorrangs der Verfassung gegenüber dem einfachen Recht aus normhierarchischen Gründen wohl keine verbindliche Vorgabe für die Grundrechtsmündigkeit treffen darf.

  Beispiel: Ein Indiz dafür, dass die Grundrechtsmündigkeit in Bezug auf die Glaubens- und Religionsfreiheit (Art. 4 Abs. 1 und 2 GG) regelmäßig mit Vollendung des 14. Lebensjahres gegeben ist, lässt sich der Regelung des § 5 Satz 1 des Gesetzes über die religiöse Kindererziehung (KErzG) entnehmen, wonach einem Kind ab diesem Zeitpunkt die Entscheidung darüber zustehen soll, zu welchem religiösen Bekenntnis es sich halten will.

- Verfassungsbeschwerde einer **juristischen Person**

  Juristische Personen sind selbst handlungsunfähig. Daher handeln für sie im Prozess ihre **gesetzlichen Vertreter**. So werden beispielsweise eine GmbH durch

119 Vgl. etwa BVerfGE 21, 362 (367) – „Sozialversicherungsträger".
120 Vgl. zur Grundrechtsfähigkeit unten Rn. 86 ff.
121 Vgl. etwa *Kingreen/Poscher*, Grundrechte Staatsrecht II, 33. Aufl. 2017, § 35 Rn. 1292; *Sodan/Ziekow*, Grundkurs Öffentliches Recht, 7. Aufl. 2016, § 95 Rn. 5.
122 BVerfGE 1, 87 (89). Vgl. auch BVerfGE 28, 243 (254) – „Dienstpflichtverweigerung".
123 Vgl. zum Begriff der Grundrechtsmündigkeit auch unten Rn. 94 ff.

ihren Geschäftsführer vertreten, § 35 Abs. 1 S. 1 GmbHG, eine Aktiengesellschaft durch den Vorstand, § 78 Abs. 1 AktG.

4. Beschwerdegegenstand

64 **Gegenstand** der Verfassungsbeschwerde kann gemäß Art. 93 Abs. 1 Nr. 4a GG, § 90 Abs. 1 BVerfGG **jeder Akt öffentlicher Gewalt** sein. Ein Akt öffentlicher Gewalt ist jedes Tun oder Unterlassen der gesetzgebenden, vollziehenden und rechtsprechenden Gewalt, vgl. Art. 1 Abs. 3 GG. Oftmals ergehen im Einzelfall **mehrere Akte** der öffentlichen Gewalt, die den Beschwerdeführer in seinen Grundrechten verletzen könnten; hier kann der Beschwerdeführer auswählen, ob er alle Akte oder nur die letztinstanzliche Entscheidung mit **einer** Verfassungsbeschwerde angreifen möchte.[124]

Wird aufgrund eines Gesetzes (= 1. Akt) ein Verwaltungsakt erlassen (= 2. Akt), der angefochten und durch die Urteile des Verwaltungsgerichts (= 3. Akt), des Oberverwaltungsgerichts bzw. des Verwaltungsgerichtshofs (= 4. Akt) und des Bundesverwaltungsgerichts (= 5. Akt) bestätigt wird, so kann der Beschwerdeführer alle Akte zusammen oder nur das letztinstanzliche Urteil des Bundesverwaltungsgerichts mit *einer* (nicht etwa: mit fünf) Verfassungsbeschwerde angreifen. Im Rahmen einer juristischen **Fallbearbeitung** ist darauf abzustellen, welchen Akt bzw. welche Akte der Beschwerdeführer mit seiner Verfassungsbeschwerde konkret angreift. Nur wenn im Sachverhalt dazu nichts Näheres bestimmt ist, darf davon ausgegangen werden, dass der Beschwerdeführer sämtliche Akte angreifen möchte, wenn und soweit sie für diesen negativ waren.

5. Beschwerdebefugnis

65 **Beschwerdebefugt** ist der Beschwerdeführer gemäß Art. 93 Abs. 1 Nr. 4a GG, § 90 Abs. 1 BVerfGG, wenn er hinreichend substantiiert behauptet, in einem seiner Grundrechte oder grundrechtsgleichen Rechte verletzt zu sein. Erforderlich ist dazu, dass die Verletzung eines dieser Rechte zumindest **als möglich erscheint**[125] (sog. Möglichkeitstheorie) und der Beschwerdeführer dadurch **selbst, gegenwärtig und unmittelbar betroffen**[126] ist.

a) Möglichkeit der Rechtsverletzung

66 Die Möglichkeit einer Grundrechtsverletzung besteht, wenn sie nach dem Vortrag des Beschwerdeführers **nicht „von vornherein"** und **unter jeder möglichen Betrachtungsweise ausgeschlossen** ist.[127]

In der Fallbearbeitung sind hier **sämtliche** als verletzt in Betracht kommenden Grundrechte aufzuzählen. Die Möglichkeit einer Rechtsverletzung sollte jeweils nur dann verneint werden, wenn dies – ausnahmsweise – offensichtlich ist.

---

124 Vgl. dazu und zum Folgenden *Kingreen/Poscher*, Grundrechte Staatsrecht II, 33. Aufl. 2017, § 35 Rn. 1296.

125 Vgl. etwa BVerfGE 6, 445 (447) – „Mandatsverlust".

126 Vgl. BVerfGE 1, 97 (101) – „Hinterbliebenenrente I" (zur Rechtssatzverfassungsbeschwerde); E 53, 30 (48) – „Mülheim-Kärlich" (zur Urteilsverfassungsbeschwerde).

127 BVerfGE 125, 39 (73) – „Ladenöffnung an Adventssonntagen".

b) Eigene, gegenwärtige und unmittelbare Betroffenheit

aa) Eigene Betroffenheit

Die Beschwerdebefugnis setzt weiter voraus, dass der Beschwerdeführer **in eigenen Grundrechten verletzt** ist. Dies ist **grundsätzlich** nur dann der Fall, wenn der Beschwerdeführer selbst **Adressat** des angegriffenen Aktes öffentlicher Gewalt ist; sofern nicht der Beschwerdeführer, sondern ein Dritter Adressat des Hoheitsaktes ist, so liegt eine eigene Betroffenheit des Beschwerdeführer nur **ausnahmsweise** vor, wenn zwischen dem angegriffenen Akt und seiner Grundrechtsposition eine **hinreichende Nähebeziehung** besteht.[128] 67

Durch ein an die Inhaber von Gewerbebetrieben gerichtetes **Nachtarbeitsverbot** für Frauen sind diese selbst nur in ihren Rechten aus Art. 12 Abs. 1 GG, nicht aber in Art. 3 Abs. 2 und 3 GG betroffen. Darüber hinaus sind allerdings nicht nur Rechte der Normadressaten, also der Betriebsinhaber, berührt, sondern auch die Rechte der Arbeiterinnen aus Art. 3 Abs. 2 und 3 GG. Diese können sich auf das Diskriminierungsverbot berufen, zumal sie in einem arbeitsvertraglichen Beschäftigungsverhältnis zu den Normadressaten stehen und von dem Verbot daher nicht nur indirekt berührt werden.[129] – Durch ein an die Betreiber von Sonnenstudios gerichtetes **Verbot der Nutzung von Solarien durch Minderjährige** werden die Rechte der Betreiber aus Art. 12 Abs. 1 GG, aber auch die Rechte der Minderjährigen aus Art. 2 Abs. 1 GG berührt.[130] – Die arbeitsrechtliche **Tarifeinheitsregelung**, wonach im Falle einer Kollision zweier Tarifverträge der Tarifvertrag der jeweiligen Minderheitsgewerkschaft verdrängt werden soll, ist zwar nicht an die einzelnen Mitglieder der Minderheitsgewerkschaft gerichtet; gleichwohl verlieren sie aufgrund der Regelung ihre Rechte aus dem von ihrer Gewerkschaft abgeschlossenen Tarifvertrag.[131]

Problematisch ist die eigene Betroffenheit außerdem, wenn der Beschwerdeführer nicht – wie im Normalfall – *eigene* Rechte im *eigenen* Namen oder – wie im Falle einer prinzipiell zulässigen Prozessvertretung (z.B. durch einen Rechtsanwalt) – *fremde* Rechte in *fremdem* Namen, sondern ***fremde* Rechte im *eigenen* Namen geltend macht** (sog. **Prozessstandschaft**). Grundsätzlich besteht in Verfahren vor dem Bundesverfassungsgericht **kein Raum** für eine derartige Prozessstandschaft, es sei denn, es könnte andernfalls niemand gegen den grundrechtsverletzenden Akt Verfassungsbeschwerde einlegen, etwa im Falle eines Testamentsvollstreckers[132] oder eines Insolvenzverwalters[133] (also insbesondere im Falle der sog. „Parteien kraft Amtes").[134] 68

bb) Gegenwärtige Betroffenheit

Gegenwärtige Betroffenheit setzt voraus, dass die behauptete Grundrechtsverletzung **schon vorliegt** und **noch andauert**.[135] Grundrechtsverletzungen in der Vergangenheit 69

---

128 Vgl. *Kingreen/Poscher*, Grundrechte Staatsrecht II, 33. Aufl. 2017, § 35 Rn. 1308.
129 Vgl. dazu BVerfGE 85, 191 (205 ff.) – „Nachtarbeitsverbot".
130 Vgl. BVerfG, Kammerbeschl. v. 21.12.2011, 1 BvR 2007/10, juris, Rn. 17 f. (zur parallel gelagerten Frage des Grundrechtseingriffs).
131 Vgl. dazu jüngst BVerfG, Urt. v. 11.7.2017, 1 BvR 1571/15 u.a., Rn. 115.
132 Vgl. BVerfGE 21, 139 (143) – „Freiwillige Gerichtsbarkeit".
133 Vgl. BVerfGE 65, 182 (190) – „Sozialplan".
134 Vgl. *Benda/Klein*, Verfassungsprozessrecht, 3. Aufl. 2012, Rn. 558.
135 Vgl. *Kingreen/Poscher*, Grundrechte Staatsrecht II, 33. Aufl. 2017, § 35 Rn. 1312.

oder ein mögliches („virtuelles")[136] Betroffensein irgendwann in der Zukunft genügen **grundsätzlich** nicht für die Beschwerdebefugnis. Hiervon werden jedoch **Ausnahmen** gemacht, und zwar

- bei **vergangenen** Grundrechtsverletzungen, wenn von dem angegriffenen Akt **weiterhin Beeinträchtigungen**[137] ausgehen, wenn eine **Wiederholungsgefahr**[138] besteht oder wenn ein besonders **schwerwiegender Grundrechtseingriff**[139] im Raum steht,
- bei **künftigen** Grundrechtsverletzungen, wenn der angegriffene Akt schon jetzt zu bestimmten, **„später nicht mehr korrigierbaren Entscheidungen"** oder **nicht mehr nachholbaren „Dispositionen"** zwingt bzw. veranlasst.[140]

Vertretbar wäre es auch, diese Fragen unter einem besonderen Punkt **„Rechtsschutzinteresse"** zu prüfen.[141]

cc) Unmittelbare Betroffenheit

70 Der Beschwerdeführer ist schließlich **unmittelbar** betroffen, wenn der angegriffene Akt **selbst und ohne weitere notwendige oder typische Vollzugsakte** die Rechtsstellung des Beschwerdeführers ändert.[142]

Keine „Vollzugsakte" im Sinne dieser Definition sind **Sanktionen** aus dem Recht der **Ordnungswidrigkeiten** oder des **Strafrechts**, welche an die Nichtbeachtung einer Regelung geknüpft sind. Eine Zuwiderhandlung und eine Provokation der entsprechenden Sanktionierung kann den Betroffenen **nicht zugemutet** werden.[143]

71 Diese Voraussetzung ist insbesondere problematisch bei Verfassungsbeschwerden gegen **Rechtsnormen**: Diese lösen dann eine unmittelbare Betroffenheit aus, wenn sie selbst Ge- oder Verbote aussprechen, eine rechtsgestaltende Regelung treffen oder ihre Wirkungen bereits im Vorfeld ihrer Anwendung entfalten und damit bereits unmittelbar spürbare Rechtsfolgen bewirken.[144] Keine unmittelbare Betroffenheit liegt dagegen **grundsätzlich** vor, wenn die Rechtsnorm erst zu staatlichen Eingriffen berechtigt; ein anderes gilt **ausnahmsweise** dann, wenn die Norm der vollziehenden Behörde eindeutig **keinerlei Entscheidungsspielräume beim Vollzug** lässt[145] oder es dem Betroffenen aus anderen Gründen **nicht zugemutet** werden kann, den Vollzug der Rechtsnorm abzuwarten.

136 BVerfGE 60, 360 (371) – „Beitragsfreie Krankenversicherung".
137 Vgl. BVerfGE 9, 89 (93 f.) – „Gehör bei Haftbefehl"; E 21, 378 (383) – „Wehrdisziplin".
138 Vgl. BVerfGE 69, 257 (266) – „Politische Parteien".
139 Vgl. BVerfGE 104, 220 (231) – „Rehabilitierung bei Abschiebungshaft".
140 BVerfGE 60, 360 (372) – „Beitragsfreie Krankenversicherung".
141 Vgl. so etwa BVerfGE 9, 89 (93 f.) – „Gehör bei Haftbefehl"; E 21, 378 (383) – „Wehrdisziplin". Vgl. aus dem Schrifttum etwa *Benda/Klein*, Verfassungsprozessrecht, 3. Aufl. 2012, Rn. 566.
142 Vgl. bereits BVerfGE 1, 97 (101) – „Hinterbliebenenrente I". Siehe dazu sowie zum folgenden Beispiel *Manssen*, Staatsrecht II Grundrechte, 11. Aufl. 2014, § 35 Rn. 887.
143 Vgl. BVerfGE 26, 246 (256 m.w.N.) – „Halbfettmargarine".
144 Vgl. zu dem letztgenannten Fall BVerfG, Urt. v. 11.7.2017, 1 BvR 1571/15 u.a., Rn. 111.
145 Vgl. BVerfGE 43, 108 (117) – „Kinderfreibeträge".

6. Rechtswegerschöpfung

Gemäß § 90 Abs. 2 S. 1 BVerfGG kann der Beschwerdeführer die Verfassungsbeschwerde erst erheben, wenn der **Rechtsweg erschöpft** ist, sofern dieser überhaupt eröffnet ist. **Rechtsweg** ist „jede gesetzlich normierte Möglichkeit der Anrufung eines Gerichts", die es dem Einzelnen erlaubt, die behauptete Grundrechtsverletzung zu überprüfen und auszuräumen.[146] Dazu zählen insbesondere auch Rechtsbehelfe, die dem Gericht eine Sachprüfung zur Ausräumung der Grundrechtsverletzung überhaupt erst ermöglichen sollen, also etwa auch ein Antrag auf Wiedereinsetzung in den vorigen Stand[147] oder die Erhebung einer Nichtzulassungsbeschwerde[148]. **Erschöpft** ist der Rechtsweg, wenn der Beschwerdeführer alle in seinem konkreten Fall statthaften, nicht offensichtlich aussichtslosen[149] Rechtsbehelfe zur Ausräumung der Grundrechtsverletzung ordnungsgemäß – insbesondere also form- und fristgerecht[150] –, aber erfolglos eingelegt hat. 72

Dieser Grundsatz wird in § 90 Abs. 2 S. 2 BVerfGG durchbrochen. Hiernach kann die Verfassungsbeschwerde auch schon vor Erschöpfung des Rechtswegs eingelegt werden, wenn sie **von allgemeiner Bedeutung**[151] ist oder dem Beschwerdeführer durch die Verweisung auf den allgemeinen Rechtsweg ein **schwerer und unabwendbarer Nachteil**[152] droht. 73

7. Subsidiarität der Verfassungsbeschwerde

Der Grundsatz der **Subsidiarität** wurde vom Bundesverfassungsgericht in Erweiterung des Rechtswegerschöpfungsgebots aus § 90 Abs. 2 S. 1 BVerfGG entwickelt. Das Subsidiaritätskriterium verlangt, dass der Beschwerdeführer auch über das Gebot der Rechtswegerschöpfung im engeren Sinne hinaus die ihm zur Verfügung stehenden prozessualen Möglichkeiten ergreift, um eine Korrektur der behaupteten Grundrechtsverletzung zu erwirken.[153] Dadurch soll v.a. gewährleistet werden, dass das Bundesverfassungsgericht **entlastet** wird und ggfs. auf einen **in tatsächlicher und rechtlicher Hinsicht aufbereiteten Fall** trifft. Insbesondere bei Verfassungsbeschwerden **gegen ein formelles Gesetz**, gegen welches dem Beschwerdeführer unmittelbar kein Rechtsbehelf zusteht, ein Rechtsweg also schon gar nicht eröffnet ist, muss der Beschwerdeführer grundsätzlich den Vollzug des Gesetzes abwarten und gegen die Vollzugsmaßnahme vorgehen, damit das dann angerufene Gericht die Möglichkeit hat, eine konkrete Normenkontrolle zum Bundesverfassungsgericht nach Art. 100 Abs. 1 GG zu beantragen.[154] 74

146 BVerfGE 67, 157 (170) – „G 10".
147 Vgl. BVerfGE 42, 252 (256 f.).
148 Vgl. BVerfGE 51, 386 (395 f.) – „Ausweisung II".
149 Vgl. BVerfGE 16, 1 (2 f.).
150 Vgl. bereits BVerfGE 1, 12 (13).
151 Vgl. etwa BVerfGE 19, 268 (273) – „Kirchenlohnsteuer II".
152 Vgl. etwa BVerfGE 7, 99 (105) – „Sendezeit I".
153 Vgl. BVerfGE 68, 384 (389). Vgl. auch BVerfG, Beschl. v. 19.07.2001, 2 BvR 1175/01.
154 Vgl. BVerfGE 74, 69 (74) – „Subsidiarität der Gesetzesverfassungsbeschwerde".

Unter dem Stichwort **„materieller" Subsidiarität** wird gelegentlich die Frage aufgeworfen, ob und inwiefern der Beschwerdeführer die mit der Verfassungsbeschwerde erhobenen Grundrechtsrügen bereits durch einen Vortrag der relevanten Tatsachen oder gar durch einen entsprechenden verfassungsrechtlichen Vortrag in das fachgerichtliche Verfahren eingebracht haben muss.[155] Während ein grundsätzlich neuer Tatsachenvortrag im Verfassungsbeschwerdeverfahren nach ständiger Rechtsprechung des Bundesverfassungsgerichts ausgeschlossen ist, wird man im Allgemeinen nicht verlangen können, dass der Beschwerdeführer bereits zu Beginn des fachgerichtlichen Verfahrens verfassungsrechtliche Bedenken vorträgt.[156] Im Rahmen einer juristischen **Fallbearbeitung** spielt die materielle Subsidiarität i.a.R. keine Rolle und ist daher **regelmäßig nicht anzusprechen**.

In der Rechtsprechung des Bundesverfassungsgerichts sind die Anforderungen an die **formelle Subsidiarität** einerseits und an die **unmittelbare Betroffenheit** andererseits gerade bei Gesetzesverfassungsbeschwerden vielfach nicht (mehr) klar unterscheidbar.[157] Für die Fallbearbeitung empfiehlt es sich gleichwohl, beide Prüfungspunkte – wie auch das Bundesverfassungsgericht – separat zu behandeln. Dabei sollte man freilich nicht zu unterschiedlichen Ergebnissen bei der Prüfung der unmittelbaren Betroffenheit und der (formellen) Subsidiarität gelangen.

75 Auch für den Grundsatz der Subsidiarität wird die **Ausnahmeregelung** des § 90 Abs. 2 S. 2 BVerfGG zumindest sinngemäß angewendet.[158] Denn sowohl das Erfordernis der Rechtswegerschöpfung als auch der Grundsatz der Subsidiarität sind spezielle Ausprägungen des **Rechtsschutzbedürfnisses**.

8. Form und Frist

76 Schließlich muss die Verfassungsbeschwerde **form- und fristgerecht erhoben** worden sein. Gemäß § 23 Abs. 1 S. 1 BVerfGG ist die Verfassungsbeschwerde **schriftlich** einzureichen. Für die Einlegungsfrist gilt § 93 BVerfGG: Grundsätzlich beträgt sie **einen Monat** ab Bekanntgabe der letzten und abschließenden Entscheidung, § 93 Abs. 1 BVerfGG; bei Hoheitsakten, gegen die der Rechtsweg nicht offen steht, beträgt sie **ein Jahr**, § 93 Abs. 3 BVerfGG.

II. Begründetheit der Verfassungsbeschwerde

77 Der **Obersatz** für die Prüfung der Begründetheit der Verfassungsbeschwerde lautet immer wie folgt: „Die Verfassungsbeschwerde ist begründet, wenn der Beschwerdeführer durch den angegriffenen Akt in seinen Grundrechten oder grundrechtsgleichen Rechten verletzt ist."

---

155 Vgl. dazu *Schlaich/Korioth*, Das Bundesverfassungsgericht, 10. Aufl. 2015, Rn. 248 f.; aus der Rechtsprechung etwa BVerfG, Beschl. v. 27.11.2017, 1 BvR 1555/14, Rn. 17 f.

156 Vgl. BVerfGE 112, 50 (62, 63 f.) – „Opferentschädigungsgesetz".

157 Vgl. etwa BVerfG, Urt. v. 11.7.2017, 1 BvR 1571/15 u.a., Rn. 111 und 119, wo die unmittelbare Betroffenheit darauf gestützt wird, dass die angegriffene gesetzliche Regelung darauf angelegt sei, „ihre Wirkungen schon im Vorfeld zu entfalten; sie bewirkt damit bereits unmittelbar spürbare Rechtsfolgen"; auch zur Subsidiarität wird ausgeführt, dass eine fachgerichtliche Klärung wegen der „von den Regelungen unmittelbar ausgehenden Wirkungen im Vorfeld" nicht zumutbar sei. Vgl. auch *Schlaich/Korioth*, Das Bundesverfassungsgericht, 10. Aufl. 2015, Rn. 238, wonach das Unmittelbarkeitserfordernis aus der Subsidiarität der Verfassungsbeschwerde abgeleitet worden sei.

158 Vgl. BVerfGE 84, 90 (116) – „Bodenreform I".

Die folgenden Darlegungen zum **Prüfungsmaßstab** und zum **Prüfungsumfang** sind im Rahmen einer rechtsgutachtlichen **Fallbearbeitung** nicht wiederzugeben. Einzig zu den Schwierigkeiten bei der Bestimmung des Prüfungsmaßstabs einer **Urteilsverfassungsbeschwerde** werden auch im Rahmen solcher Fallbearbeitungen Ausführungen erwartet. Sie sind dann allerdings i.d.R. nicht, wie hier aus systematischen Gründen geschehen, abstrakt und ohne konkreten Fallbezug der Begründetheitsprüfung voranzustellen – einer sauberen Gutachtentechnik würde dies kaum entsprechen. Sofern sich aus dem Sachverhalt Anhaltspunkte für eine Grundrechtsverletzung durch ein unrichtiges Urteil ergeben, ist der Prüfungsmaßstab einer Urteilsverfassungsbeschwerde vielmehr in gebotener Kürze zu Beginn des Prüfungspunkts „Verfassungsmäßige Rechtsanwendung" darzulegen.[159]

1. Prüfungsmaßstab

a) Das Verfassungsrecht des Bundes als Prüfungsmaßstab

Prüfungsmaßstab im Verfassungsbeschwerdeverfahren sind ausweislich des Art. 93 **78** Abs. 1 Nr. 4a GG und des § 90 Abs. 1 BVerfGG zunächst die **Grundrechte** und **grundrechtsgleichen Rechte des Grundgesetzes.** Des Weiteren geht das Bundesverfassungsgericht seit seiner berühmten **Elfes-Entscheidung**[160] davon aus, dass ein Grundrechtseingriff nur dann verfassungsrechtlich gerechtfertigt sein kann, wenn das ihm zugrunde liegende Gesetz insgesamt – also auch unabhängig von den spezifisch grundrechtlichen Vorgaben – in **formeller** und **materieller** Hinsicht **mit dem Grundgesetz vereinbar** ist, also „in jeder Hinsicht den Anforderungen des Grundgesetzes entspricht".[161] Dies schließt neben materiell-verfassungsrechtlichen Vorgaben wie der Wesensgehaltsgarantie (Art. 19 Abs. 2 GG) auch die Wahrung der grundgesetzlichen Kompetenzordnung (Art. 70 ff. GG) und der Vorschriften über das Gesetzgebungsverfahren (Art. 76 ff. GG), also an sich rein staatsorganisationsrechtlicher Bestimmungen, mit ein. Prüfungsmaßstab ist daher grundsätzlich das gesamte **Verfassungsrecht des Bundes.**

Obwohl die **formelle Verfassungsmäßigkeit** üblicherweise immer vor der **materiellen Verfassungsmäßigkeit** geprüft wird,[162] besteht zwischen diesen Prüfungspunkten **kein logisches Vorrangverhältnis**. Verneint das Bundesverfassungsgericht bereits die formelle Verfassungsmäßigkeit eines Gesetzes, so kann es trotzdem auch die materielle Verfassungsmäßigkeit umfassend prüfen.[163] Ergeben sich dabei auch in materieller Hinsicht Verfassungsverstöße, so stellen auch diese tragende Gründe der Entscheidung dar. Feststellungen, die das Bundesverfassungsgericht zur materiellen Verfassungsmäßigkeit trifft, obwohl es die Verfassungsmäßigkeit bereits aus formellen Gründen verneint hat, stellen daher kein *obiter dictum* – d.h. eine vom Gericht geäußerte Rechtsansicht, auf die es für die Entscheidung im Ergebnis nicht mehr ankommt – dar.[164]

159 Vgl. zu diesem Punkt unten Rn. 157 f.

160 BVerfGE 6, 32 (37 ff.) – „Elfes". Vgl. dazu im Zusammenhang mit der Grundrechtsprüfung ausführlich unten Rn. 157 f.

161 BVerfGE 115, 118 (139) – „Luftsicherheitsgesetz".

162 Vgl. dazu unten Rn. 146 ff.

163 Vgl. etwa die Prüfung bei BVerfGE 115, 118 (139 ff.) – „Luftsicherheitsgesetz".

164 So aber – völlig verfehlt – mit Blick auf die in der Entscheidung des Bundesverfassungsgerichts zum Luftsicherheitsgesetz getroffenen Feststellungen *Pestalozza*, NJW 2007, 492 (494). Vgl. dagegen wie hier *Benda/Klein*, Verfassungsprozessrecht, 3. Aufl. 2012, Rn. 469.

b) Schwierigkeiten bei der Bestimmung des Prüfungsmaßstabs im Rahmen der Urteilsverfassungsbeschwerde

79 Insbesondere bei Verfassungsbeschwerden, deren Beschwerdegegenstand eine Gerichtsentscheidung ist (sog. **Urteilsverfassungsbeschwerde**), stellt sich ein besonderes Problem.[165] Da die Rechtsprechung kraft Verfassungsrechts, nämlich gemäß **Art. 20 Abs. 3** und **Art. 97 Abs. 1 GG**, an das einfache Gesetzesrecht gebunden ist, stellt jede **falsche Gerichtsentscheidung** nicht nur einen einfachen Gesetzesverstoß, sondern zugleich auch einen Verstoß gegen Art. 20 Abs. 3 und Art. 97 Abs. 1 GG dar. In einem Verstoß gegen einfaches Gesetzesrecht liegt daher zwar nicht direkt, wohl aber **indirekt** auch immer ein **Verstoß gegen Verfassungsrecht**. Ließe man jedoch gegen alle nach Maßgabe des einfachen Rechts unrichtigen Gerichtsentscheidungen die Verfassungsbeschwerde zu, so würde das Bundesverfassungsgericht zur **„Superrevisionsinstanz"**, d.h. zur höchsten Rechtsmittelinstanz. Dadurch wäre das Gericht zum einen **völlig überlastet**. Zum anderen widerspräche dies auch **Art. 95 Abs. 1 GG**, wonach der Bund als oberste Gerichtshöfe – d.h. als letzte Rechtsmittelinstanzen – die dort genannten fünf Bundesgerichte zu errichten hat. Die Überprüfung einfachen Rechts muss daher in erster Linie Sache der Fachgerichte bleiben, das Bundesverfassungsgericht überprüft Verstöße gegen einfaches Recht nur insoweit, als in ihnen zugleich ein **Verstoß gegen „spezifisches Verfassungsrecht"**[166] liegt, der Entscheidungsfehler also „gerade in der Nichtbeachtung von Grundrechten" liegt.[167]

80 Um die im Einzelfall schwierige Abgrenzung zwischen Verstößen gegen derart spezifisches Verfassungsrecht und einfachen Gesetzesverstößen handhabbar zu machen, können verschiedene Ansatzpunkte gewählt werden. Zum einen ist zu prüfen, ob und inwiefern das Gericht die **materiellen Grundrechtsgehalte** beachtet hat. Eine Verletzung spezifischen Verfassungsrechts liegt insofern vor, wenn bei der Auslegung und Anwendung einfachen Rechts der **„Einfluss der Grundrechte grundlegend verkannt"**[168] wurde, was vor allem dann der Fall ist, wenn das einschlägige Grundrecht

- **gänzlich übersehen** oder
- auf einer der Stufen der Grundrechtsprüfung[169] **falsch angewendet** wurde, d.h. wenn sich die vom Gericht zugrunde gelegten und für die Entscheidung erheblichen
  - Voraussetzungen für die Eröffnung des **Schutzbereichs** eines Grundrechts, die
  - Voraussetzungen für einen **Eingriff** oder die

---

165 Vgl. zum Folgenden ausführlich *Papier*, in: FS 25 Jahre BVerfG, Band I, 1976, S. 432 ff.

166 So bereits BVerfGE 1, 418 (420) – „Ahndungsgesetz". Vgl. ausführlich und grundlegend BVerfGE 18, 85 (92 f.) – „Patent-Beschluss".

167 BVerfGE 18, 85 (93) – „Patent-Beschluss".

168 BVerfGE 89, 276 (285) – „§ 611a BGB", unter Verweis auf BVerfGE 18, 85 (92 f.) – „Patent-Beschluss".

169 Vgl. dazu unten Rn. 125 ff.

Anforderungen an die **verfassungsrechtliche Rechtfertigung** des Eingriffs als **unrichtig** erweisen, insbesondere, wenn ein **Verstoß gegen den Verhältnismäßigkeitsgrundsatz** vorliegt.[170]

In seinem grundlegenden **Patent-Beschluss** aus dem Jahre 1964 hatte das Bundesverfassungsgericht die noch etwas restriktiver formulierte, nach dem Berichterstatter in jenem Verfahren, *Karl Heck*, benannte **Heck'sche Formel** verwendet, wonach „die normalen Subsumtionsvorgänge innerhalb des einfachen Rechts solange der Nachprüfung des Bundesverfassungsgerichts entzogen sind, als nicht Auslegungsfehler sichtbar werden, die auf einer **grundsätzlich unrichtigen Anschauung von der Bedeutung eines Grundrechts**, insbesondere vom Umfang seines Schutzbereichs beruhen und auch **in ihrer materiellen Bedeutung für den konkreten Rechtsfall von einigem Gewicht** sind."[171] Diese „Formel" wird auch in der nachfolgenden Rechtsprechung des Bundesverfassungsgerichts verwendet. In der praktischen Fallbearbeitung ist diese Formel mit ihren Einschränkungen („grundsätzlich unrichtigen", „von einigem Gewicht") freilich schwer handhabbar.

Zweiter Ansatzpunkt wäre die zum einen wegen Art. 20 Abs. 3 und Art. 97 Abs. 1 GG gebotene, zum anderen aber auch wegen Art. 3 Abs. 1 GG angezeigte Kontrolle der **Gesetzesbindung des Gerichts** als solche. Eine Verletzung spezifischen Verfassungsrechts wäre dann anzunehmen, wenn **81**

- sich die Rechtsanwendung als **willkürlich** darstellt, sie also „unter keinem denkbaren Aspekt rechtlich vertretbar ist und sich der Schluss aufdrängt, dass der Richterspruch auf sachfremden Erwägungen beruht",[172] oder
- die **Grenzen unzulässiger Rechtsfortbildung** überschritten sind.

Bei der **Fallbearbeitung** im Rahmen juristischer Prüfungsarbeiten ist eine derart detaillierte Prüfung regelmäßig schon deswegen nicht möglich, weil der Sachverhalt die Entscheidungsgründe des Gerichts zumeist nicht im Einzelnen wiedergibt. Im Rahmen einer solchen Fallbearbeitung kommt es daher in aller Regel darauf an, zu prüfen, ob die Einzelfallentscheidung selbst **verhältnismäßig** war.[173] **82**

2. Prüfungsumfang

Im Rahmen der Begründetheit der Verfassungsbeschwerde prüft das Bundesverfassungsgericht jedenfalls die Vereinbarkeit des angegriffenen Hoheitsaktes mit den **vom Beschwerdeführer als verletzt gerügten Grundrechten**. Ob der Prüfungsumfang indes nicht nur auf die Überprüfung der erhobenen Grundrechtsrügen beschränkt ist, sondern sich die Prüfung der angegriffenen Maßnahme, darüber hinausgehend, auf **jeden in Betracht kommenden Verstoß gegen Verfassungsrecht** erstreckt, wird von den beiden Senaten des Bundesverfassungsgerichts nicht einheitlich gehandhabt: Während der **Erste Senat des Bundesverfassungsgerichts** dazu neigt, den Prüfungsumfang auf die gerügten Grundrechte zu beschränken, tendiert der **Zweite Senat des** **83**

170 Vgl. aus der umfangreichen Rechtsprechung etwa BVerfGE 120, 180 (210) – „Caroline von Monaco III". Siehe zu diesen Formeln auch *Kingreen/Poscher*, Grundrechte Staatsrecht II, 33. Aufl. 2017, § 36 Rn. 1350 ff.

171 BVerfGE 18, 85 (93) – „Patent-Beschluss".

172 BVerfGE 87, 273 (278 f.) – „Erörterungsgebühr".

173 Vgl. zum Verhältnismäßigkeitsgrundsatz ausführlich unten Rn. 149 ff.

Bundesverfassungsgerichts dazu, die Verfassungsmäßigkeit des angegriffenen Hoheitsaktes umfassend zu prüfen.[174]

In der Studienliteratur wird diese Frage meist nicht behandelt; vielmehr geht man überwiegend ohne weitere Begründung von einem **weiten Prüfungsumfang** aus. Auch in der **Fallbearbeitung** empfiehlt es sich daher i.d.R., diese unterschiedliche Handhabung nicht darzulegen, sondern die Verfassungsmäßigkeit der Maßnahme umfassend zu prüfen, zumal im juristischen Gutachten meist auf **alle aufgeworfenen Rechtsfragen** einzugehen ist.

84 Legt man – wie üblich – den letztgenannten weiten Prüfungsumfang zugrunde, ist im Rahmen der Begründetheit zu prüfen, ob der angegriffene Akt der öffentlichen Gewalt

- die **gerügten Grundrechte** des Beschwerdeführers verletzt,[175]
- **andere** Grundrechte des Beschwerdeführers verletzt
- oder gegen **sonstiges Verfassungsrecht** verstößt.

III. Entscheidung

85 Ist die Verfassungsbeschwerde **unzulässig**, wird sie – sofern es nicht bereits an den Annahmevoraussetzungen des § 93a Abs. 2 BVerfGG fehlt – **verworfen.** Ist sie **zulässig**, aber **unbegründet**, wird die Verfassungsbeschwerde **zurückgewiesen**. Wenn die Verfassungsbeschwerde **zulässig und begründet** ist und ihr **stattgegeben** wird, so richtet sich der Entscheidungsinhalt grundsätzlich nach § 95 BVerfGG.

Literaturhinweise:

Kingreen/Poscher, Grundrechte Staatsrecht II, 33. Aufl. 2017, § 34 Rn. 1285 ff., § 35 Rn. 1290 ff.
Benda/Klein, Verfassungsprozessrecht, 3. Aufl. 2012, § 19 Rn. 417 ff. (zur Vertiefung)
Schlaich/Korioth, Das Bundesverfassungsgericht, 10. Aufl. 2015, Rn. 194 ff. (zur Vertiefung)

Wichtige Rechtsprechung:

Zu II. 1. BVerfGE 6, 32 – „Elfes"
(Grundrechtlicher Schutz der Ausreisefreiheit – Schutzbereich des Rechts auf freie Entfaltung der Persönlichkeit aus Art. 2 Abs. 1 GG – Begriff der „verfassungsmäßigen Ordnung" im Sinne des Art. 2 Abs. 1 GG)

BVerfGE 18, 85 – „Patent-Beschluss"
(Besonderheiten des Prüfungsmaßstabs bei Urteilsverfassungsbeschwerden – Verletzung spezifischen Verfassungsrechts)

---

174 Vgl. dazu ausführlich *Görisch/Hartmann*, NVwZ 2007, 1007 ff.; *Benda/Klein*, Verfassungsprozessrecht, 3. Aufl. 2012, Rn. 491 ff., 495 ff.

175 Vgl. zur Grundrechtsprüfung unten Rn. 125 ff.

2. Teil

Allgemeine Grundrechtslehren

§ 5 Grundrechtsberechtigung

86 In ihrer Eigenschaft als subjektive Rechte sind die Grundrechte bestimmten Personen zugeordnet. Immer dann, wenn sich jemand auf ein konkretes Grundrecht beruft – sei es zur Abwehr eines staatlichen Eingriffs, sei es zur Forderung einer staatlichen Leistung –, ist daher zunächst eine Prüfung der konkreten **Grundrechtsberechtigung (-trägerschaft, -fähigkeit)**[176] erforderlich.

Im Rahmen der Fallbearbeitung wird diese Frage bei der Prüfung der Zulässigkeit einer Verfassungsbeschwerde unter dem Punkt **„Beschwerdefähigkeit"** sowie bei der Prüfung einer Grundrechtsverletzung unter dem Punkt **„persönlicher Schutzbereich"** des jeweiligen Grundrechts relevant.[177]

A. Natürliche Personen als Grundrechtsberechtigte

87 Grundrechtsberechtigt ist **grundsätzlich** „jeder" (vgl. nur Art. 2 Abs. 1 GG), also jede **natürliche Person**. Mitunter sind allerdings gewisse **Einschränkungen** der Grundrechtsberechtigung zu beachten:

I. Persönliche Grenzen der Grundrechtsberechtigung: „Deutschengrundrechte"

88 Bestimmte Grundrechte berechtigen nicht jede natürliche Person, sondern nur solche Personen, die **Deutsche i.S.d. Art. 116 Abs. 1 GG** sind (sog. **Deutschen(grund)rechte** oder **Bürgerrechte**). Diese Deutschengrundrechte sind

- die Versammlungsfreiheit, Art. 8 GG,
- die Vereinigungsfreiheit, Art. 9 Abs. 1 GG,
- die Freizügigkeit, Art. 11 GG,
- die Berufsfreiheit, Art. 12 Abs. 1 GG,
- die Rechte aus Art. 16 GG,
- das Widerstandsrecht aus Art. 20 Abs. 4 GG,

176 Die Begriffe werden i.d.R. synonym verwendet, vgl. *Kingreen/Poscher*, Grundrechte Staatsrecht II, 33. Aufl. 2017, § 5 Rn. 164. Differenzieren möchte dagegen etwa *Hufen*, Staatsrecht II Grundrechte, 6. Aufl. 2017, § 6 Rn. 29 ff., der die Grundrechtsfähigkeit als abstrakte, vom konkreten Grundrecht losgelöste Fähigkeit begreift, Träger (irgend)eines Grundrechts sein zu können.

177 Vgl. zum persönlichen Schutzbereich unten Rn. 130, zur Beschwerdefähigkeit oben Rn. 61.

- das Recht auf gleichen Zugang zu öffentlichen Ämtern, Art. 33 Abs. 2 GG,
- sowie das Wahlrecht, Art. 38 Abs. 1 S. 1 GG.

89 **Ausländische** natürliche Personen können sich daher **nicht** auf jene Rechte berufen. Ihnen bleibt jedoch nach h.M. der Rückgriff auf die allgemeine Handlungsfreiheit aus **Art. 2 Abs. 1 GG**, die insofern als Auffanggrundrecht eingreift.[178] Art. 2 Abs. 1 GG bietet allerdings nicht automatisch den gleichen Schutz, den das entsprechende „Deutschengrundrecht" gewährleistet, zumal Art. 2 Abs. 1 GG großzügigere Beschränkungsmöglichkeiten vorsieht als etwa das nur für Deutsche geltende Grundrecht der Berufsfreiheit aus Art. 12 Abs. 1 GG.[179]

90 Problematisch (und in der Fallbearbeitung daher ggfs. zu erörtern) ist diese Bevorteilung der Deutschen mit Blick auf **EU-Ausländer**. Diese dürfen nämlich gemäß **Art. 18 AEUV** nicht aufgrund der Staatsangehörigkeit diskriminiert, d.h. ungleich behandelt werden. Auf welche Weise dieser **vorrangigen unionsrechtlichen Regelung** genügt werden muss, ist seit langem umstritten: Denkbar ist zum einen, die Deutschengrundrechte direkt auch auf EU-Ausländer anzuwenden. Dagegen spricht freilich der klare Wortlaut der betreffenden Grundrechtsnormen. Konstruktiv möglich ist es allerdings auch, EU-Ausländern zwar nur eine Berufung auf Art. 2 Abs. 1 GG zu gestatten, im Rahmen der Eingriffsrechtfertigung aber die – gegenüber Art. 2 Abs. 1 GG regelmäßig engeren – Beschränkungsmöglichkeiten des entsprechenden Deutschengrundrechts auf Art. 2 Abs. 1 GG anzuwenden. Das Bundesverfassungsgericht neigte mit Blick auf Art. 12 Abs. 1 GG zuletzt einer unionsrechtskonformen Auslegung des Art. 2 Abs. 1 GG und einer entsprechenden Anwendung der Schrankenregelung in Art. 12 Abs. 1 S. 2 GG zu.[180] Dies dürfte in der Tat der methodisch sauberere Weg sein.

II. Zeitliche Grenzen der Grundrechtsberechtigung

91 Grundrechtsberechtigt ist der Einzelne **jedenfalls** ab seiner **Geburt** und bis zu seinem **Tod**. Unklarheiten bestehen dagegen, ob und inwieweit die Grundrechtsberechtigung schon vor der Geburt besteht und nach dem Tode fortwirkt. Einig ist man sich hier jedenfalls insoweit, als diese Frage nicht für alle Grundrechte allgemein, sondern nur **für jedes Grundrecht einzeln** beantwortet werden kann.

Dass ein ungeborenes Kind noch nicht den Schutz der Versammlungsfreiheit (Art. 8 GG) oder der Berufsfreiheit (Art. 12 Abs. 1 GG) genießt, ergibt sich bereits aus dem **Inhalt jener Freiheiten**. Anders verhält es sich dagegen etwa mit der Menschenwürde (Art. 1 Abs. 1 GG) und dem Recht auf Leben und Gesundheit (Art. 2 Abs. 2 S. 1 GG): Hier ist die Grundrechtsberechtigung auch des ungeborenen Kindes durchaus denkbar. Insgesamt geht es bei der Problematik der Grundrechtsberechtigung über die Grenzen von Geburt und Tod hinaus freilich nur um

---

178 Wie die h.M. auch BVerfGE 35, 382 (299) – „Ausländerausweisung".

179 Vgl. dazu BVerfGE 78, 179 (196 f.) – „Heilpraktikergesetz".

180 Vgl. BVerfG NJW 2016, 1436 (1436 f.), wo die Frage allerdings letztlich offen gelassen wurde. Einen etwas anderen Weg war das Gericht mit Blick auf das Merkmal der „inländischen" juristischen Person nach Art. 19 Abs. 3 GG gegangen, das in einem ähnlichen Spannungsverhältnis zu Art. 18 AEUV steht. Dort wollte das Gericht die Wortlautgrenze mit einer „Anwendungserweiterung" des Art. 19 Abs. 3 GG überwinden. Siehe dazu unten Rn. 101.

die Frage der ***subjektiven*** **Grundrechtsberechtigung**, **nicht** um die (prinzipiell zu bejahende) Frage, ob den Staat insoweit ***objektive*** **Schutzpflichten** treffen.[181]

1. Grundrechtsberechtigung des Nasciturus

Für den Zeitraum vor der Geburt stellt sich insbesondere die Frage, ob dem ungeborenen Kind (sog. Nasciturus) bereits die **Garantie der Menschenwürde (Art. 1 Abs. 1 GG)** und das **Recht auf Leben und Gesundheit (Art. 2 Abs. 2 S. 1 GG)** zustehen sollen; auch eine Berechtigung des Ungeborenen aus **Art. 14 Abs. 1 GG** ist denkbar, wenn man etwa auf die Vorschrift über die Erbfähigkeit des Nasciturus in § 1923 Abs. 2 BGB blickt. Das Bundesverfassungsgericht hat im Hinblick auf das Recht auf Leben und Gesundheit des Nasciturus aus **Art. 2 Abs. 2 S. 1 GG**[182] und die Garantie der Menschenwürde aus **Art. 1 Abs. 1 GG**[183] einen Grundrechtsschutz auch vor der Geburt – genauer: „jedenfalls vom 14. Tage nach der Empfängnis (Nidation, Individuation) an"[184] – zwar grundsätzlich bejaht, es aber bislang offen gelassen, ob der Nasciturus selbst Grundrechtsträger ist oder lediglich von den **objektiven Schutzpflichten** aus Art. 2 Abs. 2 S. 1, Art. 1 Abs. 1 GG „profitiert".[185] 92

2. Grundrechtsberechtigung nach dem Tod

Mit Blick auf eine Grundrechtsberechtigung über den Tod hinaus hat das Bundesverfassungsgericht in seinem berühmten **Mephisto-Beschluss**[186] festgestellt, dass die Grundrechtsträgerschaft einer natürlichen Person **grundsätzlich mit dem Tod ende**. Ein anderes gelte jedoch für die **Menschenwürde aus Art. 1 Abs. 1 GG**, mit der es unvereinbar sei, wenn der Mensch in seinem „allgemeinen Achtungsanspruch auch nach seinem Tode herabgewürdigt oder erniedrigt werden dürfte". Es ist allerdings zweifelhaft, ob dieses sog. postmortale Persönlichkeitsrecht tatsächlich zu einer postmortalen subjektiven Grundrechtsträgerschaft führt, oder ob es sich – wie der Wortlaut der oben genannten Entscheidung nahelegt – um einen Fall der **objektiven Schutzpflicht** des Staates über den Tod hinaus handelt. 93

III. Die Problemkreise der Grundrechtsmündigkeit

Unter dem Stichwort der **Grundrechtsmündigkeit** wird – im Gegensatz zu den vorangehenden Punkten – nicht die Grundrechtsberechtigung als solche beschränkt. Vielmehr wird die **Befugnis bestimmter Personen** – insbesondere Minderjähriger und Erwachsener, die aufgrund ihrer körperlichen, geistigen oder seelischen Verfassung 94

181 Vgl. *Kingreen/Poscher*, Grundrechte Staatsrecht II, 33. Aufl. 2017, § 5 Rn. 183.
182 Vgl. BVerfGE 39, 1 (36 ff.) – „Schwangerschaftsabbruch I".
183 Vgl. BVerfGE 88, 203 (251 ff.) – „Schwangerschaftsabbruch II".
184 BVerfGE 39, 1 (37) – „Schwangerschaftsabbruch I". Ebenso BVerfGE 88, 203 (251) – „Schwangerschaftsabbruch II".
185 Vgl. zum Recht auf Leben BVerfGE 39, 1 (41) – „Schwangerschaftsabbruch I", zur Menschenwürdegarantie BVerfGE 88, 203 (252) – „Schwangerschaftsabbruch II".
186 BVerfGE 30, 173 (194) – „Mephisto".

nicht zur Wahrnehmung ihrer grundrechtlich geschützten Interessen imstande sind – **zur eigenständigen Ausübung ihrer Grundrechte** thematisiert. Hier ist mit *Kingreen/Poscher* zwischen den folgenden **drei Problemkreisen** zu unterscheiden, die mitunter nicht sauber voneinander getrennt werden:[187]

- Verhältnis Minderjähriger zur öffentlichen Gewalt (z.B. in der Schule oder im Heim),
- Verhältnis Minderjähriger zu den Eltern (vgl. Art. 6 Abs. 2 GG),
- Prozessfähigkeit Minderjähriger bei prozessualer Geltendmachung der Grundrechte.

95 Da die Frage nach der Grundrechtsmündigkeit – zumal im Rahmen der Fallbearbeitung – in erster Linie im letztgenannten Zusammenhang gestellt wird, verwendet man den Ausdruck vielfach auch **gleichbedeutend mit dem Begriff der Prozessfähigkeit**.[188]

B. Juristische Personen als Grundrechtsberechtigte, Art. 19 Abs. 3 GG

96 Auch **Personenmehrheiten** können **als solche** grundrechtsberechtigt sein. Dazu müssen grundsätzlich die Voraussetzungen des **Art. 19 Abs. 3 GG** vorliegen, d.h. es muss sich um eine

- „inländische"
- „juristische Person" i.S.v. Art. 19 Abs. 3 GG handeln,
- auf die das jeweilige Grundrecht seinem „Wesen nach auf diese anwendbar" ist.

I. Juristische Personen

97 **Juristische Person i.S.v. Art. 19 Abs. 3 GG** ist zum einen jede Personenmehrheit, der nach einfachem Recht (Voll- oder Teil-)Rechtsfähigkeit eingeräumt wird, also die Fähigkeit, Trägerin von Rechten und Pflichten zu sein.[189] Man wird einer Personenmehrheit aber auch unabhängig von ihrer einfachrechtlichen Behandlung als solcher Grundrechtsschutz gewähren, sofern sie eine **hinreichende Selbständigkeit und gefestigte innere Organisation** aufweist, die eine einheitliche Willensbildung und -bekundung nach außen hin ermöglichen. Die Zuerkennung der (Teil-)Rechtsfähigkeit nach einfachem Recht hat insofern nur Indizwirkung im Hinblick darauf, ob eine Personenmehrheit sich als solche auf Grundrechte berufen kann.[190]

---

187 Vgl. dazu und zum Folgenden ausführlich *Kingreen/Poscher,* Grundrechte Staatsrecht II, 33. Aufl. 2017, § 5 Rn. 186 ff.

188 Für eine Verwendung ausschließlich in diesem Zusammenhang daher zu Recht *Kingreen/Poscher,* Grundrechte Staatsrecht II, 33. Aufl. 2017, § 5 Rn. 192. Vgl. zur Prozessfähigkeit Minderjähriger im Verfassungsbeschwerdeverfahren bereits oben Rn. 62 f.

189 Vgl. *Kingreen/Poscher,* Grundrechte Staatsrecht II, 33. Aufl. 2017, § 5 Rn. 205.

190 Vgl. *Benda/Klein*, Verfassungsprozessrecht, 3. Aufl. 2012, § 19 Rn. 529.

Von **Teilrechtsfähigkeit** spricht man, wenn einer Personenmehrheit die Rechtsfähigkeit nicht umfassend zugesprochen wird (**Vollrechtsfähigkeit**), sondern nur beschränkt auf bestimmte Rechtsgebiete und Rechtsnormen. Der Begriff der juristischen Person i.S.v. Art. 19 Abs. 3 GG ist damit in jedem Falle weiter gefasst als der einfachrechtliche Begriff, der nur vollrechtsfähige Personenmehrheiten erfasst.

Mit Blick auf das **Privatrecht** fallen daher nicht nur vollrechtsfähige Vereinigungen wie die Aktiengesellschaft (AG), die GmbH, der rechtsfähige Verein usw. unter Art. 19 Abs. 3 GG, sondern auch nach einfachem Recht nur teilrechtsfähige Personenmehrheiten wie die GbR, die OHG sowie der nichtrechtsfähige Verein[191]. **98**

Auch **politische Parteien** können prinzipiell grundrechtsberechtigt sein.[192] Dies gilt freilich **nicht**, soweit diese Vereinigungen ihren **spezifischen verfassungsrechtlichen Status** geltend machen. Dieser Status begründet keine Grundrechtsposition und kann dementsprechend verfassungsprozessual auch nur im Wege des Organstreitverfahrens (Art. 93 Abs. 1 Nr. 1 GG, §§ 13 Nr. 5, 63 ff. BVerfGG) durchgesetzt werden. **99**

Dies ist Konsequenz der **Doppelstellung der Parteien** als **Institutionen des Verfassungsrechts** einerseits, vgl. Art. 21 GG, und „im gesellschaftlich-politischen Bereich wurzelnder“[193] **privatrechtlich organisierter Vereinigungen** andererseits. Nur wenn eine Partei durch Maßnahmen der öffentlichen Gewalt **wie ein Bürger** betroffen ist, sind auch ihre Grundrechte berührt und hat sie die gleichen Rechtsbehelfe wie ein Bürger gegen den Staat. Zu denken wäre dabei beispielsweise an Versammlungsverbote und -auflagen sowie die Versagung des Zugangs zu öffentlichen Einrichtungen und der Gewährung öffentlicher Leistungen.

II. „Inländische“ juristische Personen

Art. 19 Abs. 3 GG sieht vor, dass sich nur „inländische“ Personenmehrheiten als solche auf Grundrechte des Grundgesetzes berufen können. Eine juristische Person gilt als **inländisch i.S.v. Art. 19 Abs. 3 GG**, wenn ihr **„Sitz“**[194], d.h. der tatsächliche Mittelpunkt ihrer Tätigkeit in der Bundesrepublik Deutschland liegt.[195] Diese Beschränkung der Grundrechtsberechtigung juristischer Personen wird indes nur vorgenommen, wenn es um **materielle Grundrechte** geht; auf **Verfahrensgrundrechte** können sich dagegen auch ausländische juristische Personen berufen, da diese Rechte – so jedenfalls der ursprüngliche Begründungsansatz des Bundesverfassungsgerichts – Ausfluss des grundgesetzlichen Rechtsstaatsprinzips sind.[196] **100**

Problematisch ist im Hinblick auf die Beschränkung der materiellen Grundrechtsberechtigung auf „inländische“ juristische Personen – wie schon bei der Beschränkung der Grundrechtsberechtigung im Falle der sog. Deutschengrundrechte[197] – die aus **101**

191 Vgl. etwa zum nichtrechtsfähigen Verein BVerfGE 24, 236 (243) – „Rumpelkammer“.

192 Vgl. zur politischen Partei BVerfGE 3, 383 (390 ff.) – „Gesamtdeutscher Block“. Vgl. zum Folgenden ausführlich *Papier/Krönke*, Grundkurs Öffentliches Recht 1, 2. Aufl. 2015, § 4 Rn. 190 ff.

193 BVerfGE 20, 56 (100 f.) – „Parteienfinanzierung I“.

194 BVerfGE 21, 207 (208 f.) – „Flächentransistor“.

195 Vgl. *Sachs*, in: ders. (Hrsg.), GG Kommentar, 8. Aufl. 2018, Art. 19 Rn. 54.

196 Vgl. grundlegend BVerfGE 12, 6 (8) – „Société Anonyme“.

197 Vgl. dazu oben Rn. 90.

dieser Anforderung resultierende Benachteiligung von juristischen Personen mit Sitz in einem anderen **EU-Mitgliedstaat**, da eine solche Benachteiligung gegen **Art. 18 AEUV** verstößt. Auch hier ist ggfs. die Frage zu klären, wie diese Benachteiligung zu korrigieren ist.[198] Eine unionsrechtskonforme Auslegung des Art. 19 Abs. 3 GG lehnt das Bundesverfassungsgericht zwar ab, da es „die Wortlautgrenze übersteigen [würde], wollte man seine unionsrechtskonforme Auslegung auf eine Deutung des Merkmals ‚inländische' als ‚deutsche einschließlich europäische' juristische Personen stützen". Zu der nach Art. 18 AEUV gebotenen Gleichbehandlung der juristischen Personen aus dem EU-Ausland mit inländischen juristischen Personen gelangt das Bundesverfassungsgericht jedoch über eine **„Anwendungserweiterung" des Art. 19 Abs. 3 GG**: „Die Grundfreiheiten und das allgemeine Diskriminierungsverbot stehen im Anwendungsbereich des Unionsrechts einer Ungleichbehandlung in- und ausländischer Unternehmen aus der Europäischen Union entgegen und drängen insoweit die in Art. 19 Abs. 3 GG vorgesehene Beschränkung der Grundrechtserstreckung auf inländische juristische Personen zurück. (…) Durch die Anwendungserweiterung des Art. 19 Abs. 3 GG werden juristische Personen mit einem Sitz im EU-Ausland ebenso behandelt wie inländische juristische Personen."[199]

III. Wesensmäßige Anwendbarkeit

102 Schließlich bleibt stets zu prüfen, ob das konkrete Grundrecht auf die jeweilige juristische Person **seinem Wesen nach anwendbar** ist. Hier sind folgende Aspekte zu unterscheiden:[200]

1. Anknüpfung an natürliche Eigenschaften des Menschen

103 Seinem Wesen nach ist ein Grundrecht zum einen dann nicht auf juristische Personen anwendbar, wenn es an **natürliche Eigenschaften** des Menschen anknüpft. So sind insbesondere etwa die Garantie der Menschenwürde (Art. 1 Abs. 1 GG), das Recht auf Leben und Gesundheit (Art. 2 Abs. 2 S. 1 GG) und das Recht auf Schutz von Ehe und Familie (Art. 6 GG) schon rein **begrifflich** nicht auf juristische Personen anwendbar.

2. Durchgriff auf die hinter den juristischen Personen stehenden natürlichen Personen

104 Nach der ständigen Rechtsprechung des Bundesverfassungsgerichts ist eine Einbeziehung juristischer Personen in den Schutzbereich eines Grundrechts darüber hinaus nur dann gerechtfertigt, „wenn ihre Bildung und Betätigung Ausdruck der freien Entfaltung der natürlichen Personen sind, besonders wenn der **‚Durchgriff' auf die hinter den juristischen Personen stehenden Menschen** dies als sinnvoll und erforder-

198 Vgl. dazu etwa *Dreier*, in: ders. (Hrsg.), GG Kommentar, Band I, 3. Aufl. 2013, Art. 19 Abs. 3 Rn. 21 ff., 83 ff.

199 BVerfGE 129, 78 (96 ff.) – „Anwendungserweiterung".

200 Vgl. zur folgenden Systematisierung *Kingreen/Poscher*, Grundrechte Staatsrecht II, 33. Aufl. 2017, § 5 Rn. 212 ff.

lich erscheinen lässt"[201]. Mit dieser Anforderung – im Schrifttum auch als „Erfordernis eines personalen Substrats" bezeichnet – zielt das Gericht zu Recht darauf ab, dass die Tätigkeit der juristischen Person im Hinblick auf das konkrete Grundrecht auf die **grundrechtlich geschützte Tätigkeit Einzelner zurückgeführt** werden kann, da die Grundrechte eben in erster Linie die Würde, Freiheit und Gleichheit dieser Einzelpersonen schützen sollen. Allerdings sieht das Bundesverfassungsgericht dieses Erfordernis **bei allen juristischen Personen des Privatrechts regelmäßig erfüllt**[202] – es sei denn, hinter der juristischen Person des Privatrechts steht die öffentliche Hand, die ihre öffentlichen Aufgaben in den Organisationsformen des Privatrechts wahrnimmt.[203]

Eine wichtige Bedeutung erlangt das Erfordernis des personalen Substrats dagegen bei **juristischen Personen des öffentlichen Rechts.** Nach ständiger Rechtsprechung des Bundesverfassungsgerichts ist im Falle juristischer Personen des öffentlichen Rechts **grundsätzlich** kein Durchgriff auf dahinter stehende grundrechtsberechtigte natürliche Personen möglich, die hinter der juristischen Person stehen.[204] Außerdem sei eine juristische Person des öffentlichen Rechts letztlich nur eine „besondere Erscheinungsform der einheitlichen Staatsgewalt" und könne **„nicht gleichzeitig Adressat und Berechtigter** der Grundrechte sein", vgl. Art. 1 Abs. 3 GG (sog. **Konfusionsargument**).[205] 105

Juristische Personen des öffentlichen Rechts sind zum einen die (mitgliedschaftlich verfassten) **Körperschaften des öffentlichen Rechts** (insbesondere die Gebietskörperschaften, also Gemeinden, Landkreise usw., aber auch Personalkörperschaften, etwa Universitäten, Rechtsanwaltskammern usw.), die (nicht mitgliedschaftlich verfassten) **rechtsfähigen Anstalten des öffentlichen Rechts** (also etwa öffentlich-rechtliche Rundfunkanstalten, Sparkassen usw.) sowie die **Stiftungen des öffentlichen Rechts.**[206] Ihnen allen ist gemeinsam, dass sie als rechtlich verselbständigte Einheiten mit der Wahrnehmung öffentlicher Aufgaben betraut sind und damit Hoheitsgewalt ausüben. Mit dem Schlagwort **„Konfusionsargument"** soll zum Ausdruck gebracht werden, dass in diesen Fällen Grundrechtsberechtigung und -bindung nicht miteinander vermischt werden dürfen (von lat. *confundere* = verwirren).

Nur **ganz ausnahmsweise** kommt eine Grundrechtsberechtigung juristischer Personen des öffentlichen Rechts in Betracht, wenn sie nämlich „Grundrechte in einem Bereich verteidigen, in dem sie vom Staat unabhängig sind".[207] Hier sei der Staat ausnahmsweise „‚Sachwalter' des Einzelnen bei der Wahrnehmung seiner Grundrechte".[208] Aus diesem Grund wurde die Grundrechtsträgerschaft in den folgenden Fällen bejaht: 106

201 BVerfGE 21, 362 (369) – „Sozialversicherungsträger" (ohne Hervorhebungen im Original).
202 Vgl. BVerfGE 39, 302 (312) – „AOK".
203 Vgl. zur Grundrechtsbindung öffentlicher und gemischt-wirtschaftlicher Unternehmen ausführlich unten Rn. 116.
204 Vgl. BVerfGE 21, 362 (369 f.) – „Sozialversicherungsträger".
205 BVerfGE 21, 362 (370) – „Sozialversicherungsträger".
206 Vgl. *Papier/Krönke*, Grundkurs Öffentliches Recht 1, 2. Aufl. 2015, § 1 Rn. 22; *Sodan/Ziekow*, Grundkurs Öffentliches Recht, 7. Aufl. 2016, § 60 Rn. 2 ff. (Körperschaften), Rn. 27 (Anstalten) und Rn. 28 (Stiftungen).
207 BVerfGE 15, 256 (262) – „Universitäre Selbstverwaltung".
208 BVerfGE 61, 82 (103) – „Sasbach".

- Berechtigung der **Universitäten** bzgl. Art. 5 Abs. 3 GG[209],
- Berechtigung **öffentlich-rechtlicher Rundfunkanstalten** bzgl. Art. 5 Abs. 1 S. 2 GG[210],
- Berechtigung der **Kirchen und Religionsgemeinschaften** bzgl. Art. 4 Abs. 1 GG[211].

107 Einen Sonderfall unter den juristischen Personen des öffentlichen Rechts bilden die **Gemeinden**, deren Grundrechtsträgerschaft vom Bundesverfassungsgericht aus den oben genannten Gründen verneint wurde.[212] Gemeinden können jedoch ihr Selbstverwaltungsrecht über die gesondert geschaffene sog. **Kommunalverfassungsbeschwerde** nach Art. 93 Abs. 1 Nr. 4b GG, §§ 13 Nr. 8a, 90 ff. BVerfGG durchsetzen.

Anders beurteilt dagegen etwa der Bayerische Verfassungsgerichtshof die Grundrechtsberechtigung von Gemeinden nach bayerischem Verfassungsrecht. Bei vergleichbarer grundrechtlicher Gefährdungslage (v.a. im Rahmen der fiskalischen Tätigkeit von Gemeinden, etwa wenn es um ein öffentliches Unternehmen geht) bejaht dieser eine Berechtigung der Gemeinde bzgl. des Grundrechts aus Art. 103 BV (**Eigentumsgarantie**).[213]

107a Einen weiteren Sonderfall bilden schließlich inländische juristische Personen, die von einem **ausländischen Staat** gehalten werden. Das „Konfusionsargument" verfängt in diesem Fall nicht, da der ausländische Staat nicht an deutsche Grundrechte gebunden ist.[214] Allerdings lässt sich auch die Tätigkeit einer von einem ausländischen Staat gehaltenen juristischen Person letztlich nicht auf die Grundrechtsbetätigung von hinter ihr stehenden natürlichen Personen zurückführen, d.h. es fehlt an sich an einer grundrechtstypischen Gefährdungslage. Grundsätzlich wird man die Grundrechtsberechtigung solcher juristischer Personen daher wohl ablehnen müssen. Etwas anderes kann ausnahmsweise wiederum gelten, wenn hinter der inländischen juristischen Person ein mit Erwerbszweck handelndes Mutterunternehmen aus einem anderen EU-Mitgliedstaat steht. Dieses kann sich auf die Niederlassungsfreiheit aus Art. 49 AEUV berufen, und zwar auch unbeschadet ihres staatlichen Eigners, Art. 54 Abs. 2 AEUV. In einem solchen Fall dürfte Art. 49 AEUV die Zubilligung grundrechtlichen Schutzes für das inländische Tochterunternehmen gebieten – zumindest dann, wenn dessen Rechtsschutzmöglichkeiten gegenüber denjenigen von rein inländischen Unternehmen andernfalls gemindert wären.[215]

---

209 BVerfGE 15, 256 (262) – „Universitäre Selbstverwaltung".
210 BVerfGE 31, 314 (322) – „2. Rundfunkentscheidung".
211 Vgl. BVerfGE 42, 312 (321) – „Kirchliches Amt".
212 BVerfGE 45, 63 (74) – „Stadtwerke Hameln".
213 Vgl. einerseits BayVerfGHE 37, 101 (105 ff.) sowie andererseits BVerfGE 61, 82 (105) – „Sasbach" (mit Blick auf Art. 14 Abs. 1 S. 1 GG).
214 Vgl. dazu und zum Folgenden grundlegend BVerfGE 143, 246 (313 ff.) – „Atomausstieg".
215 So auch BVerfGE 143, 246 (313 ff.) – „Atomausstieg". Allein die Versagung der Möglichkeit, Verfassungsbeschwerde zu erheben, wollte das Gericht allerdings noch nicht als Beschränkung der Niederlassungsfreiheit betrachten. Praktisch würde dies dazu führen, dass eine Zubilligung von Grundrechtsschutz nur im Falle von Gesetzesverfassungsbeschwerden unionsrechtlich geboten wäre. Dies erscheint wenig überzeugend.

C. Grundrechtsverzicht, Grundrechtsverwirkung

I. Grundrechtsverzicht

Unter dem Stichwort des **Grundrechtsverzichts** wird die Frage erörtert, ob und ggfs. wie ein Grundrechtsträger bewusst seine Grundrechtsberechtigung „preisgeben" kann mit der Folge, dass ein entsprechender staatlicher Eingriff in den Schutzbereich rechtmäßig ist[216] – etwa im Falle der Einwilligung des Grundrechtsberechtigten in eine Blutentnahme durch die Polizei, mit der Folge, dass Art. 2 Abs. 2 S. 1 GG nicht verletzt wird. Dogmatisch handelt es sich dabei jedoch **nicht** um eine Frage der Grundrechtsberechtigung, denn diese besteht in jenen Fällen ungehindert fort; vielmehr ist dies eine Frage der **Rechtfertigung des staatlichen Eingriffs**, in den der Einzelne eingewilligt hat.[217] **108**

Ein solcher Eingriff ist dann gerechtfertigt, wenn **109**
- der Grundrechtsberechtigte zur **Disposition** über das jeweilige Grundrecht **befugt** ist,
- der Grundrechtsberechtigte den **Verzicht** ausdrücklich oder konkludent **erklärt** hat
- und der Verzicht **freiwillig** erklärt wurde.[218]

II. Grundrechtsverwirkung

Schließlich kann ein Grundrechtsträger gemäß Art. 18 GG bestimmte politisch geprägte Grundrechte **verwirken**, wenn er sie „zum Kampfe gegen die freiheitliche demokratische Grundordnung missbraucht". Bislang wurde allerdings noch keine Grundrechtsverwirkung durch das (allein entscheidungsbefugte) Bundesverfassungsgericht ausgesprochen. **110**

Literaturhinweise:

Zu A. *Huber*, Natürliche Personen als Grundrechtsträger, in: Merten/Papier (Hrsg.), Handbuch der Grundrechte, Band II, 2006, § 49 (zur Vertiefung)

Zu B. *Tettinger*, Juristische Personen des Privatrechts als Grundrechtsträger, in: Merten/Papier (Hrsg.), Handbuch der Grundrechte, Band II, 2006, § 51 (zur Vertiefung)
Schnapp, Grundrechtsberechtigung juristischer Personen des öffentlichen Rechts, in: Merten/Papier (Hrsg.), Handbuch der Grundrechte, Band II, 2006, § 52 (zur Vertiefung)

---

216 Vgl. dazu und zum Folgenden *Sodan/Ziekow*, Grundkurs Öffentliches Recht, 7. Aufl. 2016, § 23 Rn. 19.

217 Vgl. zur Grundrechtsprüfung unten Rn. 125 ff.

218 Vgl. ausführlich zum Grundrechtsverzicht *Fischinger*, JuS 2007, 808 ff.

Wichtige Rechtsprechung:

Zu A. II. BVerfGE 39, 1 – „Schwangerschaftsabbruch I"
(Objektive Pflicht des Staates zum Schutz des ungeborenen Lebens aus Art. 2 Abs. 2 S. 1 und Art. 1 Abs. 1 S. 2 GG)

BVerfGE 30, 173 – „Mephisto"
(Postmortales Persönlichkeitsrecht aus Art. 1 Abs. 1 GG – Materialer Begriff der Kunst i.S.v. Art. 5 Abs. 3 GG)

§ 6 Grundrechtsbindung

A. Grundrechtsbindung des Staates

Art. 1 Abs. 3 GG regelt in grundsätzlicher Weise die Adressaten und die Art der Grundrechtsbindung: Die Grundrechte binden Gesetzgebung, vollziehende Gewalt und Rechtsprechung als unmittelbar geltendes Recht. Grundrechtsverpflichtet ist damit jede **staatliche Gewalt**. 111

In der **Fallbearbeitung** werden die folgenden Fragen der Grundrechtsbindung bedeutsam, wenn geprüft wird, ob ein ***dem Staat zurechenbarer*** **Eingriff** in den Schutzbereich des jeweiligen Grundrechts vorliegt.[219]

I. Die Grundrechtsbindung der deutschen Staatsgewalt

Während die Bindung der Gesetzgebung und der Rechtsprechung[220] an die Grundrechte keine besonderen Fragen aufwerfen, kommt es bei der Bindung der **vollziehenden Gewalt** gelegentlich zu Abgrenzungsproblemen: Da sich die Verwaltung zur Erfüllung ihrer öffentlichen Aufgaben auch der **Organisations- und Handlungsformen des Privatrechts** bedienen sowie **Private in die Aufgabenerfüllung einschalten** darf, stellt sich bisweilen die Frage, ob im Einzelfall „der Staat" als Grundrechtsadressat gehandelt hat oder ein Privater, der grundsätzlich nicht an die Grundrechte gebunden ist. Hier sind folgende Fälle zu unterscheiden:[221] 112

1. Handeln sog. Beliehener

Mitunter werden Verwaltungsaufgaben durch sog. **Beliehene** wahrgenommen, d.h. von privaten Rechtssubjektiven, denen kraft Hoheitsaktes die selbständige hoheitliche Wahrnehmung bestimmter Verwaltungsaufgaben im eigenen Namen übertragen worden ist. Wo die Beliehenen von ihrer hoheitlichen Befugnis Gebrauch machen, sind sie ohne Weiteres an die Grundrechte gebunden. 113

Klassische **Beispiele** für Beliehene sind die **technischen Überwachungsvereine** (TÜV) bzw. deren Sachverständige. Bei der Annahme einer Beleihung ist allerdings Zurückhaltung geboten, da diese stets aufgrund eines **besonderen Hoheitsaktes** erfolgt sein muss.[222]

---

219 Vgl. dazu unten Rn. 131 ff..

220 Zur Bindung der Zivilgerichte an die Grundrechte vgl. unten Rn. 122 ff. (Mittelbare Drittwirkung der Grundrechte).

221 Vgl. zum Folgenden *Kingreen/Poscher*, Grundrechte Staatsrecht II, 33. Aufl. 2017, § 5 Rn. 231 ff.

222 Siehe zur Beleihung ausführlich *Burgi*, in: Ehlers/Pünder (Hrsg.), Allgemeines Verwaltungsrecht, 15. Aufl. 2015, § 10 Rn. 22 ff.

2. Handeln der Verwaltung in den Formen des Privatrechts

114 Davon zu unterscheiden sind Fälle, in denen die Verwaltung selbst in den **Organisations-** und in den **Handlungsformen des Privatrechts** tätig wird.[223]

Organisationsform meint die Rechtsform, in der die Verwaltung zur Erfüllung der Verwaltungsaufgaben organisiert ist (z.B. in Form einer privatrechtlichen GmbH). **Handlungsform** bezieht sich dagegen auf die Ausgestaltung des Leistungs- bzw. Benutzungsverhältnisses (z.B. Gewährung einer Subvention in Form eines privatrechtlichen Darlehens nach §§ 488 ff. BGB).

115 Mit Blick auf die **Handlungsformen** sind folgende Fälle zu unterscheiden:[224]

- Wahrnehmung unmittelbarer Verwaltungsaufgaben in Formen des Privatrechts (sog. **Verwaltungsprivatrecht)**

  In diesem Bereich ist die Verwaltung unstreitig grundrechtsgebunden.

  Private Handlungsformen wählt die Verwaltung vor allem im Bereich der Leistungsverwaltung (insbesondere Daseinsvorsorge und Subventionen), also **beispielsweise** bei der auf privatrechtlichen Beförderungsverträgen (§§ 631 ff. BGB) beruhenden Erbringung von Leistungen des öffentlichen Personennahverkehrs durch eine Eigengesellschaft der öffentlichen Hand.

- **Bedarfsdeckungsgeschäfte** der Verwaltung nach dem **Vergaberecht**

  In diesem Bereich wird bestritten, dass der Staat der Bindung an die Grundrechte unterliegt. Dagegen wird vorgebracht, dass der Staat hier unmittelbar wie jeder andere private Wirtschaftsteilnehmer auftrete, der seinen Bedarf decke, und insoweit nur mittelbar öffentliche Aufgaben erfülle.[225] Für eine Grundrechtsbindung spricht dagegen, dass der Staat auch in diesen Fällen nicht – wie ein privater Akteur – aus prinzipiell grundrechtlich geschütztem Eigeninteresse handelt, sondern im öffentlichen Interesse tätig wird. Er tritt damit „nicht als, sondern allenfalls wie ein privates Wirtschaftssubjekt" auf.[226] Richtigerweise wird man daher grundsätzlich von einer Grundrechtsbindung des Staates auch in diesem Bereich ausgehen müssen. Eine davon streng zu unterscheidende Frage ist allerdings, welchen Schutz die Grundrechte einem Privaten gegenüber einem staatlichen Auftraggeber überhaupt vermitteln (als Frage des sachlichen Schutzbereichs).[227] So gewährt insbesondere etwa die Berufsfreiheit aus Art. 12 Abs. 1 GG prinzipiell[228] keinen Schutz in Bezug auf (vermeintlich rechtswidrige) Vergabeentscheidungen. Wohl aber ist der Staat im Rahmen dieser Entscheidungen an den allgemeinen Gleichheitssatz aus Art. 3 Abs. 1 GG gebunden.

---

223 Vgl. *Kingreen/Poscher*, Grundrechte Staatsrecht II, 33. Aufl. 2017, § 5 Rn. 233.

224 Vgl. zum Folgenden *Kempen*, in: Merten/Papier (Hrsg.), Handbuch der Grundrechte, Band II, 2006, § 54 Rn. 48 ff.; *Maurer/Waldhoff*, Allgemeines Verwaltungsrecht, 19. Aufl. 2017, § 3 Rn. 18 ff.; *Kingreen/Poscher*, Grundrechte Staatsrecht II, 33. Aufl. 2017, § 5 Rn. 234 ff.

225 So die Rechtsprechung des BGH, vgl. etwa BGHZ 36, 91 (95 ff.).

226 *Kempen*, in: Merten/Papier (Hrsg.), Handbuch der Grundrechte, Band II, 2006, § 54 Rn. 55 (mit Hervorhebungen im Original).

227 Vgl. dazu und zum Folgenden eingehend BVerfGE 116, 135 (151 ff.) – „Gleichheit im Vergaberecht".

228 Ein anderes soll ausnahmsweise in Bezug auf vergaberechtliche Vorschriften gelten, mit denen der Gesetzgeber „aus wirtschafts- und sozialpolitischen Gründen" darauf abzielt, den privaten Auftragnehmer zu einem bestimmten Verhalten (z.B. Zahlung des Tariflohns an seine Arbeitnehmer) zu veranlassen, BVerfGE 116, 202 (222) – „Tariftreueerklärung".

Bedarfsdeckungsgeschäfte sind Geschäfte zur Beschaffung der für die Verwaltung erforderlichen Sachgüter, also **beispielsweise** der Kauf von Büromaterialien, der Kauf oder die Miete von Verwaltungsgebäuden, aber auch die Beschaffung von Rüstungsgütern etc. Es handelt sich daher um ein praktisch höchst bedeutsames Feld, dessen Tragweite mit der Bezeichnung als „Hilfsgeschäfte" kaum mehr zutreffend umschrieben wird.

- **Erwerbswirtschaftliche Betätigung** der Verwaltung

  Hier wurde die Grundrechtsbindung ebenfalls lange Zeit mit dem Argument bestritten, der Staat trete insoweit wie jeder andere private Wirtschaftsteilnehmer auf. Es ist indes auch hier maßgeblich darauf abzustellen, dass der Staat nicht – wie ein privater Akteur – von seiner grundrechtlich verbürgten Privatautonomie Gebrauch macht, sondern mit seiner Betätigung letztlich (auch) öffentliche Zwecksetzungen verfolgt.[229] Wiederum ist dann allerdings auf Schutzbereichsebene im Einzelfall genau zu prüfen, inwieweit das in Rede stehende Grundrecht dem Einzelnen Schutz gegenüber staatlicher Wirtschaftsbetätigung verleiht. So schützt v.a. die Berufsfreiheit aus Art. 12 Abs. 1 GG grundsätzlich nicht davor, dass sich der Staat überhaupt als Konkurrent privater Wirtschaftsakteure betätigt.[230] Andererseits kann z.B. der ausländische Nutzer eines von einem öffentlichen Unternehmen betriebenen Erlebnisbads in seinem Recht aus Art. 3 Abs. 1 GG verletzt sein, wenn er im Hinblick auf das Nutzungsentgelt ohne sachlichen Grund gegenüber Einheimischen benachteiligt wird.[231]

  Im Rahmen erwerbswirtschaftlicher Tätigkeit handelt der Staat wie ein privater Unternehmer, d.h. nach wirtschaftlichen Grundsätzen, also **beispielsweise** beim Betrieb einer Bierbrauerei, eines Industrie- oder Bergbauunternehmens etc.

Was die **Organisationsform** betrifft, so ist in allen drei Bereichen, insbesondere im letztgenannten Bereich, denkbar, dass die Verwaltung ihre Tätigkeit über ein **in einer Rechtsform des Privatrechts organisiertes Unternehmen** ausübt. Hier ist zu unterscheiden: Für den Fall, dass diese Unternehmen **vollständig im Eigentum der öffentlichen Hand** stehen, ist allgemein anerkannt, dass nicht nur der Träger des Unternehmens, sondern auch das **Unternehmen selbst unmittelbar grundrechtsgebunden** ist.[232] Probleme ergeben sich allerdings, wenn der Staat nicht alle Anteile des Unternehmens hält, sondern auch Private Anteile innehaben (sog. **gemischtwirtschaftliche Unternehmen**). In solchen Fällen war lange überwiegend angenommen worden, dass (nur) der öffentliche Anteilseigner grundrechtlich gebunden sei und seine Mehrheits- bzw. Minderheitsanteilsrechte grundrechtskonform ausüben müsse.[233] Das Bundesverfassungsgericht hat indes entschieden, dass auch das gemischtwirtschaftliche Unternehmen selbst einer unmittelbaren Grundrechtsbindung unterliegt, sofern es **„von der öffentlichen Hand beherrscht"** wird – was in der Regel dann der Fall sein soll, wenn mehr als die Hälfte der Anteile im Eigentum der öffentlichen Hand 116

229 Für eine umfassende Grundrechtsbindung jetzt auch in aller Deutlichkeit BVerfG, Urt. v. 19.7.2016, 2 BvR 470/08, Rn. 26 ff.
230 Siehe dazu ausführlich unten Rn. 374.
231 Vgl. BVerfG, Urt. v. 19.7.2016, 2 BvR 470/08, Rn. 26 ff.
232 Vgl. nur BVerfGE 128, 226 (245) – „Fraport" m.w.N.
233 Vgl. etwa *Dreier*, in: ders. (Hrsg.), GG Kommentar, 3. Auflage 2013, Art. 1 Abs. 3 Rn. 71 f. (mit Fn. 257), der dies als „die ganz überwiegende Auffassung in der Literatur" bezeichnet.

stehen.[234] Die Grundrechtsbindung allein des hinter dem Unternehmen stehenden öffentlichen Eigentümers und seine gesellschaftsrechtlichen Einwirkungsbefugnisse seien angesichts des Umstandes, dass jene Unternehmen **als verselbständigte Handlungseinheiten tätig** sind, sowie aufgrund des **Erfordernisses effektiven Grundrechtsschutzes** ungeeignet, die Grundrechtsbindung der Unternehmen zu ersetzen.

II. Grundrechtsbindungen im Anwendungsbereich des Unionsrechts

117 Adressat des Art. 1 Abs. 3 GG ist nur die deutsche Staatsgewalt. Die **Europäische Union** dagegen ist beim Erlass von **Sekundärrechtsakten**, die im Rahmen ihrer Durchführung durch mitgliedstaatliche Behörden und Gerichte gegenüber kollidierenden Vorschriften des nationalen Rechts **vorrangig** zur Anwendung kommen,[235] grundsätzlich **nicht** an die Grundrechte des Grundgesetzes gebunden.

Sekundäres Unionsrecht ist die Gesamtheit der von den Organen der EU selbst erlassenen Rechtsakte (insbesondere Verordnungen, Richtlinien und Beschlüsse, vgl. Art. 288 Abs. 1 AEUV). Im Gegensatz dazu bezeichnet man als **primäres Unionsrecht** die Regelungen der völkervertraglichen Grundlagen der Europäischen Union, also insbesondere des EUV und des AEUV, mit deren Umsetzung die Mitgliedstaaten Hoheitsrechte auf die Europäische Union übertragen haben (vgl. Art. 23 Abs. 1 GG), sowie ferner das europäische Gewohnheitsrecht und die allgemeinen Rechtsgrundsätze.

118 Diese fehlende Bindung der Union an die Grundrechte des Grundgesetzes schlägt sich auch bei der **Umsetzung** von EU-Richtlinien durch den deutschen Gesetzgeber und beim einzelfallbezogenen **Vollzug** von Unionsrechtsakten in der Bundesrepublik nieder, der i.d.R. durch die deutschen Behörden erfolgt. Der deutsche Gesetzgeber und die deutschen Behörden und Gerichte unterliegen zwar selbst wiederum der in Art. 1 Abs. 3 GG angeordneten Grundrechtsbindung, dürfen jedoch andererseits die **praktische Wirksamkeit und einheitliche Anwendung des (vorrangigen) Unionsrechts** nicht dadurch untergraben, dass sie unionsrechtliche Maßnahmen an den deutschen Grundrechten messen und im Konfliktfall außer Anwendung lassen, vgl. Art. 4 Abs. 3 UAbs. 2 EUV. Die Grundrechte des Grundgesetzes kommen daher im Anwendungsbereich der insoweit vorrangigen unionsrechtlichen Rechtsakte **grundsätzlich** nicht zur Anwendung.

Den **grundsätzlichen Vorrang des Unionsrechts** vor nationalem Recht hat das Bundesverfassungsgericht aus dem „dahingehenden innerstaatlichen Rechtsanwendungsbefehl" abgeleitet, den die auf der Grundlage der grundgesetzlichen Integrationsermächtigung des Art. 23 Abs. 1 GG ergangenen Zustimmungsgesetze zu den völkervertraglichen Grundlagen der Europäischen Union enthalten.[236] Gewiss seien der mit diesem Rechtsanwendungsbefehl verbundenen Übertragung von Hoheitsrechten und dem Vorrang des Unionsrechts vor nationalem

---

234 Vgl. zum Ganzen BVerfGE 128, 226 (244 ff.) – „Fraport".

235 Vgl. zum Vorrang des Unionsrechts sogleich Rn. 118 (mit Erläuterung) sowie ausführlich *Streinz*, Europarecht, 10. Aufl. 2016, § 3 Rn. 194 ff.

236 Vgl. dazu und zum Folgenden grundlegend BVerfGE 73, 339 (374 ff.) – „Solange II" sowie BVerfGE 126, 286 (301 ff.) – „Honeywell".

Recht bestimmte, aus Art. 79 Abs. 3 i.V.m. Art. 1 und 20 GG folgende **verfassungsrechtliche Grenzen** gesetzt – namentlich dürften die Unionsorgane ihre Kompetenzen weder ersichtlich überschreiten (sog. *ultra vires*-Kontrolle) noch im nicht übertragbaren Bereich nationaler Verfassungsidentität ausüben (sog. Identitätskontrolle); zu diesem Bereich gehörten sicherlich auch die „Rechtsprinzipien, die dem Grundrechtsteil des Grundgesetzes zugrundeliegen".[237] Da jedoch im Hoheitsbereich der Europäischen Union „ein Maß an Grundrechtsschutz erwachsen ist, das nach Konzeption, Inhalt und Wirkungsweise dem Grundrechtsstandard des Grundgesetzes im wesentlichen gleichzuachten ist", nimmt das Bundesverfassungsgericht die Prüfung von sekundärem Unionsrecht am Maßstab der Grundrechte des Grundgesetzes nicht (mehr) vor, „solange" die Europäische Union einen derartigen „wirksamen Schutz der Grundrechte gegenüber der Hoheitsgewalt der Gemeinschaften gewährleiste[t]".[238] In Anlehnung an die vom Gericht in seinen dazu ergangenen Leitentscheidungen verwendeten „solange"-Formulierungen spricht man insoweit von der **Solange-Rechtsprechung** des Bundesverfassungsgerichts. Diese Rechtsprechung hat das Gericht allerdings jüngst modifiziert. Für die Überprüfung einer einzelnen unionsrechtlichen Norm war bislang die (praktisch kaum zu erbringende) Darlegung erforderlich, dass der *generelle* Grundrechtsstandard der Europäischen Union nicht mehr angemessen sei. Diese strengen Anforderungen greifen nach einer Entscheidung, die das Gericht Ende 2015 zu einem Auslieferungsfall unter dem Rechtsakt zum Europäischen Haftbefehl getroffen hat, indes nicht, wenn der Beschwerdeführer in hinreichend substantiierter Weise eine Verletzung seiner **Menschenwürdegarantie** (Art. 1 Abs. 1 GG) geltend macht.[239] In einem solchen Fall seien das sekundäre Unionsrecht und in seinen Anwendungsbereich fallende Einzelfallentscheidungen wegen der gebotenen Identitätskontrolle stets und in vollem Umfang nach Maßgabe des Art. 1 Abs. 1 GG überprüfbar.

Im Anwendungsbereich des Unionsrechts gelten freilich gemäß **Art. 6 Abs. 1 EUV,** 119
Art. 51 Abs. 1 GR-Charta die in der „Charta der Grundrechte der Europäischen Union" niedergelegten **Unionsgrundrechte.**[240] **Rechtsakte** der Europäischen Union sowie die zu ihrer Durchführung im innerstaatlichen Bereich ergangenen mitgliedstaatlichen **Umsetzungs- und Vollzugsmaßnahmen** sind daher stets an den Unionsgrundrechten zu messen.

Eine **Ausnahme** macht das Bundesverfassungsgericht für **Vollzugsmaßnahmen**, wenn der zu vollziehende Unionsrechtsakt dem Mitgliedstaat einen gewissen **Durchführungsspielraum** lässt, die Durchführung des Unionsrechtsakts also nicht vollständig unionsrechtlich vorgezeichnet („determiniert") ist. Hier kommen dann die Grundrechte des Grundgesetzes zur Anwendung, nach richtiger Auffassung besteht insoweit kein Raum für die Anwendung der Unionsgrundrechte.[241]

---

237 BVerfGE 73, 339 (376) – „Solange II", unter Verweis auf BVerfGE 37, 271 (279 f.) – „Solange I".

238 BVerfGE 73, 339 (387) – „Solange II". Anders noch BVerfGE 37, 271 (280 ff.) – „Solange I".

239 Vgl. BVerfGE 140, 317 (333 ff.) – „Identitätskontrolle". Siehe dazu die erhellende Besprechung von *Sauer*, NJW 2016, 1134.

240 Vgl. grundlegend EuGH, Urt. ERT, C-260/89, EU:C:1991:254, Rn. 41 ff. An dieser Rechtsprechung hat sich trotz des engeren Wortlauts des Art. 51 Abs. 1 S. 1 GR-Charta („Durchführung") auch nach dem Verbindlichwerden der Charta nichts geändert, vgl. dazu EuGH, Urt. Åkerberg Fransson, C-617/10, EU:C:2013:105, Rn. 19 ff.

241 BVerfGE 118, 79 (95 ff.) – „Emissionshandel". Anders dagegen wohl EuGH, Urt. The Queen/ Ministry of Agriculture, Fisheries and Food, C-2/92, EU:C:1994:116, Rn. 16. Vgl. zur Bindung der Mitgliedstaaten an die Unionsgrundrechte *Streinz/Michl*, in: Streinz (Hrsg.), EUV/AEUV Kommentar, 2. Aufl. 2012, GR-Charta Art. 51 Rn. 6 ff.

B. Grundrechtsbindung Privater

I. Unmittelbare Drittwirkung der Grundrechte

120 Aus Art. 1 Abs. 3 GG wird ersichtlich, dass nur die **öffentliche** Gewalt an die Grundrechte gebunden ist. Die Grundrechte wirken also zunächst nur im Verhältnis zwischen den Bürgern einerseits und dem Staat andererseits. Andere **Privatpersonen („Dritte")** sind daher **grundsätzlich nicht unmittelbar** an die Grundrechte gebunden. Dies entspricht der traditionellen Funktion der Grundrechte als Abwehrrechte des Bürgers gegen den Staat.

121 Eine **Ausnahme** von diesem Grundsatz sieht indes **Art. 9 Abs. 3 S. 2 GG** vor. Hiernach sind alle Abreden, d.h. auch privatrechtliche Vereinbarungen, die das in Art. 9 Abs. 3 S. 1 GG garantierte Grundrecht der Koalitionsfreiheit einschränken, nichtig. Des Weiteren waren in frühen Entscheidungen des **BAG**[242] und des **BGH**[243] Ansätze zur Herleitung einer unmittelbaren Drittwirkung von Grundrechten in bestimmten Ausnahmefällen entwickelt worden. Diese Ansätze haben jene Gerichte jedoch später nicht mehr aufgegriffen.[244] Da Art. 1 Abs. 3 GG nur die drei Staatsgewalten als Grundrechtsadressaten bestimmt, wird eine **generelle unmittelbare Drittwirkung der Grundrechte** überwiegend und **zu Recht abgelehnt.**[245]

II. Mittelbare Drittwirkung der Grundrechte

122 Allerdings ist in diesem Zusammenhang zu beachten, dass mit den Grundrechten nicht nur subjektive Abwehrrechte des Einzelnen gegenüber dem Staat begründet worden sind, sondern, wie bereits oben beschrieben, zugleich eine **„objektive Wertordnung"** errichtet werden sollte. „Dieses Wertsystem (…) muss als **verfassungsrechtliche Grundentscheidung für alle Bereiche des Rechts** gelten; Gesetzgebung, Verwaltung und Rechtsprechung empfangen von ihm Richtlinien und Impulse."[246] Der Gesetzgeber, die Verwaltung und die Rechtsprechung haben daher bei der Schaffung und bei der Auslegung und Anwendung des einfachen Rechts, insbesondere auch des **Privatrechts**, die grundrechtlichen Wertentscheidungen zu berücksichtigen. Durch die grundrechtskonforme Auslegung und Fortbildung privatrechtlicher Vorschriften entfalten die Grundrechte eine gewisse **mittelbare Drittwirkung** auch zwischen Privaten, die gerade nicht zu den in Art. 1 Abs. 3 GG genannten Adressaten der Grundrechtsnormen gehören. In Kontrast zu dem nur „zweipoligen" Verhältnis zwischen Staat und Bürger, in dem die Grundrechte ihre primären Wirkungen entfalten, ist in Drittwirkungskonstellationen auch von **„mehrpoligen" Grundrechtsverhältnissen** die Rede.

---

242 Vgl. erstmals BAGE 1, 185 (192 ff.).
243 Vgl. BGHZ 24, 72 (76 f.).
244 Vgl. BAGE 48, 122 (138 f.); BGHZ 70, 313 (324).
245 Vgl. zur Kritik der unmittelbaren Drittwirkung ausführlich *Papier*, in: Merten/Papier (Hrsg.), Handbuch der Grundrechte, Band II, 2006, § 55 Rn. 16 ff.
246 BVerfGE 7, 198 (205) – „Lüth". Vgl. zu dieser Funktion der Grundrechte bereits oben Rn. 53 ff.

Bestimmte privatrechtliche Vorschriften eignen sich dabei besonders zur grundrechtskonformen Auslegung und Anwendung: „Der Rechtsprechung bieten sich zur Realisierung dieses [grundrechtlichen] Einflusses vor allem die ‚Generalklauseln', die, wie § 826 BGB, zur Beurteilung menschlichen Verhaltens auf außer-zivilrechtliche, ja zunächst überhaupt außerrechtliche Maßstäbe, wie die ‚guten Sitten', verweisen."[247] Diese in hohem Maße unbestimmt gefassten und daher ausfüllungsbedürftigen **Generalklauseln** werden daher auch als die **„Einbruchstellen" der Grundrechte in das bürgerliche Recht** bezeichnet.[248] 123

In **prozessualer** Hinsicht ergibt sich aus dieser mittelbaren Drittwirkung der Grundrechte, dass auch Zivilgerichte bei der Anwendung privatrechtlicher Vorschriften (unter Missachtung ihrer Schutzpflichten) gegen Grundrechte verstoßen können, und dass entsprechend auch **zivilgerichtliche Urteile** mit der **Verfassungsbeschwerde** angegriffen werden können.[249] 124

Mit der Möglichkeit, zivilgerichtliche Urteile unter Berufung auf eine unterbliebene grundrechtsgemäße Auslegung und Anwendung privatrechtlicher Bestimmungen mit der Verfassungsbeschwerde anzugreifen, ist ein bis heute kaum sauber gelöstes **dogmatisches Konstruktionsproblem der mittelbaren Drittwirkung der Grundrechte** angesprochen. Dieses Konstruktionsproblem ist eng verbunden mit der bereits im Zusammenhang mit den grundrechtlichen Schutzpflichten aufgeworfenen Frage nach dem Verhältnis der subjektiv-abwehrrechtlichen zur objektiv-wertsetzenden Dimension der Grundrechtsnormen.[250] Nicht begründen lässt sich die mittelbare Drittwirkung der Grundrechte auch in privatrechtlichen Rechtsverhältnissen jedenfalls allein mit dem Hinweis auf die Grundrechtsbindung der Zivilgerichte gemäß Art. 1 Abs. 3 GG und dem subjektiv-abwehrrechtlichen Gehalt der Grundrechte.[251] Dadurch würde verkannt bzw. ignoriert, dass die zivilgerichtlichen Entscheidungen *inhaltlich* gerade nicht die Rechtsbeziehungen zwischen Staat und Bürger betreffen und ordnen, sondern die Rechtsverhältnisse zwischen den – im Grundsatz nicht grundrechtsgebundenen – Bürgern untereinander berühren. Das Bundesverfassungsgericht stützt sich bei der Drittwirkung der Grundrechte in Zivilrechtsfällen zunächst auf die von der abwehrrechtlichen Dimension zu unterscheidende objektiv-rechtliche Wirkung der Grundrechtsnormen, deren Wertentscheidungen von den Zivilgerichten bei der Auslegung und Anwendung des einfachen Rechts zu beachten sind. Vielfach werden hier zusätzlich auch die objektiven Schutzpflichten bemüht, deren Ausdruck z.B. die arbeitsrechtlichen Kündigungsschutzregeln seien.[252] Auf die Beachtung der grundrechtlichen Wertentscheidungen bzw. die Einhaltung objektiver Schutzpflichten hat der Einzelne wiederum einen subjektiven grundrechtlichen Anspruch, und ihre Nichtbeachtung stellt eine Verletzung (auch) einer subjektiven Grundrechtsposition dar, die mit der Verfassungsbeschwerde angreifbar ist.[253] Man kann insoweit von einer **„Resubjektivierung" des objektiven Grundrechtsgehalts**[254] sprechen, deren genaue Abgrenzung zur abwehrrechtlichen Dimension der Grundrechte freilich offen bleibt.[255]

---

247 BVerfGE 7, 198 (206) – „Lüth".

248 *Dürig*, in: Neumann/Nipperdey/Scheuner (Hrsg.), Die Grundrechte, Band II, 1954, S. 507 (525).

249 Zum Prüfungsmaßstab bei der Urteilsverfassungsbeschwerde vgl. bereits oben Rn. 79 ff.

250 Vgl. dazu bereits oben Rn. 41.

251 So aber die überkommene Ansicht von *Schwabe*, Die sogenannte Drittwirkung von Grundrechten, 1971, S. 16 ff., 154 ff.

252 Vgl. etwa BVerfGE 137, 273 (313) – „Katholischer Chefarzt".

253 Vgl. bereits BVerfGE 7, 198 (206 f.) – „Lüth".

254 *Dreier*, in: ders. (Hrsg.), GG Kommentar, Band I, 3. Aufl. 2013, Vorbemerkungen Rn. 95.

255 Vgl. kritisch zu dieser Konstruktion und m.w.N. etwa *Ruffert*, Vorrang der Verfassung und Eigenständigkeit des Privatrechts, 2001, S. 67.

Literaturhinweise:

Allgemein	*Kempen*, Grundrechtsverpflichtete, in: Merten/Papier (Hrsg.), Handbuch der Grundrechte, Band II, 2006, § 54 (zur Vertiefung)
Zu A. II.	*Streinz*, Europarecht, 10. Aufl. 2016, § 3 Rn. 194 ff. (zur Vertiefung)
Zu B.	*Papier*, Drittwirkung der Grundrechte, in: Merten/Papier (Hrsg.), Handbuch der Grundrechte, Band II, 2006, § 55 (zur Vertiefung)

Wichtige Rechtsprechung:

Zu B. II.	BVerfGE 7, 198 – „Lüth" (Grundrechte als objektive Wertordnung – Figur der mittelbaren Drittwirkung von Grundrechten – Begriff der Sittenwidrigkeit i.S.v. § 826 BGB im Lichte der Meinungsfreiheit aus Art. 5 Abs. 1 S. 1 GG – Begriff der allgemeinen Gesetze i.S.v. Art. 5 Abs. 2 GG – Wechselwirkungslehre)

§ 7 Die Systematik der Grundrechtsprüfung

In der Fallbearbeitung spielen die Grundrechte überwiegend in ihrer Funktion als **Abwehrrechte** des Einzelnen gegenüber dem Staat eine Rolle; teilweise kommt auch ihre Funktion als **objektiv-wertsetzende Grundsatznormen** zum Tragen, auf deren Beachtung durch den Staat der Einzelne einen individuellen Anspruch hat – insbesondere im Hinblick auf zivilgerichtliche Entscheidungen. Es geht in sämtlichen dieser Fälle um die Frage, ob ein bestimmter Akt der öffentlichen Gewalt mit einem oder mehreren Grundrechten vereinbar ist. Die **Systematik der Grundrechtsprüfung** ist dabei stets gleich. Die sog. **Freiheitsrechte** werden grundsätzlich **dreistufig** geprüft: **125**

- Eröffnung des **Schutzbereichs**,
- **Eingriff** in den Schutzbereich und
- verfassungsrechtliche **Rechtfertigung** des Eingriffs.

Die sog. **Gleichheitsgrundrechte** (v.a. der allgemeine Gleichheitssatz des Art. 3 Abs. 1 GG) werden demgegenüber **zweistufig** geprüft: **126**

- Vorliegen einer verfassungsrechtlich relevanten **Ungleichbehandlung** und
- ggfs. verfassungsrechtliche **Rechtfertigung** der Ungleichbehandlung.

A. Freiheitsrechte

Ein Freiheitsrecht ist **verletzt**, wenn ein Akt der öffentlichen Gewalt in den **Schutzbereich** des Freiheitsrechts **eingreift** und dieser Eingriff verfassungsrechtlich **nicht gerechtfertigt** ist. **127**

Stets sorgfältig zu beachten ist die begriffliche Unterscheidung zwischen „Verletzung" und „Eingriff": Nur wenn ein Akt öffentlicher Gewalt ein Grundrecht **verletzt**, ist der Akt verfassungswidrig. Ein mit dem Akt verbundener **Eingriff** führt nur dann zur Verletzung des Grundrechts (und damit zur Verfassungswidrigkeit des Aktes), wenn er nicht verfassungsrechtlich gerechtfertigt ist.

Beispielsfall 1:[256]

Nachdem sich im Laufe eines Strafverfahrens gegen A, dem zur Last gelegt wird, 500 Euro veruntreut zu haben, Zweifel an der Zurechnungsfähigkeit des A ergeben, stellt der Gerichtsarzt im Rahmen einer Untersuchung des A den Verdacht auf eine Erkrankung des Zentralnervensystems fest, zu dessen Klärung er u.a. eine Untersuchung des Liquor (Gehirn- und Rückenmarkflüssigkeit) für notwendig hält. Obwohl das Amtsgericht erwägt, das Strafverfahren wegen Geringfügigkeit einzustellen, ordnet es auf der Grundlage des § 81a StPO eine Liquorentnahme im Wege einer Lumbalpunktion an, wozu es eines Einstichs in den Wirbelkanal mit einer langen Hohlnadel im Bereich der oberen Lendenwirbel bedarf. Dieser Eingriff ist für gewöhnlich ungefährlich, in lediglich 10% aller Fälle sind Störungen des Gesundheitszustandes wie Schmerzen

256 Nach BVerfGE 16, 194 – „Liquorentnahme".

und Übelkeit möglich, und nur in besonderen Fällen kann eine Liquorentnahme zu ernsten Komplikationen führen. – **Wäre eine zulässige Verfassungsbeschwerde des A gegen die Anordnung begründet?**

Beispielsfall 2:[257]

Im Biergarten der B-GmbH (B) stellen Mitarbeiter der zuständigen Stadt München im Rahmen einer Lebensmittelkontrolle zahlreiche Verstöße gegen lebensmittelrechtliche Vorschriften fest und dokumentierten diese. Gegen B wird ein Bußgeldverfahren eingeleitet. Nach entsprechender Anhörung werden auf einer eigens dazu eingerichteten Internetseite zudem die festgestellten Mängel unter Namensnennung der B, wenn auch ohne fotografische Darstellungen und ohne jede wertende Äußerung veröffentlicht. Die Stadt stützt sich dabei auf § 40 Abs. 1a Nr. 2 des Lebensmittel-, Bedarfsgegenstände- und Futtermittelgesetzbuchs (LBFG), wonach die zuständige Behörde die Öffentlichkeit über entsprechende Verstöße mit namentlicher Nennung des Betriebs informieren darf, wenn gegen die betreffenden Verbraucherschutzvorschriften „in nicht nur unerheblichem Ausmaß oder wiederholt verstoßen worden ist und die Verhängung eines Bußgeldes von mindestens dreihundertfünfzig Euro zu erwarten ist". Diese Voraussetzungen seien gegeben, zumal derartige Lebensmittelrechtsverstöße mit Bußgeldern von bis zu 100.000 Euro belegt werden könnten (§ 60 Abs. 5 LBFG). Nachdem die Lokalpresse die veröffentlichten Informationen aufgreift und mit eigenem Bildmaterial plastisch „ausschmückt", viele Besucher des Biergartens daraufhin auf andere Gaststätten ausweichen und Bs Umsatz einknickt, beschreitet B erfolglos den Rechtsweg gegen die Veröffentlichung. Besonders hart sei sie auch deswegen getroffen, weil die Rechtsgrundlage keine zeitliche Beschränkung der Veröffentlichung vorsehe, obwohl B die Mängel – was zutrifft – schon längst beseitigt habe. – **Wäre eine zulässige Verfassungsbeschwerde der B gegen das die Veröffentlichung bestätigende letztinstanzliche Gerichtsurteil begründet?** Das allgemeine Persönlichkeitsrecht (Art. 2 Abs. 1 i.V.m. Art. 1 Abs. 1 GG) sowie europarechtliche Vorgaben bleiben außer Betracht.

I. Schutzbereich

128 Unter dem **Schutzbereich** eines Freiheitsrechts versteht man denjenigen **Lebensbereich** – d.h. die Verhaltensweisen, Eigenschaften, Situationen, Rechtspositionen und -güter – des Einzelnen, die das jeweilige Freiheitsrecht prinzipiell gegen staatliche Eingriffe schützt. Hier ist in der Fallbearbeitung zu unterscheiden:

1. Sachlicher Schutzbereich

129 Der **sachliche** Schutzbereich betrifft den Gewährleistungs**gegenstand** und die **sachlich-gegenständliche Reichweite** der jeweiligen Freiheitsverbürgung. Hier ist zu definieren, welche konkreten Gegenstände, Zustände oder Verhaltensweisen durch das jeweilige Grundrecht geschützt werden, und zu prüfen, ob dieser Schutzbereich im konkreten Einzelfall betroffen **(„eröffnet")** ist.

Zu Beispielsfall 1 (Rn. 127): Die Verfassungsbeschwerde ist begründet, wenn A in seinen Grundrechten oder grundrechtsgleichen Rechten tatsächlich verletzt ist. Hier kommt eine Verletzung des Rechts auf Gesundheit aus Art. 2 Abs. 2 S. 1 GG in Betracht. In sachlicher

257 Nach VGH Mannheim, Beschl. v. 28.1.2013, 9 S 2423/12; BayVGH, Beschl. v. 18.3.2013, 9 CE 12.2755; VGH Kassel, Beschl. v. 23.4.2013, 8 B 28/13; OVG Münster, Beschl. v. 24.4.2013, 13 B 215/13.

Hinsicht schützt Art. 2 Abs. 2 S. 1 GG die körperliche Integrität jedenfalls in biologisch-physischer Hinsicht. Bereits durch den mit der Liquorentnahme verbundenen Einstich in den Wirbelkanal wird die körperliche Unversehrtheit des A beeinträchtigt. Auch die möglichen Folgebeschwerden betreffen die körperliche Integrität des A. Der Schutzbereich des Rechts auf Gesundheit ist daher eröffnet.

Zu Beispielsfall 2 (Rn. 127): Mit Blick auf B kommt eine Verletzung der Berufsfreiheit aus Art. 12 Abs. 1 GG in Betracht. Diese schützt die auf eine gewisse Dauer angelegte und Erwerbszwecken dienende, freie unternehmerische Betätigung, einschließlich der Teilhabe am Wettbewerb nach den Funktionsbedingungen des Marktes. Zwar gewährleistet die Berufsfreiheit im Ergebnis keinen Erfolg im Wettbewerb oder unveränderte Marktbedingungen, so dass nicht jede staatlich veranlasste Veränderung dieser Bedingungen einen Eingriff in den Schutzbereich des Grundrechts darstellt. Zumindest berührt ist der sachliche Schutzbereich der Berufsfreiheit aber, wenn staatliche Informationstätigkeit – wie hier die Öffentlichkeitsinformation durch die Stadt – gezielt auf die öffentliche Informationslage einwirkt, in vorhersehbarer Weise zu einer deutlichen Verschlechterung der Marktposition einer Grundrechtsträgerin – hier der B – führt und ihren Markterfolg behindert. Die Berufsfreiheit der B ist durch die Information der Öffentlichkeit und das sie bestätigende letztinstanzliche Gerichtsurteil daher betroffen.[258]

2. Persönlicher Schutzbereich

Unter dem **persönlichen** Schutzbereich eines Freiheitsrechts versteht man den Kreis der durch das jeweilige Freiheitsrecht geschützten **Personen**. Unter diesem Punkt ist zu klären, ob die betroffene Person im Hinblick auf das konkrete Grundrecht auch **grundrechtsberechtigt** ist.[259] **130**

Der persönliche Schutzbereich ist in der Fallbearbeitung allerdings nur dann zu prüfen, wenn sich eine Einzelperson gegen eine hoheitliche Maßnahme wehrt; im Rahmen rein **objektiver Beanstandungsverfahren** (z.B. einer abstrakten Normenkontrolle nach Art. 93 Abs. 1 Nr. 2 GG) ist dagegen nur der sachliche Schutzbereich zu prüfen, da es an einem konkreten Bezugspunkt für den persönlichen Schutzbereich fehlt.

Zu Beispielsfall 1 (Rn. 127): „Jeder", also jede natürliche Person – und damit auch A – hat das Recht auf körperliche Unversehrtheit aus Art. 2 Abs. 2 S. 1 GG. Auch der persönliche Schutzbereich ist daher eröffnet.

Zu Beispielsfall 2 (Rn. 127): B beruft sich als juristische Person auf die Berufsfreiheit, so dass neben den persönlichen Merkmalen des Art.12 Abs. 1 GG („Alle Deutschen") auch die Voraussetzungen des Art. 19 Abs. 3 GG zu prüfen sind. Bei einer GmbH handelt es sich um eine inländische juristische Person des Privatrechts i.S.v. Art. 19 Abs. 3 GG, die zugleich die Anforderungen eines „Deutschengrundrechts" erfüllt. Außerdem müsste die Berufsfreiheit wesensmäßig auf die B-GmbH anwendbar sein. Hinter einer privaten GmbH stehen regelmäßig auch natürliche Personen, auf deren Grundrechtsausübung sich die Tätigkeit der GmbH zurückführen lässt. Sie verfügt insoweit über das erforderliche „personale Substrat" und kann sich somit auf Art. 12 Abs. 1 GG berufen.

258 Bei der Prüfung staatlicher Informationstätigkeit am Maßstab der Berufsfreiheit differenziert die Rechtsprechung seit BVerfGE 105, 252 (265 ff.) – „Glykol" überwiegend nicht mehr deutlich zwischen sachlichem Schutzbereich und Eingriff, sondern prüft dies gemeinsam in einem Prüfungspunkt. Vgl. ebenso etwa BVerwG NVwZ-RR 2015, 425 (425 f.). Zumindest aus didaktischer und prüfungstaktischer Sicht erscheint es demgegenüber vorzugswürdig, die Eröffnung des Schutzbereichs separat zu prüfen und großzügiger zu handhaben.

259 Vgl. zur Grundrechtsberechtigung ausführlich oben Rn. 86 ff.

II. Eingriff

131 Nachdem festgestellt wurde, dass der Schutzbereich des jeweiligen Grundrechts eröffnet ist, muss geprüft werden, ob die betreffende Maßnahme

- **dem Staat** bzw. einer seiner Untergliederungen **zuzuordnen** ist, gleich welcher der drei Staatsgewalten,[260]
- und in den Schutzbereich des Grundrechts eingreift, d.h. die **geschützte Verhaltensweise bzw. den geschützten Zustand in zurechenbarer Weise beeinträchtigt**.

Neben der (in der Fallbearbeitung gebräuchlichen) Bezeichnung „Eingriff" werden mitunter auch die – für die vorliegenden Zwecke sowie in der Klausur als gleichbedeutend zu betrachtenden – Begriffe „Beschränkung", „Einschränkung", „Beeinträchtigung", „Verkürzung" oder „Begrenzung" verwendet.[261] **Nicht** verwendet werden darf dagegen der Begriff der „Verletzung", da dieser zur Bezeichnung eines nicht gerechtfertigten Eingriffs reserviert ist.

132 Im Hinblick auf die zweite Frage, ob also die in Rede stehende Freiheitsverkürzung einer dem Staat zuzuordnenden Maßnahme **zugerechnet** werden kann, wird herkömmlicherweise zwischen einem **„klassischen"** und einem **„modernen"** Begriff des Grundrechts**eingriffs** unterschieden.

In der **Fallbearbeitung** ist stets mit der **Prüfung des Eingriffs im klassischen Sinne** zu beginnen. Die folgende Differenzierung zwischen klassischem und modernem (erweitertem) Eingriffsverständnis ist nur darzulegen, falls die betreffende hoheitliche Maßnahme nicht bereits einen Eingriff im klassischen Sinne darstellt.[262]

1. Klassischer Eingriffsbegriff

133 Der klassische Begriff des Grundrechtseingriffs orientiert sich an den traditionellen staatlichen Handlungsformen – etwa im Polizeirecht – und setzt folgende **vier Elemente** voraus: Die dem Staat zuzuordnende Maßnahme muss die Freiheitsverkürzung

- im Rahmen eines **rechtsförmigen Vorgangs** herbeiführen, darf sich also nicht in einer rein tatsächlichen Wirkung erschöpfen,
- **gezielt („final")** bewirken, die Freiheitsverkürzung darf also nicht nur die unbeabsichtigte Nebenfolge eines ganz andere Zwecke verfolgenden staatlichen Handelns darstellen,
- **unmittelbar** verursachen, die Verkürzung des geschützten Freiheitsbereichs darf also nicht bloß mittelbare Folge des Staatshandelns sein,
- durch ein erforderlichenfalls **zwangsweise durchzusetzendes** Ge- oder Verbot verfügen.[263]

---

260 Vgl. zu den Adressaten der Grundrechtsbindung ausführlich oben Rn. 111 ff.

261 Vgl. wie hier *Kingreen/Poscher,* Grundrechte Staatsrecht II, 33. Aufl. 2017, § 6 Rn. 264 f.

262 Anders dagegen *Kingreen/Poscher,* Grundrechte Staatsrecht II, 33. Aufl. 2017, § 6 Rn. 296, die empfehlen, im Regelfall stillschweigend vom modernen Eingriffsverständnis auszugehen. Vgl. wie hier noch ausdrücklich *Bumke/Voßkuhle*, Casebook Verfassungsrecht, 5. Aufl. 2008, S. 13 (ohne diesen Hinweis mittlerweile *dies.*, Casebook Verfassungsrecht, 7. Aufl. 2015 Rn. 73 ff.).

263 Vgl. dieses herkömmliche Eingriffsverständnis referierend etwa BVerfGE 105, 279 (299 f.) – „Osho".

Typischerweise stellen diese Anforderungen kein Problem dar. Es gibt allerdings auch Konstellationen, in denen eine – u.U. sogar gravierende – Grundrechtsbeeinträchtigung des Bürgers durch ein bestimmtes staatliches Verhalten verursacht wird, aber nach dem klassischen Konzept die Eingriffsqualität zu verneinen ist. **134**

In diesem Zusammenhang werden häufig zwei vergleichsweise junge Entscheidungen des Bundesverfassungsgerichts genannt, in denen sich die Eingriffsqualität des staatlichen Handelns nach klassischem Verständnis bezweifeln lässt. Zum einen ist dies die Entscheidung im Fall **„Osho"**: Die Bundesregierung hatte – u.a. im Rahmen der Beantwortung von drei Kleinen Anfragen im Bundestag – eine bestimmte religiöse Gruppierung als „destruktiv" und „pseudoreligiös" bezeichnet. Hier lag kein staatlicher Eingriff in Art. 4 Abs. 1 GG im klassischen Sinne vor, da die Äußerungen weder *rechtsförmig* erfolgten noch *unmittelbar* an die betroffene Gruppierung gerichtet waren, nachteilige Auswirkungen für die Gruppierung weder *beabsichtigt* waren noch *zwangsweise* mit Verboten durchgesetzt werden sollten.[264] – Der zweite Fall betrifft die Entscheidung des Gerichts in der Sache **„Glykol"**: Die Bundesregierung hatte im Zusammenhang mit den im Jahr 1985 als „Glykolskandal" bekannt gewordenen Fällen der Verunreinigung von Wein mit Frostschutzmittel zur Information der Bevölkerung eine Liste der betroffenen Weinabfüller veröffentlicht. Auch hier lag kein Eingriff in die Berufsfreiheit aus Art. 12 Abs. 1 GG im klassischen Sinne vor, da die Veröffentlichung der Informationen nicht *rechtsförmig* erfolgte, nicht *unmittelbar* an die Weinabfüller, sondern an die Bevölkerung gerichtet war, für die Abfüller nachteilige Folgen primär nicht *beabsichtigt* waren und auch nicht mit *Zwang* durchsetzbar sein sollten.[265]

Zu Beispielsfall 1 (Rn 127): Die Anordnung der Liquorentnahme erging hier in Form eines Gerichtsbeschlusses, also **rechtsförmig**. Der Beschluss zielte gerade auf die Vornahme der Untersuchung ab, mit der die Beeinträchtigung der körperlichen Unversehrtheit des A einhergehen würde, erfolgte also **final**. Der Beschluss ist ggfs. mit unmittelbarem **Zwang** durchsetzbar. Zwar führt nicht schon der Beschluss selbst, sondern erst die eigentliche Liquorentnahme zu der Beeinträchtigung der körperlichen Unversehrtheit des A. Dennoch ist auch die **Unmittelbarkeit** der Beeinträchtigung zu bejahen, da es dem A nicht zuzumuten ist, den Vollzug der gerichtlichen Anordnung abzuwarten. Es liegt daher ein **Grundrechtseingriff im klassischen Sinne** vor, der einer verfassungsrechtlichen Rechtfertigung bedarf. Die Voraussetzungen des modernen Eingriffsbegriffs brauchen daher nicht geprüft werden.

Zu Beispielsfall 2 (Rn. 127): Zur Bestimmung der Eingriffsqualität der angegriffenen Maßnahme der öffentlichen Gewalt ist nicht auf die sie bestätigende letztinstanzliche Gerichtsentscheidung abzustellen, sondern auf die ursprüngliche staatliche Handlung, hier also die Öffentlichkeitsinformation durch die Stadt.[266] Diese erfolgte **nicht rechtsförmig** (in Gestalt eines Verwaltungsakts o.ä.), sondern als reiner Realakt. Auch bewirkte sie die geltend gemachte Beeinträchtigung der Berufsfreiheit **nicht unmittelbar**, sondern nur mittelbar. Direkt richtete sich die Information an die Öffentlichkeit und damit an die (potenziellen) Besucher des Biergartens, die aus der Presse von den Vorgängen erfahren haben. Wenn deren Entschluss, das von lebensmittelrechtlichen Mängeln betroffene Lokal der B nicht mehr zu besuchen, seitens der B zu Umsatzeinbußen führte, so war dies lediglich eine mittelbare

264 Vgl. BVerfGE 105, 279 (299 f.) – „Osho".
265 Vgl. BVerfGE 105, 252 (273) – „Glykol".
266 Andernfalls würde sich die Problematik faktisch-mittelbarer Grundrechtseingriffe im Verfassungsbeschwerdeverfahren kaum stellen, weil das Bundesverfassungsgericht auch dort regelmäßig auf einen Fall trifft, der bereits Gegenstand gerichtlicher Entscheidungen war – so etwa auch im Falle BVerfGE 105, 252 – „Glykol". Hierin liegt ein Unterschied zwischen der Eingriffsprüfung gegenüber der Prüfung des Beschwerdegegenstandes und der -befugnis in der Zulässigkeit, in deren Rahmen auf die förmlich angegriffene Maßnahme (ggf. also auch auf ein angegriffenes letztinstanzliches Urteil) abzustellen ist.

Grundrechtsverkürzung. Zwar dürfte der Gesetzgeber des § 40 Abs. 1a LBFG durchaus **gezielt** auf diesen Effekt spekuliert haben; mit **Zwang** lässt sich die Meidung von Bs Biergarten freilich **nicht** durchsetzen. Die Öffentlichkeitsinformation ist daher eine nur faktisch-mittelbarer Grundrechtsbeeinträchtigung, die nicht unter den klassischen Eingriffsbegriff fällt.

2. Moderner Eingriffsbegriff

135 Der moderne Eingriffsbegriff nimmt – im Interesse eines effektiven Grundrechtsschutzes zu Recht – eine Ausweitung aller vier Kriterien des klassischen Eingriffsbegriffs vor,[267] da das Grundgesetz „den Schutz vor Grundrechtsbeeinträchtigungen nicht an den Begriff des Eingriffs gebunden oder diesen inhaltlich vorgegeben" hat.[268] Die klassische, primär staatsorientierte Betrachtung der Eingriffsqualität der Maßnahme wird dabei umgestellt auf eine primär bürgerorientierte Betrachtung der Auswirkungen des staatlichen Handelns für die betroffenen Grundrechtsträger: Als **Eingriff nach modernem Verständnis** zu bezeichnen ist jedes staatliche Handeln, das dem einzelnen ein Verhalten, das in den Schutzbereich eines Grundrechts fällt, unmöglich macht, gleichgültig, ob diese Wirkung final oder unbeabsichtigt, unmittelbar oder mittelbar, rechtlich oder tatsächlich (faktisch, informal), mit oder ohne Befehl oder Zwang erfolgt.[269]

In den Fällen **„Osho"** und **„Glykol"** konnte man nach diesen Maßstäben zu dem Ergebnis gelangen, dass jeweils Eingriffe in die betroffenen Grundrechte aus Art. 4 Abs. 1 bzw. Art. 12 Abs. 1 GG vorlagen. So entschied das Bundesverfassungsgericht im Falle „Osho";[270] im Fall „Glykol" stellte das Gericht indes keinen Eingriff in die Berufsfreiheit fest, da es (schon) den Gewährleistungsbereich des Art. 12 Abs. 1 GG nicht auf den Schutz vor sachlich zutreffenden Informationen erstreckte.[271]

3. Einschränkung des modernen Eingriffsbegriffs durch Zurechnungskriterien

136 Das besagt allerdings **nicht**, dass **jede** dem Bürger irgendwie nachteilige Folge staatlicher Tätigkeit automatisch Eingriffsqualität aufweist; ansonsten würde der Kreis möglicher Grundrechtseingriffe ins Uferlose ausgedehnt. Eine **Zurechenbarkeit** der erzielten Wirkung zu einer dem Staat zuzuordnenden Maßnahme muss in jedem Falle gegeben sein. Diese Zurechenbarkeit ist insbesondere anhand der folgenden wertenden Kriterien[272] zu bestimmen:

- **Kausalität,**
- **Vorhersehbarkeit** und
- **Schwere der Beeinträchtigung**

267 Vgl. dazu und zum Folgenden *Kingreen/Poscher*, Grundrechte Staatsrecht II, 33. Aufl. 2017, § 6 Rn. 294.

268 BVerfGE 105, 279 (300) – „Osho".

269 Vgl. *Kingreen/Poscher*, Grundrechte Staatsrecht II, 33. Aufl. 2017, § 6 Rn. 294.

270 Vgl. BVerfGE 105, 279 (300) – „Osho".

271 Vgl. BVerfGE 105, 252 (265 ff.) – „Glykol". Anders dagegen die Entscheidung des Bundesverwaltungsgericht in jenem Fall, vgl. BVerwGE 87, 37 (39 ff.) – „Glykol".

272 Vgl. zu den folgenden Kriterien ausführlich *Bumke/Voßkuhle*, Casebook Verfassungsrecht, 7. Aufl. 2015, Rn. 77 f.

Eingriff ist nach modernem Verständnis somit jede **dem Staat zurechenbare Grundrechtsbeeinträchtigung**, wobei „zurechenbar" alternativ jeder finale Eingriff, jede unmittelbare Beeinträchtigung oder jede voraussehbare Folge von einigem Gewicht ist. 137

> **Zu Beispielsfall 2** (Rn 127): Um die durch das Verhalten der Biergartenbesucher vermittelten Beeinträchtigungen, die B im Rahmen ihrer unternehmerischen Tätigkeit hinzunehmen hatte, der Stadt München und ihrer Informationstätigkeit als Eingriff zurechnen zu können, muss ein nach wertenden Kriterien zu beurteilender hinreichender Zusammenhang zwischen dem Handeln der Stadt und der geltend gemachten Rechtsbeeinträchtigung festgestellt werden. Gegen eine Zurechnung könnte vorliegend zunächst sprechen, dass die Stadt München die Öffentlichkeit in Wahrnehmung ihrer gesetzlichen Aufgaben nach dem LBFG und in **sachlicher Form**, insbesondere ohne bildliche Darstellungen und ohne jede wertende Äußerung, zutreffend über festgestellte lebensmittelrechtliche Verstöße der B informiert hat. Andererseits ist zu berücksichtigen, dass die von B spürbare Beeinträchtigung ihrer unternehmerischen Tätigkeit als Folge der Veröffentlichung der Kontrollergebnisse mit namentlicher Nennung der B durchaus naheliegend und **vorhersehbar**, wenn nicht sogar als „Sanktion" der Verstöße mit einkalkuliert war. Überdies ist zu berücksichtigen, dass die Veröffentlichung eine „Prangerwirkung" für B entfalten und zu **schwerwiegenden**, selbst durch spätere Löschung der Informationen nicht ohne Weiteres korrigierbaren Einschnitten in ihre Unternehmenstätigkeit führen kann. Selbst wenn diese Konsequenzen aus Gründen des Verbraucherschutzes u. U. hinzunehmen und im Ergebnis gerechtfertigt sein könnten, liegt darin doch ein rechtfertigungsbedürftiger Vorgang. Schließlich hat die Regelung des § 40 LBFG auch eine objektiv-berufsregelnde Tendenz, da sie auf Lebens- und Futtermittelunternehmen bezogen ist und daher typischerweise berufsmäßig ausgeübte Tätigkeiten betrifft.[273] Es ist somit im Folgenden von einem Eingriff in die Berufsfreiheit auszugehen.[274]

III. Rechtfertigung

Liegt ein Eingriff im Schutzbereich eines Grundrechts vor, so ist schließlich zu prüfen, ob der Eingriff **verfassungsrechtlich gerechtfertigt** ist. Andernfalls ist das Grundrecht verletzt. 138

1. Beschränkungsmöglichkeiten („Schranken")

Dazu ist zunächst zu prüfen, **ob** und **wie** das jeweilige Grundrecht überhaupt beschränkt werden kann. Die Möglichkeit der Beschränkung eines Grundrechts bezeichnet man auch als **Grundrechtsschranke**. Nach Art und Umfang der Beschränkungsmöglichkeiten lassen sich die Grundrechte wie folgt einteilen: 139

- Grundrechte mit **verfassungsunmittelbaren Schranken**,
- Grundrechte mit (einfachem oder qualifiziertem) **Gesetzesvorbehalt**,
- **vorbehaltslos gewährleistete** Grundrechte.

---

273 Vgl. zu dem berufsfreiheitsspezifischen Erfordernis einer objektiv-berufsregelnden Tendenz ausführlich unten Rn. 378.

274 Vgl. ebenso, wenn auch jeweils ohne nähere Diskussion VGH Mannheim, Beschl. v. 28.1.2013, 9 S 2423/12, Rn. 16 ff.; BayVGH, Beschl. v. 18.3.2013, 9 CE 12.2755, Rn. 19. Zwingend ist dieses Ergebnis, zumal vor dem Hintergrund der in BVerfGE 105, 252 – „Glykol" entschiedenen Konstellation allerdings keineswegs. Gut vertretbar wäre es daher auch, einen Eingriff abzulehnen.

a) Grundrechte mit verfassungsunmittelbaren Schranken

140 Für Grundrechte mit **verfassungsunmittelbaren Schranken** enthält das Grundgesetz ausnahmsweise selbst die konkrete Eingriffsgrundlage zur Beschränkung des Grundrechts. Solche verfassungsunmittelbaren Schranken sind etwa vorgesehen in

- Art. 9 Abs. 2 GG (Vereinigungsfreiheit) und in
- Art. 13 Abs. 7 Hs. 1 GG (Unverletzlichkeit der Wohnung)[275].

b) Grundrechte mit Gesetzesvorbehalt

141 Die meisten Grundrechte können **„durch"** oder **„aufgrund"** eines formellen **Gesetzes** beschränkt werden; diese Möglichkeit der Beschränkung wird als **Gesetzesvorbehalt** bezeichnet. Teilweise kann es sich bei dem beschränkenden Gesetz um ein beliebiges einfaches Gesetz handeln (sog. **einfacher Gesetzesvorbehalt**), teilweise werden besondere Anforderungen an das beschränkende Gesetz gestellt (sog. **qualifizierter Gesetzesvorbehalt**).

Einen **einfachen Gesetzesvorbehalt** statuiert beispielsweise etwa Art. 2 Abs. 2 S. 3 GG: „In diese Rechte darf nur auf Grund eines Gesetzes eingegriffen werden." **Qualifizierte Gesetzesvorbehalte** statuieren verschiedene Anforderungen an das einschränkende Gesetz: Entweder muss das Gesetz an bestimmte **Umstände** anknüpfen (vgl. etwa Art. 11 Abs. 2 GG: „für die Fälle, ... in denen eine ausreichende Lebensgrundlage nicht vorhanden ist"), bestimmten **Zwecken** dienen (vgl. etwa Art. 5 Abs. 1 GG: „zum Schutze der Jugend") oder bestimmte **Mittel** benutzen (vgl. etwa Art. 5 Abs. 2 GG: „Vorschriften der *allgemeinen* Gesetze"). Ob das Gesetz im Einzelfall den Anforderungen des qualifizierten Gesetzesvorbehalts genügt, wird in der Fallbearbeitung i.d.R. noch unter dem Punkt „Schranken" geprüft, obwohl es sich bei diesen Anforderungen – streng genommen – bereits um sog. „Schranken-Schranken" handelt, da sie die Beschränkungsmöglichkeiten ihrerseits begrenzen.

142 Ein Gesetzesvorbehalt schließt es grundsätzlich nicht aus, dass das förmliche Gesetz die Verwaltung dazu **ermächtigt**, eigene (grundrechtsbeschränkende) Regelungen zu treffen, insbesondere in Form von Rechtsverordnungen oder Satzungen (d.h. materiellen Gesetzen). Der Eingriff muss jedoch stets **auf ein förmliches Gesetz zurückzuführen** sein.[276]

Im Falle **qualifizierter Gesetzesvorbehalte** müssen auch die materiellen Gesetze die statuierten Qualifikationen einhalten.

c) Vorbehaltlos gewährleistete Grundrechte

143 Schließlich gibt es auch Grundrechte, für die das Grundgesetz **keine** (ausdrücklichen) Beschränkungsmöglichkeiten vorsieht. Diese Grundrechte sind damit **vorbehaltlos gewährleistet**.

Zu nennen sind hier insbesondere etwa die Glaubens- und Gewissensfreiheit aus Art. 4 Abs. 1 und 2 GG, die Kunstfreiheit und die Wissenschaftsfreiheit, Art. 5 Abs. 3 S. 1 GG. Auch die Versammlungsfreiheit aus Art. 8 Abs. 1 GG ist insoweit vorbehaltlos gewährleistet, als es um Versammlungen geht, die nicht unter freiem Himmel stattfinden, vgl. Art. 8 Abs. 2 GG.

---

275 Vgl. dazu *Papier*, in: Maunz/Dürig, GG Kommentar, 59. EL 2010, Art. 13 Rn. 121.

276 Vgl. dazu und zur folgenden Anmerkung *Kingreen/Poscher*, Grundrechte Staatsrecht II, 33. Aufl. 2017, § 6 Rn. 314.

Man ist sich jedoch einig, dass auch diese Grundrechte nicht völlig unbeschränkt ausgeübt werden können – der damit verbundene „wildwüchsige Freiheitsgebrauch"[277] ist mit dem Gedanken der Einheit der Verfassung nicht vereinbar –, sondern ihre Schranken in **kollidierendem Verfassungsrecht** finden (sog. **verfassungsimmanente Schranken**)[278], insbesondere in den Grundrechten anderer Bürger. Eine solche Beschränkung aufgrund kollidierenden Verfassungsrechts darf allerdings – wie im Falle eines Gesetzesvorbehalts – nur durch oder aufgrund eines **förmlichen Gesetzes** vorgenommen werden, da in erster Linie der Gesetzgeber zur Auflösung verfassungsrechtlicher Kollisionslagen berufen ist.[279] 144

Zu Beispielsfall 1 (Rn 127): In die Rechte aus Art. 2 Abs. 2 S. 1 GG darf gemäß Art. 2 Abs. 2 S. 3 GG „nur auf Grund eines Gesetzes eingegriffen werden". Das Recht auf körperliche Unversehrtheit steht daher unter **einfachem Gesetzesvorbehalt**. Die Anordnung zur Vornahme der Liquorentnahme erging auf der Grundlage des § 81a StPO, also auf der Grundlage eines förmlichen Gesetzes. Den Anforderungen des Gesetzesvorbehalts ist somit prinzipiell Genüge getan.

Zu Beispielsfall 2 (Rn. 127): Der mit der Publikation verbundene Eingriff könnte verfassungsrechtlich gerechtfertigt sein. Beschränkungen der Berufsfreiheit müssen durch **Gesetz** oder auf Grund einer gesetzlichen Grundlage erfolgen, Art. 12 Abs. 1 S. 2 GG. Die Pflicht zur Veröffentlichung wird in § 40 Abs. 1a LBFG und damit durch ein förmliches Bundesgesetz festgelegt, das den Anforderungen des Art. 12 Abs. 1 S. 2 GG prinzipiell genügt.[280]

2. Verfassungsrechtliche Grenzen der Beschränkungsmöglichkeiten („Schranken-Schranken")

Nachdem in einem ersten Schritt die Beschränkungsmöglichkeiten für das jeweilige Grundrecht festgestellt wurden (sog. „Schranken"), ist in einem nächsten Schritt zu prüfen, ob bei dem Grundrechtseingriff im konkreten Fall die **verfassungsrechtlichen Grenzen dieser Beschränkungsmöglichkeiten** eingehalten wurden (sog. **„Schranken-Schranken"**). Für den Prüfungsaufbau in der Fallbearbeitung ist dabei zu unterscheiden, ob das Grundrecht durch ein **formelles Gesetz** eingeschränkt wird oder durch eine Maßnahme der **vollziehenden** oder **rechtsprechenden Gewalt**: 145

Durch die Gegenüberstellung der Begriffe **„Schranken"** und **„Schranken-Schranken"** soll lediglich plastisch zum Ausdruck gebracht werden, dass eine Inanspruchnahme der Möglichkeiten zur Grundrechtsbeschränkung („Schranken") ihrerseits wiederum verfassungsrechtlichen Grenzen („Schranken-Schranken") unterliegen. Merkt man sich als Student allerdings nur diese beiden Schlagwörter, so besteht regelmäßig die Gefahr, dass man sich die dahinter stehende Prüfungslogik nur unzureichend einprägt. Es ist daher zu empfehlen, immer von den „Beschränkungsmöglichkeiten" und den „verfassungsrechtlichen Grenzen dieser Beschränkungsmöglichkeiten" zu sprechen.

---

277 *Kingreen/Poscher*, Grundrechte Staatsrecht II, 33. Aufl. 2017, § 6 Rn. 311.
278 Vgl. BVerfGE 28, 243 (261) – „Dienstpflichtverweigerung"; E 30, 173 (191 ff.) – „Mephisto".
279 Vgl. BVerfGE 83, 130 (142) – „Josephine Mutzenbacher". Siehe zu der damit angesprochenen Wesentlichkeitsrechtsprechung des Bundesverfassungsgerichts unten Rn. 156.
280 In der Sache BVerfGE 105, 252 – „Glykol" fehlte eine solche gesetzliche Grundlage, so dass die verfassungsrechtliche Beurteilung entscheidend vom Vorliegen eines Eingriffs abhing.

a) Grundrechtseingriffe durch formelle Gesetze

146 Ein Gesetz vermag ein Grundrecht nur dann in verfassungsmäßiger Weise einzuschränken, wenn es in jeder Hinsicht **formell und materiell verfassungskonform** ist.[281]

aa) Formelle Verfassungsmäßigkeit

147 Ein Gesetz ist formell verfassungsgemäß, wenn die verfassungsrechtlichen Vorschriften über die **Gesetzgebungszuständigkeit** und das **Gesetzgebungsverfahren** eingehalten worden sind.

bb) Materielle Verfassungsmäßigkeit

148 Außerdem muss geprüft werden, ob das grundrechtsbeschränkende Gesetz die **materiellen verfassungsrechtlichen Anforderungen** erfüllt. Insbesondere sind dabei folgende Punkte zu prüfen:

(1) Grundsatz der Verhältnismäßigkeit

149 Von überragender Bedeutung ist in materieller Hinsicht der nicht ausdrücklich geregelte, aber allgemein anerkannte **verfassungsrechtliche Grundsatz der Verhältnismäßigkeit**[282] (oder: **Übermaßverbot**), welcher besagt, dass

- zur Erreichung eines bestimmten **legitimen Zwecks** nur solche Mittel eingesetzt werden dürfen, die
- **geeignet** und
- **erforderlich** zur Erreichung dieses Zwecks sind und
- das gewählte Mittel und der verfolgte Zweck in einem **angemessenen** Verhältnis zueinander stehen müssen.

Die Verhältnismäßigkeit eines Eingriffs ist in der Fallbearbeitung im Regelfall **immer anzusprechen**; die sonstigen materiellen verfassungsrechtlichen Anforderungen sind i.d.R. nur dann zu prüfen, wenn der Einzelfall dazu Anlass gibt.

(a) Legitimer Zweck

150 Zunächst ist zu prüfen, ob der Gesetzgeber mit dem Gesetz einen oder mehrere **legitime Zwecke** verfolgt. Der Gesetzgeber ist an die im Grundgesetz ge bzw. verbotenen Zwecke gebunden (vgl. auch Art. 20 Abs. 3 GG), verfügt allerdings bei der **Festlegung der möglichen Regelungszwecke** sowie bei der **Einschätzung, Beurteilung und Prognose** von tatsächlichen **gegenwärtigen oder künftigen Gefahren** für verfassungsrechtliche Schutzgüter über **weite Einschätzungs-, Beurteilungs- und Prognosespielräume.**[283]

In der Fallbearbeitung ist daher **im Zweifelsfall** von einem **legitimen Gesetzeszweck** auszugehen. Bei der Prüfung der Verhältnismäßigkeit von Maßnahmen der **Exekutive** ist dagegen ein **strengerer Maßstab** anzulegen, da die Verwaltung an die grundgesetzlichen **und die vom Gesetzgeber vorgegebenen** Zwecksetzungen gebunden ist, vgl. Art. 20 Abs. 3 GG.[284]

---

281 Vgl. grundlegend BVerfGE 6, 32 (40 ff.) – „Elfes" sowie oben Rn. 78.

282 Zur Herleitung des Grundsatzes vgl. BVerfGE 19, 342 (348 f.) – „Wencker".

283 Vgl. anschaulich etwa BVerfGE 121, 317 (350 ff.) – „Nichtraucherschutz".

284 Vgl. dazu auch *Kingreen/Poscher*, Grundrechte Staatsrecht II, 33. Aufl. 2017, § 6 Rn. 331.

(b) Geeignetheit

Geeignet zur Erreichung des verfolgten Zwecks ist ein Grundrechtseingriff dann, wenn er den angestrebten Zweck zumindest fördern kann.[285] Dem Gesetzgeber kommt auch hier ein gewisser **Einschätzungs-, Beurteilungs- und Prognosespielraum** zu: Es ist vornehmlich seine Sache, unter Beachtung der Sachgesetzlichkeiten des betreffenden Sachgebiets zu entscheiden, welche Maßnahmen er im Interesse des Gemeinwohls für geeignet hält und ergreifen will.[286] **151**

(c) Erforderlichkeit

Ein Grundrechtseingriff ist **erforderlich**, wenn sich der verfolgte Zweck nicht durch ein anderes, gleich wirksames Mittel erreichen lässt, welches das jeweilige Grundrecht nicht oder weniger stark einschränkt.[287] Auch hier steht dem Gesetzgeber wiederum ein gewisser **Einschätzungs-, Beurteilungs- und Prognosespielraum** zu.[288] **152**

(d) Angemessenheit

Nach ständiger Rechtsprechung des Bundesverfassungsgerichts muss der Eingriff außerdem **angemessen** (oder: **verhältnismäßig im engeren Sinne, zumutbar**) sein, d.h. die Schwere des Eingriffs darf bei einer **Gesamtabwägung** nicht außer Verhältnis zu dem Gewicht des damit verfolgten Zwecks stehen.[289] **153**

Stehen dem Grundrecht des Betroffenen insbesondere **andere grundrechtlich geschützte Interessen** (oder andere verfassungsrechtliche Güter) entgegen, so sind die kollidierenden Grundrechtspositionen (oder Verfassungsrechtsgüter) in ihrer Wechselwirkung zu erfassen und so zu begrenzen, dass sie für alle Beteiligten **möglichst weitgehend wirksam werden können**. Im Wege dieser sog. **praktischen Konkordanz** ist ein angemessener Ausgleich zwischen den Grundrechtspositionen zu schaffen. **154**

Der Grundsatz der **praktischen Konkordanz** (von lat. *concordia* = Eintracht, Einigkeit) beruht auf dem Gedanken der **Einheit der Verfassung** und gebietet es, kollidierenden Verfassungsgütern bei ihrer Abwägung gegeneinander jeweils größtmögliche Wirksamkeit einzuräumen. Er wurde von *Konrad Hesse* als eines der Leitprinzipien der Verfassungsauslegung und -konkretisierung geprägt[290] und ist seit langem fester Bestandteil auch der verfassungsgerichtlichen Terminologie.[291]

In der **Fallbearbeitung** findet die fallentscheidende Argumentation meist im Rahmen der zur Herstellung praktischer Konkordanz vorzunehmenden **Abwägung** statt. Zur Vorbereitung dieser Abwägung empfiehlt es sich, **155**

---

285 Vgl. etwa BVerfGE 30, 292 (316) – „Erdölbevorratung".

286 Vgl. wiederum etwa BVerfGE 121, 317 (354) – „Nichtraucherschutz".

287 Vgl. etwa BVerfGE 30, 292 (316) – „Erdölbevorratung".

288 Vgl. wiederum etwa BVerfGE 121, 317 (354) – „Nichtraucherschutz". In BVerfGE 53, 135 (145 f.) – „Schokoladenosterhase" sah das Bundesverfassungsgericht dagegen den gesetzgeberischen Einschätzungsspielraum überschritten.

289 Vgl. BVerfGE 16, 194 (212) – „Liquorentnahme".

290 Vgl. *Hesse*, Grundzüge des Verfassungsrechts der Bundesrepublik Deutschland, 20. Aufl. 1995, § 2 Rn. 72.

291 Vgl. etwa BVerfGE 89, 214 (232) – „Bürgschaftsverträge".

- zunächst die **gegenläufigen Verfassungsrechtsgüter** zu **benennen**,
- ihre **allgemeine Bedeutung** zu bestimmen, etwa anhand einer dreistufigen Skala „geringe – mittlere – große Bedeutung" und
- die **Intensität ihrer konkreten Betroffenheit** anhand der im Sachverhalt gegebenen Hinweise zu beschreiben und einzuordnen – ebenfalls beispielsweise anhand der dreistufigen Skala „leichte – mittlere – schwere Betroffenheit".

Die Abwägung selbst ist dann danach vorzunehmen, welchem der gegenläufigen Rechte und Rechtsgüter im Einzelfall – je nach ihrer festgestellten Bedeutung und Betroffenheit – das **höhere Gewicht** zukommt. Im Rahmen einer Fallbearbeitung ist dies – zumindest in umstrittenen Fällen – oftmals eine Frage der guten und überzeugenden juristischen Argumentation.

Dass im Rahmen der Abwägung ein gewisser Raum für juristische Argumentation besteht, wird mitunter zum Anlass genommen, den vom Bundesverfassungsgericht praktizierten Abwägungen einen **Mangel an rationalen und verbindlichen Maßstäben** vorzuwerfen,[292] der letztlich dazu führe, dass dem subjektiven Urteil der Richter Vorrang vor den Entscheidungen des unmittelbar demokratisch legitimierten Gesetzgebers eingeräumt werde. Mit diesen Überlegungen läuft man indes Gefahr, die Rationalität bei der Rechtsanwendung mit ihrer **Determination** gleichzusetzen. Für eine rationale Entscheidung scheint dann erforderlich zu sein, „dass jeder regelgetreue Rechtsanwender *zwingend* zum gleichen Ergebnis gelangt", dass also „zu jeder Frage ... eine eindeutige Antwort existiert".[293] Ein Blick in die juristische Fachliteratur, die eine überbordende Fülle an ungeklärten und umstrittenen Rechtsproblemen bereithält, zeigt allerdings, dass dieses Idealmodell der Rechtsanwendung auch unabhängig von Abwägungsvorgängen nur in den seltensten erörterungsbedürftigen Fällen erfüllt sein dürfte. Möchte man also eine rationale mit einer determinierten Entscheidung gleichsetzen, wird man die Rationalität der Rechtsanwendung insgesamt in Frage stellen müssen. Sachgerechter erscheint es demgegenüber, Rationalität der Rechtsanwendung vielmehr als das **„Erfordernis sachlicher Begründung"** zu begreifen, also als die Notwendigkeit, bei einer Entscheidung alle relevanten sachlichen Erwägungen unter Beachtung der logischen Konsistenz zu berücksichtigen.[294] Da die Abwägung gegenläufiger verfassungsmäßiger Rechte und Rechtsgüter gemäß dem Grundsatz praktischer Konkordanz gerade die **Offenlegung der Entscheidungsgründe**, insbesondere die Benennung und Gewichtung des Abwägungsmaterials, erfordert, macht sie den Rechtsanwendungsvorgang in besonderem Maße nachvollziehbar und in diesem Sinne rational.[295]

(2) Sonstige materiell-verfassungsrechtliche Vorgaben

156 Neben dem Grundsatz der Verhältnismäßigkeit sind je nach Ausgestaltung des Einzelfalls außerdem zu prüfen:

- die Wahrung des sog. **Bestimmtheitsgebots**;

  Das Bestimmtheitsgebot ist aus dem Rechtsstaatsprinzip (Art. 20 Abs. 3 GG) ableitbar und fordert ein in Tatbestand und Rechtsfolge bestimmt gefasstes Gesetz, damit die Rechtslage für den Betroffenen erkennbar ist und er sein Verhalten entsprechend ausrichten kann.

292 Vgl. besonders kritisch *Kingreen/Poscher*, Grundrechte Staatsrecht II, 33. Aufl. 2017, § 6 Rn. 344 ff.; *Schlink*, in: FS 50 Jahre BVerfG, 2001, Band II, S. 445 (460 ff.).

293 *Riehm*, Abwägungsentscheidungen in der praktischen Rechtsanwendung, 2006, S. 95 (mit Hervorhebungen im Original).

294 *Riehm*, Abwägungsentscheidungen in der praktischen Rechtsanwendung, 2006, S. 97 ff.

295 Vgl. auch *Unger*, Das Verfassungsprinzip der Demokratie, 2008, S. 138.

Dabei ist freilich zu beachten, dass Rechtnormen, als abstrakt-generelle Regelungen, immer einer gewissen Auslegung bedürfen, und dass es nahezu unmöglich ist, allein „mit Spezialnormen der Vielfalt der Lebensverhältnisse Herr zu werden und zugleich einen Weg zu der rechtlichen Differenzierung zu eröffnen, die im Einzelfall eine gerechte Entscheidung oft erst ermöglicht".[296] Grundsätzlich zulässig ist deswegen die Verwendung von **Generalklauseln, unbestimmten Rechtsbegriffen** und **Ermessensermächtigungen.**[297] Dass derart offen gefasste Rechtsnormen aufgrund der Weite ihres Tatbestands und ihrer Rechtsfolgenanordnungen ihrem Wortlaut nach u.U. auch **unverhältnismäßige Grundrechtseingriffe** zulassen, ist so lange unschädlich, als eine **grundrechtskonforme Auslegung** der betreffenden Rechtsnorm noch möglich ist. Zu thematisieren ist diese Frage prüfungssystematisch im Rahmen der Verhältnismäßigkeitsprüfung unter dem Aspekt, ob die Rechtsnorm aufgrund ihrer Unbestimmtheit übermäßige (als nicht mehr erforderliche) oder unangemessene (also nicht mehr im engeren Sinne verhältnismäßige) Eingriffe in das einschlägige Grundrecht erlaubt.

- die Wahrung des sog. **Parlamentsvorbehalts**;

  Der Parlamentsvorbehalt gebietet es, dass der **parlamentarische Gesetzgeber** die – insbesondere für die Ausübung der Grundrechte – grundlegenden, **wesentlichen Entscheidungen selbst trifft** und nicht der Exekutive überlassen darf (sog. **Wesentlichkeitstheorie**).[298]
- das **Verbot des Einzelfallgesetzes, Art. 19 Abs. 1 S. 1 GG**;
- die Wahrung des **Zitiergebots, Art. 19 Abs. 1 S. 2 GG**;
- die Wahrung der **Wesensgehaltsgarantie, Art. 19 Abs. 2 GG.**

b) Grundrechtseingriffe durch Maßnahmen der Exekutive und der Judikative

Maßnahmen der Exekutive und der Judikative schränken das Grundrecht prinzipiell nur dann in verfassungsmäßiger Weise ein, wenn sie **157**

- auf einer in jeder Hinsicht **verfassungskonformen Grundlage**[299] ergehen und

  In Anlehnung an die Elfes-Entscheidung des Bundesverfassungsgerichts, in der das Erfordernis einer in jeder Hinsicht verfassungsmäßigen gesetzlichen Grundlage erstmals formuliert wurde, bezeichnet man dieses Erfordernis auch als **Elfes-Doktrin** (oder Elfes-Logik).
- auch selbst **formell und materiell rechtmäßig** sind.

  Formell und materiell rechtmäßig ist eine hoheitliche Maßnahme dann, wenn die formellen und materiellen Vorgaben der **Rechtsgrundlage** eingehalten sind (ansonsten liegt neben dem Verstoß gegen einfachgesetzliches Recht zugleich ein Verstoß gegen Art. 20 Abs. 3 GG vor, wonach Verwaltung und Rechtsprechung „an Gesetz und Recht gebunden" sind) und die Maßnahme auch **nicht gegen sonstiges höherrangiges Recht verstößt** (insbesondere gegen den materiell-verfassungsrechtlichen **Grundsatz der Verhältnismäßigkeit**).

Anders müssen diese Anforderungen allerdings im Rahmen der Begründetheit einer **Urteilsverfassungsbeschwerde zum Bundesverfassungsgericht** formuliert werden. Hier schränkt die betreffende Maßnahme das Grundrecht bereits dann in verfassungskonformer Weise ein, wenn sie (1.) auf einer in jeder Hinsicht **verfassungskonformen Grundlage** ergeht und (2.) **kein Verstoß gegen spezifisches Verfassungsrecht** **158**

296 BVerfGE 3, 225 (243) – „Gleichberechtigung".
297 Vgl. zum Ganzen *Papier/Möller*, AöR 122 (1997), 177.
298 Vgl. etwa BVerfGE 33, 303 (345 f.) – „Numerus clausus I"; E 47, 46 (79) – „Sexualkundeunterricht".
299 Vgl. dazu die eben beschriebene Prüfung, Rn. 146 ff.

vorliegt. Dies ist Folge des eingeschränkten Prüfungsmaßstabs bei Urteilsverfassungsbeschwerden.[300]

In der **Fallbearbeitung** werden in aller Regel nur die letztgenannten Anforderungen relevant. Eine umfassende Prüfung der Vereinbarkeit einer Maßnahme der Exekutive oder Judikative mit Grundrechten ist nämlich in erster Linie im Rahmen der Begründetheit einer Verfassungsbeschwerde zum Bundesverfassungsgericht gefragt.

Zu Beispielsfall 1 (Rn 127): Der mit der richterlichen Anordnung verbundene Grundrechtseingriff ist gerechtfertigt, wenn er (1.) auf einer **verfassungsgemäßen Grundlage** beruht und (2.) sich auch **selbst** als **verfassungskonform** erweist. Zu (1.): An der formellen Verfassungsmäßigkeit des § 81a StPO bestehen keine Zweifel. In materieller Hinsicht müsste die Vorschrift insbesondere den Anforderungen des Verhältnismäßigkeitsgrundsatzes genügen. § 81a StPO ermöglicht die Feststellung von Tatsachen, die für das Strafverfahren von wesentlicher Bedeutung sind, im Wege körperlicher Untersuchungen und Eingriffe. Die Bestimmung dient damit dem öffentlichen Interesse an der Aufklärung und Verfolgung von Straftaten, mithin einem legitimen Zweck. Zur Erreichung dieses Zwecks erscheint § 81a StPO als grundsätzlich geeignet, da er die Wahrheitsfindung zumindest fördern kann. Auch können körperliche Untersuchungen und Eingriffe zur Tatsachenermittlung erforderlich sein, wenn im Einzelfall kein milderes Mittel verfügbar ist. Fraglich ist indes, ob § 81a StPO auch eine angemessene Grundlage für Eingriffe in die körperliche Unversehrtheit darstellt, ob also die Intensität der ermöglichten Eingriffe nicht außer Verhältnis zu dem Gewicht der damit verfolgten Zwecke steht. Dagegen könnte sprechen, dass die Vorschrift ihrem relativ unbestimmt gefassten Wortlaut nach im Einzelfall auch besonders intensive körperliche Eingriffe erlaubt, selbst wenn es um die Aufklärung nur geringfügiger Straftaten geht oder nur sehr wenige Verdachtsmomente vorliegen. Allerdings führt diese relative Unbestimmtheit des § 81a StPO nicht notwendig zur Unangemessenheit der Vorschrift; denn dass „der Gehalt einer unvollkommen gefassten Vorschrift erst durch Auslegung unter Berücksichtigung ihres Zwecks – … auch unter Beachtung der Wertmaßstäbe des Grundgesetzes – erschlossen werden muss, ist nichts Ungewöhnliches".[301] Da § 81a StPO grundsätzlich einer verfassungskonformen Auslegung zugänglich ist, die es erlaubt, die Eingriffsintensität und das Gewicht der mit dem Eingriff verfolgten konkreten Zwecke im Einzelfall gegeneinander abzuwägen, genügt die Vorschrift den Anforderungen des Verhältnismäßigkeitsgrundsatzes. Die Anordnung erging daher auf einer verfassungskonformen Grundlage. Zu (2.): Außerdem müsste auch die konkrete Anordnung selbst verfassungskonform sein. Das Bundesverfassungsgericht überprüft dabei nicht die korrekte Anwendung des einfachen Rechts, sondern nur die Einhaltung spezifisch verfassungsrechtlicher Vorgaben. In Betracht kommt hier insbesondere ein Verstoß gegen den Verhältnismäßigkeitsgrundsatz. Die Anordnung der Liquorentnahme dient der Feststellung der Schuldfähigkeit des A, also einer für das Strafverfahren relevanten Tatsache und damit auch einem dem legitimen öffentlichen Interesse an der Strafrechtspflege entsprechenden Zweck. Die Liquorentnahme ist außerdem förderlich und damit geeignet zur Feststellung der Schuldfähigkeit sowie erforderlich, da ausweislich des ärztlichen Befundes kein anderes milderes Mittel zur Feststellung der Schuldfähigkeit in Betracht kommt. Allerdings könnte die Liquorentnahme hier eine unangemessene Beeinträchtigung der körperlichen Unversehrtheit des A darstellen. Dazu müsste die Intensität des Eingriffs außer Verhältnis zu dem Gewicht der konkret verfolgten Zwecke stehen. Die Liquorentnahme stellt einen nicht unerheblichen Eingriff in die körperliche Integrität des A dar, der zwar prinzipiell ungefährlich ist, mit dem aber dennoch gewisse Komplikationen verbunden sein können. Demgegenüber handelt es sich bei dem in Rede stehenden Delikt – nämlich der Veruntreuung von 500 Euro – um eine vergleichsweise geringfügige Straftat, zumal das Gericht bereits die Einstellung des Verfahrens wegen Geringfügigkeit in Erwägung gezogen hat. Die Intensität des mit der Liquorentnahme verbundenen Eingriffs stand daher außer Verhältnis zu dem Gewicht des mit ihr

300 Vgl. dazu ausführlich oben Rn. 79 ff.
301 BVerfGE 16, 194 (201) – „Liquorentnahme".

B. Gleichheitsgrundrechte

Ein Gleichheitsgrundrecht ist dann **verletzt**, wenn eine **rechtlich relevante Ungleichbehandlung** vorliegt, die verfassungsrechtlich **nicht gerechtfertigt** werden kann.[307] Diese gegenüber den Freiheitsrechten unterschiedliche Prüfungsstruktur ergibt sich aus dem Umstand, dass Gleichheitsgrundrechte nicht bestimmte Lebensbereiche gegen ungerechtfertigte staatliche Eingriffe, sondern abstrakt vor ungerechtfertigter Ungleichbehandlung durch die gesetzgebende, vollziehende und rechtsprechende Gewalt schützen.[308] 159

Literaturhinweise:

Kingreen/Poscher, Grundrechte Staatsrecht II, 33. Aufl. 2017, § 6 Rn. 253 ff.
Kokott, Grundrechtliche Schranken und Schrankenschranken, in: Merten/Papier (Hrsg.), Handbuch der Grundrechte, Band I, 2004, § 22 (zur Vertiefung)

Wichtige Rechtsprechung:

Zu A. I. und II. BVerwGE 87, 37 – „Glykol", BVerfGE 105, 252 – „Glykol" und BVerfGE 105, 279 – „Osho"
(Schutzbereich der Grundrechte und Grundrechtseingriff bei staatlichem Informationshandeln)

307 Vgl. BVerfGE 55, 72 (88) – „Präklusion I".
308 Vgl. ausführlich zur Prüfung des Gleichheitsgebots unten Rn. 210 ff.

3. Teil

Die einzelnen Grundrechte und grundrechtsgleichen Rechte

Im Folgenden sollen nun die einzelnen Grundrechte und grundrechtsgleichen Rechte des Grundgesetzes erläutert werden. Die Darstellung orientiert sich dabei prinzipiell an der in der Fallbearbeitung gefragten Struktur der Prüfung von Freiheitsrechten (Schutzbereich – Eingriff – Rechtfertigung) und Gleichheitsrechten (Ungleichbehandlung – Rechtfertigung); bisweilen werden auch einige grundsätzliche Vorbemerkungen vorangestellt. 160

Wenngleich die Gliederung der folgenden Darstellung in Schutzbereich – Eingriff – Rechtfertigung auf die **subjektiv-abwehrrechtliche Funktion** der Grundrechte Bezug nimmt, sollen gelegentlich auch **objektiv-rechtliche Gehalte** der jeweiligen Grundrechtsnormen behandelt werden, sofern diese im Studium Relevanz haben. Sie werden dann – nicht ohne eine gewisse Brechung mit der prinzipiell gebotenen Trennung der Grundrechtsfunktionen – dem **Schutzbereich** der Grundrechtsnormen zugeordnet, um die Darstellung nicht zu sprengen. Damit soll freilich nicht nahegelegt werden, das Prüfungsschema Schutzbereich – Eingriff – Rechtfertigung unbesehen auch auf alle anderen Grundrechtsfunktionen zu übertragen.[309]

§ 8 Garantie der Menschenwürde (Art. 1 Abs. 1 GG)

A. Grundsätzliches zum Schutz der Menschenwürde in Art. 1 Abs. 1 GG

Die Garantie der Menschenwürde in Art. 1 Abs. 1 GG hat im Wesentlichen **zwei Funktionen**: Zum einen ist sie ein **staatsrechtliches Grundprinzip** der Bundesrepublik Deutschland und steht neben Demokratieprinzip, Rechtsstaatsprinzip, Bundesstaatsprinzip, Sozialstaatsprinzip und dem Prinzip der Republik (Art. 20 GG). Sie steht herausgehoben am Anfang des Grundgesetzes und gehört gemäß **Art. 79 Abs. 3 GG** zu dessen unabänderlichem Gehalt. Dadurch kommt zum Ausdruck, dass das Grundgesetz auch als ein Gegenentwurf zum Nationalsozialismus und seiner menschenfeindlichen Ideologie gedacht ist und an die Tradition der unveräußerlichen Menschenrechte im Sinne der Aufklärung sowie das christliche Menschenbild des Abendlandes anknüpft. 161

Zwar formen die **übrigen Grundrechte** nach allgemeiner Auffassung die Menschenwürde weiter aus und verfügen in ihrem Kern über einen sog. **Menschenwürdegehalt**. Dadurch fallen sie jedoch nicht allesamt unter Art. 79 Abs. 3 GG; lediglich ihr Menschenwürdegehalt ist unabänderlich i.S.v. Art. 79 Abs. 3 GG.

309 Vgl. zu den unterschiedlichen Grundrechtsfunktionen ausführlich oben Rn. 31 ff.

162 Zum anderen ist Art. 1 Abs. 1 GG auch eine **Grundrechtsnorm** und hat insofern die gleichen Funktionen wie die übrigen Grundrechte. Dass die Menschenwürdegarantie im Grundsatz wie die übrigen Grundrechte zu behandeln ist, wird zwar teilweise mit dem formalen Argument bestritten, Art. 1 Abs. 3 GG spreche von den „nachfolgenden Grundrechten".[310] Soweit die förmliche Grundrechtsbindung angesprochen ist, behandelt das Bundesverfassungsgericht die Menschenwürdegarantie indes wie alle anderen Grundrechte, denn „dass Art. 1 Abs. 1 kein ‚nachfolgendes' Grundrecht ist, schließt eine Bindung der staatlichen Gewalten an dieses oberste Konstitutionsprinzip des Grundgesetzes nicht aus".[311] Im Übrigen geht das Gericht ohne Weiteres davon aus, dass Art. 1 Abs. 1 GG sowohl ein „Abwehrrecht gegen Eingriffe des Staates" enthält als auch positive Schutzpflichten konstituiert.[312] Für eine Sonderbehandlung der Menschenwürdegarantie besteht daher kein Anlass.

B. Sachlicher Schutzbereich

163 Der sachliche Schutzbereich der Menschenwürdegarantie, die zugleich „tragendes Konstitutionsprinzip und oberster Verfassungswert" des Grundgesetzes ist,[313] lässt sich **nur schwerlich positiv bestimmen.** Der Gedanke der Menschenwürde speist sich zum einen aus **vielfältigen Vorverständnissen** aus Religion und Philosophie, Wissenschaft und Technik – man denke nur an die berühmten, bisweilen auch die Rechtsprechung des Bundesverfassungsgerichts inspirierenden Formulierungen *Immanuel Kants*, nach denen der Mensch „als Zweck an sich selbst, nicht bloß als Mittel zum beliebigen Gebrauche für diesen oder jenen Willen" existiere (sog. Instrumentalisierungsverbot).[314] Gleichwohl verlangt die Interpretation des Art. 1 Abs. 1 S. 1 GG „nicht Philosophie", es handelt sich vielmehr um die juristische Auslegung unmittelbar geltenden Verfassungsrechts.[315] Zum anderen ist Art. 1 Abs. 1 GG eine äußerst wirkmächtige Grundrechtsbestimmung, die **absoluten Schutz gewährleistet** und einer Abwägung mit gegenläufigen Belangen daher unter keinen Umständen zugänglich ist. Konkretisierungen des Gewährleistungsgehalts von Art. 1 Abs. 1 S. 1 GG werden daher meist nur sehr zurückhaltend und mit erheblicher, eine Subsumtion kaum ermöglichender sprachlicher Unschärfe vorgetragen. Zu einem gewissen Grad scheint die Menschenwürde daher auch in juristisch-terminologischer Hinsicht „unantastbar" zu sein.

310 Vgl. etwa *Kingreen/Poscher*, Grundrechte Staatsrecht II, 33. Aufl. 2017, § 6 Rn. 408.
311 BVerfGE 61, 126 (137).
312 BVerfGE 125, 175 (222) – „Hartz IV".
313 BVerfGE 109, 279 (311) – „Großer Lauschangriff".
314 *Kant*, Grundlegung zur Metaphysik der Sitten, Akademie-Ausgabe Band IV, S. 428. Vgl. zu der hieran angelehnten, von *Dürig* übernommenen Objekt-Formel des Bundesverfassungsgerichts unten Rn. 165.
315 Vgl. *Starck*, in: von Mangoldt/Klein/Starck (Hrsg.), GG Kommentar, Band I, 6. Aufl. 2010, Art. 1 Rn. 3 f.

Auch das **Bundesverfassungsgericht** verzichtet bewusst auf eine allgemeingültige Definition der Menschenwürde und konkretisiert ihren Gehalt „in Ansehung des einzelnen Sachverhalts mit dem Blick auf den zur Regelung stehenden jeweiligen Lebensbereich und unter Herausbildung von Fallgruppen und Regelbeispielen".[316] Es nimmt dabei keine positiven Begriffsbestimmungen vor, sondern stellt, gleichsam umgekehrt, auf negativ-verbotsmäßige Umschreibungen ab und fragt, welche Akte der öffentlichen Gewalt Verletzungen der Menschenwürde darstellen. Das Bundesverfassungsgericht bestimmt den Schutzbereich der Menschenwürde somit vorzugsweise „vom Verletzungsvorgang her", also aus der **Perspektive des Eingriffs.**[317] 164

In der **Fallbearbeitung** ist es daher legitim, wenn nicht sogar empfehlenswert, die Prüfung von **„Schutzbereich und Eingriff"** ausnahmsweise unter einem Punkt zusammenzufassen.

C. Eingriff

Das Bundesverfassungsgericht hat sich zur Annäherung an die Frage, ob im Einzelfall ein Eingriff in die Menschenwürde vorliegt, vielfach der Formel bedient, ein Eingriff sei, in Anlehnung an das Kantische Instrumentalisierungsverbot, dann anzunehmen, wenn der Mensch „zum **bloßen Objekt im Staat**" gemacht wird (sog. **Objektivierungsverbot** oder **Objekt-Formel**).[318] Dies sei dann der Fall, wenn der Mensch „einer Behandlung ausgesetzt wird, die seine Subjektqualität prinzipiell in Frage stellt"[319], indem sie „die Achtung des Wertes vermissen lässt, der jedem Menschen um seiner selbst willen, kraft seines Personseins, zukommt"[320]. 165

Anknüpfend an die Erfahrungen aus der Zeit des Nationalsozialismus lag die **klassische Stoßrichtung** der Menschenwürdegarantie im Schutz des Einzelnen vor **„Misshandlung, Verfolgung und Diskriminierung"**.[321] Die heute diskutierten Anwendungsfälle der Menschenwürdegarantie wird man damit freilich nur unzureichend erfassen können. Zur Veranschaulichung der in der Praxis und in der Ausbildung relevanten Fallkonstellationen lassen sich die folgenden **drei Themenbereiche** unterscheiden, in denen ein Eingriff in die Menschenwürde typischerweise in Betracht kommt: 166

- Schutz der **höchstpersönlichen Güter** – also des menschlichen Lebens, der körperlichen Integrität, der persönlichen Freiheit und der Persönlichkeit des Menschen – vor **besonders intensiven Eingriffen**,
- Gewährleistung **rechtsstaatlicher** und **sozialstaatlicher** Mindeststandards,
- Schutz des **werdenden Menschen**.

316 BVerfGE 109, 279 (311 f.) – „Großer Lauschangriff".
317 So ausdrücklich BVerfGE 109, 279 (312) – „Großer Lauschangriff" m.w.N.
318 BVerfGE 27, 1 (6) – „Mikrozensus" (ohne Hervorhebungen im Original). Diese Formel geht zurück auf *Günter Dürig*, AöR 81 (1956), 117 (127).
319 BVerfGE 30, 1 (26) – „Abhörurteil".
320 BVerfGE 115, 118 (153) – „Luftsicherheitsgesetz".
321 Vgl. BVerfGE 109, 279 (312) – „Großer Lauschangriff".

Die Versuche zur Systematisierung der Fallgruppen von Menschenwürdeverletzungen sind mannigfaltig.[322] Der hier gewählten Einteilung liegen folgende Überlegungen zugrunde: Jedem materiellen Grundrecht wohnt ein Menschenwürdekern inne, der einen absoluten Schutz vor besonders weitreichenden und intensiven staatlichen Beeinträchtigungen gewährleistet. Gerade in Fällen, in denen solche Grundrechte besonders stark betroffen sind, die thematisch **höchstpersönliche Güter** (Leben, Gesundheit, persönliche Freiheit, Persönlichkeit) schützen, steht wegen deren engen Bezugs zum Menschsein oftmals auch eine Verletzung der Menschenwürde zur Diskussion. Darüber hinaus weisen auch die primär objektiv-rechtlichen Staatsstrukturprinzipien der **Rechtsstaatlichkeit** und der **Sozialstaatlichkeit** einen Bezug zur Menschenwürdegarantie auf, der es bei gravierenden Unterschreitungen entsprechender Mindeststandards jeweils nahelegt, auch eine Verletzung der Menschenwürde anzunehmen. Spezifische Fragen wirft schließlich der **Schutz des werdenden Menschen** auf, bei deren Entscheidung man nicht mehr entlang anderer Grundrechtsgewährleistungen oder Staatsstrukturprinzipien argumentieren kann, sondern auf eigene, ursprüngliche Fragen des Menschseins und -werdens zurückverwiesen ist. In der **Fallbearbeitung** lässt sich für keine der drei Bereiche ein allgemeingültiges Prüfungsschema entwerfen. Es kommt hier vielmehr auf eine entsprechend gute und den Sachverhalt ausschöpfende Argumentation an, die sich auf der Grundlage des vom Bundesverfassungsgericht herangezogenen **Objektivierungsverbots** bewegt.

I. Schutz der höchstpersönlichen Güter vor besonders intensiven Eingriffen

167 Im Zusammenhang mit besonders gravierenden Beeinträchtigungen von anderen materiellen Grundrechten, die höchstpersönliche Rechte und Rechtsgüter schützen, also des Rechts auf Leben und Gesundheit (Art. 2 Abs. 2 S. 1 GG), der persönlichen Freiheit (Art. 2 Abs. 2 S. 2 GG) sowie des allgemeinen Persönlichkeitsrechts (Art. 2 Abs. 1 i.V.m. Art. 1 Abs. 1 GG), dessen enger Bezug zur Menschenwürde schon aus seiner normativen Verankerung auch in Art. 1 Abs. 1 GG deutlich wird, ist vielfach auch eine Verletzung der Menschenwürde angenommen oder zumindest diskutiert worden. Bekannt sein sollten hier vor allem folgende **wichtige Anwendungsfälle**:

- Schutz vor **einseitigen staatlichen Verfügungen über Menschenleben**;

  In seiner Entscheidung zum **Luftsicherheitsgesetz** im Jahr 2006 hatte das Bundesverfassungsgericht festgestellt, dass die gesetzliche Ermächtigung zum Abschuss eines von Terroristen entführten Passagierflugzeugs insoweit gegen die Menschenwürdegarantie verstößt, als dabei auch die Tötung der an der Entführung unbeteiligten Passagiere und Besatzungsmitglieder verbunden ist. Denn diese werden „dadurch, dass ihre Tötung als Mittel zur Rettung anderer benutzt wird, verdinglicht und zugleich entrechtlicht; indem über ihr Leben von Staats wegen einseitig verfügt wird, wird den als Opfern selbst schutzbedürftigen Flugzeuginsassen der Wert abgesprochen, der dem Menschen um seiner selbst willen zukommt".[323]

- Schutz vor sämtlichen Formen der **Folter und ihrer Androhung**;

  Eine besonders intensive Debatte hatte der Fall der **Entführung des Frankfurter Bankiersohnes *Jakob von Metzler*** ausgelöst.[324] Die Ermittler drohten dem Entführer während einer Vernehmung die Zufügung körperlicher Schmerzen an, um ihn zur Preisgabe des Verstecks

---

322 Vgl. zu anderen Einteilungsversuchen etwa *Kingreen/Poscher*, Grundrechte Staatsrecht II, 33. Aufl. 2017, § 7 Rn. 426; *Hufen*, JuS 2010, 1 (2 ff.); wie hier bereits im Ansatz *Papier*, Die Würde des Menschen ist unantastbar, in: FS Starck, 2007, S. 371 (375 ff.).

323 BVerfGE 115, 118 (154) – „Luftsicherheitsgesetz".

324 Vgl. zum Sachverhalt LG Frankfurt NJW 2005, 692 ff.

des (vermeintlich noch lebenden) Kindes zu bewegen. Dieser menschlich höchst tragische Fall hatte den in der Rechtswissenschaft bis dahin bestehenden Konsens über die Ächtung der Folter grundsätzlich in Frage gestellt, zahlreiche Stimmen befürworteten das Vorgehen der Ermittler und suchten nach Rechtfertigungsmöglichkeiten.[325] Bei allem Verständnis für die Tragik jenes Falles muss indes Folgendes klargestellt werden: **Folter ist und bleibt verfassungsrechtlich ausnahmslos verboten**, und sie war es auch in dem besagten Entführungsfall. Die „Anwendung von Folter macht die Vernehmungsperson zum bloßen **Objekt der Verbrechensbekämpfung** unter Verletzung ihres verfassungsrechtlich geschützten sozialen Wert- und Achtungsanspruchs".[326] Dies ist mit Art. 1 Abs. 1 GG schlechterdings unvereinbar.

- Schutz vor **menschenunwürdiger Freiheitsentziehung**;

  Das Bundesverfassungsgericht hat im Zusammenhang mit der **Sicherungsverwahrung** von als besonders gefährlich eingestuften Straftätern entschieden, dass es mit der Menschenwürdegarantie unvereinbar wäre, „wenn der Staat für sich in Anspruch nehmen würde, den Menschen zwangsweise seiner Freiheit zu entkleiden, ohne dass zumindest die **Chance** für ihn bestehen würde, je wieder **der Freiheit teilhaftig zu werden**".[327] Ferner findet die Belegung und Ausgestaltung von **Hafträumen** Grenzen in der Menschenwürdegarantie; so wurde etwa die Unterbringung eines Häftlings „für einen Zeitraum von knapp drei Monaten in einem Einzelhaftraum mit einer Bodenfläche von 5,25 m^2 und Einschlusszeiten zwischen 15 und fast 21 Stunden" durch den Verfassungsgerichtshof Berlin für menschenwürdeverletzend eingestuft.[328]

- Schutz vor **besonders intensiven Persönlichkeitsrechtsverletzungen**;

  Menschenwürdeverletzungen kommen grundsätzlich im Zusammenhang mit sämtlichen anerkannten **Ausprägungen** des allgemeinen Persönlichkeitsrechts in Betracht.[329] Relevant geworden sind insbesondere folgende Ausprägungen:

  – Schutz vor Eingriffen in den **Kernbereich privater Lebensgestaltung**

    Wichtig sind hier vor allem die jüngeren **sicherheitsrechtlichen Entscheidungen** des Bundesverfassungsgerichts. In seiner Entscheidung zum **Großen Lauschangriff** im Jahr 2004 hat das Gericht im Rahmen der verfassungsrechtlichen Prüfung der Einführung einer akustischen Überwachung des Wohnraumes den absolut geschützten Menschenwürdekern des Grundrechts auf Unverletzlichkeit der Wohnung herausgearbeitet. Dieser konkretisiere sich in „dem verfassungsrechtlichen Gebot unbedingter Achtung einer Sphäre des Bürgers für eine ausschließlich private – eine „höchstpersönliche" – Entfaltung. Dem Einzelnen soll das Recht, in Ruhe gelassen zu werden, gerade in seinen Wohnräumen gesichert sein (…). Zur Entfaltung der Persönlichkeit im **Kernbereich privater Lebensgestaltung** gehört die Möglichkeit, innere Vorgänge wie Empfindungen und Gefühle sowie Überlegungen, Ansichten und Erlebnisse höchstpersönlicher Art zum Ausdruck zu bringen, und zwar ohne Angst, dass staatliche Stellen dies überwachen. Vom Schutz umfasst sind auch Gefühlsäußerungen, Äußerungen des unbewussten Erlebens sowie Ausdrucksformen der Sexualität. (…) Dies verlangt zwar nicht einen absoluten Schutz der Räume der Privatwohnung, wohl aber absoluten Schutz des Verhaltens in diesen Räumen, soweit es sich als individuelle Entfaltung im Kernbereich privater Lebensgestaltung darstellt".[330] Auf den absolut geschützten Kernbereich privater Lebensgestaltung hat das Gericht außerdem in seinen Entscheidungen zur

325 Vgl. dazu und zum Folgenden *Papier*, Die Würde des Menschen ist unantastbar, in: FS Starck, 2007, S. 371 (377 f.).

326 BVerfG, Kammerbeschl. v. 14.12.2004, 2 BvR 1249/04, juris, Rn. 7 (die Feststellungen des Landgerichts wiedergebend, ohne Hervorhebung im Original).

327 BVerfGE 109, 133 (150) – „Langfristige Sicherungsverwahrung".

328 Wiedergegeben in BVerfG NJW 2016, 389 (390). Siehe ferner zu den Anforderungen an eine menschenwürdige Unterbringung in Gemeinschaftshaft BVerfG NJW 2016, 3228.

329 Vgl. dazu ausführlich unten Rn. 172 ff.

330 BVerfGE 109, 279 (313 f.) – „Großer Lauschangriff" (ohne Hervorhebung im Original).

Verwertbarkeit **tagebuchartiger Aufzeichnungen** eines Beschuldigten in einem Strafverfahren wegen Mordes (1989),[331] zur **Telekommunikationsüberwachung** (2005)[332] und zur **Online-Durchsuchung** (2008)[333] abgestellt.[334] Der Kernbereich privater Lebensgestaltung wird freilich auch außerhalb des Bereichs des Straf- und Sicherheitsrechts geschützt und ist auch in Entscheidungen zu anderen Sachbereichen, insbesondere etwa zum **Medienrecht**, relevant geworden.[335]

– Schutz des **Achtungsanspruchs** der menschlichen Person vor **besonders erniedrigenden tatsächlichen oder fiktiven Behandlungen.**

Besonders intensive Beeinträchtigungen des Achtungsanspruch der Person sind in verschiedenen Sachzusammenhängen mit Menschenwürdeverletzungen in Verbindung gebracht worden. Mittlerweile klassische Beispiele sind hier etwa die im Jahre 1992 ergangene Entscheidung des Bundesverfassungsgerichts zu dem Horrorfilm **„Tanz der Teufel"**, in denen das Gericht zumindest die Möglichkeit einer Menschenwürdeverletzung durch eine besonders „menschenverachtende Darstellung rein fiktiver Vorgänge", etwa in einem Film, bejahte,[336] sowie die **Laserdrome**-Entscheidung des Bundesverwaltungsgerichts aus dem Jahre 2001, in der das Gericht feststellte, dass ein reales Unterhaltungsspiel, dessen mit maschinenpistolenähnlichen Zielgeräten ausgestattete Teilnehmer zur Vornahme „fiktiver Gewaltakte zu Spiel- und Unterhaltungszwecken" angehalten werden, mit der Menschenwürdegarantie unvereinbar sei.[337] Die Menschenwürde wurde des Weiteren in der ersten Entscheidung des Bundesverwaltungsgerichts zu den sog. **Peep-Shows** ins Felde geführt, in der das Gericht noch argumentierte, dass die im Rahmen einer solchen Peep-Show zur Schau gestellte Frau „wie eine der sexuellen Stimulierung dienende Sache zur entgeltlichen Betrachtung dargeboten und jedem der ... Zuschauer als bloßes Anregungsobjekt zur Befriedigung sexueller Interessen angeboten" und dadurch in ihrer Menschenwürde verletzt werde.[338] Ebenfalls in diesen Bereich fällt die Problematik **„Kind als Schaden"**, die sich in Fällen stellt, in denen ein Arzt von den Eltern eines Kindes, das nach fehlgeschlagener Sterilisation oder fehlerhafter genetischer Beratung zur Welt gekommen ist, zivilrechtlich auf Befreiung von der Belastung mit der Unterhaltspflicht in Anspruch genommen wird; während der Zweite Senat des Bundesverfassungsgerichts die Ansicht äußerte, dass die Menschenwürdegarantie es verbiete, die Unterhaltspflicht für ein Kind als Schaden im Sinne der §§ 280 Abs. 1, 249 Abs. 1 BGB usw. zu begreifen,[339] gelangte der Erste Senat zu der gegenteiligen Auffassung, zumal die Menschen auch dort, „wo ein Schadensersatzanspruch unmittelbar an die Existenz eines Menschen anknüpft ... nicht ... zu Objekten, also zu vertretbaren Größen im Rahmen von vertraglichen oder deliktischen Beziehungen herabgewürdigt" werden.[340]

---

331 Vgl. BVerfGE 80, 367 (373 f.) – „Tagebuch".

332 Vgl. BVerfGE 113, 348 (390 ff.) – „Telekommunikationsüberwachung".

333 Vgl. BVerfGE 120, 274 (335 ff.) – „Online-Durchsuchung".

334 Vgl. zu weiteren sicherheitsrechtlichen Anwendungsbeispielen des persönlichkeitsrechtlichen Kernbereichsschutzes insbesondere *Shirvani*, VerwArch 100 (2009), 86 (105 ff., Schutz der Kontakt- und Begleitpersonen potentieller Straftäter vor Datenerhebungen) sowie *ders.*, ZG 2011, 45 ff. (Schutz besonderer Vertrauensverhältnisse vor Datenerhebungen).

335 Vgl. etwa BVerfGE 119, 1 (29 ff.) – „Esra"; E 120, 180 (214 f.) – „Caroline von Monaco III".

336 BVerfGE 87, 209 (228) – „Tanz der Teufel".

337 BVerwGE 115, 189 (199 ff.) – „Laserdrome". Vgl. zur Vereinbarkeit einer auf diese Begründung gestützten gewerberechtlichen Betriebsuntersagung mit Unionsrecht EuGH, Rs. C-36/02, Slg. 2004, I-9609 – „Omega".

338 BVerwGE 64, 274 (279) – „Peep-Show I". Vgl. die Sittenwidrigkeit einer Peep-Show dagegen nicht mehr mit dem Menschenwürdeverstoß begründend BVerwGE 84, 314 (317, 319 ff.) – „Peep-Show II".

339 Vgl. BVerfGE 96, 409 (412 f.) – „Plenarvorlagen".

340 BVerfGE 96, 375 (400) – „Kind als Schaden".

Insgesamt ist bei der Bestimmung der Frage, ob im konkreten Fall ein Eingriff in die Menschenwürde vorliegt, allerdings **Zurückhaltung** geboten. In den hier genannten Themenbereichen möglicher Menschenwürdeverletzungen stehen jeweils auch andere Grundrechtsverstöße im Raume, nämlich Verletzungen des Rechts auf Leben und körperliche Unversehrtheit (Art. 2 Abs. 2 S. 1 GG), der Freiheit der Person (Art. 2 Abs. 2 S. 2 GG) und des allgemeinen Persönlichkeitsrechts (Art. 2 Abs. 1 i.V.m. Art. 1 Abs. 1 GG), die ihrerseits eine verfassungsrechtliche Rechtfertigung erfordern und die betroffenen Freiheitsbereiche daher keineswegs schutzlos gestellt sind. Angesichts der jede Rechtfertigungsmöglichkeit von Eingriffen ausschließende „Unantastbarkeit" der Menschenwürde zielt Art. 1 Abs. 1 GG nicht auf den Schutz vor jeglichen Beeinträchtigungen dieser Gewährleistungen, sondern (nur) auf einen Schutz des **absoluten Kernbereichs** des Menschseins ab. Insoweit bedarf es stets einer sorgfältigen **Abschichtung der Menschenwürdegarantie** von den anderen Grundrechtsgewährleistungen. 168

II. Gewährleistung rechtsstaatlicher und sozialstaatlicher Mindeststandards

Nicht nur im Zusammenhang mit der Beeinträchtigung anderer materieller Grundrechte, sondern auch im Falle von gravierenden Verstößen gegen die an sich objektivrechtlichen Staatsstrukturprinzipien der Rechtsstaatlichkeit und der Sozialstaatlichkeit kann ausnahmsweise zugleich die Menschenwürde betroffen sein. Hier lassen sich folgende beiden Fallgruppen unterscheiden: 169

- Schutz vor **besonders schwerwiegenden Verletzungen des Anspruchs auf rechtliches Gehör**;

  Das Bundesverfassungsgericht hat mit dem Argument, „dass niemand zum **bloßen Gegenstand eines ihn betreffenden staatlichen Verfahrens** gemacht werden darf", wiederholt festgestellt, die Menschenwürdegarantie enthalte „insbesondere für das Strafverfahren, das zu den schwersten in allen Rechtsordnungen überhaupt vorgesehenen Eingriffen in die persönliche Freiheit des Einzelnen führen kann, das zwingende Gebot, dass der Beschuldigte im Rahmen der von der Verfahrensordnung aufgestellten, angemessenen Regeln die Möglichkeit haben und auch tatsächlich ausüben können muss, auf das Verfahren einzuwirken, sich persönlich zu den gegen ihn erhobenen Vorwürfen zu äußern, entlastende Umstände vorzutragen und deren umfassende und erschöpfende Nachprüfung und gegebenenfalls auch Berücksichtigung zu erreichen".[341]

- Gewährleistung eines **menschenwürdigen Existenzminimums**

  Mit seinem Urteil zu den Regelungen des **„Hartz IV"**-Gesetzes aus dem Jahre 2010 hat das Bundesverfassungsgericht die darin vorgenommene Bemessung der Regelleistung zur Sicherung des Lebensunterhalts unter Verweis auf die Vorgaben des **Art. 1 Abs. 1 GG i.V.m. dem Sozialstaatsprinzip** für verfassungswidrig erklärt. Diese Vorgaben fasste das Gericht allgemein in folgende Worte: „Wenn einem Menschen die zur Gewährleistung eines menschenwürdigen Daseins notwendigen materiellen Mittel fehlen, weil er sie weder aus seiner Erwerbstätigkeit, noch aus eigenem Vermögen noch durch Zuwendungen Dritter erhalten kann, ist der Staat im Rahmen seines Auftrages zum Schutz der Menschenwürde und in Ausfüllung

---

341 BVerfGE 63, 332 (337 f.).

seines sozialstaatlichen Gestaltungsauftrages verpflichtet, dafür Sorge zu tragen, dass die materiellen Voraussetzungen dafür dem Hilfebedürftigen zur Verfügung stehen."[342] Bei der Gewährleistung dieses menschenwürdigen Existenzminimums durch Schaffung eines entsprechenden gesetzlichen Leistungsanspruchs steht dem Gesetzgeber allerdings – insbesondere mit Blick auf die Bemessung des Existenzminimums – ein erheblicher Gestaltungsspielraum zu, zumal das Grundgesetz „keine exakte Bezifferung des Anspruchs" erlaubt.[343] Das Gericht hat sich dementsprechend im Wesentlichen darauf beschränkt, zu prüfen, ob die gesetzlichen **Leistungen im Ergebnis nicht „evident unzureichend"** waren und ob der Gesetzgeber mit Blick auf das **Bemessungsverfahren** ein prinzipiell taugliches Berechnungsmodell gewählt, die relevanten Tatsachen vollständig und zutreffend ermittelt sowie die wesentlichen Strukturprinzipien des gewählten Berechnungsmodells eingehalten hat.[344] Um die Überprüfbarkeit des Bemessungsverfahrens zu gewährleisten, obliegt es dem Gesetzgeber, „die zur Bestimmung des Existenzminimums im Gesetzgebungsverfahren eingesetzten Methoden und Berechnungsschritte **nachvollziehbar offenzulegen**"; andernfalls liegt ein Verstoß gegen Art. 1 Abs. 1 i.V.m. Art. 20 Abs. 1 GG vor.[345] Die Verfassungswidrigkeit des konkreten, auf der Einkommens- und Verbraucherstichprobe aus dem Jahre 1998 basierenden Bemessungsverfahrens begründete das Gericht u.a. damit, dass bei der Bildung des regelleistungsrelevanten Verbrauchs einerseits die in der Stichprobe erfassten Ausgaben in den Bereichen Bildung, Freizeit, Unterhaltung und Kultur nicht erfasst wurden, und dass andererseits Abschläge im Hinblick auf in der Stichprobe erfasste Ausgaben z.B. für Pelze, Maßkleidung, Kunstgegenstände, Sportboote und Segelflugzeuge vorgenommen wurden, obwohl nicht feststand, dass die betroffene Vergleichsgruppe (also die untersten 20% der Einkommensbeziehenden) überhaupt solche Ausgaben getätigt hat.[346] Außerdem hatte der Gesetzgeber bei der Berechnung des Sozialgelds für Kinder bis zur Vollendung des 14. Lebensjahres jegliche Ermittlungen zum spezifischen Bedarf eines Kindes unterlassen und lediglich einen Abschlag von 40% gegenüber der Regelleistung für einen alleinstehenden Erwachsenen vorgenommen.[347] Die in der Hartz IV-Entscheidung entwickelten Maßstäbe wurden später auch für die Beurteilung anderer staatlicher Leistungen herangezogen, etwa derjenigen nach dem Asylbewerberleistungsgesetz.[348]

III. Schutz des werdenden Menschen

170 Die Einbeziehung des werdenden Menschen in den Schutzbereich der Menschenwürdegarantie stellt den Anwender des Art. 1 Abs. 1 GG schließlich vor besondere Probleme, die in der Fallbearbeitung kaum verlangt werden können. In **zeitlicher** Hinsicht drängt sich, wie bereits im Hinblick auf die Grundrechtsfähigkeit im Allgemeinen, die Frage auf, ab wann der Embryo in den Genuss der Menschenwürdegarantie gelangt. Gesichert ist dies für die Zeit „vom 14. Tage nach der Empfängnis (Nidation, Individuation) an",[349] ungeklärt ist dagegen bislang die Phase vor diesem Zeitpunkt geblie-

342 BVerfGE 125, 175 (222) – „Hartz IV".
343 BVerfGE 125, 175 (225 f.) – „Hartz IV".
344 Vgl. BVerfGE 125, 175 (226) – „Hartz IV".
345 BVerfGE 125, 175 (226) – „Hartz IV" (ohne Hervorhebung im Original).
346 Vgl. BVerfGE 125, 175 (238 f.) – „Hartz IV".
347 Vgl. BVerfGE 125, 175 (245 ff.) – „Hartz IV". Vgl. zur geltenden Rechtslage BVerfGE 137, 34 – „Existenzsichernder Regelbedarf", wonach die sozialrechtlichen Regelbedarfsleistungen derzeit noch verfassungsgemäß seien. Zu den Regelungen bezüglich der Obdachsicherung siehe jüngst BVerfG NJW 2017, 3770.
348 Siehe dazu BVerfGE 132, 134 (159 ff.) – „Asylbewerberleistungsgesetz".
349 BVerfGE 39, 1 (37) – „Schwangerschaftsabbruch I". Ebenso BVerfGE 88, 203 (251) – „Schwangerschaftsabbruch II".

ben, nämlich die Zeit ab der Verschmelzung von Ei- und Samenzelle. Wenngleich das Bundesverfassungsgericht bereits eine gewisse Neigung gezeigt hat, auch ab diesem Zeitpunkt von einem Schutz des Embryos durch die Menschenwürdegarantie auszugehen,[350] ist diese Frage noch nicht abschließend entschieden worden.[351] Da die Menschenwürdegarantie insoweit nicht zwingend parallel zu den übrigen Grundrechtsgewährleistungen verlaufen muss – insbesondere knüpft Art. 1 Abs. 1 GG ausdrücklich an die Würde des „Menschen", nicht etwa die der „Person", an[352] –, ist darüber nachzudenken, sie von jenen anderen Gewährleistungen, insbesondere von dem Recht auf Leben und Gesundheit (Art. 2 Abs. 2 S. 1 GG), stärker abzuschichten.[353] Dies gilt auch in **sachlicher** Hinsicht: Mit Blick auf neuartige Phänomene wie die künstliche Herstellung von Embryonen und deren „Verbrauch" zur Gewinnung von Stammzellen (sog. **verbrauchende Embryonenforschung**), der **Import von Stammzellen** aus anderen Ländern oder deren **Patentierung**,[354] die Selektion (potenziell) defekter Embryonen im Wege der **Präimplantationsdiagnostik** (PID)[355] sowie das **therapeutische Klonen** embryonaler Stammzellen[356] stellt die Gewährleistung der Menschenwürdegarantie grundverschiedene Anforderungen an den Rechtsanwender, da sich für diese Phänomene nicht ohne Weiteres Entsprechungen in der Zeit nach der Geburt des Menschen finden lassen, sie aber dennoch die Grundfesten des Menschseins berühren. Hierin dürfte das wohl aktuellste, zugleich aber auch anspruchsvollste Referenzgebiet der Menschenwürdegarantie liegen.

D. Rechtfertigung

Gemäß Art. 1 Abs. 1 S. 1 GG ist die Würde des Menschen **„unantastbar"** und damit vorbehaltlos gewährleistet. Da diese Vorschrift gemäß Art. 79 Abs. 3 GG nicht einmal durch ein verfassungsänderndes Gesetz abgeändert werden darf, ist die Garantie der Menschenwürde schlichtweg uneinschränkbar.[357] Ein Eingriff in die Menschenwürde stellt daher immer auch eine Verletzung der Menschenwürde dar. Dies gilt wegen der **171**

350 Vgl. insbesondere die im Rahmen der Entscheidung BVerfGE 88, 203 (251) – „Schwangerschaftsabbruch II" gewählten Formulierungen „nahelegen" und „jedenfalls".

351 Der EuGH hat diese Frage dagegen bereits bejaht, vgl. EuGH, Urt. Brüstle, C-34/10, EU:C:2011:669, Rn. 34 ff.

352 Vgl. zu diesem Argument auch *Böckenförde*, JZ 2003, 809 (811).

353 Vgl. zu diesem Gedanken bereits *Papier*, Die Würde des Menschen ist unantastbar, in: FS Starck, 2007, S. 371 (381).

354 Vgl. zur Patentierung von Stammzellen EuGH, Urt. Brüstle, C-34/10, EU:C:2011:669, der die Möglichkeit einer Patentierung von Stammzellen unter Verweis auf die Menschenwürdegarantie verneint hat, da zur Stammzellgewinnung Embryonen zerstört werden müssen.

355 Vgl. dazu das im Sommer 2011 erlassene Gesetz zur Regelung der Präimplantationsdiagnostik (PID), BT-Drucks. 17/5451, mit dem die PID grundsätzlich verboten und nur in Ausnahmefällen für zulässig erklärt wurde.

356 Vgl. dazu umfassend *Kersten*, Das Klonen von Menschen, 2004.

357 Vgl. BVerfGE 93, 266 (293: „ [...] die Menschenwürde als Wurzel aller Grundrechte ist mit keinem Einzelgrundrecht abwägungsfähig.") – „Soldaten sind Mörder". Vgl. auch *Papier*, Die Würde des Menschen ist unantastbar, in: FS Starck, 2007, 371 (374).

Bedeutung der Menschenwürde als „objektiver, **unverfügbarer** Wert" auch dann, wenn ein im Einzelfall betroffener Träger der Menschenwürde der jeweiligen Beeinträchtigung **zugestimmt** hat.[358]

Literaturhinweise:

Hufen, Die Menschenwürde, Art. 1 Abs. 1 GG, JuS 2010, 1
Häberle, Die Menschenwürde als Grundlage der staatlichen Gemeinschaft, in: Isensee/Kirchhof (Hrsg.), Handbuch des Staatsrechts, Band II, 3. Aufl. 2004, § 22 (zur Vertiefung)

Wichtige Rechtsprechung:

BVerfGE 27, 1 – „Mikrozensus"
(Verfassungsmäßigkeit eines Gesetzes über die Durchführung einer Repräsentativstatistik der Bevölkerung und des Erwerbslebens (sog. Mikrozensus) – Prüfung des Art. 1 Abs. 1 GG anhand der sog. Objektformel)
BVerfGE 30, 1 – „Abhörurteil"
(Verfassungsmäßigkeit des Gesetzes zu Artikel 10 Grundgesetz (G10) – Konkretisierung der sog. Objektformel)
BVerfGE 109, 279 – „Großer Lauschangriff"
(Verfassungsmäßigkeit der gesetzlichen Einführung einer akustischen Überwachung des Wohnraumes – Schutz des Kernbereichs privater Lebensgestaltung nach Art. 2 Abs. 1 i.V.m. Art. 1 Abs. 1 GG)
BVerfGE 115, 118 – „Luftsicherheitsgesetz"
(Verfassungsmäßigkeit der gesetzlichen Ermächtigung der Streitkräfte zum Abschießen von Luftfahrzeugen, die als Tatwaffe gegen das Leben von Menschen eingesetzt werden sollen)

358 Vgl. so erstmals BVerwGE 84, 274 (279) – „Peep-Show I" (ohne Hervorhebung im Original).

§ 9 Allgemeine Handlungsfreiheit (Art. 2 Abs. 1 GG)

A. Sachlicher Schutzbereich

Das Recht auf freie Entfaltung der Persönlichkeit aus Art. 2 Abs. 1 GG schützt die „allgemeine Handlungsfreiheit im umfassenden Sinne", d.h. **jedes menschliche Verhalten**, „ohne Rücksicht darauf, welches Gewicht ihm für die Persönlichkeitsentfaltung zukommt".[359] Die ursprünglich vorgesehene, jedoch aus sprachlichen Gründen verworfene und durch die heute geltende Formulierung ersetzte Fassung des Art. 2 Abs. 1 GG bringt dies wie folgt zum Ausdruck: „Jeder kann tun und lassen, was er will."[360] **172**

Ursprünglich wurde demgegenüber die – vom Bundesverfassungsgericht in seinem **Elfes**-Urteil abgelehnte – Theorie vertreten, „dass Art. 2 Abs. 1 GG nur einen **Kernbereich der Persönlichkeit** habe schützen wollen".[361] Für eine Rückgängigmachung der Elfes-Rechtsprechung in Richtung eines Schutzes nur für Handlungen mit besonderer Relevanz für die Persönlichkeitsentfaltung sprach sich der Richter *Dieter Grimm* in seinem Sondervotum zur Entscheidung „Reiten im Walde" aus.[362]

Mit diesem derart weit verstandenen Schutzbereich ist Art. 2 Abs. 1 GG das **Auffanggrundrecht** gegenüber allen anderen Freiheitsrechten. Es tritt zurück, soweit der Schutzbereich eines anderen, speziellen Freiheitsrechts eröffnet ist, und ist daher nur dann zu prüfen, wenn kein anderes (spezielles) Freiheitsrecht einschlägig ist. **173**

B. Eingriff

Ob ein Eingriff in den Schutzbereich des Art. 2 Abs. 1 GG vorliegt, bestimmt sich nach den allgemeinen Regeln. Wegen der Weite seines Schutzbereichs und der damit verbundenen **Befürchtung eines ausufernden Grundrechtsschutzes** wird im Hinblick auf Art. 2 Abs. 1 GG gelegentlich befürwortet, nur Eingriffe im klassischen Sinne als Eingriffe in den Schutzbereich des Art. 2 Abs. 1 GG zu begreifen.[363] Zur Eingrenzung der möglichen Eingriffe in Art. 2 Abs. 1 GG ist eine solche Abweichung von den allgemeinen Anforderungen an Grundrechtseingriffe jedoch nicht erforderlich – zumal zu diesen Anforderungen insbesondere auch das einschränkende Kriterium der Zurechenbarkeit gehört. **174**

In der **Fallbearbeitung** sollte man die normalen Anforderungen an einen Grundrechtseingriff prüfen. In den Fällen **faktisch-mittelbarer Beeinträchtigungen** muss man freilich – wie mit Blick auf jedes andere Grundrecht auch – besonderes Augenmerk auf die Zurechnung legen.

---

359 BVerfGE 80, 137 (152) – „Reiten im Walde". Vgl. grundlegend BVerfGE 6, 32 (36) – „Elfes".
360 Vgl. *von Mangoldt*, Parlamentarischer Rat, 42. Sitzung des Hauptausschusses, S. 533.
361 So referierend und ohne Hervorhebungen BVerfGE 6, 32 (37) – „Elfes".
362 Vgl. BVerfGE 80, 137 (164 ff.) – „Reiten im Walde".
363 Vgl. etwa *Kingreen/Poscher*, Grundrechte Staatsrecht II, 33. Aufl. 2017, § 8 Rn. 454 ff.

C. Rechtfertigung

175 Die wichtigste der **drei Grundrechtsschranken** des Art. 2 Abs. 1 GG ist die **„verfassungsmäßige Ordnung“**. Dieser Begriff umfasst nach Auffassung des Bundesverfassungsgerichts „die allgemeine Rechtsordnung ..., die die materiellen und formellen Normen der Verfassung zu beachten hat, also eine verfassungsmäßige Ordnung sein muss“.[364] Mit anderen Worten: Art. 2 Abs. 1 GG steht unter **einfachem Gesetzesvorbehalt**.

Der Gebrauch des Begriffs der **verfassungsmäßigen Ordnung** im Grundgesetz ist wechselhaft. Anders als in Art. 2 Abs. 1 GG wird die „verfassungsmäßige Ordnung“ etwa in Art. 20 Abs. 3 GG gebraucht; dort wird die Bindung der Gesetzgebung an den **gesamten Normbestand des Grundgesetzes** auf den Begriff gebracht.[365] Wiederum anders, nämlich im Sinne der **freiheitlich demokratischen Grundordnung** (vgl. Art. 21 Abs. 2 GG), soll der Begriff der „verfassungsmäßigen Ordnung“ dagegen in Art. 9 Abs. 2 GG zu verstehen sein.[366] Fest steht damit jedenfalls, dass der Begriff in seinem jeweiligen unmittelbaren normativen Kontext zu interpretieren ist. So führte etwa das Bundesverfassungsgericht zur Begründung seiner Auslegung der verfassungsmäßigen Ordnung in Art. 2 Abs. 1 GG insbesondere den im Sinne einer umfassenden Handlungsfreiheit verstandenen weiten Schutzbereich des Art. 2 Abs. 1 GG an.[367]

176 Die Grundrechtsschranke der **„Rechte anderer“** meint alle **subjektiven Rechte Dritter**. Diese subjektiven Rechte Dritter sind allerdings bereits in der objektiven Rechtsordnung und damit in der „verfassungsmäßigen Ordnung“ i.S.v. Art. 2 Abs. 1 GG vollständig enthalten, so dass diese Schranke keine eigenständige Bedeutung hat. Gleiches gilt für die Schranke des **„Sittengesetzes“**: Die hierunter verstandenen guten Sitten und die Grundsätze von Treu und Glauben sind heutzutage weitgehend positiv-rechtlich geregelt und gehen damit in der „verfassungsmäßigen Ordnung“ auf.[368]

Einzig in der (heute im Ergebnis wohl nicht mehr so ergangenen) Entscheidung BVerfGE 6, 389 (434) – „Homosexuelle“ wurde das Sittengesetz als eigenständige Schranke des Art. 2 Abs. 1 GG herangezogen.

Literaturhinweise:

Kahl, Grundfälle zu Art. 2 Abs. 1 GG, JuS 2008, 499 ff., 595 ff.
Cornils, Allgemeine Handlungsfreiheit, in: Isensee/Kirchhof (Hrsg.), Handbuch des Staatsrechts, Band VII, 3. Aufl. 2009, § 168 (zur Vertiefung)

364 BVerfGE 6, 32 (38) – „Elfes“.
365 *Jarass/Pieroth*, GG Kommentar, 14. Aufl. 2016, Art. 20 Rn. 45.
366 So jedenfalls BVerwGE 47, 330 (351).
367 Vgl. BVerfGE 6, 32 (37 f.) – „Elfes“.
368 Vgl. zu diesen beiden Schranken *Kingreen/Poscher*, Grundrechte Staatsrecht II, 33. Aufl. 2017, § 8 Rn. 462 ff.

Wichtige Rechtsprechung:

Zu A. und C. BVerfGE 6, 32 – „Elfes"
(Grundrechtlicher Schutz der Ausreisefreiheit – Schutzbereich des Rechts auf freie Entfaltung der Persönlichkeit aus Art. 2 Abs. 1 GG – Begriff der „verfassungsmäßigen Ordnung" im Sinne des Art. 2 Abs. 1 GG)

BVerfGE 80, 137 – „Reiten im Walde"
(Verfassungsmäßigkeit eines Reitverbots – Schutzbereich des Rechts auf freie Entfaltung der Persönlichkeit aus Art. 2 Abs. 1 GG)

§ 10 Allgemeines Persönlichkeitsrecht (Art. 2 Abs. 1 i.V.m. Art. 1 Abs. 1 GG)

A. Sachlicher Schutzbereich

177 Das Bundesverfassungsgericht leitet aus Art. 2 Abs. 1 i.V.m. Art. 1 Abs. 1 GG das sog. **allgemeine Persönlichkeitsrecht** (genauer: Grundrecht auf Schutz der Persönlichkeit) ab. Dieses eigenständige Freiheitsrecht wurzelt einerseits in dem Recht auf freie Entfaltung der Persönlichkeit aus Art. 2 Abs. 1 GG, hebt sich allerdings von dem dort geschützten „aktiven" Element der allgemeinen Handlungsfreiheit ab und gewährleistet – ganz im Sinne des Schutzes der Menschenwürde nach Art. 1 Abs. 1 GG – die **„engere persönliche Lebenssphäre und die Erhaltung ihrer Grundbedingungen"**.[369] Das allgemeine Persönlichkeitsrecht hat sich damit von seiner Wurzel gelöst und ist zu einem selbständigen Freiheitsrecht geworden.

Das Bundesverfassungsgericht hat in seiner **Soraya**-Entscheidung aus dem Jahre 1973 das vom BGH in seiner Entscheidung zum **Schacht-Leserbrief** (1954)[370] für das Privatrecht entwickelte allgemeine Persönlichkeitsrecht aufgegriffen und übernommen.[371] Zwar schützen nahezu alle Grundrechte bestimmte Aspekte der menschlichen Persönlichkeit – etwa das in Art. 10 Abs. 1 GG gewährleistete Telekommunikationsgeheimnis, welches die Informationsübermittlung im Wege der Telekommunikation vor einer Kenntnisnahme durch die öffentliche Gewalt schützt, oder die Art. 13 Abs. 1 GG gewährleistete Unverletzlichkeit der Wohnung, die eine räumliche Sphäre der Persönlichkeitsentfaltung vor staatlichen Eingriffen bewahrt. Dennoch kommt dem allgemeinen Persönlichkeitsrecht auch neben diesen speziellen persönlichkeitsschützenden Rechten eine wichtige Funktion zu. Es „**ergänzt** als ‚unbenanntes' Freiheitsrecht die speziellen (‚benannten') Freiheitsrechte, die, wie etwa die Gewissensfreiheit oder die Meinungsfreiheit, ebenfalls konstituierende Elemente der Persönlichkeit schützen. Seine Aufgabe ist es, im Sinne des obersten Konstitutionsprinzips der ‚Würde des Menschen' (Art. 1 Abs. 1 GG) die engere persönliche Lebenssphäre und die Erhaltung ihrer Grundbedingungen zu gewährleisten, die sich **durch die traditionellen konkreten Freiheitsgarantien nicht abschließend erfassen** lassen; diese Notwendigkeit besteht namentlich auch im Blick auf **moderne Entwicklungen** und die mit ihnen verbundenen **neuen Gefährdungen für den Schutz der menschlichen Persönlichkeit**."[372] Gerade in den jüngeren sicherheitsrechtlichen Entscheidungen des Bundesverfassungsgerichts hat sich die enorme Bedeutung des allgemeinen Persönlichkeitsrechts gezeigt.

178 In seiner Rechtsprechung hat das Bundesverfassungsgericht **zahlreiche Ausprägungen** des allgemeinen Persönlichkeitsrechts entwickelt, die sich auf sämtliche Voraussetzungen und Ausdrucksformen des Personseins beziehen und sich daher nur schwerlich abschließend systematisieren lassen. Zur Veranschaulichung sollen hier

369 BVerfGE 54, 148 (153) – „Eppler".
370 BGHZ 13, 334 (338) – „Schacht-Leserbrief".
371 BVerfGE 34, 269 (281 f.) – „Soraya".
372 BVerfGE 54, 148 (153) – „Eppler".

dennoch die folgenden **Themenbereiche** unterschieden werden, in denen das allgemeine Persönlichkeitsrecht typischerweise aktiviert wird:[373]

- Schutz der **eigenen Identität und Individualität**,
- Schutz des **Privatlebens**,
- Schutz der **Selbstdarstellung in der Öffentlichkeit**,
- Schutz der **informationellen Selbstbestimmung**,
- Schutz der **Vertraulichkeit und Integrität informationstechnischer Systeme**.

Für sämtliche dieser Bereiche gilt freilich, dass im Einzelfall zunächst zu prüfen ist, ob nicht ein anderes, **spezielleres Freiheitsrecht** einschlägig ist und den betreffenden Aspekt des Persönlichkeitsschutzes regelt. Das allgemeine Persönlichkeitsrecht hat insofern lediglich Ergänzungsfunktion und ist daher nicht anwendbar, wenn und soweit eine speziellere Grundrechtsnorm im Einzelfall eine abschließende Normierung vorsieht.[374] Es wird daher auch als „unbenanntes" Freiheitsrecht bezeichnet.[375]

I. Schutz der eigenen Identität und Individualität

Das allgemeine Persönlichkeitsrecht schützt prinzipiell bereits die **Findung und Entwicklung** sowie den **Ausdruck** der eigenen **Identität und Individualität**. Dies umfasst konkret beispielsweise 179

- das Recht auf **selbstbestimmte Sexualität**[376],
- die **geschlechtliche Identität**, einschließlich des Rechts auf einen entsprechenden **Personenstand**[377] und **Vornamen**[378],
- das Recht auf **Beibehaltung des Geburtsnamens**[379] sowie
- das Recht auf **Kenntnis der eigenen Abstammung**[380] und **der eigenen Vaterschaft**[381].

---

373 Über die Einteilung der verschiedenen Ausprägungen besteht keine Einigkeit. Vgl. etwa die unterschiedlichen Systematisierungen bei *Kingreen/Poscher,* Grundrechte Staatsrecht II, 33. Aufl. 2017, § 8 Rn. 441 ff.; *Kahl/Ohlendorf,* JuS 2008, 682 (683), die auf weitere Einteilungsmöglichkeiten hinweisen.

374 Vgl. aus der jüngeren Judikatur etwa BVerfGE 125, 260 (310) – „Vorratsdatenspeicherung" zum Verhältnis des in Art. 10 Abs. 1 GG geschützten Telekommunikationsgeheimnisses zum allgemeinen Persönlichkeitsrecht.

375 Vgl. BVerfGE 141, 186 (201) – „Isolierte Vaterschaftsfeststellung".

376 Vgl. BVerfGE 47, 46 (73) – „Sexualkundeunterricht".

377 Vgl. BVerfGE 49, 286 (298) – „Transsexuelle I" zur Änderung der im Geburtenbuch eingetragenen Geschlechtszugehörigkeit eines Transsexuellen; jüngst BVerfG NJW 2017, 3643 (3644 ff.) zur verfassungswidrigen Vorenthaltung einer dritten Möglichkeit (neben „männlich" und „weiblich"), ein Geschlecht *positiv* (und nicht, wie bislang, nur *negativ* mit „fehlende Angabe") in das Geburtenregister eintragen zu lassen (denkbar wäre z.B. „anderes", vgl. BT-Drucks. 17/9088, S. 59).

378 Vgl. BVerfGE 115, 1 (14) – „Transsexuelle III".

379 Vgl. BVerfGE 78, 38 (49) – „Gemeinsamer Familienname".

380 Vgl. BVerfGE 79, 256 (268 f.) – „Kenntnis der eigenen Abstammung". Ein grundrechtlicher Anspruch eines Kindes auf Bereitstellung eines isolierten Vaterschaftsfeststellungsverfahrens in Bezug auf den mutmaßlichen Vater besteht allerdings nicht, vgl. BVerfGE 141, 186 (201) – „Isolierte Vaterschaftsfeststellung".

381 Vgl. BVerfGE 117, 202 (225 f.) – „Vaterschaftsfeststellung". Dort wurde ein verfassungsrechtlicher Anspruch des Vaters auf Bereitstellung eines isolierten Abstammungsklärungsverfahrens im Rahmen einer bestehenden rechtlichen Vaterschaft anerkannt.

II. Schutz des Privatlebens

180 Des Weiteren sichert das allgemeine Persönlichkeitsrecht dem Einzelnen einen **Bereich des privaten Lebens**, also einen Bereich, „in dem er die Möglichkeit hat, frei von öffentlicher Beobachtung und damit der von ihr erzwungenen Selbstkontrolle zu sein", und zwar sowohl **„thematisch"** als auch **„räumlich"**.[382] Dieser Schutzbereich des privaten Lebens umfasst konkret insbesondere

- in **thematischer** Hinsicht etwa die **Vertraulichkeit des Tagebuchs**[383], die **vertrauliche Kommunikation unter Eheleuten**[384] und **ärztliche Aufzeichnungen über den Gesundheitszustand**[385] sowie
- das Recht auf einen bestimmten **räumlichen Bereich**, in dem sich der Einzelne **frei von öffentlicher Beobachtung** bewegen kann, insbesondere im **häuslichen Bereich**, der speziell von Art. 13 Abs. 1 GG erfasst ist, aber auch etwa „in der freien, gleichwohl abgeschiedenen Natur oder an Örtlichkeiten, die **von der breiten Öffentlichkeit deutlich abgeschieden** sind".[386]

III. Schutz der Selbstdarstellung in der Öffentlichkeit

181 Ferner erfasst das allgemeine Persönlichkeitsrecht die Befugnis des Einzelnen, selbst zu entscheiden, **wie und wann** persönliche Lebenssachverhalte **öffentlich dargestellt** werden, insbesondere in Form von bildlichen oder filmischen Darstellungen sowie von mündlich, schriftlich oder in sonstiger Weise getätigter Äußerungen. Diese Befugnis umfasst konkret u.a.

- das Recht am **eigenen Bild**[387] und **Wort**[388], einschließlich des Schutzes vor dem Unterschieben nicht getätigter Äußerungen,
- das Recht auf **Schutz der persönlichen Ehre**[389] und
- das Recht auf **Gegendarstellung**[390] und **Berichtigung**[391].

IV. Schutz der informationellen Selbstbestimmung

182 Mit Blick auf die Verarbeitung und Verbreitung von personenbezogenen Informationen – zumal unter dem Eindruck der fortschreitenden technologischen Entwicklung – hat das Bundesverfassungsgericht bereits vor einigen Jahren eine weitere besondere Ausprägung des allgemeinen Persönlichkeitsrechts anerkannt, die mitunter gar als

---

382 BVerfGE 101, 361 (382 f.) – „Caroline von Monaco II" (ohne Hervorhebungen im Original).
383 Vgl. BVerfGE 80, 367 (373 ff.) – „Tagebuch".
384 Vgl. BVerfGE 27, 344 (350 ff.) – „Ehescheidungsakten".
385 Vgl. BVerfGE 32, 373 (379 ff.) – „Ärztliche Schweigepflicht".
386 BVerfGE 101, 361 (382 ff.) – „Caroline von Monaco II" (ohne Hervorhebungen im Original).
387 Vgl. BVerfGE 35, 202 (220) – „Lebach".
388 Vgl. BVerfGE 54, 148 (155) – „Eppler".
389 Vgl. BVerfGE 54, 208 (217) – „Böll".
390 Vgl. BVerfGE 63, 131 (142 f.) – „Gegendarstellung".
391 Vgl. BVerfGE 97, 125 (148 f.) – „Caroline von Monaco I".

selbständiges Grundrecht betrachtet wird: Das in der Entscheidung zur **Volkszählung** aus dem Jahre 1983 entwickelte Recht auf **informationelle Selbstbestimmung**[392] schützt die umfassende „Befugnis des Einzelnen, über die **Preisgabe und Verwendung seiner persönlichen Daten** zu verfügen"[393].

Das Recht auf informationelle Selbstbestimmung hat mittlerweile **überragende Bedeutung für den Bereich des Informations- und Datenschutzes** gewonnen. Es ist in jüngeren Entscheidungen des Bundesverfassungsgerichts – etwa zur **Sicherstellung von Telekommunikationsverbindungsdaten** (2006)[394], zur **Rasterfahndung** (2006)[395], zur automatisierten **Erfassung von Kfz-Kennzeichen** (2008)[396] sowie zur Errichtung einer gemeinsamen **Antiterrordatei** verschiedener Sicherheitsbehörden (2013)[397] – immer wieder als entscheidender verfassungsrechtlicher Maßstab herangezogen worden. Eine sehr umfassende einfachrechtliche Ausgestaltung findet das Recht auf informationelle Selbstbestimmung insbesondere in den *Datenschutzgesetzen*. Von herausgehobener Bedeutung ist insoweit allerdings weniger das deutsche (nationale) Recht als vielmehr die von Mai 2018 an verbindliche EU-Datenschutzgrundverordnung, die nun unionseinheitliche Datenschutzregelungen vorsieht und das Recht auf Datenschutz aus Art. 8 der Grundrechte-Charta ausdifferenziert. Ihre Regelungen binden nicht nur staatliche Stellen, sondern auch private Unternehmen, und erfüllen insoweit auch einen objektiv-rechtlichen Auftrag zum Schutz der auch unionsrechtlich gewährleisteten informationellen Selbstbestimmung vor Gefährdungen durch Private.[398] In ihrem Anwendungsbereich tritt das grundgesetzliche informationelle Selbstbestimmungsrecht nach den Grundsätzen der Solange-Rechtsprechung prinzipiell zurück, es ist vorrangig das Recht aus Art. 8 der Grundrechte-Charta maßgeblich.

V. Schutz der Vertraulichkeit und Integrität informationstechnischer Systeme

Über das Recht auf informationelle Selbstbestimmung hinaus hat das Bundesverfassungsgericht den grundrechtlichen Schutz im Bereich des Informations- und Datenschutzes um eine weitere Komponente ergänzt und erweitert. Nach Ansicht des Gerichts beziehe sich nämlich der Schutz des Rechts auf informationelle Selbstbestimmung jeweils nur auf „einzelne Datenerhebungen".[399] Dieser punktuelle Schutz sei nicht ausreichend, um den Einzelnen vor den neuen Formen der Persönlichkeitsgefährdung zu schützen, die sich aus dem Umstand ergeben, dass der Einzelne zur Lebensführung und zur Persönlichkeitsbildung zunehmend auf die Nutzung informationstechnischer Systeme – also insbesondere von **Personalcomputern** und vergleichbaren Telekommunikationsgeräten (z.B. **Smartphones**) – angewiesen ist. Werden **183**

392 Vgl. BVerfGE 65, 1 (42 ff.) – „Volkszählung".
393 BVerfGE 65, 1 (43) – „Volkszählung".
394 Vgl. BVerfGE 115, 166 (178 ff.) – „Telekommunikationsverbindungsdaten".
395 Vgl. BVerfGE 115, 320 (341 ff.) – „Rasterfahndung II".
396 Vgl. BVerfGE 120, 378 (397 ff.) – „Automatisierte Erfassung von Kfz-Kennzeichen". Eine verfassungskonforme Kfz-Kennzeichenerfassung sah das Bundesverwaltungsgericht in den entsprechenden Regelungen des bayerischen Polizeiaufgabengesetzes, vgl. BVerwG, Urt. v. 22.10.2014, 6 C 7.13, juris.
397 Vgl. BVerfGE 133, 277 (316 ff.) – „Antiterrordatei".
398 Vgl. zum Datenschutz im Verhältnis zwischen Privaten etwa *Krönke*, Der Staat 55 (2016), 319; *Papier*, NJW 2017, 3025 (3030 f.).
399 BVerfGE 120, 274 (313) – „Online-Durchsuchung".

diese dem informationstechnischen System oftmals unbewusst anvertrauten Informationen von Dritten erhoben und ausgewertet, könne dies weitreichende Rückschlüsse auf die Persönlichkeit des Nutzers bis hin zur Bildung eines Profils ermöglichen. Das vom Bundesverfassungsgericht in seiner Entscheidung zur **Online-Durchsuchung** aus dem Jahre 2008 kreierte Recht auf **Gewährleistung der Vertraulichkeit und Integrität informationstechnischer Systeme** schützt den Einzelnen daher **umfassend vor staatlichen Zugriffen** auf seine informationstechnischen Systeme.[400]

B. Eingriff

184 Die Prüfung, ob eine staatliche Maßnahme in den Schutzbereich des allgemeinen Persönlichkeitsrechts eingreift, richtet sich nach den allgemeinen Regeln. Die Gefahr eines – im Hinblick auf die allgemeine Handlungsfreiheit aus Art. 2 Abs. 1 GG teilweise befürchteten – ausufernden Grundrechtsschutzes besteht für das allgemeine Persönlichkeitsrecht nicht, zumal sich dessen Schutz nur auf Eingriffe bezieht, „die geeignet sind, die **engere Persönlichkeitssphäre** zu beeinträchtigen".[401]

C. Rechtfertigung

185 Die drei **Schranken** des Art. 2 Abs. 1 GG gelten auch für das allgemeine Persönlichkeitsrecht.[402] Auch das allgemeine Persönlichkeitsrecht steht damit grundsätzlich unter **einfachem Gesetzesvorbehalt**.

186 Bei der Prüfung, ob im konkreten Fall die **verfassungsrechtlichen Grenzen der Beschränkbarkeit** eingehalten worden sind (also der Schranken-Schranken), ist allerdings – zumal wegen der Nähe des allgemeinen Persönlichkeitsrechts zu Art. 1 Abs. 1 GG – in bestimmten Fällen besonders weitreichender und intensiver Eingriffe ein strengerer Maßstab anzulegen. Das Bundesverfassungsgericht hat hier – nicht zuletzt aufgrund des engen Bezugs des allgemeinen Persönlichkeitsrechts zur Menschenwürdegarantie[403] – in ständiger Rechtsprechung eine Abschichtung verschiedener **Sphären** vorgenommen,[404] die sich thematisch nicht nur auf den Schutz des Bereichs privaten Lebens bezieht, sondern sich grundsätzlich auf **alle Themenbereiche des Persönlichkeitsschutzes** übertragen lässt.[405]

---

400 Vgl. BVerfGE 120, 274 (303 ff.) – „Online-Durchsuchung"; E 141, 220 – „BKA-Gesetz".
401 BVerfGE 54, 148 (153) – „Eppler" (ohne Hervorhebung im Original).
402 Vgl. dazu oben Rn. 175 f.
403 Vgl. zu diesem Bezug bereits oben Rn. 167.
404 Vgl. schon BVerfGE 6, 32 (41) – „Elfes", ausführlicher etwa BVerfGE 34, 238 (245) – „Tonband".
405 Vgl. etwa die Entscheidung des Bundesverfassungsgerichts zur Online-Durchsuchung, in der das Gericht ebenfalls den „Kernbereich privater Lebensgestaltung" bemüht, BVerfGE 120, 274 (335 ff.) – „Online-Durchsuchung". Enger dagegen *Kingreen/Poscher*, Grundrechte Staatsrecht II, 33. Aufl. 2017, § 8 Rn. 446.

Die folgenden Differenzierungen werden mitunter schon unter dem Punkt „Eingriff" vorgenommen. In der Fallbearbeitung sind beide Vorgehensweisen möglich, wobei die Unterscheidung an sich erst für die Frage der **verfassungsrechtlichen Rechtfertigung** relevant und daher – im Sinne einer sauberen Gutachtentechnik – vorzugsweise dort darzulegen ist, wo sie entscheidungserheblich werden. Prüfungssystematisch lässt sich die folgende Sphärenabschichtung als **Modifikation des Verhältnismäßigkeitsgrundsatzes** begreifen und ist daher unter diesem Gesichtspunkt zu behandeln.

Hiernach sind die folgenden Persönlichkeitssphären zu unterscheiden, für die im Falle eines Eingriffs jeweils **unterschiedliche Anforderungen** an die **Verhältnismäßigkeit** der Beeinträchtigung gestellt werden: 187

- In die **Intimsphäre** fällt insbesondere der unantastbare „Kernbereich privater Lebensgestaltung"; dazu zählen etwa „Äußerungen innerster Gefühle" und „Ausdrucksformen der Sexualität".[406] Ein Eingriff in diese Sphäre ist **keiner Rechtfertigung** zugänglich, wurde vom Bundesverfassungsgericht jedoch bislang nur sehr selten festgestellt.[407]
- Die **Privatsphäre** ist der Bereich privater, nicht-öffentlicher Lebensgestaltung; in diese Sphäre fallen etwa Gespräche unter Familienmitgliedern oder Freunden oder ärztliche Aufzeichnungen über den eigenen Gesundheitszustand. Eingriffe in diese Sphäre lassen sich rechtfertigen, müssen allerdings unter **strenger Wahrung des Verhältnismäßigkeitsprinzips** und zugunsten **überwiegender Allgemeininteressen** erfolgen.[408]
- Im Schrifttum sowie in der zivilgerichtlichen Rechtsprechung (zum *zivilrechtlichen* allgemeinen Persönlichkeitsrecht) wird hiervon außerdem die sog. **Sozialsphäre** unterschieden. Die Sozialsphäre des Einzelnen meint den Bereich des öffentlichen Lebens; hierunter fällt typischerweise der Bereich der Darstellung der eigenen Person in der Öffentlichkeit. Eingriffe in diesem Bereich können unter den **allgemeinen Voraussetzungen** gerechtfertigt sein. Insbesondere wahre Tatsachenbehauptungen zu Vorgängen aus der Sozialsphäre sind grundsätzlich hinzunehmen.[409]

Der **Bundesgerichthof** spricht mit Blick auf das *zivilrechtliche* allgemeine Persönlichkeitsrecht ausdrücklich von der „Sozialsphäre". Er hat diese etwa im Falle eines Arztes als betroffen angesehen, der (im Ergebnis allerdings ohne Erfolg) die Löschung von auf ihn bezogenen Bewertungen in einem Online-Bewertungsportal für Ärzte begehrte.[410] Das **Bundesverfassungsgericht** unterscheidet dagegen begrifflich nur zwischen „Intimsphäre" und „Privatsphäre", eine „Sozialsphäre" kennt es als solche nicht. Für das Gericht sind die unterschiedlichen Dimensionen des Persönlichkeitsrechts allerdings keine schematische Stufenordnung, sondern nur

406 BVerfGE 109, 279 (315) – „Großer Lauschangriff". Vgl. dazu bereits im Zusammenhang mit der Menschenwürdegarantie oben Rn. 167.

407 Vgl. etwa BVerfGE 119, 1 (33 ff.) – „Esra".

408 Vgl. BVerfGE 34, 238 (246) – „Tonband". So ist etwa das Recht auf informationelle Selbstbestimmung zweier Kinder verletzt, wenn eine Illustrierte deren tatsächlich bestehende, durch Adoption begründete Verwandtschaft zu einem bekannten Fernsehmoderator offenlegt, vgl. BVerfG NJW 2017, 466.

409 Vgl. BVerfG NJW 2016, 3362 (3362): „[D]as Persönlichkeitsrecht verleiht keinen Anspruch darauf, nur so in der Öffentlichkeit dargestellt zu werden, wie es genehm ist."

410 Vgl. BGH, Urt. v. 23.9.2014, VI ZR 358/13, juris, Rn. 41 ff. – Jameda I; darauf verweisend BGH, Urt. v. 1.3.2016, VI ZR 34/15, juris, Rn. 40 – Jameda II.

„Anhaltspunkte für die Intensität der Beeinträchtigung" des Persönlichkeitsrechts, nach der sich die Anforderungen an die Rechtfertigung richten.[411] Die Kategorie der „Sozialsphäre" und die entsprechend niedrigen Anforderungen an die Rechtfertigung entsprechen diesem Verständnis.

188 **Typischerweise** erfolgen Eingriffe in das allgemeine Persönlichkeitsrecht zum einen im Rahmen von

- polizei- und sicherheitsrechtlichen Maßnahmen der (präventiven) **Gefahrenabwehr** und Ermittlungsmaßnahmen der (repressiven) **Strafverfolgung**,

  Beispiele: Akustische Wohnraumüberwachung, „Online-Durchsuchung", Rasterfahndung, aber auch die schlichte Identitätsfeststellung durch Herausverlangen des Personalausweises[412]

zum anderen aber auch im Zusammenhang mit

- zivil- oder strafgerichtlichen Verfahren, in denen das allgemeine Persönlichkeitsrecht zivil- oder strafrechtlich gegen **Beeinträchtigungen durch Dritte** zu schützen ist.

  Beispiele: Zivilgerichtliche Klage auf Widerruf und Unterlassung bereits getätigter und künftiger Äußerungen (z.B. beleidigende Meinungsäußerungen, aber u.U. auch wahre Tatsachenbehauptungen), Strafverfahren wegen Beleidigung (§ 185 StGB)

Zur verfassungsrechtlichen Rechtfertigung der Eingriffe ist im erstgenannten Bereich vor allem an die **staatlichen Schutzpflichten** zugunsten der Grundrechte Dritter zu denken – v.a. etwa an das Recht auf **Leben und Gesundheit** (Art. 2 Abs. 2 S. 1 GG) –, im letztgenannten Bereich an die Grundrechte der **Meinungsfreiheit** (Art. 5 Abs. 1 S. 1 GG) und der **Presse- und Rundfunkfreiheit** (Art. 5 Abs. 1 S. 2 GG)[413] sowie der **Kunstfreiheit** (Art. 5 Abs. 3 GG)[414].

Als Folge von im **Internet** verbreiteten Beeinträchtigungen des Persönlichkeitsrechts kommt es regelmäßig zu (jedenfalls augenscheinlich) **dreipoligen Grundrechtsverhältnissen**: Die Betroffenen wehren sich hier oftmals (zunächst zivilgerichtlich) nicht direkt gegen den eigentlichen „Störer", sondern gegen den „Verbreiter" der Beeinträchtigung. Der Arzt etwa, der sich gegen vermeintlich zu schlechte Bewertungen seiner Praxis auf einem **Bewertungsportal** für Ärzte zur Wehr setzen möchte, wird sich nicht gegen die Urheber jeder einzelnen Bewertung, sondern gegen den Betreiber des Portals wenden.[415] Dieser kann sich im Rahmen der gebotenen Abwägung der kollidierenden Grundrechtspositionen gewiss auf seine Berufsfreiheit aus Art. 12 Abs. 1 GG berufen. Des Weiteren wird man aber auch die Kommunikationsfreiheiten aus Art. 5 Abs. 1 S. 1 GG, von der die einzelnen Bewertungen und ihre Einsichtnahme gedeckt sind, in die Abwägung einstellen müssen.[416] Denn der Portalbetreiber ist insoweit „unverzichtbare Mittelsperson" der von Art. 5 Abs. 1 S. 1 GG geschützten Werturteile der Portalnutzer.[417]

411 BVerfGE 119, 1 (30) – „Esra" (ohne Hervorhebung im Original).
412 Vgl. BVerfG, Beschl. v. 24.7.2015, 1 BvR 2501/13, Rn. 11.
413 Vgl. zu den Besonderheiten bei der Auflösung der hier auftretenden Kollisionslage Rn. 287 ff.
414 Vgl. zu den Besonderheiten bei der Auflösung der hier auftretenden Kollisionslage Rn. 307 ff.
415 Vgl. zu diesem Beispiel BGH, Urt. v. 23.9.2014, VI ZR 358/13, juris – Jameda I; Urt. v. 1.3.2016, VI ZR 34/15, juris – Jameda II. Vgl. zum Ganzen ausführlich *Schröder*, VerwArch 2010, 205 ff.
416 So auch BGH, Urt. v. 23.9.2014, VI ZR 358/13, juris, Rn. 32 f. – Jameda I; darauf verweisend BGH, Urt. v. 1.3.2016, VI ZR 34/15, juris, Rn. 40 – Jameda II.
417 *Schröder*, VerwArch 2010, 205 (214).

– Ähnliche Fragen stellen sich auch in Fällen, in denen die Störung von dem Betreiber einer **Suchmaschine** vermittelt wird, die dem Nutzer die entsprechenden Treffer anzeigt.[418]

Literaturhinweise:

Kahl/Ohlendorf, Grundfälle zu Art. 2 Abs. 1 i.V.m. Art. 1 Abs. 1 GG, JuS 2008, 682
Kube, Persönlichkeitsrecht, in: Isensee/Kirchhof (Hrsg.), Handbuch des Staatsrechts, Band VII, 3. Aufl. 2009, § 148 (zur Vertiefung)

Wichtige Rechtsprechung:

Allgemein	BVerfGE 34, 269 – „Soraya" (Verfassungsmäßigkeit der BGH-Rspr. zur Ersatzfähigkeit des immateriellen Schadens bei Verletzungen des allgemeinen Persönlichkeitsrechts im Privatrecht – Anerkennung eines allgemeinen Persönlichkeitsrechts aus Art. 2 Abs. 1 i.V.m. Art. 1 Abs. 1 GG)
	BGHZ 13, 334 – „Schacht-Leserbrief" (Allgemeines Persönlichkeitsrecht als „sonstiges Recht" i.S.v. § 823 Abs. 1 BGB – Verletzung des privatrechtlichen allgemeinen Persönlichkeitsrechts durch Veröffentlichung eines anwaltlichen Schreibens als Leserbrief)
Zu A. IV. und V.	BVerfGE 65, 1 – „Volkszählung" (Verfassungsmäßigkeit eines Volkszählungsgesetzes – Entwicklung des Rechts auf informationelle Selbstbestimmung aus Art. 2 Abs. 1 i.V.m. Art. 1 Abs. 1 GG)
	BVerfGE 120, 274 – „Online-Durchsuchung" (Verfassungsmäßigkeit der sog. „Online-Durchsuchung/-Überwachung" – Entwicklung des Rechts auf Gewährleistung der Vertraulichkeit und Integrität informationstechnischer Systeme aus Art. 2 Abs. 1 i.V.m. Art. 1 Abs. 1 GG)
Zu C.	BVerfGE 109, 279 – „Großer Lauschangriff" (Verfassungsmäßigkeit der gesetzlichen Einführung einer akustischen Überwachung des Wohnraumes – Schutz des Kernbereichs privater Lebensgestaltung nach Art. 2 Abs. 1 i.V.m. Art. 1 Abs. 1 GG)
	BVerfGE 119, 1 – „Esra" (Verfassungsmäßigkeit eines Romanverbots – Abwägung der Kunstfreiheit aus Art. 5 Abs. 3 GG mit dem allgemeinen Persönlichkeitsrecht aus Art. 2 Abs. 1 i.V.m. Art. 1 Abs. 1 GG – Eingriff in den Kernbereich privater Lebensgestaltung durch die Schilderung intimster Details)

418 Vgl. etwa zur Störung mittels Autocomplete-Funktion BGH NJW 2013, 2348; siehe auch EuGH, Urt. Google Spain, C-131/12, EU:C:2014:317 (unter dem Aspekt eines „Rechts auf Vergessenwerden" im Internet).

§ 11 Recht auf Leben und körperliche Unversehrtheit (Art. 2 Abs. 2 S. 1 GG)

A. Sachliche Schutzbereiche

189 Die sachlichen Schutzbereiche[419] des Art. 2 Abs. 2 S. 1 GG umfassen das Recht auf Leben und das Recht auf körperliche Unversehrtheit.

I. Recht auf Leben

190 Das **Recht auf Leben** schützt die **„biologisch-physische Existenz"** des Menschen.[420] Nicht von Art. 2 Abs. 2 S. 1 GG geschützt sein dürfte dagegen – im Sinne einer negativen „Freiheit *vom* Leben" – das **Recht auf Selbsttötung**: Zwar ist mit Blick auf andere Freiheitsrechte – etwa die Glaubensfreiheit (Art. 4 Abs. 1 und 2 GG) und die Meinungsfreiheit (Art. 5 Abs. 1 S. 1 GG) – anerkannt, dass sie auch den Nichtgebrauch der gewährleisteten Freiheit schützen – also das Nicht-Bilden eines Glaubens, das Nicht-Ausüben der Religion sowie das Nicht-Äußern der Meinung; anders als die genannten Freiheitsgewährleistungen, bei denen sich der Nichtgebrauch in gewissem Sinne stets auch selbst als Freiheitsbetätigung begreifen lässt, erfüllt sich das Recht auf Leben aber im Falle der Selbsttötung gerade nicht, sondern ist dem Einzelnen endgültig genommen – wenn auch aus freien Stücken.[421] In Betracht kommt insoweit lediglich ein Schutz der Selbsttötung durch Art. 2 Abs. 1 GG, was zu einem Konflikt mit der aus Art. 2 Abs. 2 S. 1 GG folgenden objektiven Schutzpflicht des Staates führt.[422]

II. Recht auf körperliche Unversehrtheit

191 Das **Recht auf körperliche Unversehrtheit** schützt die körperliche Integrität
- zum einen in „**biologisch-physischer** Hinsicht",
- zum anderen aber auch in „**geistig-seelischer** Hinsicht", sofern es um nichtkörperliche Einwirkungen geht, die „ihrer Wirkung nach **körperlichen Eingriffen gleichzusetzen**" sind.[423]

---

419 Vgl. jeweils zum persönlichen Schutzbereich ausführlich oben Rn. 91 f. (zu den zeitlichen Grenzen) sowie Rn. 103 (zur Unanwendbarkeit auf juristische Personen).

420 So etwa BVerfGE 115, 118 (139) – „Luftsicherheitsgesetz".

421 A. A. dagegen *Kingreen/Poscher*, Grundrechte Staatsrecht II, 33. Aufl. 2017, § 9 Rn. 471 m.w.N.

422 Dieser Schutzpflicht kommt der Gesetzgeber auch mit strafrechtlichen Vorschriften wie der des § 217 StGB (Strafbarkeit der geschäftsmäßigen Förderung der Selbsttötung) nach. Da sich diese Vorschrift an Sterbehelfer und nicht an die (potenziellen) Suizidenten richtet, sind letztere durch die Vorschrift nicht in ihren Grundrechten betroffen, vgl. BVerfG NJW 2016, 558.

423 BVerfGE 56, 54 (73 ff.) – „Fluglärm".

Beispiele: „psychische Folterungen, seelische Quälereien und entsprechende Verhörmethoden"[424]

Ob dagegen auch das **rein psychische Wohlbefinden** oder sogar das sog. **soziale Wohlbefinden** unter den Begriff der körperlichen Unversehrtheit i.S.v. Art. 2 Abs. 2 S. 1 GG fallen, ist umstritten, wird jedoch von der h.M. unter Hinweis auf den Wortlaut (*„körperliche* Unversehrtheit") abgelehnt.[425] **192**

B. Eingriff

Ob ein Eingriff in das Recht auf Leben vorliegt, bestimmt sich nach den allgemeinen Grundsätzen. In der Regel handelt es sich dabei um gezielte oder in zurechenbarer Weise herbeigeführte **faktische Beeinträchtigungen** durch die staatliche Gewalt. Dabei muss nicht notwendigerweise ein Verletzungserfolg (d.h. der Tod, eine Körperverletzung oder eine Gesundheitsschädigung) eingetreten sein; auch eine **Gefährdung** des Lebens oder der Gesundheit kann **unter Umständen** einen Eingriff darstellen, sofern eine Verletzung des Lebens oder der Gesundheit bei weiterem ungestörtem Geschehensablauf **„ernsthaft zu befürchten"** ist.[426] Schließlich können auch **Regelungen**, insbesondere gesetzliche Ermächtigungen der vollziehenden Gewalt zum Eingriff in das Leben oder die körperliche Unversehrtheit von Bürgern selbst Eingriffe in den Schutzbereich der Rechte aus Art. 2 Abs. 2 S. 1 GG darstellen. **193**

Wird eine solche Ermächtigung mit der Verfassungsbeschwerde angegriffen, ist allerdings – auch unter dem Gesichtspunkt der Beschwerdebefugnis – genau zu prüfen, ob der Beschwerdeführer auch **unmittelbar** durch die Regelung betroffen ist.[427]

I. Recht auf Leben

Ein Eingriff in das Recht auf Leben kann u.a. liegen in **194**

– der Ermächtigung zum sog. **finalen Rettungsschuss** durch einen Polizeibeamten (z.B. bei Geiselnahmen) und der Ermächtigung zur **Tötung Unschuldiger zur Rettung Dritter** (z.B. beim Abschuss eines gekaperten Verkehrsflugzeugs zur Vereitelung eines Terroranschlags)[428],

  Eine Regelung zum **finalen Rettungsschuss** findet sich etwa in der polizeirechtlichen Vorschrift des Art. 66 Abs. 2 S. 2 BayPAG: „Ein Schuss, der mit an Sicherheit grenzender Wahrscheinlichkeit tödlich wirken wird, ist nur zulässig, wenn er das einzige Mittel zur Abwehr einer gegenwärtigen Lebensgefahr oder der gegenwärtigen Gefahr einer schwerwiegenden Verletzung der körperlichen Unversehrtheit ist."

---

424 BVerfGE 56, 54 (75) – „Fluglärm".
425 Diese Frage wurde offen gelassen in BVerfGE 56, 54 (74 ff.) – „Fluglärm". Vgl. auch BVerfG, Kammerbeschl. v. 29.7.2009, 1 BvR 1606/08, juris, Rn. 9 – „Berlin-Schönefeld".
426 BVerfGE 49, 89 (141 f.). Vgl. auch BVerfGE 51, 324 (346 f.) – „Verhandlungsfähigkeit".
427 Vgl. dazu oben Rn. 70 f.
428 Vgl. dazu BVerfGE 115, 118 (139 ff.) – „Luftsicherheitsgesetz".

– der **konkreten Gefährdung** des Lebens eines suizidgefährdeten Mieters durch die Räumung seiner Wohnung[429] sowie

Es besteht daher die Möglichkeit zur Aussetzung der Vollstreckung eines zivilgerichtlichen Räumungsurteils nach § 765a Abs. 1 ZPO für den Fall, dass die Vollstreckung eine Härte bedeutet, die „mit den guten Sitten nicht vereinbar" ist. Diese Generalklausel lässt sich in entsprechenden Fällen grundrechtskonform auslegen. Die Gerichte sehen sich dabei freilich oftmals mit dem praktischen Problem der Nachweisbarkeit einer konkreten Suizidgefahr konfrontiert.

– nach nicht unbestrittener Ansicht der beruflichen **Pflicht zum Einsatz des eigenen Lebens** (z.B. von Soldaten, Feuerwehrleuten usw.)[430].

II. Recht auf körperliche Unversehrtheit

195 Eingriffe in das Recht auf körperliche Unversehrtheit werden beispielsweise bejaht in Fällen

– der Zufügung jeder Art von **Schmerz**,
– polizei- und sicherheitsrechtlicher bzw. strafprozessualer Eingriffe wie etwa eine **Blut-**[431] oder **Liquorentnahme**[432] sowie
– der Injektion oder Einflößung von Stoffen (z.B. Verabreichen eines **Brechmittels** bei der Suche nach Drogen)[433].

C. Rechtfertigung

I. Einfacher Gesetzesvorbehalt, Art. 2 Abs. 2 S. 3 GG

196 Die Rechte aus Art. 2 Abs. 2 S. 1 GG stehen gemäß **Art. 2 Abs. 2 S. 3 GG** unter **einfachem Gesetzesvorbehalt**. Insoweit bestehen keine prinzipiellen Unterschiede zur Rechtfertigung von Eingriffen in andere Grundrechte mit einfachem Gesetzesvorbehalt – auch nicht mit Blick auf das Recht auf Leben.

197 Mit Blick auf die verfassungsrechtlichen **Grenzen der Beschränkbarkeit** („Schranken-Schranken") ist, wie üblich, der **Verhältnismäßigkeitsgrundsatz** zu beachten, dessen Anforderungen wegen des **Gewichts** der Grundrechte aus Art. 2 Abs. 2 S. 1 GG besonders hoch sind. Eine **spezifische Grenze** für die Beschränkbarkeit des **Rechts auf Leben** zieht außerdem **Art. 102 GG** (Abschaffung der Todesstrafe). Dabei ist freilich stets der enge Bezug des Rechts auf Leben zur **Menschenwürdegarantie** zu berück-

429 BVerfGE 52, 214 – „Vollstreckungsschutz".
430 So jedenfalls *Baldus*, NJW 1995, 1134 (m.w.N. in Fn. 10).
431 Vgl. etwa BVerfG, Kammerbeschl. v. 2.8.1996, 2 BvR 1511/96, juris, Rn. 18.
432 Vgl. BVerfGE 16, 194 (198) – „Liquorentnahme".
433 Vgl. dazu die strengen Anforderungen des EGMR mit Blick auf das Recht aus Art. 3 EMRK, EGMR NJW 2006, 3117.

sichtigen, welche den Beschränkungen des Lebensrechts ebenfalls bestimmte letzte Grenzen setzt.[434]

Die **Einführung der Todesstrafe** durch einfaches Gesetz ist daher allein wegen Art. 102 GG nicht zulässig. Auch ein dahingehendes verfassungsänderndes Gesetz wäre seinerseits wohl verfassungswidrig, da hier die nach Art. 79 Abs. 3 GG änderungsfeste Menschenwürdegarantie (Art. 1 Abs. 1 GG) berührt sein dürfte. Umstritten ist, ob Art. 2 Abs. 2 S. 1, Art. 102 GG die **Auslieferung eines Ausländers** verbietet, der in dem ersuchenden Staat **durch die Todesstrafe bedroht und nicht hinreichend vor deren Vollstreckung geschützt** ist. Das Bundesverfassungsgericht hatte diese Frage in einer frühen Entscheidung verneint,[435] es in einem Beschluss aus dem Jahre 1982 allerdings offen gelassen, ob an dieser Entscheidung weiter festzuhalten ist.[436]

II. Rechtfertigung durch Einwilligung des Betroffenen

Schließlich kann auch eine Einwilligung des Betroffenen in den Grundrechtseingriff **198**
rechtfertigend wirken.[437] Dies gilt jedoch nur – in gewissen Grenzen – für die **körperliche Unversehrtheit**; in die **eigene Tötung** kann der Einzelne zumindest nach der hier zugrunde gelegten Auffassung mangels Disponibilität des Rechts auf Leben[438] nicht rechtswirksam einwilligen.

Literaturhinweise:

Augsberg, Grundfälle zu Art. 2 Abs. 2 S. 1 GG, JuS 2011, 28 ff., 128 ff.
Müller-Terpitz, Recht auf Leben und körperliche Unversehrtheit, in: Isensee/Kirchhof (Hrsg.), Handbuch des Staatsrechts, Band VII, 3. Aufl. 2009, § 147 (zur Vertiefung)

Wichtige Rechtsprechung:

Zu A. I. und C. I.	BVerfGE 115, 118 – „Luftsicherheitsgesetz" (Verfassungsmäßigkeit der gesetzlichen Ermächtigung der Streitkräfte zum Abschießen von Luftfahrzeugen, die als Tatwaffe gegen das Leben von Menschen eingesetzt werden sollen)
Zu A. II.	BVerfGE 56, 54 – „Fluglärm" (Verpflichtung des Staates zum Schutz der Anwohner eines Flughafens vor Fluglärm – Schutzbereich des Rechts auf körperliche Unversehrtheit aus Art. 2 Abs. 2 S. 1 GG)

434 Vgl. dazu bereits ausführlich oben Rn. 167.
435 Vgl. BVerfGE 18, 112 (116) – „Auslieferung I".
436 Vgl. BVerfGE 60, 348 (354 f.) – „Auslieferung III".
437 Vgl. dazu oben Rn. 108.
438 Vgl. dazu bereits oben Rn. 190.

§ 12 Freiheit der Person (Art. 2 Abs. 2 S. 2 GG und Art. 104 GG)

A. Sachlicher Schutzbereich

199 Der Schutz der persönlichen Freiheit nach Art. 2 Abs. 2 S. 2 GG richtet sich, wie insbesondere ein Blick auf die ergänzenden „formellen Gewährleistungen der Freiheit in Art. 104 GG"[439] und auf den engen Zusammenhang mit dem in der englischen Verfassungstradition wurzelnden *Habeas corpus*-Recht – also dem Schutz vor willkürlicher Verhaftung – zeigt, primär gegen das **körperliche Festhalten und Festsetzen** des Einzelnen durch die Staatsgewalt.[440] Diese ursprüngliche Stoßrichtung der Freiheit der Person ist sowohl bei der Auslegung ihres Schutzbereichs als auch bei der Eingrenzung der möglichen staatlichen Eingriffe zu berücksichtigen.

200 Art. 2 Abs. 2 S. 2, Art. 104 Abs. 1 GG gewährleisten die Freiheit der Person, i.e. die **„körperliche Bewegungsfreiheit"**, soweit der Grundrechtsträger einen Ort oder Raum aufsuchen oder sich dort aufhalten möchte, der dem Grundrechtsträger **„(tatsächlich und rechtlich) zugänglich"** ist.[441] Die Grundrechtsbestimmungen schützen daher **nicht** die Befugnis, sich „unbegrenzt **überall aufhalten** und **überall hin bewegen** zu dürfen".[442] Regelungen, die die Möglichkeiten des Einzelnen, sich frei zu bewegen, für alle Grundrechtsträger in gleicher Weise einengen, betreffen somit von vornherein nicht den Schutzbereich der persönlichen Freiheit. Solche Regelungen stellen keine Eingriffe in den Schutzbereich von Art. 2 Abs. 2 S. 2, Art. 104 Abs. 1 GG dar, die es zu rechtfertigen gilt.[443] In solchen Fällen bleibt nur ein Rückgriff auf Art. 2 Abs. 1 GG möglich.

> **Nicht** den Schutzbereich von Art. 2 Abs. 2 S. 2, Art. 104 Abs. 1 GG berühren daher z.B. die bürgerlich-rechtlichen Vorschriften zum Schutz des Privateigentums vor unbefugtem Betreten durch Dritte, die Straßenverkehrsordnung oder die tatsächliche Begrenzung der Bewegungsfreiheit für Asylsuchende am Flughafen.[444]

201 Umstritten ist auch, ob Art. 2 Abs. 2 S. 2, Art. 104 Abs. 1 GG den **Nichtgebrauch** der Bewegungsfreiheit schützen, also die Freiheit, an einem bestimmten Ort zu verbleiben oder einen bestimmten Ort nicht aufsuchen zu müssen. Für einen solchen Schutz

439 Vgl. zu dem „unlöslichen Zusammenhang" der Vorschriften BVerfGE 10, 302 (322 f.) – „Vormundschaft".

440 Vgl. *Di Fabio*, in: Maunz/Dürig, GG Kommentar, 55. EL 2009, Art. 2 Abs. 2 S. 2 Rn. 22 m.w.N.

441 BVerfGE 94, 166 (198) – „Flughafenverfahren". Ebenso BVerfGE 96, 10 (21) – „Räumliche Aufenthaltsbeschränkung".

442 BVerfGE 94, 166 (198) – „Flughafenverfahren". Insoweit ist dann auf Art. 2 Abs. 1 GG zurückzugreifen.

443 A. A. *Kingreen/Poscher,* Grundrechte Staatsrecht II, 33. Aufl. 2017, § 10 Rn. 496, die den Schutzbereich des Art. 2 Abs. 2 S. 2 GG als umfassende körperliche Bewegungsfreiheit begreifen und solche „einschränkenden" Regelungen als Eingriffe verstehen. Vgl. dazu *Bumke/Voßkuhle*, Casebook Verfassungsrecht, 7. Aufl. 2015, Rn. 436 f.

444 Vgl. BVerfGE 94, 166 (198) – „Flughafenverfahren".

auch der negativen Bewegungsfreiheit lässt sich vorbringen, dass die Freiheit, sich an einen beliebigen allgemein zugänglichen Ort zu bewegen und sich dort aufzuhalten, zwingend auch die Freiheit umfasst, sich nicht an einem bestimmten *anderen* Ort aufhalten zu müssen.[445] Dagegen spricht freilich der ursprüngliche Kern des Schutzes der persönlichen Freiheit, i.e. der Schutz vor dem Festhalten und Festsetzen an einem bestimmten Ort.

B. Eingriff

Das Vorliegen eines Eingriffs in den Schutzbereich der persönlichen Freiheit bestimmt sich grundsätzlich nach den allgemeinen Regeln. Das Bundesverfassungsgericht geht allerdings in zutreffender Weise einschränkend davon aus, dass Art. 2 Abs. 2 S. 2, Art. 104 Abs. 1 GG, ganz im Sinne der eigentlichen Stoßrichtung der persönlichen Freiheit, nur „vor Verhaftung, Festnahme und ähnlichen Eingriffen, also vor **unmittelbarem Zwang**" schützen.[446] **202**

Eingriffe in die Freiheit der Person nach Art. 2 Abs. 2 S. 2, Art. 104 Abs. 1 GG werden typischerweise bejaht in Fällen **203**

- der **Sistierung**[447], also der Mitnahme zur polizeilichen Dienststelle,
- der **Vorführung**[448], insbesondere der zwangsweisen Durchsetzung einer Vorladung (z.B. einer Vorladung zur polizeilichen Vernehmung),
- der **Festnahme** und der **Ingewahrsamnahme**[449],
- der **Verhängung einer Freiheitsstrafe** durch strafgerichtliches Urteil und
- des **Vollzugs einer Freiheitsstrafe.**[450]

C. Rechtfertigung

Bei der Prüfung der verfassungsrechtlichen Rechtfertigung von Eingriffen in die Freiheit der Person ist, entsprechend der Differenzierung der **Vorbehalte in Art. 104 Abs. 1 und 2 GG**, zu unterscheiden: **204**

---

445 Vgl. zu diesem Argument *Correl*, in: Denninger/Hoffmann-Riem/Schneider/Stein, GG Kommentar, 2000, Art. 2 Abs. 2 Rn. 158. A.A. etwa *Sodan/Ziekow*, Grundkurs Öffentliches Recht, 7. Aufl. 2016, § 29 Rn. 3 m.w.N.

446 BVerfGE 22, 21 (26) – „Vorladung zum Verkehrsunterricht". A.A. wiederum *Kingreen/Poscher*, Grundrechte Staatsrecht II, 33. Aufl. 2017, § 10 Rn. 497.

447 Vgl. BVerfG NVwZ 1992, 767 (767 f.).

448 Vgl. BVerfGE 22, 21 (26) – „Vorladung zum Verkehrsunterricht".

449 Vgl. BVerfGE 83, 24 (30 ff.) – „Polizeigewahrsam".

450 Vgl. BVerfGE 14, 174 (186) – „Gesetzesgebundenheit im Strafrecht".

I. Freiheitsbeschränkungen, Art. 104 Abs. 1 S. 1 GG

205 Unter dem Begriff der **Freiheits*beschränkungen*** i.S.v. Art. 104 Abs. 1 S. 1 GG versteht man grundsätzlich **alle Eingriffe** in die Freiheit der Person. Die grundrechtliche Gewährleistung steht insoweit gemäß Art. 2 Abs. 2 S. 3 GG an sich unter **einfachem Gesetzesvorbehalt**, der allerdings in Art. 104 Abs. 1 S. 1 GG aufgenommen und **qualifizierend verschärft** wird:

206 Jede Freiheitsbeschränkung bedarf hiernach einer **formell-gesetzlichen Grundlage**, in der die **wesentlichen Regelungen** im Hinblick auf die **„Formen"** der Freiheitsbeschränkung getroffen sein müssen, wobei der Begriff der „Formen" i.S.v. Art. 104 Abs. 1 S. 1 GG denkbar weit zu verstehen ist und die behördlichen **Zuständigkeiten** für die Anordnung der freiheitsbeschränkenden Maßnahme sowie das **Verfahren** (z.B. Anhörung) und die **Form** der Maßnahme umfasst.[451] Eine Beschränkung aufgrund eines nicht-formellen Gesetzes (z.B. einer Rechtsverordnung) ist daher nur insoweit zulässig, als gerade auch ihre „Formen" bereits in der formell-gesetzlichen Grundlage vorgezeichnet sind.

207 Ferner muss die Freiheitsbeschränkung im Einzelfall **„unter Beachtung"** der in der formell-gesetzlichen Grundlage vorgeschriebenen Formen erfolgt sein. Dies hat zur Folge, dass jeder Verstoß gegen die in der formell-gesetzlichen Rechtsgrundlage geregelten Formerfordernisse im Grundsatz zugleich einen Verstoß gegen Art. 104 Abs. 1 S. 1 GG darstellt. Dabei ist freilich zu bemerken, dass das Bundesverfassungsgericht im Rahmen einer entsprechenden Verfassungsbeschwerde nicht die Einhaltung der einfach-gesetzlichen Verfahrens- und Formvorschriften im Einzelnen nachprüft, sondern sich auch hier auf **Verletzungen spezifischen Verfassungsrechts** beschränkt.[452]

II. Freiheitsentziehungen, Art. 104 Abs. 2-4 GG

208 Demgegenüber verschärfte und detailliertere Anforderungen an Einschränkungen der Freiheit der Person enthalten Art. 104 Abs. 2 bis 4 GG für sog. **Freiheits*entziehungen*.**[453] Freiheitsentziehungen grenzt das **Bundesverfassungsgericht** von schlichten Freiheitsbeschränkungen anhand der **Intensität des Eingriffs** ab und versteht die Freiheitsentziehung als die **Aufhebung** der tatsächlich und rechtlich gegebenen körperlichen Bewegungsfreiheit **„nach jeder Richtung hin"**.[454] Maßgebliche Kriterien für die Intensität der Beeinträchtigung sind dabei das **räumliche** Ausmaß und die **Dauer** der Freiheitsbeeinträchtigung. Eine Freiheitsentziehung erfordert demnach, dass sich die Beschränkung

---

451 Vgl. *Jarass/Pieroth*, GG Kommentar, 14. Aufl. 2016, Art. 104 Rn. 5.

452 Vgl. zum Prüfungsmaßstab im Rahmen von Urteilsverfassungsbeschwerden bereits ausführlich oben Rn. 79 ff.

453 Vgl. zum Begriff der Freiheitsentziehung umfassend *Heidebach*, Grundrechtsschutz durch Verfahren bei gerichtlicher Freiheitsentziehung, 2014, S. 29 ff.

454 BVerfGE 105, 239 (248) – „Richtervorbehalt".

- auf **„einen eng umgrenzten Raum"** bezieht,[455] und setzt
- eine **„mehr als kurzfristige Zeitdauer"** voraus.[456]

Eine Freiheitsentziehung liegt daher typischerweise vor bei jeder Art von Festnahme, Ingewahrsamnahme oder Haft.

Solche intensiven Freiheitsentziehungen können nur unter den in **Art. 104 Abs. 1 S. 1 GG** und in **Art. 104 Abs. 2 bis 4 GG** genannten Voraussetzungen erfolgen. Insbesondere muss **vor** einer Freiheitsentziehung grundsätzlich ein Richter über die Sache entscheiden, Art. 104 Abs. 2 S. 1 GG (sog. **Richtervorbehalt**). Nur ausnahmsweise ist eine Freiheitsentziehung ohne vorherige richterliche Entscheidung möglich; in solchen Fällen ist eine richterliche Entscheidung aber unverzüglich nachzuholen, Art. 104 Abs. 2 S. 2 GG.[457] 209

Literaturhinweise:

Kingreen/Poscher, Grundrechte Staatsrecht II, 33. Aufl. 2017, § 10 Rn. 493 ff.
Wittreck, Freiheit der Person, in: Isensee/Kirchhof (Hrsg.), Handbuch des Staatsrechts, Band VII, 3. Aufl. 2009, § 151 (zur Vertiefung)

Wichtige Rechtsprechung:

BVerfGE 94, 166 – „Flughafenverfahren"
(Verfassungsmäßigkeit des in § 18a AsylVfG geregelten sog. Flughafenverfahrens – Schutzbereich der Freiheit der Person aus Art. 2 Abs. 2 S. 2 GG)

455 BVerwGE 62, 325 (328).
456 BVerfG, Kammerbeschl. v. 21.5.2004, 2 BvR 715/04, juris, Rn. 20.
457 Vgl. zu einem solchen Fall der Freiheitsentziehung – einer „präventiven Ingewahrsamnahme" von Demonstranten gegen einen Castor-Transport – mit nachträglicher richterlicher Anordnung etwa BVerfG NVwZ 2016, 1079.

§ 13 Das Gleichheitsgebot (Art. 3 GG u.a.)

A. Grundsätzliches zu den Gleichheitsgrundrechten

210 Gemäß **Art. 3 Abs. 1 GG** sind alle Menschen vor dem Gesetz gleich (sog. **allgemeiner Gleichheitssatz**). Anders als bei den Freiheitsrechten gibt es bei diesem und allen anderen Gleichheitsgrundrechten keinen Schutzbereich i.S. eines bestimmten geschützten Lebensbereichs, und entsprechend auch keinen Eingriff in einen solchen Schutzbereich. Vielmehr enthält Art. 3 Abs. 1 GG das **Gebot der Gleichbehandlung von wesentlich Gleichem** und das Verbot unsachgemäßer Differenzierungen, es betrifft daher notwendigerweise immer einen Vergleich zwischen zwei oder mehreren Bezugspersonen bzw. -gruppen. Die Grundrechtsprüfung erfolgt dabei in **zwei Stufen**, nämlich in der

- Feststellung einer verfassungsrechtlich relevanten **Ungleichbehandlung** und ggfs. der
- **verfassungsrechtlichen Rechtfertigung** dieser Ungleichbehandlung.

Darüber hinaus erkennt das Bundesverfassungsgericht das Gebot der rechtlichen **Ungleichbehandlung von wesentlich Ungleichem** an.[458] Dieses lässt sich als Unterfall des Gebots der Gleichbehandlung von wesentlich Gleichem begreifen, da eine Gleichbehandlung von wesentlich Ungleichem regelmäßig zugleich als Problem der Ungleichbehandlung formuliert werden kann.[459] Im Einzelnen prüft das Bundesverfassungsgericht im Rahmen des Gebots der Ungleichbehandlung von wesentlich Ungleichem, ob „die tatsächliche Ungleichheit so groß ist, dass sie bei einer am Gerechtigkeitsgedanken orientierten Betrachtungsweise nicht unberücksichtigt bleiben darf".[460] In der Sache läuft dies auf eine Prüfung am Maßstab des Willkürverbots hinaus.[461] Die Zahl der relevant gewordenen Fälle ist hier freilich sehr gering geblieben.[462]

211 Neben dem allgemeinen Gleichheitssatz sieht das Grundgesetz an einigen Stellen **spezielle Gleichheitsgebote** und **Diskriminierungsverbote** vor, insbesondere in

- Art. 3 Abs. 2 und Art. 3 Abs. 3 GG (Verbot von Diskriminierungen nach Geschlecht usw.),
- Art. 6 Abs. 5 GG (Gleichstellung ehelicher und nichtehelicher Kinder),
- Art. 38 Abs. 1 S. 1 GG (Wahlrechtsgleichheit) und
- Art. 33 Abs. 1 bis 3 GG (u.a. gleicher Zugang zu jedem öffentlichem Amt).

212 Diese speziellen Regelungen „verstärk[en] den allgemeinen Gleichheitssatz"[463], indem sie die **Rechtfertigungsmöglichkeiten** für bestimmte Ungleichbehandlungen modifizieren.[464] Art. 3 Abs. 1 GG ist gegenüber diesen speziellen Gleichheitsgeboten subsidiär und tritt zurück, wenn eine dieser Spezialregelungen einschlägig ist.

458 Vgl. in diese Richtung bereits BVerfGE 1, 14 (52) – „Südweststaat".
459 So auch prinzipiell *Kingreen/Poscher,* Grundrechte Staatsrecht II, 33. Aufl. 2017, § 11 Rn. 525 f.
460 BVerfGE 98, 365 (385) – „Versorgungsanwartschaften".
461 Vgl. zum Willkürverbot ausführlich unten Rn. 219 ff.
462 Vgl. ebenso *Jarass/Pieroth*, GG Kommentar, 14. Aufl. 2016, Art. 3 Rn. 8.
463 BVerfGE 85, 191 (206) – „Nachtarbeitsverbot".
464 Vgl. insbesondere zu Art. 3 Abs. 3 GG unten Rn. 224 ff.

Sofern in der **Fallbearbeitung** ein solches **spezielles Gleichheitsgebot** in Betracht kommt, muss man zunächst dieses prüfen (und dabei zumindest gemeinsam mit Art. 3 Abs. 1 GG zitieren, z.B.: „Ein Nachtarbeitsverbot für Arbeitnehmerinnen könnte gegen Art. 3 Abs. 3 GG verstoßen."). Erst wenn festgestellt wurde, dass der Tatbestand des jeweiligen speziellen Gleichheitsgebots nicht erfüllt ist (also z.B. dass keine Ungleichbehandlung *wegen des Geschlechts i.S.v. Art. 3 Abs. 3 GG* vorliegt), darf Art. 3 Abs. 1 GG geprüft werden. Ist dagegen der Tatbestand eines speziellen Gleichheitsgebots tatsächlich erfüllt, ist Art. 3 Abs. 1 GG nicht mehr separat zu prüfen.

Die **Reihenfolge der Prüfung** von Freiheitsgrundrechten einerseits und Gleichheitsgrundrechten andererseits bestimmt das Bundesverfassungsgericht nach dem jeweiligen Schwerpunkt der Beeinträchtigung. In der **Fallbearbeitung** empfiehlt es sich, zunächst alle in Betracht kommenden Freiheitsrechtsverletzungen zu bearbeiten und erst dann eine Prüfung des Gleichheitssatzes vorzunehmen. Denn zum einen beurteilt sich die Frage eines Freiheitsrechtsverstoßes grundsätzlich unabhängig von der Behandlung anderer Vergleichsgruppen, d.h. nur die Behandlung desjenigen, der sich auf seine Grundrechte beruft, ist dort Gegenstand der Prüfung. Zum anderen hängen die Anforderungen an die verfassungsrechtliche Rechtfertigung einer Ungleichbehandlung u.a. davon ab, ob zugleich ein Eingriff in ein Freiheitsrecht vorliegt.[465] **213**

B. Verfassungsrechtlich relevante Ungleichbehandlung

Der verfassungsrechtliche Gleichheitssatz verbietet prinzipiell nicht jedwede Ungleichbehandlung, sondern nur, dass **„wesentlich Gleiches ungleich"** behandelt wird.[466] Eine verfassungsrechtlich relevante Ungleichbehandlung von wesentlich Gleichem liegt vor, wenn **214**

- **zwei oder mehrere Personengruppen**, die unter einen **gemeinsamen Oberbegriff** gefasst werden können (I.),
- durch **Maßnahmen der öffentlichen Gewalt** (der Gesetzgebung, der vollziehenden Gewalt oder der Rechtsprechung) (II.),
- welche **demselben Hoheitsträger** zugerechnet werden können (III.),
- in rechtserheblicher Weise **unterschiedlich behandelt** werden (IV.).[467]

Beispielsfall 3[468]

Im Hafthaus A einer Justizvollzugsanstalt von J mit höchster Sicherheitsstufe wird es den dort untergebrachten Gefangenen auf der Grundlage von § 32 des Strafvollzugsgesetzes (StVollzG) durch das Vollzugsamt des Landes L regelmäßig gestattet, Ferngespräche zu führen. Den im Hafthaus B untergebrachten Gefangenen wird dies nur in dringenden Fällen gestattet, da im Hafthaus B, anders als im Hafthaus A, keine speziell für Gefangene eingerichteten Fernsprech-

465 Vgl. dazu unten Rn. 219.
466 So die ständige Rechtsprechung seit BVerfGE 1, 14 (52) – „Südweststaat".
467 Vgl. ähnlich *Kingreen/Poscher,* Grundrechte Staatsrecht II, 33. Aufl. 2017, § 11 Rn. 523.
468 Angelehnt an BVerfG, Kammerbeschl. v. 7.11.2008, 2 BvR 1870/07, juris.

geräte existierten. Die Gespräche müssten daher im Hafthaus B von den für den Dienstgebrauch bestimmten Anschlüssen geführt werden. Wegen der dann erforderlichen besonderen Überwachung der Gefangenen wäre damit ein Aufwand verbunden, der erhebliche Einschnitte in den üblichen Ablauf des Vollzugsdienstes zur Folge hätte.

I. Zwei Personengruppen, die sich unter einen gemeinsamen Oberbegriff fassen lassen

215 Eine Ungleichbehandlung von „wesentlich Gleichem" ist nur dann gegeben, wenn die unterschiedlich behandelten Personengruppen unter einen **gemeinsamen Oberbegriff** gefasst werden können (sog. *genus proximum*, oder: *tertium comparationis*). Dieser Oberbegriff richtet sich i.d.R. nach den Einteilungen, die die in Rede stehende Maßnahme der öffentlichen Gewalt – also etwa die gesetzliche Regelung, der Verwaltungsakt oder die gerichtliche Entscheidung – selbst vornimmt. Er ist so zu wählen, dass unter ihm dasjenige **Merkmal** hervortritt, welches die beiden Personengruppen **unterscheidet**, und die gerügte Ungleichbehandlung somit voll zur Geltung kommt.[469] In der Fallbearbeitung wird der Gleichheitsverstoß i.d.R. durch den Betroffenen vorgetragen, so dass sich die relevanten Vergleichsgruppen und der passende Oberbegriff dem Sachverhalt entnehmen lassen.

An die **Vergleichbarkeit** sind keine allzu hohen Anforderungen zu stellen. In der Sache dürfte es sich dabei um eine vorweggenommene, grobmaschige Rechtfertigungsprüfung handeln, mit der ganz offensichtlich gerechtfertigte Differenzierungen von vornherein von einer eingehenden verfassungsrechtlichen Prüfung ausgenommen werden sollen.[470] Demnach sollen allenfalls völlig unterschiedliche Personengruppen, Verhaltensweisen und Sachverhalte ausgesondert werden, also sprichwörtliche Vergleiche von „Äpfeln und Birnen".

Zu Beispielsfall 3 (Rn. 214): In Betracht kommt eine verfassungsrechtlich relevante Ungleichbehandlung der **im Hafthaus B untergebrachten Gefangenen** (= 1. Vergleichsgruppe) gegenüber den **im Hafthaus A untergebrachten Gefangenen** (= 2. Vergleichsgruppe). Beide Personengruppen sind **Strafgefangene, die in der Justizvollzugsanstalt J inhaftiert sind** (= Oberbegriff).

II. Maßnahmen der öffentlichen Gewalt

216 Eine Ungleichbehandlung kann grundsätzlich durch Maßnahmen aller drei gleichermaßen **grundrechtsgebundener**[471] **Staatsgewalten** erfolgen, also der Gesetzgebung, der vollziehenden Gewalt und der Rechtsprechung. Man unterscheidet demgemäß (durch die Gesetzgebung zu gewährleistende) **Rechtsetzungsgleichheit** und (durch Exekutive und Judikative zu gewährleistende) **Rechtsanwendungsgleichheit**.

469 Vgl. *Kingreen/Poscher*, Grundrechte Staatsrecht II, 33. Aufl. 2017, § 11 Rn. 520.

470 Vgl. in diesem Sinne etwa *Kischel*, in: BeckOK Grundgesetz, Epping/Hillgruber (Hrsg.), 33. Edition (Stand: 1.6.2017), Art. 3 Rn. 17 f.

471 Vgl. zur Grundrechtsbindung allgemein oben Rn. 111 ff.

Zu Beispielsfall 3 (Rn. 214): Die Ungleichbehandlung der Gefangenengruppen erfolgte zwar auf der Grundlage des § 32 StVollzG. In dieser abstrakt-generell gefassten Vorschrift ist die Ungleichbehandlung jedoch nicht angelegt gewesen, da sie nur allgemein vorsieht, dass es den Gefangenen gestattet werden kann, Ferngespräche zu führen, und im Übrigen u.a. auf die Bestimmungen zu den Überwachungsmöglichkeiten bei Besuchen (§ 27 StVollzG) verweist. Die Ungleichbehandlung geht vielmehr auf die Einzelfallanwendung des § 32 StVollzG durch das Vollzugsamt, also auf eine Maßnahme der Exekutive, zurück. Hinweis: In der Fallbearbeitung würde man daher – anders als bei der Prüfung eines Freiheitsrechts, in deren Rahmen man, der Elfes-Logik folgend,[472] zunächst die Verfassungsmäßigkeit der Rechtsgrundlage feststellen müsste – nicht etwa in einem ersten Schritt prüfen, ob § 32 StVollzG selbst verfassungskonform ist, sondern direkt auf die mögliche Ungleichbehandlung bei der Gesetzesanwendung eingehen.

III. Zurechnung der Maßnahmen zu demselben Hoheitsträger

Das Erfordernis der Zurechenbarkeit der die Ungleichbehandlung begründenden Maßnahmen zu ein und **demselben Träger hoheitlicher Gewalt** bringt zum Ausdruck, dass ein Hoheitsträger lediglich verpflichtet ist, „in **seinem Herrschaftsbereich** den Gleichheitssatz zu wahren“[473]. Daher können sich insbesondere etwa die Bürger eines Bundeslandes, die durch ein Landesgesetz anders behandelt werden als die Bürger eines anderen Bundeslandes, das keine entsprechende oder eine abweichende landesgesetzliche Regelung erlassen hat, wegen der **föderalen Ordnung des Grundgesetzes** nicht auf den allgemeinen Gleichheitssatz berufen.[474] Allgemein sind daher Ungleichbehandlungen, die sich aus unterschiedlichen Regelungen oder sonstigen Maßnahmen verschiedener Hoheitsträger ergeben, grundsätzlich nicht am verfassungsrechtlichen Gleichheitsgebot zu messen.[475] 217

Zu Beispielsfall 3 (Rn. 214): Die Ungleichbehandlung der Gefangenengruppen erfolgte durch das **Vollzugsamt des Landes L** und ist daher ein und demselben Träger hoheitlicher Gewalt zuzurechnen. In Ansehung von Art. 3 GG wäre es demgegenüber etwa irrelevant, wenn § 32 StVollzG in den Justizvollzugsanstalten eines anderen Landes durch die dort zuständige Behörde dahingehend gehandhabt würde, dass Ferngespräche grundsätzlich gestattet werden, auch wenn damit ein gesteigerter Überwachungsaufwand verbunden ist.

IV. Rechtserhebliche unterschiedliche Behandlung

Schließlich muss tatsächlich eine rechtserhebliche **unterschiedliche Behandlung** vorliegen. 218

472 Vgl. zur Elfes-Logik oben Rn. 157.
473 BVerfGE 10, 354 (374) – „Bayerische Ärzteversorgung“ (ohne Hervorhebung im Original).
474 Vgl. etwa BVerfGE 17, 319 (331) – „Bayerische Bereitschaftspolizei“.
475 Vgl. zum Ganzen auch *Kingreen/Poscher*, Grundrechte Staatsrecht II, 33. Aufl. 2017, § 11 Rn. 518.

Zu Beispielsfall 3 (Rn. 214): Da die Gefangenen im Hafthaus A regelmäßig Ferngespräche führen dürfen, die Gefangenen im Hafthaus B dagegen nur in dringenden Fällen, liegt eine rechtserhebliche Ungleichbehandlung vor.

C. Rechtfertigung

I. Allgemeine Anforderungen an die Rechtfertigung nach Art. 3 Abs. 1 GG

219 Aus dem allgemeinen Gleichheitssatz nach Art. 3 Abs. 1 GG ergeben sich nach der Rechtsprechung des Bundesverfassungsgerichts „je nach Regelungsgegenstand und Differenzierungsmerkmalen **unterschiedliche Grenzen** für den Gesetzgeber, die von gelockerten, auf das Willkürverbot beschränkten Bindungen bis hin zu strengen Verhältnismäßigkeitserfordernissen reichen können".[476] Dies erfordert – auch in der Prüfungsarbeit – ein Vorgehen in zwei Schritten: Zunächst ist (1.) die Intensität der Ungleichbehandlung zu ermitteln. Anschließend kann (2.) anhand des einschlägigen Maßstabs die eigentliche Rechtfertigungsprüfung vorgenommen werden.

Keinesfalls ist im Rahmen der Prüfung eines Gleichheitsrechts auf die „Schranken"- und „Schranken-Schranken"-Terminologie zurückzugreifen, wie sie bei der Prüfung eines Freiheitsrechts zum Tragen kommt. Damit würde man die Funktionslogik der Gleichheitsrechte grundlegend verkennen.

1. Maßstabsbildung nach der Intensität der Ungleichbehandlung

220 Entscheidende **Kriterien**, die für eine stärkere Intensität der Ungleichbehandlung und damit für eine strengere Verhältnismäßigkeitsprüfung streiten, sind insbesondere[477]

- die Anknüpfung der Differenzierung an **Persönlichkeitsmerkmale**, wobei sich die verfassungsrechtlichen Anforderungen umso mehr verschärfen, je stärker sich die Merkmale denen des **Art. 3 Abs. 3 GG** annähern,

  Beispiel: Anknüpfung der Ungleichbehandlung an die sexuelle Orientierung[478]

- das Maß, „inwieweit die Betroffenen in der Lage sind, durch ihr Verhalten die **Verwirklichung der Merkmale zu beeinflussen**, nach denen unterschieden wird"[479] sowie

  Beispiel: Einteilung der erbschaftssteuerlichen Steuerklassen in Abhängigkeit von der familiären und verwandtschaftlichen Nähe zum Erblasser, welche die Erben durch eigenes Verhalten nicht beeinflussen können[480]

---

476 So die Formulierung seit BVerfGE 129, 49 (68) – „BAföG-Rückzahlungsteilerlass". Vgl. zum Folgenden auch *Krönke*, EnWZ 2018 (Beitrag im Erscheinen).

477 Vgl. zu den folgenden Kriterien BVerfGE 129, 49 (68) – „BAföG-Rückzahlungsteilerlass"; ebenso etwa aus der jüngeren Rechtsprechung BVerfGE 130, 131 (142) – „Passivraucherschutzgesetz Hamburg"; E 134, 1 (20) – „Studiengebühren Bremen"; E 138, 136 (181) – „Erbschaftsteuer".

478 Vgl. BVerfGE 124, 199 (220) – „Gleichbehandlung eingetragener Lebenspartnerschaften".

479 BVerfGE 88, 87 (96) – „Transsexuelle II".

480 Vgl. BVerfGE 126, 400 (418) – „Steuerliche Diskriminierung eingetragener Lebenspartner".

- nachteilige „Auswirkungen auf **grundrechtlich gesicherte Freiheiten**".[481]

  Beispiel: Auswirkung der Differenzierung zwischen Schank- und Speisewirtschaften in einem Nichtraucherschutzgesetz auf die Ausübung der durch Art. 12 Abs. 1 GG geschützten Berufsfreiheit der Betreibenden von Speisewirtschaften[482]

Anhand dieser Kriterien ist im Einzelfall die Intensität der Ungleichbehandlung festzustellen. Dabei ist tendenziell eher **Zurückhaltung** geboten, um die mit der Kriterienbildung bezweckte Ausdifferenzierung des Rechtfertigungsmaßstabs nicht zu unterlaufen, indem großzügig das Vorliegen der Kriterien bejaht und der Rechtfertigungsprüfung in der Folge regelmäßig ein strenger Maßstab zugrunde gelegt wird. Dies gilt vor allem mit Blick auf die nachteiligen Auswirkungen auf grundrechtlich gesicherte Freiheiten, denn es ist kaum ein Fall denkbar, in dem sich eine Ungleichbehandlung nicht in irgendeiner Weise auch auf die Freiheitsausübung auswirken kann. **220a**

Für die **Einordnung der Intensität** empfiehlt sich etwa, wie schon bei der Abwägung im Rahmen der Freiheitsrechtsprüfung,[483] eine Beschreibung anhand der griffigen dreistufigen Skala „geringe – mittlere – große Intensität". Auf diese Weise lässt sich die Rechtfertigungsprüfung auch in einer Prüfungsarbeit ohne Weiteres operabel machen. **220b**

2. Bestimmung und Anwendung des Maßstabs

Der Maßstab für die Rechtfertigung jedweder Ungleichbehandlung ist der Grundsatz der **Verhältnismäßigkeit.**[484] Eine Ungleichbehandlung ist demnach nur dann gerechtfertigt, wenn sie **221**

- der Erreichung eines hinreichend **legitimen Zwecks** dient bzw. aus einem hinreichend **gewichtigen Grund** erfolgt,
- zur Erreichung dieses Zwecks **geeignet**
- und **erforderlich** ist und
- in einem **angemessenen** Verhältnis zu dem Gewicht jenes Zwecks steht.

Die (im Übrigen nach den allgemeinen Grundsätzen vorzunehmende)[485] Prüfung des Verhältnismäßigkeitsgrundsatzes ist dabei anzupassen an die ermittelte Intensität der Ungleichbehandlung. Je nach festgestellter Intensität bedarf es eines entsprechend **gewichtigen Zwecks** bzw. **Grundes** für die Differenzierung. Während für die Rechtfertigung von Ungleichbehandlungen mit geringerer Intensität bereits ein **„sachlich einleuchtender Grund"**[486] für die Differenzierung genügen kann und die Ungleichbehandlung somit lediglich nicht evident unsachlich sein darf, können Ungleichbehandlungen mit besonders hoher Intensität gar nach einem **verfassungsrechtlich fundierten Differenzierungsgrund** verlangen, zu dessen Erreichung im Sinne strenger Erforderlichkeit kein anderes ebenso effektives Mittel in Betracht kommt. **222**

---

481 BVerfGE 82, 126 (146) – „Kündigungsfristen für Arbeiter".
482 Vgl. BVerfGE 130, 131 (143) – „Passivraucherschutzgesetz Hamburg".
483 Siehe dazu oben Rn. 155.
484 Vgl. zum Verhältnismäßigkeitsgrundsatz schon oben Rn. 149 ff.
485 Siehe dazu oben Rn. 149 ff.
486 BVerfGE 1, 14 (52) – „Südweststaat".

223 Wie bereits im Hinblick auf den Grundsatz der Verhältnismäßigkeit allgemein festgestellt wurde, ist auch hier freilich zu berücksichtigen, dass dem **Gesetzgeber** bei der Einschätzung und Prognose der **Geeignetheit** und der **Erforderlichkeit** der Ungleichbehandlung zur Erreichung des verfolgten Zwecks ein gewisser **Spielraum** zusteht. Mit wachsender **Intensität** der Ungleichbehandlung und dementsprechend zunehmender Strenge der Rechtfertigungsprüfung werden diese Spielräume allerdings **enger**.[487] Tendenziell **weiter** sind die Spielräume demgegenüber dort, wo es um eine intensive Ungleichbehandlung zur Verfolgung von **Förderungszwecken** geht (sog. positive Diskriminierung).[488] Hier kommt dem Gesetzgeber ein **besonders weiter Einschätzungs- und Prognosespielraum** zu.

In den vergangenen Jahren hat hier eine kontinuierliche, aber erhebliche **Fortentwicklung des Maßstabs** für die verfassungsrechtliche Rechtfertigung nach Art. 3 Abs. 1 GG stattgefunden, und zwar sowohl mit Blick auf (1.) die maßstabsbildenden Kriterien als auch (2.) die Maßstäbe der Rechtfertigung selbst.[489] Zu (1.): Die in der älteren, mittlerweile überholten Rechtsprechung des Bundesverfassungsgerichts getroffene kategoriale Unterscheidung zwischen **personenbezogenen** Ungleichbehandlungen einerseits und sachverhalts- bzw. **verhaltensbezogenen** Ungleichbehandlungen andererseits dürfte heute nicht mehr maßgeblich sein. Nach der früheren Rechtsprechung sollten nur personengruppenbezogene Diskriminierungen die strengere Verhältnismäßigkeitsprüfung auslösen, während sachverhalts- bzw. verhaltensbezogene Ungleichbehandlungen dagegen lediglich am Willkürverbot zu messen sein sollten. Zu (2.): Ebenfalls distanziert hat sich das Gericht in Bezug auf die Rechtfertigungsmaßstäbe von der vormals strikten Differenzierung zwischen dem **Willkürverbot**[490] und der sogenannten **„neuen Formel“**[491], die eine strenge Verhältnismäßigkeitsprüfung erforderte. Das Bundesverfassungsgericht hatte diese Trennung der Maßstäbe zusammenfassend wie folgt formuliert: „Kommt als Maßstab nur das Willkürverbot in Betracht, so kann ein Verstoß gegen Art. 3 Abs. 1 GG erst festgestellt werden, wenn die Unsachlichkeit der Differenzierung evident ist. Dagegen prüft das Bundesverfassungsgericht bei Regelungen, die Personengruppen verschieden behandeln oder sich auf die Wahrnehmung von Grundrechten nachteilig auswirken, im Einzelnen nach, ob für die vorgesehene Differenzierung Gründe von solcher Art und solchem Gewicht bestehen, dass sie die ungleichen Rechtsfolgen rechtfertigen können.“[492] Unter Aufgabe dieser streng „binären Maßstabsbildung“[493] hat das Bundesverfassungsgericht hieraus eine „abgestufte[n] Kontrolldichte“[494] entwickelt, die eine flexible Anpassung der Prüfung an den jeweils betroffenen Sach- und Regelungsbereich ermöglicht.

Zu Beispielsfall 3 (Rn. 214): (1.) Die Ungleichbehandlung der Gefangenen in Hafthaus A und B knüpft nicht an Persönlichkeitsmerkmale, sondern allein an den Ort der Unterbringung an; dies spricht für eine eher geringe Intensität der Ungleichbehandlung. Andererseits haben die Häftlinge keinen Einfluss auf ihre Unterbringung, so dass sie die Verwirklichung der Unterscheidungsmerkmale nicht selbst steuern können; dies wiederum legt eine mittlere Intensität der Ungleichbehandlung nahe. (2.) Zur Rechtfertigung der Ungleichbehandlung müssten sich Gründe von solcher Art und solchem Gewicht finden lassen, die die unter-

487 Vgl. *Britz*, NJW 2014, 346 (351).
488 Vgl. dazu *Kingreen/Poscher*, Grundrechte Staatsrecht II, 33. Aufl. 2017, § 11 Rn. 533. Vgl. aus der Rechtsprechung etwa BVerfGE 99, 165 (178) – „Elternunabhängige Ausbildungsförderung“.
489 Vgl. zu dieser Rechtsprechungsentwicklung und zum Folgenden gewissermaßen „aus erster Hand“ *Britz*, NJW 2014, 346 (347 f.).
490 Vgl. dazu bereits BVerfGE 1, 14 (52) – „Südweststaat“.
491 Vgl. in diese Richtung erstmals BVerfGE 55, 72 (88) – „Präklusion I“.
492 BVerfGE 99, 367 (389) – „Montan-Mitbestimmung“.
493 So *Britz*, NJW 2014, 346 (347).
494 BVerfGE 99, 367 (389) – „Montan-Mitbestimmung“.

schiedliche Behandlung rechtfertigen können, d.h. die Gründe für die Ungleichbehandlung müssen die Anforderungen des Verhältnismäßigkeitsgrundsatzes erfüllen. Die Ungleichbehandlung erfolgt hier zur Wahrung der Sicherheit im Strafvollzug, da mit der Nutzung der dienstlichen Fernsprechgeräte im Hafthaus B ein erhöhtes Sicherheitsrisiko verbunden wäre. Die Ungleichbehandlung verfolgt damit einen gewichtigen Zweck. Sie ist auch geeignet, diesen Zweck zu erreichen, da sie das Sicherheitsrisiko von vornherein ausschließt. Gegen die Erforderlichkeit könnte man einwenden, dass man die Sicherheit im Vollzug auch durch eine entsprechende Erhöhung der Sicherheitsvorkehrungen während der Telefonate gewährleisten könnte. Da hiermit aber erhebliche Einschnitte in den Vollzugsablauf verbunden wären, die ihrerseits das Sicherheitsniveau gefährden könnten, liegt darin kein milderes, ebenso effektives Mittel zur Gewährleistung der Vollzugssicherheit. Schließlich ist die Vollzugssicherheit auch ein verfassungslegitimer Schutzzweck von einigem Gewicht, der sich auch auf Art. 2 Abs. 2 S. 1 GG (Schutz der Gesundheit) zurückführen lässt; die Ungleichbehandlung erscheint daher jedenfalls auch dann als angemessen, wenn man ihr eine gesteigerte Intensität mittlerer Schwere beimessen möchte. Sie ist daher in jedem Falle verfassungsrechtlich gerechtfertigt.[495]

II. Besondere Anforderungen der Diskriminierungsverbote in Art. 3 Abs. 3 GG

Die grundsätzlich bei allen Ungleichbehandlungen zu beachtenden verfassungsrechtlichen Grenzen werden durch die speziellen Gleichheitsgebote bzw. Diskriminierungsverbote modifiziert, indem vor allem Anknüpfungen an **bestimmte Unterscheidungsmerkmale** für **grundsätzlich unzulässig** erklärt werden, insbesondere etwa in Art. 3 Abs. 3 GG. 224

Im Folgenden sollen nur die in **Art. 3 Abs. 3 GG** enthaltenen Diskriminierungsverbote behandelt werden, da sie in der Ausbildung durchaus relevant werden können.[496] Der spezielle Gleichheitssatz des Art. 38 Abs. 1 S. 1 GG (Wahlrechtsgleichheit) wird dagegen im Rahmen des Staatsorganisationsrechts relevant.[497]

Variante zum Beispielsfall 3:[498] Die im Hafthaus A untergebrachten Häftlinge sind weibliche Gefangene, im Hafthaus B sind dagegen nur männliche Gefangene untergebracht. Wie im Ausgangsfall dürfen die im Hafthaus A untergebrachten (weiblichen) Gefangenen regelmäßig Ferngespräche führen, während dies den (männlichen) Gefangenen im Hafthaus B unter Hinweis auf den gesteigerten Überwachungsaufwand nur in dringenden Ausnahmefällen gestattet wird. Außerdem dürfen die weiblichen Gefangenen – anders als die männlichen Häftlinge – in der Anstalt Kosmetika vom zweckgebundenen Eigengeld kaufen, da das Erfordernis von Kosmetika bei Frauen „offensichtlich einem erhöhten natürlichen Bedürfnis" entspreche.

Gemäß Art. 3 Abs. 3 S. 1 und 2 GG dürfen Ungleichbehandlungen nicht wegen des Geschlechts, der Abstammung, der Rasse usw. vorgenommen werden. Zum einen 225

495 So zumindest grundsätzlich auch BVerfG, Kammerbeschl. v. 7.11.2008, 2 BvR 1870/07, juris, Rn. 24.
496 Vgl. zu den übrigen speziellen Diskriminierungsverboten *Kingreen/Poscher*, Grundrechte Staatsrecht II, 33. Aufl. 2017, § 11 Rn. 553 ff.
497 Vgl. dazu ausführlich *Papier/Krönke*, Grundkurs Öffentliches Recht 1, 2. Auf. 2015, § 4 Rn. 146 ff.
498 So der Originalfall zu BVerfG, Kammerbeschl. v. 7.11.2008, 2 BvR 1870/07, juris.

darf die Ungleichbehandlung dabei nicht **final** zum Zwecke der Benachteiligung (z.B. von Frauen als solchen) erfolgen.[499] Darüber hinaus ist Art. 3 Abs. 3 S. 1 und 2 GG aber auch dann einschlägig, wenn eine Regelung oder sonstige Maßnahme „nicht auf eine nach Art. 3 Abs. 3 GG verbotene Ungleichbehandlung angelegt ist, sondern in erster Linie andere Ziele verfolgt", eine solche Ungleichbehandlung aber **faktisch zur Folge** hat.[500] Keine Rolle spielt es außerdem, ob es sich um **unmittelbare** oder nur **mittelbare** Diskriminierungen handelt. So liegt etwa eine unter Art. 3 Abs. 3 GG fallende Anknüpfung an das Geschlecht nicht nur dort vor, wo die betreffende Regelung oder sonstige Maßnahme direkt nach dem Geschlecht der Betroffenen unterscheidet, sondern kann auch dann gegeben sein, „wenn eine geschlechtsneutral formulierte Regelung im Ergebnis überwiegend Angehörige eines Geschlechts, etwa Frauen, betrifft und dies auf natürliche oder gesellschaftliche Unterschiede zwischen den Geschlechtern zurückzuführen ist".[501]

> **Zur Variante zum Beispielsfall 3** (Rn. 224): Zwischen der Vorenthaltung der Möglichkeit zur **Nutzung der Fernsprechgeräte** und der Vorenthaltung der Möglichkeit zum **Kauf von Kosmetika** ist zu differenzieren. Während letztgenannte **unmittelbar** an das Geschlecht der Gefangenen anknüpft und damit ohne Weiteres eine Diskriminierung nach dem Geschlecht i.S.v. Art. 3 Abs. 2 und 3 GG darstellt, ist dies im Hinblick auf die erstgenannte Vorenthaltung nicht selbstverständlich. Die Ungleichbehandlung erfolgt dort an sich nur nach dem jeweiligen Ort der Unterbringung, also nicht unmittelbar nach dem Geschlecht der Häftlinge. Da in Hafthaus A allerdings ausschließlich Frauen, in Hafthaus B dagegen ausschließlich Männer untergebracht sind, trifft die an sich geschlechtsneutral vorgenommene Ungleichbehandlung im Ergebnis nur Angehörige eines Geschlechts, nämlich die männlichen Häftlinge. Hierin liegt eine **mittelbar** geschlechtsbezogene Diskriminierung, die ebenfalls einer Rechtfertigung am Maßstab des Art. 3 Abs. 2 und 3 GG bedarf.

226 Eine verfassungsrechtliche Rechtfertigung der unter Art. 3 Abs. 3 GG fallenden Ungleichbehandlungen scheidet **grundsätzlich** aus (vgl. Art. 3 Abs. 3 S. 1 GG: „Niemand darf ... benachteiligt oder bevorzugt werden."). Nur **ausnahmsweise** und unter strikter Beachtung des **Verhältnismäßigkeitsgrundsatzes** ist eine Anknüpfung an die in Art. 3 Abs. 3 GG bezeichneten Merkmale zulässig, sofern

– sich die Ungleichbehandlung gerade **aus der (vor allem biologischen) Natur** einer der Gruppen von Merkmalsträgern ergibt, insbesondere etwa aus zwingenden „objektiven biologischen Unterschieden" zwischen Männern und Frauen,[502] oder
– eine solche Ungleichbehandlung **durch das Grundgesetz ausdrücklich erlaubt** ist, insbesondere etwa durch das in **Art. 3 Abs. 2 GG** enthaltene Gleichberechtigungsgebot, demgemäß „faktische Nachteile, die typischerweise Frauen treffen, ... durch begünstigende Regelungen ausgeglichen werden"[503] dürfen, oder auch

499 BVerfGE 75, 40 (70) – „Privatschulfinanzierung II".
500 BVerfGE 85, 191 (206) – „Nachtarbeitsverbot".
501 BVerfGE 107, 373 (393) – „Ausschluss von Doppelnamen".
502 BVerfGE 85, 191 (207) – „Nachtarbeitsverbot". Vgl. zu einem anderen Beispiel auch BVerfGE 99, 341 (357) – „Testament schreibunfähiger Stummer".
503 BVerfGE 85, 191 (206) – „Nachtarbeitsverbot".

durch **Art. 12a Abs. 4 S. 2 GG**, wonach ausschließlich Männer zum Dienst mit der Waffe verpflichtet werden können, oder

Im Zusammenhang mit Art. 3 Abs. 2 GG wird die Einführung von **gesetzlichen Frauenquoten** diskutiert bzw. ist eine entsprechende gesetzliche Regelung bereits erlassen worden, insbesondere etwa für die Aufsichtsräte deutscher Privatunternehmen (siehe insbesondere § 96 Abs. 2 AktG). Zur Rechtfertigung sowohl der darin liegenden Ungleichbehandlung von Männern und Frauen bei der Besetzung von Aufsichtsratsstellen als auch der damit einhergehenden Beeinträchtigungen der Grundrechte der Unternehmen und ihrer Anteilseigner aus Art. 9 Abs. 1, 12 und 14 GG kommt Art. 3 Abs. 2 GG prinzipiell als verfassungsrechtliche Rechtfertigungsgrundlage in Betracht.[504]

- sich – wie auch bei den vorbehaltlos gewährleisteten Freiheitsgrundrechten – aus „kollidierendem Verfassungsrecht"[505] **verfassungsimmanente Grenzen** der Diskriminierungsverbote ergeben.[506]

Dieser **spezielle Rechtfertigungsmaßstab** für Ungleichbehandlungen, die an eines der in Art. 3 Abs. 3 GG genannten Merkmale anknüpfen, ist deutlich strenger als der oben beschriebene allgemeine Rechtfertigungsmaßstab und verdrängt diesen. Sofern im Rahmen einer Fallbearbeitung eine Ungleichbehandlung i.S.v. Art. 3 Abs. 3 GG zu prüfen ist, darf daher nicht auf jenen allgemeinen Rechtfertigungsmaßstab – also etwa auf die Unterscheidung von Willkürverbot und „Neuer Formel" – eingegangen werden, sondern ist die Ungleichbehandlung ausschließlich am Maßstab des speziellen Rechtfertigungsmaßstabs des Art. 3 Abs. 3 GG zu prüfen.

Zur Variante zum Beispielsfall 3 (Rn. 224): Das Vorenthalten der Möglichkeit zur **Nutzung der Fernsprechgeräte** gegenüber den männlichen Häftlingen ergibt sich weder aus etwaigen natürlichen Unterschieden zwischen Mann und Frau als solchen, noch dient es der Gleichstellung von Mann und Frau (vgl. Art. 3 Abs. 2 GG). Grund für die Ungleichbehandlung ist vielmehr, wie oben festgestellt, die Gewährleistung der Vollzugssicherheit, die sich letztlich auch als Schutz der Gesundheit und der körperlichen Unversehrtheit der Bediensteten und der Häftlinge (Art. 2 Abs. 2 S. 1 GG) begreifen lässt und damit eine verfassungsrechtliche Grenze des Diskriminierungsverbots darstellt. Zusätzlich könnte man auf eine mögliche gesteigerte Aggressivität und damit auf ein höheres Gefahrpotential der männlichen Gefangenen abstellen, wobei der Sachverhalt hierzu keine Angaben enthält. Im Ergebnis stellt die Vorenthaltung der Gesprächsmöglichkeit jedenfalls, wie bereits oben geprüft wurde, eine aus Gründen der Vollzugssicherheit gebotene und im Einzelnen auch verhältnismäßige Ungleichbehandlung dar. Insofern ergeben sich keine Unterschiede zum Ausgangsfall. Das Vorenthalten der Möglichkeit zum **Kauf der Kosmetika** in der Anstalt ließe sich demgegenüber allenfalls auf mögliche „objektive biologische Unterschiede" zwischen Mann und Frau stützen, wovon offensichtlich auch das Vollzugsamt ausgegangen ist. Mit der Annahme, nach Kosmetika bestehe bei weiblichen Personen offensichtlich ein „erhöhtes natürliches Bedürfnis", ist allerdings kein Grund aufgezeigt, der seiner Natur nach nur bei Frauen auftreten kann. „Auch wenn es – ungeachtet zunehmenden Absatzes von Pflegeprodukten für Männer auf dem Kosmetikmarkt – zutreffen mag, dass das Interesse an Kosmetik bei Frauen – genauer: in der Gruppe der Frauen – statistisch verbreiteter oder häufiger stark ausgeprägt ist als in der Gruppe der Männer, handelt es sich nicht um ein von Natur aus nur bei Frauen auftretendes Interesse. Den Angehörigen eines Geschlechts kann die Befriedigung eines Interesses nicht mit der Begründung versagt werden, dass es sich um ein typischerweise beim anderen Geschlecht auftretendes Interesse handele. Von Art. 3 Abs. 3 S. 1 GG geschützt ist auch das Recht, unbenachteiligt anders zu sein als andere Mitglieder der Gruppen, denen

504 Vgl. dazu ausführlich *Papier/Heidebach*, ZGR 2011, 305 (313 ff.).
505 BVerfGE 114, 357 (364) – „Aufenthaltserlaubnis".
506 Vgl. dazu *Nußberger*, in: Sachs (Hrsg.), Grundgesetz, 8. Aufl. 2018, Art. 3 Rn. 254 m.w.N.

man nach den in dieser Bestimmung genannten Merkmalen angehört."[507] Die Vorenthaltung der Möglichkeit zum Kauf von Kosmetika stellt somit eine Ungleichbehandlung der männlichen Gefangenen dar, die den Anforderungen des Art. 3 Abs. 2 und Abs. 3 S. 1 GG nicht genügt und daher nicht gerechtfertigt ist. Die männlichen Gefangenen sind daher insoweit in ihrem Recht aus Art. 3 Abs. 2 und Abs. 3 S. 1 GG verletzt.

D. Rechtsfolgen eines Gleichheitsverstoßes

227 Die Verletzung eines Freiheitsrechts hat zur Folge, dass die grundrechtswidrige Regelung nichtig bzw. der grundrechtswidrige Verwaltungsakt anfechtbar ist und die faktische Beeinträchtigung des grundrechtlich geschützten Bereichs ggfs. beseitigt und künftig unterlassen werden muss. Demgegenüber kann eine **ungerechtfertigte Ungleichbehandlung** zweier oder mehrerer Personengruppen vielfach auf **verschiedenen Wegen** behoben werden, nämlich durch Besserstellung der schlechter gestellten Gruppe, durch Schlechterstellung der besser gestellten Gruppe usw.[508] Es stellt sich dabei folgendes Problem: Entscheidet sich das die Grundrechtsverletzung feststellende Gericht für einen von mehreren möglichen Wegen zur Behebung der Ungleichbehandlung, greift es in den Gestaltungsspielraum des Gesetzgebers bzw. in einen möglicherweise bestehenden Ermessensspielraum der Verwaltung ein, da der Gesetzgeber bzw. (bei Bestehen eines Ermessensspielraumes) die Verwaltung auch einen anderen Weg hätte wählen können, um die Gleichheitsrechtsverletzung zu beseitigen und einen verfassungsgemäßen Zustand herzustellen.[509] Eine gerichtliche Entscheidung über die Rechtsfolgen eines Gleichheitsrechtsverstoßes berührt somit häufig den **Grundsatz der Gewaltenteilung**, Art. 20 Abs. 2 und 3 GG.

Ermessen hat die Verwaltung dort, wo ihr die Rechtsnorm, die sie anzuwenden hat, nicht nur *eine* bestimmte Rechtsfolge, sondern eine Auswahl *verschiedener* Rechtsfolgen eröffnet; dies kann sich sowohl auf das „Ob" als auch auf das „Wie" des Tätigwerdens beziehen. Im Gegensatz dazu ist der Verwaltung bei **gebundenen Entscheidungen** eine bestimmte Rechtsfolge zwingend vorgegeben.

228 Das Bundesverfassungsgericht geht daher im Falle von Verstößen gegen Gleichheitsgebote durch den Gesetzgeber von **differenzierten Rechtsfolgen** aus: Stehen dem Gesetzgeber im Falle einer **gleichheitswidrigen gesetzlichen Regelung** „mehrere Möglichkeiten zur Verfügung … , den verfassungswidrigen Zustand zu beseitigen", kommt für das Gericht **keine Nichtigkeitserklärung** der verfassungswidrigen Regelung, sondern „nur eine **Unvereinbarkeitserklärung** in Betracht".[510]

507 BVerfG, Kammerbeschl. v. 7.11.2008, 2 BvR 1870/07, juris, Rn. 27.
508 Vgl. dazu und zum Folgenden ausführlich *Kingreen/Poscher*, Grundrechte Staatsrecht II, 33. Aufl. 2017, § 11 Rn. 574 ff.
509 Vgl. etwa BVerfGE 115, 81 (93) – „Rechtsschutz gegen Verordnungen" m.w.N.
510 BVerfGE 112, 50 (73) – „Opferentschädigungsgesetz".

Im **Regelfall** sieht das Gesetz über das Bundesverfassungsgericht für den Fall der Verfassungswidrigkeit einer Rechtsnorm deren **Nichtigkeit** vor, vgl. v.a. §§ 78, 82 Abs. 1, 95 Abs. 3 BVerfGG. In einer Reihe von **Ausnahmekonstellationen**, insbesondere bei Verstößen gegen Gleichheitsgebote, hat das Bundesverfassungsgericht allerdings davon abgesehen, diese Regelfolge anzuordnen, wenn sich die Nichtigkeit der Regelung ihrerseits als verfassungsrechtlich nicht unproblematisch erweist. Stattdessen hat es dann, die in Rede stehende Regelung lediglich für verfassungswidrig erklärt (sog. **Unvereinbarkeitserklärung**) und dem Gesetzgeber – teilweise auf der Grundlage des **§ 35 BVerfGG** und regelmäßig unter Setzung einer **konkreten Frist** – aufgetragen, eine verfassungskonforme **Neuregelung** zu treffen. Mittlerweile ist diese Unvereinbarkeitserklärung zwar nicht gesetzlich geregelt, zumindest aber im Gesetz erwähnt, vgl. §§ 31 Abs. 2, 79 Abs. 1 BVerfGG.

Wegen der prozessualen Regelung in § 95 Abs. 2 letzter Hs. BVerfGG, nach der das Bundesverfassungsgericht im Falle einer zulässigen und begründeten Verfassungsbeschwerde gegen eine Maßnahme, welche auf dem Rechtswege angegriffen werden kann (§ 90 Abs. 2 S. 1 BVerfGG), die Sache an ein zuständiges Gericht zurückverweist, stellt sich das parallele Problem der Rechtsfolgenanordnung bei **gleichheitswidrigen Verwaltungsentscheidungen** i.a.R. nur vor den **Fachgerichten.** Eine dem einzelnen Bürger **gleichheitswidrig auferlegte Belastung** wird von diesen – im Falle der Anfechtung – grundsätzlich aufgehoben, vgl. etwa § 113 Abs. 1 S. 1 VwGO. Soweit gelten keine Besonderheiten. Eine **gleichheitswidrig vorenthaltene Begünstigung** dagegen wird, sofern es sich um eine Entscheidung handelt, die im **Ermessen** der Behörde steht, nur ausnahmsweise gewährt, vgl. § 113 Abs. 5 S. 1 und 2 VwGO („wenn die Sache spruchreif ist") – etwa wenn die Behörde von einer ermessenslenkenden Verwaltungsvorschrift oder einer ständigen Verwaltungspraxis abgewichen ist. Für jedwede Ungleichbehandlung durch die Verwaltung gilt allerdings der Grundsatz, dass den Bürgern **keine „Gleichheit im Unrecht"**[511] zu gewähren ist: Trifft eine Behörde eine bestimmte rechtmäßige Entscheidung gegenüber einem Bürger, so kann sich dieser nicht darauf berufen, dass die Behörde einem anderen Bürger gegenüber in vergleichbarer Situation eine günstigere, aber rechtswidrige Entscheidung getroffen hat.

Im Rahmen der **Bearbeitung verfassungsrechtlicher Fälle** werden Ausführungen zu den Rechtsfolgen von Gleichheitsrechtsverstößen i.a.R. nicht erwartet, zumal in prozessualer Hinsicht meist die Erfolgsaussichten einer Verfassungsbeschwerde zu prüfen sind; ist diese zulässig und liegt ein ungerechtfertigter Gleichheitsverstoß vor, ist die Verfassungsbeschwerde in jedem Fall begründet und hat Erfolg. Die Frage nach den Rechtsfolgen des Gleichheitsrechtsverstoßes spielt vielmehr in die Tenorierung der Entscheidung hinein; die Formulierung des Entscheidungstenors ist i.d.R. nicht Gegenstand entsprechender Prüfungsaufgaben. Gewisse Relevanz für die Ausbildung gewinnt die Frage lediglich in verwaltungsrechtlichen Konstellationen, wenn es etwa um verwaltungsgerichtlichen Konkurrentenrechtsschutz geht.

511 BVerfGE 51, 142 (166) – „Unterhaltspflichtverletzung".

E. Die Prüfung eines Gleichheitsgrundrechts im Überblick

Übersicht: Die Prüfung eines Gleichheitsgrundrechts

A. Vereinbarkeit eines Gesetzes mit einem Gleichheitsgrundrecht
- I. Verfassungsrechtlich relevante Ungleichbehandlung *durch das Gesetz*
- II. Verfassungsrechtliche Rechtfertigung der Ungleichbehandlung
  1. Rechtfertigungsmaßstab
     a) Bei speziellem Gleichheitsgrundrecht:
     Darlegung der besonderen Anforderungen des speziellen Gleichheitsgrundrechts
     b) Bei Art. 3 Abs. 1 GG:
     Festlegung des Rechtfertigungsmaßstabs nach der Intensität der Ungleichbehandlung
  2. Anwendung des Rechtfertigungsmaßstabs *auf das Gesetz*

B. Vereinbarkeit einer Maßnahme der vollziehenden oder rechtsprechenden Gewalt mit einem Gleichheitsgrundrecht
- I. Verfassungsrechtlich relevante Ungleichbehandlung *durch die einzelne Maßnahme*
- II. Verfassungsrechtliche Rechtfertigung der Ungleichbehandlung
  1. Rechtfertigungsmaßstab
     a) Bei speziellem Gleichheitsgrundrecht:
     Darlegung der besonderen Anforderungen des speziellen Gleichheitsgrundrechts
     b) Bei Art. 3 Abs. 1 GG:
     Festlegung des Rechtfertigungsmaßstabs nach der Intensität der Ungleichbehandlung
  2. Anwendung des Rechtfertigungsmaßstabs auf die *einzelne Maßnahme*

Literaturhinweise:

Allgemein *Schwarz*, Grundfälle zu Art. 3 GG, JuS 2009, 315 ff., 417 ff.
Kirchhof, Allgemeiner Gleichheitssatz, in: Isensee/Kirchhof (Hrsg.), Handbuch des Staatsrechts, Band VIII, 3. Aufl. 2010, § 181 (zur Vertiefung)

Zu C. II. *Sachs*, Besondere Gleichheitsgarantien, in: Isensee/Kirchhof (Hrsg.), Handbuch des Staatsrechts, Band VIII, 3. Aufl. 2010, § 182 (zur Vertiefung)

Wichtige Rechtsprechung:

Zu C. II. 1. BVerfGE 85, 191 – „Nachtarbeitsverbot"
(Verfassungsmäßigkeit eines Nachtarbeitsverbots für Arbeiterinnen – Verhältnis des Art. 3 Abs. 2 zu Abs. 3 GG)

§ 14 Religions-, Weltanschauungs- und Gewissensfreiheit (Art. 4 GG u.a.)

A. Grundsätzliches zu Art. 4 GG

(P) Art. 4 GG = Einheitliches GR?

Aus Art. 4 GG werden in der Rechtsprechung zwei, im Schrifttum gar drei selbständige 229
Grundrechte abgeleitet: Die in Art. 4 Abs. 2 GG ausdrücklich benannte Religionsausübungsfreiheit bildet zusammen mit der in Art. 4 Abs. 1 GG gewährleisteten Freiheit des Glaubens (Var. 1) und des Gewissens (Var. 2) sowie der Freiheit des religiösen und weltanschaulichen Bekenntnisses (Var. 3 und 4) nach ständiger Rechtsprechung des Bundesverfassungsgerichts ein „umfassend zu verstehendes einheitliches Grundrecht" der **Glaubens-, Religions-, Weltanschauungs- und Gewissensfreiheit**, Art. 4 Abs. 1 und 2 GG.[512] Im Schrifttum wird die Gewährleistung der **Gewissensfreiheit** allerdings als eigenständiges, wenn auch eng mit der Glaubensfreiheit zusammenhängendes Grundrecht unterschieden.[513] Art. 4 Abs. 3 GG enthält schließlich, als Spezialfall der Gewissensfreiheit,[514] das **Recht auf Kriegsdienstverweigerung** aus Gewissensgründen.

B. Schutzbereiche

I. Glaubens-, Religions-, Weltanschauungs- und Gewissensfreiheit, Art. 4 Abs. 1 und 2 GG

1. Sachliche Schutzbereiche

Die sachlichen Schutzbereiche der Glaubens- und der Gewissensfreiheit bedürfen in 230
verschiedener Hinsicht der Definition. Es stellt sich zunächst die Frage, was überhaupt unter „Glauben", „Religion", „Weltanschauung" (a) und „Gewissen" (b) zu verstehen ist; vor diesem Hintergrund ist die Reichweite der sachlichen Schutzbereiche, also der Bereiche geschützter Zustände und Tätigkeiten, zu klären (c); besondere Relevanz kommt schließlich auch der negativen Glaubensfreiheit (d) sowie den objektiv-rechtlichen staatlichen Schutzpflichten (e) zu.

---

512 BVerfGE 108, 282 (297) – „Kopftuch". Vgl. bereits BVerfGE 24, 236 (245) – „Aktion Rumpelkammer".

513 So ausdrücklich etwa *Jarass/Pieroth*, GG Kommentar, 14. Aufl. 2016, Art. 4 Rn. 44 m.w.N.

514 Vgl. bereits BVerfGE 19, 135 (138); E 23, 127 (132) – „Zeugen Jehovas".

Beispielsfall 4[515]

L ist angestellte Lehrerin in einer staatlichen Schule im Bundesland B. Die Schule wird überwiegend von Kindern muslimischen Glaubens besucht. Auch L ist Muslimin und trägt aus religiöser Überzeugung ein Kopftuch, mit dem sie auch ihren Dienst verrichtet. Von ihrem Schulleiter wird sie eines Tages in Kenntnis davon gesetzt, dass das Tragen eines Kopftuchs mit einer neuen landesgesetzlichen Vorschrift grundsätzlich nicht mehr vereinbar sei. Nach dieser ausnahmslos ausgestalteten Vorschrift dürfen „in der Schule keine politischen, religiösen, weltanschaulichen oder ähnliche äußere Bekundungen abgeben, die geeignet sind, die Neutralität des Landes gegenüber Schülerinnen und Schülern sowie Eltern oder den politischen, religiösen oder weltanschaulichen Schulfrieden zu gefährden oder zu stören" (gesetzliches Neutralitätsgebot). Auf die Bemerkung des Schulleiters, dass „nicht überall im Islam" ein verpflichtendes Bedeckungsgebot gelte, legt L dar, dass sie das Tragen des Kopftuchs als unbedingte religiöse Pflicht und als elementaren Bestandteil einer am Islam orientierten Lebensweise betrachte. Das Kopftuch verursache in ihrem Fall außerdem keinerlei Aufsehen, da sie überwiegend Muslime unterrichte. Nachdem L daraufhin noch mehrmals angehört und im Wege einer Abmahnung dazu aufgefordert wurde, ohne Kopftuch in der Schule zu erscheinen, spricht das Land B die Kündigung aus. Gegen diese wehrt sich L erfolglos vor den Arbeitsgerichten und wendet sich schließlich an das Bundesverfassungsgericht. **Ist ihre zulässige Verfassungsbeschwerde begründet?** Auf eine Verletzung von Art. 12 Abs. 1 und Art. 3 Abs. 1 GG ist nicht einzugehen.

a) Die Begriffe des Glaubens, der Religion und der Weltanschauung

231 Als **Glaube** lässt sich allgemein „eine mit der Person des Menschen verknüpfte **Gewissheit** über den Bestand und den Inhalt bestimmter **Wahrheiten**" beschreiben,[516] welche „Aussagen zum **Weltganzen** sowie zur Herkunft und zum **Ziel des menschlichen Lebens**" zum Gegenstand haben[517] und sich insbesondere aus einer bestimmten Religion oder Weltanschauung speisen können; „dabei legt die **Religion** eine den Menschen überschreitende und umgreifende (‚transzendente') Wirklichkeit zugrunde, während sich die **Weltanschauung** auf innerweltliche (‚immanente') Bezüge beschränkt".[518] Eine genauere Abgrenzung der Begriffe muss dabei nicht erfolgen, da der Umfang der Gewährleistungen von Glaubens-, Religions- und Weltanschauungsfreiheit einheitlich bestimmt wird.

232 Das Bundesverfassungsgericht geht bei der Bestimmung der Frage, ob es sich bei der im konkreten Fall vorgebrachten Überzeugung um das Element eines **(religiösen) Glaubens** oder einer **Weltanschauung** i.S.v. Art. 4 Abs. 1 und 2 GG handelt, im Ausgangspunkt von dem **subjektiven „Selbstverständnis" des Grundrechtsträgers** aus.[519] Dies trägt dem in erster Linie subjektiven Charakter der von Art. 4 Abs. 1 und 2 GG erfassten „Gewissheiten" Rechnung. Freilich besteht bei einer von subjektiven Einschätzungen der Grundrechtsträger ausgehenden Interpretation der Schutzbereiche die Gefahr, dass diese konturlos werden und der **grundrechtliche Schutz ausufert.**[520]

515 Nach BVerfGE 138, 296 – „Kopftuchverbot Nordrhein-Westfalen".
516 BVerfGE 32, 98 (107) – „Gesundbeter" (ohne Hervorhebungen im Original).
517 BVerwGE 90, 112 (115) – „Osho" (ohne Hervorhebungen im Original).
518 BVerwGE 90, 112 (115) – „Osho" (ohne Hervorhebungen im Original).
519 Vgl. bereits BVerfGE 24, 236 (247 f.) – „Aktion Rumpelkammer".
520 Vgl. dazu und zum Folgenden *Kingreen/Poscher*, Grundrechte Staatsrecht II, 33. Aufl. 2017, § 12 Rn. 611 ff.

Es können daher andererseits – so das Bundesverfassungsgericht mit Blick auf den Religionsbegriff – „**nicht allein** die Behauptung und das Selbstverständnis, eine Gemeinschaft bekenne sich zu einer Religion und sei eine Religionsgemeinschaft, für diese und ihre Mitglieder die Berufung auf die Freiheitsgewährleistung des Art. 4 Abs. 1 und 2 GG rechtfertigen; vielmehr muss es sich auch **tatsächlich, nach geistigem Gehalt und äußerem Erscheinungsbild**, um eine Religion und Religionsgemeinschaft handeln".[521]

b) Der Begriff des Gewissens

Das **Gewissen** begreift das Bundesverfassungsgericht als ein „seelisches Phänomen 233
..., dessen Forderungen, Mahnungen und Warnungen für den Menschen **unmittelbar evidente Gebote unbedingten Sollens** sind". Eine Gewissensentscheidung ist somit „jede ernste **sittliche**, d.h. an den Kategorien von ‚Gut' und ‚Böse' orientierte Entscheidung ..., die der einzelne in einer bestimmten Lage als für sich bindend und unbedingt verpflichtend innerlich erfährt, so dass er gegen sie nicht ohne ernste Gewissensnot handeln könnte".[522]

Auch hier ist zu beachten, dass der grundrechtliche Schutzbereich primär an einen **in-** 234
neren Sachverhalt („seelisches Phänomen", „innerlich erfährt") in der Person des Grundrechtsträgers anknüpft, dessen Einordnung als ein dem Gewissen i.S.v. Art. 4 Abs. 1 GG zugehöriges Ge- oder Verbot im Einzelfall durchaus Schwierigkeiten bereiten kann.

c) Reichweite der sachlichen Schutzbereiche

Die Glaubens-, Religions- und Weltanschauungsfreiheit aus Art. 4 Abs. 1 und 2 GG 235
schützt zum einen „die **innere Freiheit**, **zu glauben** oder **nicht zu glauben**, d.h. einen Glauben zu bekennen, zu verschweigen, sich von dem bisherigen Glauben loszusagen und einem anderen Glauben zuzuwenden" (sog. ***forum internum***)[523] sowie „die **äußere Freiheit**, den Glauben **zu bekunden** und **zu verbreiten**", wozu auch das Recht gehört, „sein gesamtes Verhalten an den Lehren seines Glaubens auszurichten und seiner inneren Glaubensüberzeugung gemäß zu handeln" (sog. ***forum externum***)[524].

Besondere Relevanz gewinnt dabei vor allem das letztgenannte Recht, gemäß der ei- 236-
genen Glaubens- oder religiös-weltanschaulichen Überzeugung zu handeln, also das 237
Recht zur **freien Ausübung** des Glaubens, der Religion und der Weltanschauung. Hier setzt sich das bereits im Zusammenhang mit der Definition jener Begriffe erkannte grundsätzliche Problem der Schutzbereichseingrenzung fort, da der Ausgangspunkt jeder Anwendung von Art. 4 Abs. 1 und 2 GG wiederum das **subjektive Selbstverständnis der Grundrechtsträger** ist. Auch hier gilt daher einschränkend, dass

521 BVerfGE 83, 341 (353) – „Bahá'í" (ohne Hervorhebungen im Original).
522 BVerfGE 12, 45 (54 f.) – „Kriegsdienstverweigerung I".
523 BVerfGE 24, 236 (245) – „Aktion Rumpelkammer" (ohne Hervorhebungen im Original).
524 BVerfGE 108, 282 (297) – „Kopftuch" (ohne Hervorhebungen im Original). Vgl. ebenso bereits BVerfGE 24, 236 (245) – „Aktion Rumpelkammer".

„nicht jegliches Verhalten einer Person allein nach deren subjektiver Bestimmung als Ausdruck der besonders geschützten Glaubensfreiheit angesehen werden" kann;[525] vielmehr muss „substantiiert und nachvollziehbar"[526] dargelegt werden, dass die Glaubensüberzeugungen des Einzelnen das in Rede stehende Handeln **„zwingend"** ge- oder verbieten oder zumindest „für das **beste und adäquate Mittel** halten, um die **Lebenslage nach der Glaubenshaltung zu bewältigen"**,[527] wobei ggfs. auch das Selbstverständnis der jeweiligen Religions- oder Weltanschauungsgemeinschaft zu berücksichtigen ist, der der Grundrechtsträger angehört.[528]

Von der Ausübung der Glaubens-, Religions- und Weltanschauungsfreiheit **im Einzelnen** erfasst sind sowohl

- **traditionelle Manifestationen** der Glaubensinhalte „wie Gottesdienst, Sammlung kirchlicher Kollekten, Gebete, Empfang der Sakramente, Prozession, Zeigen von Kirchenfahnen, Glockengeläute" usw.,[529] aber auch
- **„andere Äußerungen** des religiösen und weltanschaulichen Lebens" sieht das Bundesverfassungsgericht als geschützt an,[530] etwa
  - „religiöse **Erziehung**",[531]

    Die Religionsfreiheit tritt insoweit neben den Schutz des elterlichen Erziehungsrechts aus Art. 6 Abs. 2 S. 1 GG. Vom Schutz des aus diesen Gewährleistungen zusammengesetzten Rechts auf **religiöse Kindererziehung** ist insbesondere etwa auch die elterliche Entscheidung umfasst, das eigene männliche Kleinkind aus religiösen Gründen beschneiden zu lassen.[532]
  - freireligiöse und atheistische **Feiern**",[533]

    Als mit Blick auf den Umfang des Schutzbereichs von Art. 4 Abs. 1 und 2 GG problematisches **Beispiel** erweist sich etwa die Veranstaltung einer **„Heidenspaß-Party" am Karfreitag** durch eine anerkannte Weltanschauungsgemeinschaft, wenn das einschlägige landesrechtliche Sonn- und Feiertagsgesetz für den Karfreitag ein Verbot musikalischer Darbietungen in der Öffentlichkeit vorsieht, da die Christen an jenem Feiertag des Todes von Jesus Christus gedenken. In einem derartigen Fall sah das Bundesverfassungsgericht neben Art. 8 Abs. 1 GG auch den Schutzbereich von Art. 4 Abs. 1 und 2 GG als eröffnet an, obwohl die Party als „durchaus provokative Gegenveranstaltung zum christlich verwurzelten, stillen Karfreitag" angelegt war.[534] Die Rechte des Veranstalters aus Art. 4 Abs. 1 und 2 sowie Art. 8 Abs. 1 GG sind demnach gegen die Freiheit des weltanschaulichen Bekenntnisses auf der Rechtfertigungsebene gegen die Religionsfreiheit der christlich geprägten Bürger abzuwägen,[535] wobei zu beachten ist, dass Art. 4 Abs. 1 und 2 GG Gläubige nicht davor

525 BVerfGE 108, 282 (298) – „Kopftuch".
526 BVerfGE 107, 337 () – „Schächten".
527 BVerfGE 32, 98 (106 f.) – „Gesundbeter".
528 Vgl. BVerfGE 108, 282 (298 f.) – „Kopftuch".
529 BVerfGE 24, 236 (246) – „Aktion Rumpelkammer".
530 BVerfGE 24, 236 (246) – „Aktion Rumpelkammer" (ohne Hervorhebung im Original).
531 BVerfGE 24, 236 (246) – „Aktion Rumpelkammer" (ohne Hervorhebung im Original).
532 Vgl. dazu die im Ergebnis verfehlte, weil die Religionsfreiheit der Eltern und das elterliche Recht auf Erziehung nicht hinreichend berücksichtigende Entscheidung des LG Köln, NJW 2012, 2128; zu Recht kritisch daher die Anmerkungen von *Wiater*, NVwZ 2012, 1379.
533 BVerfGE 24, 236 (246) – „Aktion Rumpelkammer" (ohne Hervorhebung im Original).
534 Vgl. BVerfG NVwZ 2017, 461 (467 f.).
535 Vgl. dazu die bei BayVGH, Urt. v. 7.4.2009, 10 BV 08.1494, juris, Rn. 10 wiedergegebenen Ausführungen des VG München.

schützt, „mit Werbung darauf aufmerksam gemacht zu werden, dass andere in provokanter Weise den ernsthaften Charakter des Karfreitags in Frage stellen".[536] Im Ergebnis muss derartigen Veranstaltungen eine Befreiung von dem Tanzverbot gewährt werden.

- das Befolgen von **Bekleidungsregeln** (z.B. die Verbergung von Körperkonturen unter weit geschnittener Kleidung[537], das Tragen eines Kopftuchs[538] usw.)
- das Befolgen von **Speisevorschriften** (z.B. der Verzehr von Fleisch nur geschächteter Tiere)[539] sowie

  Keinen Akt der Religionsausübung sah das Bundesverfassungsgericht dagegen im **Schächten der Tiere selbst** durch einen muslimischen Metzger. Allerdings werde in solchen Fällen der Schutzbereich der Berufsfreiheit des Metzgers durch den Freiheitsgehalt des Grundrechts aus Art. 4 Abs. 1 und 2 GG „verstärkt".[540] Diese „Schutzbereichsverstärkung" hat in der Fallbearbeitung zur Folge, dass bei der Güterabwägung im Rahmen der Angemessenheitsprüfung auch das Recht aus Art. 4 Abs. 1, 2 GG zu berücksichtigen ist, wenn es darum geht, die Schwere des Eingriffs in die Berufsfreiheit zu bestimmen.

- unter Umständen auch **karitative Tätigkeiten** (z.B. eine aus religiös-karitativen Motiven veranstaltete Altkleidersammlung)[541].

Für die **Gewissensfreiheit** ergeben sich im Hinblick auf die sachliche Reichweite des Schutzbereichs keine Besonderheiten gegenüber der Glaubensfreiheit. Ähnlich wie die Glaubensfreiheit schützt die Gewissensfreiheit sowohl im **internen Bereich** „die Freiheit, ein **Gewissen zu haben**", als auch im **externen Bereich** „die Freiheit, von der öffentlichen Gewalt nicht verpflichtet zu werden, gegen Gebote und Verbote des Gewissens **zu handeln**".[542] 238

Zu Beispielsfall 4 (Rn. 230): Die Verfassungsbeschwerde ist begründet, wenn L durch die angegriffene Maßnahme in einem ihrer Grundrechte verletzt ist. In Betracht kommt eine Verletzung der Religionsfreiheit, Art. 4 Abs. 1 und 2 GG. Dazu müsste zunächst der sachliche Schutzbereich des Grundrechts eröffnet sein. Fraglich ist allein die sachliche Reichweite des Schutzbereichs. Die Religions- und Bekenntnisfreiheit gewährleistet u.a. die Freiheit, den Regeln des Glaubens gemäß einem religiösen Bedeckungsgebot zu genügen, wie dies etwa durch das Tragen eines islamischen Kopftuchs der Fall sein kann, wenn dies hinreichend plausibel begründet ist.[543] Dabei kommt es nicht darauf an, ob es sich dabei um einen imperativen Glaubenssatz oder um eine Vorschrift handelt, deren Reichweite innerhalb des Islam unumstritten ist. Es genügt vielmehr, dass die von L dargelegte Betrachtung unter den verschiedenen Richtungen des Islam verbreitet ist.[544] Das Tragen des Kopftuchs fällt daher in den sachlichen Schutzbereich des Rechts aus Art. 4 Abs. 1 und 2 GG.

536 BVerfG NVwZ 2017, 461 (466).
537 Vgl. BVerwGE 94, 82 – „Befreiung vom koedukativen Sportunterricht"; zur Zumutbarkeit des Tragens eines „Burkinis" im koedukativen Schwimmunterricht BVerwG, Urt. v. 11.9.2013, 6 C 25.12, juris.
538 Vgl. BVerfGE 108, 282 (298, 303 ff.) – „Kopftuch".
539 Vgl. BVerfGE 104, 337 (346) – „Schächten".
540 BVerfGE 104, 337 (346) – „Schächten".
541 Vgl. BVerfGE 24, 236 (247 ff.) – „Aktion Rumpelkammer".
542 BVerfGE 78, 391 (395) – „Totalverweigerung I".
543 Vgl. BVerfGE 138, 296 (328) – „Kopftuchverbot Nordrhein-Westfalen".
544 Vgl. BVerfGE 138, 296 (330) – „Kopftuchverbot Nordrhein-Westfalen".

d) Negative Freiheiten Kein Schutz vor Missionierung, aber

239 In negativer Hinsicht schützt Art. 4 Abs. 1 und 2 GG den Einzelnen zwar **nicht** davor, „von fremden Glaubensbekundungen, kultischen Handlungen und religiösen Symbolen" **gänzlich verschont** zu bleiben – zumal „in einer Gesellschaft, die unterschiedlichen Glaubensüberzeugungen Raum gibt" –, wohl aber vor einer „vom Staat geschaffene[n] Lage, in der der Einzelne ohne Ausweichmöglichkeiten dem **Einfluss eines bestimmten Glaubens**, den Handlungen, in denen dieser sich manifestiert, und den Symbolen, in denen er sich darstellt, **ausgesetzt** ist" – also „in Lebensbereichen, die nicht der gesellschaftlichen Selbstorganisation überlassen, sondern **vom Staat in Vorsorge genommen** worden sind".[545]

In diesen Bereich fallen insbesondere etwa der bekannte **Kruzifix**-Beschluss (1995)[546] und die **Kopftuch**-Urteile (2003 und 2008)[547] des Bundesverfassungsgerichts. In beiden Fällen war – unter anderem – die negative Glaubens-, Religions- und Weltanschauungsfreiheit der **Schüler** betroffen, die während der gesamten Dauer des Unterrichts mit dem an der Wand des Unterrichtsraumes angebrachten **Kreuz** bzw. mit dem **Kopftuch** der im Mittelpunkt stehenden Lehrerin konfrontiert sind. Als gegenläufige verfassungsrechtliche Belange kommen im Kruzifix-Fall v.a. der staatliche Bildungs- und Erziehungsauftrag aus Art. 7 Abs. 1 GG, im Kopftuch-Fall insbesondere die positive Religionsfreiheit der betroffenen Lehrerin in Betracht. In diesem Zusammenhang ist darauf hinzuweisen, dass der **EGMR** im Fall **Lautsi** (2011) das Aufhängen eines Kreuzes in Unterrichtsräumen nicht als konventionswidrig erachtet und den Konventionsstaaten der EMRK einen breiten Wertungsspielraum bei der Abwägung der betroffenen Belange eingeräumt hat, zumal es sich bei dem Kreuz an der Wand um ein „passives Symbol" handele.[548] Im Fall **Dahlab** (2001) hatte der EGMR es andererseits aber auch gebilligt, dass einer Grundschullehrerin das Tragen eines Kopftuchs im Unterricht untersagt worden war.[549] In der Sache **SAS/Frankreich** (2014) billigte der Gerichtshof auch das in Frankreich eingeführte generelle Verbot der Gesichtsverschleierung.[550] Das Bundesverfassungsgericht hat jüngst entschieden, dass ein **pauschales** Verbot religiöser Bekundungen durch das äußere Erscheinungsbild von Lehrkräften (also insbesondere etwa durch ein Kopftuch) einen nicht gerechtfertigten, weil unverhältnismäßigen Eingriff in deren Glaubensfreiheit darstellt; nur wenn das äußere Erscheinungsbild zu einer **hinreichend konkreten Gefährdung** des Schulfriedens oder der staatlichen Neutralität führt, ist ein Bekundungsverbot zumutbar.[551]

e) Schutzpflichten des Staates

240 Von den subjektiv-rechtlichen negativen Gewährleistungen des Art. 4 Abs. 1 und 2 GG zu unterscheiden ist schließlich die **objektiv-rechtliche Schutzpflicht**, die den Staat prinzipiell überall trifft – also nicht etwa nur in den „vom Staat besonders in Vorsorge" genommenen Lebensbereichen. Wie grundsätzlich alle Grundrechtsbestimmungen erschöpft sich auch Art. 4 GG nicht in der Gewährleistung eines Abwehrrechts, „sondern gebietet auch im positiven Sinn, **Raum für die aktive Betätigung der Glau-**

545 BVerfGE 93, 1 (16) – „Kruzifix".
546 Vgl. BVerfGE 93, 1 (15 ff.) – „Kruzifix".
547 Vgl. BVerfGE 108, 282 (298 ff.) – „Kopftuch"; E 138, 296 (327 ff.) – „Kopftuchverbot Nordrhein-Westfalen".
548 Vgl. EGMR NVwZ 2011, 737 (741) – „Lautsi".
549 Vgl. EGMR NJW 2001, 2871 (2872 f.) – „Dahlab".
550 Vgl. EGMR NJW 2014, 2925 (2930 ff.) – „SAS/Frankreich".
551 Vgl. BVerfGE 138, 296 (327 ff.) – „Kopftuchverbot Nordrhein-Westfalen" sowie eingehend unten Rn. 247.

bensüberzeugung und die Verwirklichung der autonomen Persönlichkeit auf weltanschaulich-religiösem Gebiet zu sichern".[552]

In seiner Entscheidung zur **Ladenöffnung an Adventssonntagen** in Berlin (2009) hat das Bundesverfassungsgericht aus den Bestimmungen des Art. 4 Abs. 1 und 2 GG i.V.m. Art. 140 GG, Art. 139 WRV eine staatliche Pflicht zur Gewährleistung eines hinreichenden Niveaus des Schutzes der „Tage der Arbeitsruhe und der seelischen Erhebung" i.S.v. Art. 139 WRV hergeleitet.[553] Dieses Niveau hatte der Berliner Gesetzgeber nach Ansicht des Gerichts durch die voraussetzungslose Möglichkeit der Ladenöffnung an allen vier Adventssonntagen unterschritten. Hierin lag zwar kein Eingriff in die Abwehrrechte der Beschwerdeführerinnen – der Evangelischen Kirche Berlin-Brandenburg-schlesische Oberlausitz sowie des Erzbistums Berlin –, wohl aber konnte die Vernachlässigung der objektiven Schutzpflicht im Wege der Verfassungsbeschwerde geltend gemacht werden.[554]

2. Persönlicher Schutzbereich

241 Neben den individuellen Freiheiten schützt Art. 4 Abs. 1, 2 GG (i.V.m. Art. 19 Abs. 3 GG)[555] auch die sog. **„kollektive" Glaubens-, Religions- und Weltanschauungsfreiheit** einer religiösen bzw. weltanschaulichen Vereinigung.[556] Dies gilt insbesondere auch für Religionsgemeinschaften, die gemäß **Art. 137 Abs. 5 und 6 WRV** i.V.m. Art. 140 GG den Status einer **öffentlich-rechtlichen Körperschaft** besitzen.

Zwar wäre es denkbar, die gemäß **Art. 19 Abs. 3 GG** erforderliche **wesensmäßige Anwendbarkeit** der Rechte aus Art. 4 Abs. 1 und 2 GG auf eine solche Körperschaft mit der Begründung zu verneinen, dass diese wesensmäßige Anwendbarkeit bei juristischen Personen des öffentlichen Rechts grundsätzlich nicht vorliege. Allerdings sind die Religionsgemeinschaften „ungeachtet ihrer Anerkennung als Körperschaften des öffentlichen Rechts" in Art. 137 Abs. 5 und 6 WRV „dem Staat in keiner Weise inkorporiert, also auch nicht im weitesten Sinn ‚staatsmittelbare' Organisationen oder Verwaltungseinrichtungen. Ihre wesentlichen Aufgaben, Befugnisse, Zuständigkeiten sind originäre und nicht vom Staat abgeleitete (...). Sie können also unbeschadet ihrer besonderen Qualität wie der Jedermann dem Staat ‚gegenüber' stehen, eigene Rechte gegen den Staat geltend machen. Sie sind unter diesem Gesichtspunkt **grundrechtsfähig.**"[557]

242 Über diese kollektive Glaubensfreiheit hinaus gewährleistet nach der Rechtsprechung des **Bundesverfassungsgericht Art. 137 Abs. 3 WRV** i.V.m. Art. 140 GG ein gegenüber Art. 4 Abs. 1 und 2 GG eigenständiges **Selbstbestimmungsrecht** der Religionsgemeinschaften im Sinne einer **institutionellen Einrichtungsgarantie.**[558]

243 Im Gegensatz zur Glaubens-, Religions- und Weltanschauungsfreiheit erstreckt sich der persönliche Schutzbereich der **Gewissensfreiheit** nur auf **natürliche Personen.**

552 BVerfGE 125, 39 (78) – „Ladenöffnung an Adventssonntagen".
553 BVerfGE 125, 39 (79 ff.) – „Ladenöffnung an Adventssonntagen".
554 Vgl. zu dieser „Subjektivierung" der objektiven Schutzpflicht bereits oben Rn. 41.
555 Vgl. für einen Rückgriff auf Art. 19 Abs. 3 GG auch BVerfGE 105, 279 (293) – „Osho".
556 Vgl. BVerfGE 42, 312 (332) – „Inkompatibilität/Kirchliches Amt".
557 BVerfGE 42, 312 (321 f.) – „Inkompatibilität/Kirchliches Amt"; ebenso jüngst wieder BVerfGE 139, 321 (350) – „Zeugen Jehovas Bremen". Vgl. zu den aus dem öffentlich-rechtlichen Status der Religionsgemeinschaften folgenden Befugnissen *Jarass/Pieroth*, GG Kommentar, 14. Aufl. 2016, Art. 140/Art. 137 WRV Rn. 27 ff.
558 Vgl. zu dieser Grundrechtswirkung oben Rn. 52.

> **Zu Beispielsfall 4** (Rn. 230): Auch der persönliche Schutzbereich müsste eröffnet sein. Als natürlich Person kann sich L an sich ohne Weiteres auf die Religionsfreiheit berufen. Dem könnte vorliegend allenfalls entgegenstehen, dass die geltend gemachte Grundrechtsverletzung gerade in den Bereich ihrer Tätigkeit als Lehrerin in einer staatlich getragenen Schule fällt, L dabei also selbst eine öffentliche (Schul-)Verwaltungsaufgabe wahrnimmt. Allerdings wird die Grundrechtsberechtigung der L durch ihre Eingliederung in den staatlichen Aufgabenbereich der Schule nicht von vornherein oder grundsätzlich in Frage gestellt; vielmehr bleibt der Staat ihr gegenüber an die Grundrechte gebunden.[559]

II. Recht auf Kriegsdienstverweigerung aus Gewissensgründen, Art. 4 Abs. 3 GG

244 Art. 4 Abs. 3 GG gewährt schließlich ein Grundrecht, das die Gewissensfreiheit aus Art. 4 Abs. 1 Var. 2 GG wieder aufgreift und eine ganz **spezielle Gewissensentscheidung** im oben beschriebenen Sinne schützt, nämlich die Entscheidung zur Verweigerung des Kriegsdienstes mit der Waffe.[560] Der vom **Bundesverfassungsgericht** angenommene abschließende Charakter des Art. 4 Abs. 3 GG gegenüber Art. 4 Abs. 1 Var. 2 GG bezüglich der (nunmehr ausgesetzten) Wehrpflicht hat dabei zur Folge, dass die Gewissensfreiheit aus Art. 4 Abs. 1 Var. 2 GG nicht die Verweigerung des zivilen Ersatzdienstes schützt.[561]

C. Eingriff

245 Ob ein Eingriff in die Rechte aus Art. 4 GG vorliegt, bestimmt sich grundsätzlich nach den allgemeinen Regeln. Denkbar sind hier sämtliche Eingriffsformen, also Grundrechtseingriffe sowohl im klassischen als auch im modernen Sinne.[562]

> **Zu Beispielsfall 4** (Rn. 230): Das auf das gesetzliche Neutralitätsgebot gestützte Verbot, ein Kopftuch im Schuldienst zu tragen, sowie die daran anknüpfende Kündigung greifen in das Recht der L auf freie Religionsausübung ein. Mit dem Verbot und der anschließenden Kündigung wurde ihr ein in den Schutzbereich dieses Rechts fallendes Verhalten gezielt, ohne weitere Zwischenakte und in rechtlich verbindlicher Form untersagt bzw. das Zuwiderhandeln sanktioniert.[563]

559 Vgl. BVerfGE 138, 296 (328) – „Kopftuchverbot Nordrhein-Westfalen".
560 Vgl. BVerfGE 12, 45 (53 ff.) – „Kriegsdienstverweigerung I".
561 Vgl. BVerfGE 19, 135 (138). Vgl. auch BVerfGE 23, 127 (132) – „Zeugen Jehovas".
562 Vgl. zu einem faktisch-mittelbaren Eingriff in die Rechte aus Art. 4 Abs. 1 und 2 GG insbesondere BVerfGE 105, 279 (299 ff.) – „Osho". Siehe dazu bereits allgemein oben Rn. 134.
563 Vgl. BVerfGE 138, 296 (330 ff.) – „Kopftuchverbot Nordrhein-Westfalen".

D. Rechtfertigung

Die Freiheiten aus Art. 4 GG sind grundsätzlich vorbehaltlos gewährleistet, d.h. sie unterliegen einzig den **verfassungsimmanenten Schranken**. Zwar leiten das Bundesverwaltungsgericht und mit ihm Teile des Schrifttums aus **Art. 136 Abs. 1 WRV** i.V.m. Art. 140 GG einen einfachen Gesetzesvorbehalt für die **individuelle** Glaubens-, Religions- und Weltanschauungsfreiheit ab.[564] Nach vorzugswürdiger Auffassung wird jene Bestimmung indes **„von Art. 4 Abs. 1 GG überlagert"**[565], da das Grundgesetz „das Grundrecht der Religionsfreiheit ohne Gesetzesvorbehalt in den Katalog unmittelbar verbindlicher Grundrechte übernommen und es so gegenüber der Weimarer Reichsverfassung erheblich verstärkt" hat.[566] Einzig auf den Vorbehalt in **Art. 136 Abs. 3 S. 2 WRV** i.V.m. Art. 140 GG lassen sich staatliche Maßnahmen stützen, sofern es um die Erfragung der Religionszugehörigkeit geht.[567] **246**

Besonders prüfungsrelevante verfassungsrechtliche Kollisionslagen, an denen die Glaubens-, Religions- und Weltanschauungsfreiheit **typischerweise** beteiligt sind, entstehen oftmals im Zusammenhang mit der **Schule**: Dort stehen sich häufig die (positive und negative) **Glaubensfreiheit** einerseits und der **staatliche Bildungs- und Erziehungsauftrag (Art. 7 Abs. 1 GG)** andererseits sowie die **positive** und die **negative Religionsfreiheit** gegenüber.[568] Bei der Auflösung der Kollisionslagen sind die kollidierenden Rechtspositionen in **verhältnismäßiger** Weise unter Beachtung des Grundsatzes der **praktischen Konkordanz** angemessen gegeneinander abzuwägen.[569] **247**

> **Zu Beispielsfall 4** (Rn. 230): Die Religionsfreiheit ist in Art. 4 Abs. 1 und 2 GG zwar vorbehaltlos gewährleistet, unterliegt allerdings verfassungsimmanenten Schranken. Diese Schranken werden im vorliegenden Fall durch das Neutralitätsgebot in formell-gesetzlicher und damit in einer dem auch für vorbehaltlos gewährleistete Grundrechte geltenden Gesetzesvorbehalt genügenden Weise ausgeformt. Das Neutralitätsgebot dient auch hinreichend legitimen, verfassungsrechtlich fundierten Zielen: Sein Anliegen ist es, gegenläufige Grundrechte von Schülern (negative Glaubensfreiheit – Art. 4 Abs. 1 und 2 GG) und Eltern (Erziehungsrecht – Art. 6 Abs. 2 S. 1 GG) zu schützen sowie den Schulfrieden und die staatliche Neutralität zu wahren, um so den staatlichen Erziehungsauftrag ordnungsgemäß (Art. 7 Abs. 1 GG) und im Einklang mit dem Gebot weltanschaulich-religiöser Neutralität (im Allgemeinen hergeleitet aus einer Gesamtschau verschiedener Grundgesetzbestimmungen, namentlich aus Art. 4 Abs. 1, Art. 3 Abs. 3 S. 1, Art. 33 Abs. 3 GG sowie Art. 136 Abs. 1 und 4 Art. 137 Abs. 1 WRV i.V.m. Art. 140 GG) abzusichern und damit Konflikten in dem von ihm in Vorsorge genommenen Bereich der öffentlichen Schule von vornherein vorzubeugen.[570] Die Beschränkung der Religionsfreiheit ist auf der Grundlage der zu diesen Zwecken erlassenen landerechtlichen Vorschrift freilich nicht unbegrenzt möglich, sondern unterliegt ihrerseits Einschränkungen (Schranken-Schranken). Gegen diese Einschränkungen könnte bereits (I.) die gesetzliche Grundlage des Kopftuchverbots, also das landesrechtlich vorgesehene Neu-

564 Vgl. BVerwGE 112, 227 (232).
565 BVerfGE 33, 23 (31) – „Eidesverweigerung aus Glaubensgründen", seither st. Rspr.
566 BVerfGE 102, 370 (387) – „Körperschaftsstatus der Zeugen Jehovas".
567 Vgl. BVerfGE 65, 1 (39) – „Volkszählung".
568 Vgl. dazu die Beispiele zu Rn. 237 und Rn. 239 („Befreiung vom koedukativen Schulsport", „Kopftuch", „Kruzifix").
569 Vgl. mit Beispielen *Kingreen/Poscher*, Grundrechte Staatsrecht II, 33. Aufl. 2017, § 12 Rn. 640 f.
570 Vgl. BVerfGE 138, 296 (334) – „Kopftuchverbot Nordrhein-Westfalen".

tralitätsgebot verstoßen. In Betracht kommt vor allem eine Verletzung des Verhältnismäßigkeitsgrundsatzes. Zwar werden mit dem Gesetz legitime Ziele verfolgt und ist ein pauschales Verbot religiöser Bekundungen sicherlich geeignet, um die genannten Belange besonders effektiv zu schützen. Auch mag es kein milderes gleichwertiges Mittel geben; insbesondere dürfte eine gesetzliche Regelung, die Verbote religiöser Bekundungen nur im Einzelfall und bei Vorliegen entsprechender Anhaltspunkte für eine konkrete Gefährdung der genannten Rechte und Rechtsgüter erlaubt, nicht gleichermaßen effektiv dafür sorgen, dass es zu Gefährdungen überhaupt nicht erst kommt, wie dies ein pauschales Verbot zu leisten imstande ist. Allerdings könnte die Regelung eine unangemessene Einschränkung der Religionsfreiheit bewirken. Der mit ihr verbundene Eingriff ist für Trägerinnen eines Kopftuchs wie L denkbar schwer. Sie begreift das Bedeckungsgebot als unbedingte religiöse Pflicht und als elementaren Bestandteil einer am Islam orientierten Lebensweise. Diese an der Perspektive des Grundrechtsträgers orientierte Gewichtung des Eingriffs ist auch der verfassungsrechtlichen Abwägung mit den gegenläufigen Belangen zugrunde zu legen. Jene gegenläufigen Belange können durch das Tragen eines Kopftuchs im Einzelfall ebenfalls schwer beeinträchtigt werden, jedoch keineswegs zwangsläufig, sondern nur unter bestimmten Umständen. Insbesondere die negative Glaubensfreiheit der Schülerinnen und Schüler (Art. 4 Abs. 1 und 2 GG) wird durch das Tragen eines Kopftuchs durch die Lehrperson nicht von vornherein und in jedem Falle beeinträchtigt. Solange die betreffende Lehrperson nur ein solches äußeres Erscheinungsbild an den Tag legt und nicht auch verbal für ihren Glauben wirbt oder die Schülerinnen und Schüler in sonstiger Weise zu beeinflussen versucht, wird deren negative Glaubensfreiheit grundsätzlich nicht beeinträchtigt.[571] Allein die Konfrontation mit der positiven Ausübung der Religionsfreiheit durch andere, die im Übrigen durch ‚das Auftreten anderer Lehrpersonen relativiert wird, begründet noch keine Beeinträchtigung der negativen Glaubensfreiheit. Das elterliche Erziehungsrecht aus Art. 6 Abs. 2 S. 1 GG geht insoweit nicht über die negative Glaubensfreiheit hinaus, so dass auch dieses nur ausnahmsweise beeinträchtigt sein wird. Schließlich ist auch die weltanschaulich-religiöse Neutralität durch religiöse Bekundungen der Lehrkräfte nicht zwangsläufig (schwer) beeinträchtigt. Sie gibt dem Staat lediglich auf, „keine gezielte Beeinflussung im Dienste einer bestimmten politischen, ideologischen oder weltanschaulichen Richtung [zu] betreiben oder sich durch von ihm ausgehende oder ihm zuzurechnende Maßnahmen ausdrücklich oder konkludent mit einem bestimmten Glauben oder einer bestimmten Weltanschauung [zu] identifizieren und dadurch den religiösen Frieden in einer Gesellschaft von sich aus [zu] gefährden“.[572] In dem Tragen eines Kopftuchs durch einzelne Lehrerinnen wird man allerdings – anders als z.B. im Falle des unpersönlichen Kruzifixes im Schulzimmer – noch keine Identifizierung des Staates mit dem entsprechenden Glauben sehen können. Auch entsteht kaum der Eindruck, dass das Verhalten der Lehrerinnen von der Schule als vorbildhaft und als von allen befolgenswert angesehen würde. Eine gravierende Beeinträchtigung der genannten Belange, die der Schwere des Grundrechtseingriffs seitens der betroffenen Lehrerinnen gleichkommt, könnte allenfalls dann eintreten, wenn ältere Schüler oder Eltern „über die Frage des richtigen religiösen Verhaltens sehr kontroverse Positionen mit Nachdruck vertreten“ und diese Positionen „in einer Weise in die Schule hineingetragen würden, welche die schulischen Abläufe und die Erfüllung des staatlichen Erziehungsauftrags ernsthaft beeinträchtigte“.[573] Die gesetzliche Neutralitätsregelung muss daher in verfassungskonformer Weise so ausgelegt werden, dass sie ein Verbot religiöser Bekundungen wie des Tragens eines Kopftuchs nur im Falle einer derartigen konkreten Gefahr für den Schulfrieden erlaubt, nicht dagegen in Form eines Pauschalverbots. Geht man davon aus, dass eine solche verfassungskonforme Auslegung der Regelung möglich ist,[574] erweist sie sich als verfassungsgemäß. Dann hätte freilich (II.)

571 Vgl. dazu und zum Folgenden BVerfGE 138, 296 (337) – „Kopftuchverbot Nordrhein-Westfalen“. Mit Blick auf die ständige Präsenz der Lehrperson und ihre Bedeutung gerade für jüngere Schüler hätte man dies gewiss auch anders beurteilen können.

572 BVerfGE 138, 296 (339) – „Kopftuchverbot Nordrhein-Westfalen“.

573 BVerfGE 138, 296 (341) – „Kopftuchverbot Nordrhein-Westfalen“.

574 So jedenfalls BVerfGE 138, 296 (343) – „Kopftuchverbot Nordrhein-Westfalen“.

die Anwendung der Neutralitätsregelung im vorliegenden Fall gegen den Verhältnismäßigkeitsgrundsatz verstoßen. Denn Anhaltspunkte für eine Störung des Schulfriedens bestanden hier nicht, zumal die Schule der L überwiegend von Kindern muslimischen Glaubens besucht wird und ihr Kopftuch bislang für keinerlei Aufsehen gesorgt hat. Das ihr auferlegte Verbot schränkt ihre Religionsfreiheit daher in unangemessener Weise ein. Ihre Verfassungsbeschwerde wäre insoweit begründet.

Literaturhinweise:

Neureither, Grundfälle zu Art. 4 Abs. 1 und 2 GG, JuS 2006, 1067 ff.; 2007, 20 ff.
von Campenhausen, Religionsfreiheit, in: Isensee/Kirchhof (Hrsg.), Handbuch des Staatsrechts, Band VII, 3. Aufl. 2009, § 157 (zur Vertiefung)

Wichtige Rechtsprechung:

Zu B. I. und D. BVerfGE 93, 1 – „Kruzifix"
(Verstoß gegen die Glaubensfreiheit aus Art. 4 Abs. 1 und 2 GG durch Anbringung eines Kruzifixes in den Unterrichtsräumen einer Schule)

BVerfGE 104, 337 – „Schächten"
(Vereinbarkeit eines Schächtverbots für einen nichtdeutschen muslimischen Metzger mit dessen Rechten aus Art. 2 Abs. 1 GG i.V.m. Art. 4 Abs. 1 und 2 GG)

BVerfGE 108, 282 – „Kopftuch" und BVerfGE 138, 296 – „Kopftuchverbot Nordrhein-Westfalen"
(Anforderungen an ein Verbot für Lehrkräfte, in Schule und Unterricht ein Kopftuch zu tragen, mit der Glaubensfreiheit der Lehrkräfte aus Art. 4 Abs. 1 und 2 GG)

§ 15 Kommunikationsgrundrechte (Art. 5 Abs. 1 und 2 GG)

A. Grundsätzliches zu den Grundrechten aus Art. 5 Abs. 1 und 2 GG

248 Art. 5 Abs. 1 GG enthält **fünf unterschiedliche Grundrechte** mit je eigenen Schutzbereichen, nämlich

- die Meinungsfreiheit (Art. 5 Abs. 1 S. 1 Hs. 1 GG),
- die Informationsfreiheit (Art. 5 Abs. 1 S. 1 Hs. 2 GG),
- die Pressefreiheit (Art. 5 Abs. 1 S. 2 Var. 1 GG),
- die Rundfunkfreiheit (Art. 5 Abs. 1 S. 2 Var. 2 GG) und
- die Filmfreiheit (Art. 5 Abs. 1 S. 2 Var. 3 GG).

249 Insbesondere die **Meinungsfreiheit** aus Art. 5 Abs. 1 S. 1 GG hat das Bundesverfassungsgericht in seiner Lüth-Entscheidung – unter Zitierung der französischen Menschenrechtserklärung aus dem Jahr 1789 – hervorgehoben als „eines der vornehmsten Menschenrechte überhaupt", das **„für eine freiheitlich-demokratische Staatsordnung … schlechthin konstituierend"** sei, denn sie ermögliche „die ständige geistige Auseinandersetzung, den Kampf der Meinungen, der ihr Lebenselement ist".[575] Entsprechendes gilt für die **Presse-, Rundfunk- und Filmfreiheit**;[576] auch die **Informationsfreiheit** steht gleichwertig neben der Meinungs- und Pressefreiheit und ergänzt diese aus der Empfängerperspektive.[577]

B. Schutzbereiche

I. Meinungsfreiheit, Art. 5 Abs. 1 S. 1 Hs. 1 GG

250 Die Meinungsfreiheit aus Art. 5 Abs. 1 S. 1 GG schützt die Freiheit, seine Meinung in Wort, Schrift und Bild zu äußern und zu verbreiten.

Beispielsfall 5[578]

Der polarisierende Rechtsanwalt und Fernsehmoderator M gerät in den Verdacht des unerlaubten Umgangs mit Betäubungsmitteln. Die Staatsanwaltschaft leitet ein Ermittlungsverfahren ein und lässt die Kanzleiräume und Wohnung des M durchsuchen. Die vorläufigen Ergebnisse der Untersuchung werden der Presse zugeleitet, was in der medialen Öffentlichkeit zu mitunter

575 BVerfGE 7, 198 (208) – „Lüth".
576 Vgl. BVerfGE 20, 56 (97 f.) – „Parteienfinanzierung I".
577 Vgl. BVerfGE 27, 71 (81) – „Leipziger Volkszeitung".
578 Nach BVerfG, Kammerbeschl. v. 12.5.2009, 1 BvR 2272/04, juris. Vgl. zu der offensichtlich beliebten Beleidigung von Angehörigen der Staatsanwaltschaft als „durchgeknallt" etwa BVerfG NJW 2016, 2870.

harscher Kritik an der Staatsanwaltschaft führt. Auch Journalist J empört sich im Rahmen einer Fernsehsendung über das Vorgehen der „führungslosen" Staatsanwaltschaft und spricht in diesem Zusammenhang und mit Blick auf den verantwortlichen Staatsanwalt S von dem „Skandal eines ganz offenkundig, ich sag's ganz offen, durchgeknallten Staatsanwaltes". J wird wegen dieser Äußerung strafgerichtlich der Beleidigung (§ 185 StGB) schuldig gesprochen und zu einer Geldstrafe verurteilt. Bei der Einordnung der Äußerung als Beleidigung i.S.d. § 185 StGB ging das Strafgericht davon aus, dass die Meinungsfreiheit des J gegenüber den zu schützenden Rechten des S nicht überwiege, da es dem J nur um die persönliche Diffamierung des S gegangen sei. Von J eingelegte Rechtsmittel bleiben ohne Erfolg. – **Ist eine zulässige Verfassungsbeschwerde des J gegen die Verurteilung begründet?**

1. Meinung

Meinungen sind **„Werturteile"**[579], die „durch die subjektive Einstellung des sich Äußernden zum Gegenstand der Äußerung gekennzeichnet"[580] sind und sich daher „nicht als wahr oder unwahr erweisen"[581] lassen. Kennzeichnend für Meinungsäußerungen sind Elemente „der **Stellungnahme**, des **Dafürhaltens**, des **Meinens** im Rahmen einer **geistigen Auseinandersetzung**"[582]. Auf den konkreten **Inhalt** der Meinungsäußerung kommt es für den grundrechtlichen Schutz **nicht** an; er besteht „unabhängig davon, ob die Äußerung rational oder emotional, begründet oder grundlos ist und ob sie von anderen für nützlich oder schädlich, wertvoll oder wertlos gehalten wird".[583] Daher kann etwa auch kommerzielle Werbung in den Schutzbereich des Art. 5 Abs. 1 S. 1 GG fallen, sofern sie einen wertenden, meinungsbildenden Inhalt hat.[584] 251

P In der Fachgerichtsbarkeit wird eine Ausnahme von der prinzipielle Irrelevanz des Meinungsinhalts gemacht, wenn ein Fall von **„Schmähkritik"** vorliegt. Diese soll vom **Schutzbereich** der Meinungsfreiheit von vornherein ausgenommen sein. Für das Vorliegen einer solchen Schmähkritik genügt indes nicht schon „jede überzogene oder gar ausfällige Kritik"; „hinzutreten muss vielmehr, dass bei der Äußerung nicht mehr die Auseinandersetzung in der Sache, sondern die **Diffamierung der Person im Vordergrund** steht. Sie muss jenseits auch polemischer und überspitzter Kritik in der persönlichen Herabsetzung bestehen"[585] – etwa durch Verwendung von besonders schwerwiegenden Schimpfwörtern aus der Fäkalsprache.[586] Dogmatisch betrachtet dürfte es in Fällen von Schmähkritik indes nicht um den Schutzbereich gehen, sondern um die **Abwägung** zwischen dem Recht auf Meinungsäußerung und dem Persönlichkeitsrecht des durch die Meinungsäußerung Diffamierten, die auf der **Rechtfertigungsebene** vorzunehmen ist und in Fällen von Schmähkritik stets zu Lasten der Meinungsfreiheit ausfällt.[587] In jedem Falle ist Zurückhaltung bei der Annahme einer solchen Schmähung geboten.[588]

Herkömmlicherweise werden Meinungsäußerungen abgegrenzt von **Tatsachenbehauptungen**, d.h. Äußerungen über gegenwärtige oder vergangene Zustände oder 252

579 So bereits BVerfGE 7, 198 (210) – „Lüth".
580 So etwa BVerfGE 93, 266 (289) – „Soldaten sind Mörder".
581 BVerfGE 90, 241 (247) – „Auschwitzlüge".
582 BVerfGE 61, 1 (8) – „CSU: NPD Europas".
583 BVerfGE 93, 266 (289) – „Soldaten sind Mörder".
584 Vgl. dazu BVerfGE 102, 347 (359) – „Benetton-Schockwerbung I"; E 107, 275 (282 ff.) – „Benetton-Schockwerbung II".
585 BVerfGE 93, 266 (294) – „Soldaten sind Mörder".
586 Vgl. BVerfG NJW 2009, 749 (750).
587 Vgl. in diese Richtung auch BVerfGE 93, 266 (293 f.) – „Soldaten sind Mörder".
588 Vgl. in diesem Sinne auch BVerfG, Kammerbeschl. v. 28.7.2014, 1 BvR 482/13, juris.

Ereignisse, die **dem Beweise zugänglich** sind.[589] Die **Abgrenzung** von Meinungsäußerungen und Tatsachenbehauptungen erfolgt dabei regelmäßig im Wege der **Auslegung** der jeweiligen Äußerung.

Die Äußerung „Soldaten sind Mörder" ist nicht als Tatsachenbehauptung zu verstehen (mit dem Inhalt, dass alle Soldaten in der Vergangenheit den Tatbestand des § 211 StGB verwirklicht, also Morde im strafrechtlichen Sinne begangen hätten), sondern – wegen der in der wertenden Gleichstellung mit einem Mörder liegenden tiefen Kränkung – als abschätziges Werturteil über einen bestimmten Soldaten (wenn dieser durch die Äußerung individuell adressiert wird) bzw. über Soldaten und deren Beruf im Allgemeinen (wenn es sich um eine öffentlich getätigte Äußerung handelt).[590] Gleiches gilt für Äußerungen wie „Sie sind ein Schwein!" o.ä.

253 Ob Tatsachenbehauptungen vom Schutzbereich des Art. 5 Abs. 1 S. 1 GG erfasst sind, ist seit jeher umstritten, zumal Meinungsäußerungen oftmals nahezu untrennbar mit Tatsachenbehauptungen vermischt sind. Nach der Rechtsprechung des **Bundesverfassungsgerichts** ist eine Tatsachenbehauptung zwar „im strengen Sinn **keine** Äußerung der **‚Meinung'**"; gleichwohl fallen auch Tatsachenbehauptungen unter den Schutz des Art. 5 Abs. 1 S. 1 GG, wenn und soweit sie **„Voraussetzung der Bildung von Meinungen"** sind.[591] **Keinen** grundrechtlichen Schutz genießt nach dieser Rechtsprechung dagegen die **„erwiesen oder bewusst unwahre Tatsachenbehauptung"**, da diese nicht zur Meinungsbildung auf richtiger Tatsachengrundlage beitragen kann.[592]

In der **Fallbearbeitung** empfiehlt es sich, im Sachverhalt angelegte Elemente von Werturteilen und Tatsachenbehauptungen herauszuarbeiten und zu prüfen, ob zwischen ihnen ein hinreichender innerer Zusammenhang besteht. Ist dies der Fall, unterliegt die Äußerung insgesamt dem Schutz des Art. 5 Abs. 1 S. 1 GG.

Zu Beispielsfall 5 (Rn. 250): Die Verfassungsbeschwerde des J ist begründet, wenn er durch die Verurteilung in seinen Grundrechten oder grundrechtsgleichen Rechten verletzt ist. In Betracht kommt eine Verletzung der Meinungsfreiheit aus Art. 5 Abs. 1 S. 1 GG. Mit der Bezeichnung „durchgeknallt" wollte J dem S nicht ernstlich die geistige Gesundheit absprechen und ihm also eine psychische Störung attestieren; vielmehr liegt ein wertender, wenngleich abschätziger Vergleich vor, in dem ein Werturteil des J gegenüber dem Staatsanwalt S zum Ausdruck kommt. Dem J ging es dabei auch nicht allein um die persönliche Herabsetzung des S im Sinne einer Schmähkritik, welche eine Berufung des J auf die Meinungsfreiheit von vornherein ausschließen könnte; die Äußerung fiel im Zusammenhang mit der Informationspolitik der Staatsanwaltschaft im Fall M und wies damit einen klaren Sachbezug auf. Eine Meinungsäußerung i.S.v. Art. 5 Abs. 1 S. 1 GG lag daher vor. Der sachliche Schutzbereich des Art. 5 Abs. 1 S. 1 GG ist somit eröffnet.

2. Äußerung oder Verbreitung in Wort, Bild und Schrift

254 Die möglichen **Formen der Meinungskundgabe** sind in Art. 5 Abs. 1 S. 1 GG beispielhaft, aber nicht abschließend aufgezählt. Das Äußern und Verbreiten von Meinungen kann in immer wieder neuen Formen erfolgen, so dass der grundrechtliche Schutz der

589 Vgl. dazu und zum Folgenden *Jarass/Pieroth*, GG Kommentar, 14. Aufl. 2016, Art. 5 Rn, 8.
590 Vgl. zu den „Soldaten sind Mörder"-Fällen, die auf ein gleichlautendes Zitat von *Kurt Tucholsky* zurückgehen, BVerfGE 93, 266 (289 f., 297) – „Soldaten sind Mörder".
591 BVerfGE 61, 1 (8) – „CSU: NPD Europas".
592 BVerfGE 61, 1 (8) – „CSU: NPD Europas".

Meinungsäußerung an keine bestimmte Modalität geknüpft ist, sondern sich, im Gegenteil, auch auf die **freie Wahl der „Form", „des Ortes und der Zeit"** der Meinungskundgabe erstreckt.[593] Geschützt ist ferner auch die in der Meinungsäußerung „liegende oder damit bezweckte **Wirkung auf andere**";[594] davon umfasst ist insbesondere etwa auch ein Recht des Äußernden (nicht: des Adressaten der Äußerung) auf Empfang der Meinungsäußerung durch den Adressaten.[595]

Eine **Ausnahme** vom Schutz der gewählten Form der Meinungsäußerung wird dort gemacht, wo der Grundrechtsträger seine Meinung den Angesprochenen **aufdrängen** möchte und ihnen die Möglichkeit nimmt, ihre Entscheidung in innerer Freiheit und ohne Druck zu treffen.[596] 255

So etwa in dem Fall, welcher der **Blinkfüer**-Entscheidung des Bundesverfassungsgerichts (1969) zugrunde lag: Die Verlagshäuser Axel Springer und Die Welt hatten in einem Rundschreiben an sämtliche Zeitungs- und Zeitschriftenhändler in Hamburg dazu aufgefordert, den Vertrieb von Zeitungen und Zeitschriften einzustellen, die Rundfunkprogramme aus der DDR abdruckten; andernfalls hatten sie den Händlern angedroht, die Geschäftsbeziehungen mit ihnen zu beenden. Das Bundesverfassungsgericht stellte fest, dass ein solcher Boykottaufruf als Form der Meinungsäußerung dann nicht geschützt werde, „wenn er nicht nur auf geistige Argumente gestützt wird, sich also auf die Überzeugungskraft von Darlegungen, Erklärungen und Erwägungen beschränkt, sondern darüber hinaus sich solcher Mittel bedient, die den Angesprochenen die Möglichkeit nehmen, ihre Entscheidung in voller innerer Freiheit und ohne wirtschaftlichen Druck zu treffen. Dazu gehören insbesondere Androhung oder Ankündigung schwerer Nachteile und Ausnutzung sozialer oder wirtschaftlicher Abhängigkeit, wenn dies dem Boykottaufruf besonderen Nachdruck verleihen soll".[597]

II. Informationsfreiheit, Art. 5 Abs. 1 S. 1 Hs. 2 GG

Die Informationsfreiheit aus Art. 5 Abs. 1 S. 1 GG schützt die Freiheit, sich aus allgemein zugänglichen Quellen ungehindert zu unterrichten. 256

1. Allgemein zugängliche Informationsquellen

Mögliche **Quelle** der Informationen ist zum einen jeder denkbare „**Träger** von Informationen" – also etwa Zeitungen, Fernsehsendungen etc. – zum anderen aber auch der **Gegenstand** der Information selbst, also etwa bestimmte „Ereignisse und Vorgänge".[598] Der Schutz der Informationsfreiheit erfasst daher nicht nur „die Unterrichtung **aus** der Informationsquelle, sondern auch die Informationsaufnahme **an** einer Quelle".[599] 257

593 BVerfGE 93, 266 (289) – „Soldaten sind Mörder".
594 BVerfGE 7, 198 (210) – „Lüth".
595 Vgl. *Kingreen/Poscher*, Grundrechte Staatsrecht II, 33. Aufl. 2017, § 13 Rn. 658.
596 Vgl. *Kingreen/Poscher*, Grundrechte Staatsrecht II, 33. Aufl. 2017, § 13 Rn. 657, mit Verweis auf die grundlegende Entscheidung BVerfGE 25, 256 (264 ff.) – „Blinkfüer".
597 Vgl. BVerfGE 25, 256 (264 f.) – „Blinkfüer".
598 BVerfGE 103, 44 (60) – „Fernsehaufnahmen im Gerichtssaal II" (ohne Hervorhebung im Original).
599 BVerfGE 103, 44 (60) – „Fernsehaufnahmen im Gerichtssaal II" (ohne Hervorhebung im Original).

258 **Allgemein zugänglich** ist eine Informationsquelle, wenn sie „**geeignet** und **bestimmt** ist, der Allgemeinheit, d.h. einem individuell nicht bestimmbaren Personenkreis, Informationen zu beschaffen."[600] Hier ist zu unterscheiden: Die **Geeignetheit** richtet sich dabei „allein nach den tatsächlichen Gegebenheiten", also unabhängig von „Rechtsnormen, die den Informationszugang regulieren"; solche Rechtsnormen „umgrenzen nicht den Schutzbereich der Informationsfreiheit, sondern sind als grundrechtsbeschränkende Normen an der Verfassung zu messen", insbesondere an den Schrankenregelungen des Art. 5 Abs. 2 GG.[601] Im Gegensatz dazu richtet sich die **Bestimmung** der Quelle zur allgemeinen Zugänglichkeit nach dem **Willen** desjenigen, der „nach der Rechtsordnung über ein entsprechendes **Bestimmungsrecht** verfügt", i.e. das Recht, zu bestimmen, **ob und wie** eine Informationsquelle der Allgemeinheit zugänglich sein soll. Die Ausübung dieses Rechts betrifft somit nicht den Schutzbereich des Art. 5 Abs. 1 S. 1 Hs. 2 GG. Dies hat zur Folge, dass in Fällen, in denen der Staat das Bestimmungsrecht über eine Informationsquelle hat und dieses Recht ausübt, indem er Rechtsvorschriften über den Zugang zu jener Quelle erlässt, der Schutzbereich der Informationsfreiheit nicht eröffnet ist, die zugangsbeschränkenden Rechtsvorschriften mithin nicht an Art. 5 Abs. 1 GG zu messen sind.[602]

Der Verfasser eines Buches hat nach Maßgabe der allgemeinen privatrechtlichen Regeln grundsätzlich das Bestimmungsrecht darüber, ob und in welcher Form sein Buch der Allgemeinheit zugänglich sein soll. Erst wenn er eine entsprechende Bestimmung getroffen hat, können sich Dritte gegenüber etwaigen staatlichen Beschränkungen des Zugriffs (etwa in Form von Vertriebsverboten) auf ihre Informationsfreiheit berufen. – **Gerichtsverhandlungen** sind Informationsquellen, über deren öffentliche Zugänglichkeit der Gesetzgeber im Rahmen seiner Befugnis zur Ausgestaltung des Gerichtsverfahrens und unter Beachtung der allgemeinen verfassungsrechtlichen Vorgaben (etwa des Demokratie- und des Rechtsstaatsprinzips) zu bestimmen hat. Die in § 169 Satz 2 GVG enthaltene sitzungspolizeiliche Untersagung von Fernsehaufnahmen in Gerichtsverhandlungen schließt die Zugänglichkeit der Informationsquelle Gerichtsverhandlung für die betroffenen Medien aus. Das Bundesverfassungsgericht hatte daher richtigerweise bereits die Eröffnung des Schutzbereichs von Art. 5 Abs. 1 S. 1 GG verneint und die Regelung des § 169 Satz 2 GVG nicht am Maßstab von Art. 5 GG, sondern lediglich an den allgemeinen demokratie- und rechtsstaatsprinzipiellen Vorgaben des Grundgesetzes geprüft.[603] Sauber zu unterscheiden ist diese Konstellation freilich von „Fällen, in denen eine im staatlichen Verantwortungsbereich liegende Informationsquelle auf Grund rechtlicher Vorgaben zur öffentlichen Zugänglichkeit bestimmt ist, der Staat den Zugang aber verweigert".[604]

2. Unterrichtung

259 Mit der **Unterrichtung** aus allgemein zugänglichen Informationsquellen ist nicht nur „ein **aktives Handeln** zur Informationsverschaffung, sondern ebenso die **schlichte Entgegennahme** von Informationen" gemeint.[605]

---

600 BVerfGE 90, 27 (31) – „Parabolantenne I". Vgl. ebenso BVerfGE 27, 71 (83) – „Leipziger Volkszeitung".
601 BVerfGE 90, 27 (31) – „Parabolantenne I".
602 Vgl. kritisch dazu *Kingreen/Poscher*, Grundrechte Staatsrecht II, 33. Aufl. 2017, § 13 Rn. 664.
603 Vgl. BVerfGE 103, 44 (61 ff.) – „Fernsehaufnahmen im Gerichtssaal II".
604 BVerfGE 103, 44 (60) – „Fernsehaufnahmen im Gerichtssaal II".
605 BVerfGE 27, 71 (82) – „Leipziger Volkszeitung" (ohne Hervorhebungen im Original).

III. Pressefreiheit, Art. 5 Abs. 1 S. 2 Var. 1 GG

Gemäß Art. 5 Abs. 1 S. 2 Var. 1 GG ist die Pressefreiheit gewährleistet. 260

1. Presse

Der verfassungsrechtliche Begriff der **Presse** bzw. der Presseerzeugnisse setzt sich aus zwei Komponenten zusammen und erfasst alle 261

- **Druckerzeugnisse** (= Mediumskomponente),
- die zur **Vervielfältigung** geeignet und bestimmt sind (= Verbreitungskomponente).[606]

Die erste Komponente betrifft die **Art der Herstellung** des Presseerzeugnisses und verlangt, da sich der Begriff der Presse „von pressen = drucken" ableitet,[607] das Vorliegen eines **körperlichen Trägermediums** für Wort, Bild und Ton. Neben den klassischen Erzeugnissen der Printmedien (z.B. Zeitungen, Bücher) fallen daher auch moderne Text-, Bild- und Tonträger (z.B. CDs, CD-ROMs, DVDs) unter den Begriff des Druckerzeugnisses. 262

Ob auch nichtkörperliche **Internetangebote** mit Text-, Bild- oder Tonelementen unter den verfassungsrechtlichen Begriff der Presse fallen – man spricht insoweit bereits von **„Online-Presse"** –, wird dagegen noch nicht einheitlich beantwortet. Schwierigkeiten bereitet v.a. der Umgang mit den Internetpublikationen von Presseunternehmen, die neben dem Internetangebot auch körperliche Trägermedien zur Vervielfältigung ihrer Publikationen nutzen. Nach vorzugswürdiger Auffassung ist indes an dem Erfordernis eines körperlichen Trägermediums festzuhalten, um eine Abgrenzung von Presse- und Rundfunkfreiheit zu ermöglichen;[608] diese Abgrenzung ist entgegen mancher Behauptung nicht entbehrlich, da die Rundfunkfreiheit – anders als die Pressefreiheit – höchst bedeutsame objektiv-rechtliche Gehalte aufweist.[609] Das Verkörperungserfordernis gilt insbesondere auch dann, wenn die im Internet und die über die Printerzeugnisse angebotenen Artikel eines Presseunternehmens inhaltlich übereinstimmen; dass ein inhaltlich identisches Angebot deswegen teils als Presseerzeugnis, teils als Rundfunkangebot zu qualifizieren ist, stellt eine Inkongruenz dar, die für an Kommunikations- und Darstellungsformen anknüpfende Grundrechtsgewährleistungen nicht untypisch ist.

Wegen der zweiten Komponente, also des Merkmals der **Vervielfältigung**, ist es erforderlich, dass die Erzeugnisse in einem Verfahren mit Vervielfältigungseffekt hergestellt und einer **unbestimmten Anzahl von Personen zugänglich** gemacht wird bzw. werden soll. Darunter fallen sowohl periodisch (z.B. täglich, wöchentlich usw.) erscheinende Veröffentlichungen als auch einmalig gedruckte Erzeugnisse (z.B. Bücher), allgemein zugängliche und nur gruppeninterne Publikationen (z.B. Werkszeitungen).[610] 263

---

606 Vgl. dazu und zum Folgenden *Papier/Schröder*, Verfassungsfragen des Dreistufentests, 2011, S. 61 ff.

607 *Starck*, in: von Mangoldt/Klein/Starck (Hrsg.), GG Kommentar, Band I, 5. Aufl. 2005, Art. 5 Abs. 1, 2 GG Rn. 59.

608 Vgl. *Papier/Schröder*, Verfassungsfragen des Dreistufentests, 2011, S. 79 f. Siehe zur Abdeckung der Internetangebote durch die Rundfunkfreiheit unten Rn. 271.

609 Vgl. *Papier/Schröder*, Verfassungsfragen des Dreistufentests, 2011, S. 77 f. Vgl. zu diesen objektivrechtlichen Gehalten ausführlich unten Rn. 275 f.

610 Vgl. *Kingreen/Poscher*, Grundrechte Staatsrecht II, 33. Aufl. 2017, § 13 Rn. 667. Zum Beispiel der Werkszeitung vgl. BVerfGE 95, 28 (35) – „Werkszeitungen".

264 Über diese beiden Komponenten hinausgehende **inhaltliche** Anforderungen sind an das Presseerzeugnis nach vorzugswürdiger Auffassung **nicht** zu stellen. Gleichermaßen geschützt sind daher die seriöse Tagespresse und die „Unterhaltungs- oder Sensationspresse“[611], die Nachrichten im redaktionellen Teil einer Zeitung und der Anzeigenteil[612].

2. Reichweite des sachlichen Schutzbereichs

265 Der Schutz der Pressefreiheit umfasst **„die Pressetätigkeit in sämtlichen Aspekten“**[613] und reicht „von der **Beschaffung** der Information bis zur **Verbreitung** der Nachricht und der Meinung“[614]. Gegen Eingriffe[615] geschützt sind damit insbesondere etwa

- die Vertraulichkeit der **Informationsquellen**[616],
- die Vertraulichkeit der **Redaktionsarbeit**[617],
- die Festlegung, Beibehaltung, Änderung und Verwirklichung der **Tendenz einer Zeitung**[618],
- die **Gestaltung des Titelblatts**[619],
- **selbständig ausgeübte**, zwar nicht die Herstellung von Presseerzeugnissen betreffende, dennoch typischerweise pressebezogene **Hilfstätigkeiten**[620], soweit sie „notwendige Bedingung der Funktion einer freien Presse“[621] sind, sowie
- die Wiedergabe der **Meinungen Dritter**[622], gleich ob diese namentlich genannt sind oder anonym bleiben.

Der Träger der Pressefreiheit kann sich dann ggfs. auf eine Verletzung der Meinungsfreiheit des Dritten berufen und diese als Verletzung der eigenen Pressefreiheit geltend machen. Die **Meinungsfreiheit des Dritten** ist damit gleichsam **„eingebettet“ in die Pressefreiheit** des jeweiligen Presseunternehmens.[623]

---

611 BVerfGE 34, 269 (283) – „Soraya“.
612 Vgl. BVerfGE 21, 271 (278 f.) – „Südkurier“.
613 BVerfGE 97, 125 (144) – „Caroline von Monaco I“ (ohne Hervorhebungen im Original).
614 BVerfGE 10, 118 (121) – „Berufsverbot I“ (ohne Hervorhebungen im Original).
615 Umstritten ist die Frage, ob Art. 5 Abs. 1 S. 2 GG über die eingriffsabwehrrechtliche Wirkung hinaus auch einen verfassungsunmittelbaren Auskunftsanspruch für Angehörige der Presse gegen staatliche Stellen gewährt, der neben die Ansprüche nach den einfachen Landespressegesetzen tritt. Vgl. diese Frage offen lassend BVerfG, Kammerbeschl. v. 27.7.2015, 1 BvR 1452/13, juris, Rn. 12.
616 Vgl. BVerfGE 20, 162 (176) – „Spiegel“. Gegen Art. 5 Abs. 1 S. 2 GG verstößt daher die Durchsuchung des Arbeitsplatzes eines Journalisten wegen vorgeblicher Bestechung eines Polizisten, wenn es der Ermittlungsbehörde in erster Linie um die Sammlung von Informationen über den Polizisten geht, vgl. Kammerbeschl. v. 13.7.2015, 1 BvR 2480/13, juris.
617 Vgl. BVerfGE 66, 116 (133 ff.) – „Springer/Wallraff“.
618 Vgl. BVerfGE 52, 283 (296) – „Tendenzbetrieb“.
619 Vgl. BVerfGE 97, 125 (144 f.) – „Caroline von Monaco I“.
620 Vgl. BVerfGE 77, 346 (354 f.) – „Presse-Grosso“.
621 BVerfGE 66, 116 (134) – „Springer/Wallraff“.
622 BVerfGE 102, 347 (359) – „Benetton-Schockwerbung I“.
623 Vgl. BVerfGE 102, 347 (359) – „Benetton-Schockwerbung I“.

Nicht geschützt ist dagegen die **rechtswidrige Beschaffung** von Informationen, wohl aber die **Verbreitung** von rechtswidrig erlangten und der Presse zugetragenen Informationen.[624] 266

3. Abgrenzung zur Meinungsfreiheit

Da in Presseerzeugnissen regelmäßig Meinungsäußerungen enthalten sind, stellt sich oft die Frage, an welchem Grundrecht staatliche Beschränkungen von Meinungsäußerungen in der Presse zu messen sind. Das **Bundesverfassungsgericht** begreift die Pressefreiheit nicht als *lex specialis* zur Meinungsfreiheit: „Die Pressefreiheit ist weder ein Spezialgrundrecht für drucktechnisch verbreitete Meinungen noch eine auf die Presse gemünzte verstärkende Wiederholung der Meinungsfreiheit."[625] Auch die **„in einem Presseerzeugnis enthaltene Meinungsäußerung"** fällt daher unter den Schutz der **Meinungsfreiheit** nach Art. 5 Abs. 1 S. 1 GG.[626] Demgegenüber „geht es bei der besonderen Garantie der **Pressefreiheit** um die einzelne Meinungsäußerungen übersteigende Bedeutung der Presse für die freie individuelle und öffentliche Meinungsbildung"; daher beziehe sich der Schutz der Pressefreiheit nach Art. 5 Abs. 1 S. 2 GG „vor allem auf die Voraussetzungen, die gegeben sein müssen, damit die Presse ihre **Aufgabe im Kommunikationsprozess** erfüllen kann".[627] Art. 5 Abs. 1 S. 2 GG ist somit immer dann einschlägig, wenn es um das **„Pressespezifische"**[628] einer in der Presse getätigten Meinungsäußerung geht. 267

4. Persönlicher Schutzbereich

In persönlicher Hinsicht schützt die Pressefreiheit **alle „im Pressewesen tätigen Personen und Unternehmen"**[629]. Dazu gehören insbesondere etwa Journalisten, Redakteure, Herausgeber und Verlage, aber auch die an der Verbreitung des Presseerzeugnisses beteiligten Personen und Unternehmen. 268

IV. Rundfunkfreiheit, Art. 5 Abs. 1 S. 2 Var. 2 GG

Gemäß Art. 5 Abs. 1 S. 2 Var. 2 GG ist die Freiheit der Berichterstattung durch den Rundfunk gewährleistet. 269

1. Rundfunk

Auch der verfassungsrechtliche Begriff des **Rundfunks** i.S.v. Art. 5 Abs. 1 S. 2 GG setzt sich, wie schon der Pressebegriff, aus zwei Komponenten zusammen und erfasst 270

624 Vgl. BVerfGE 66, 116 (137) – „Springer/Wallraff".
625 BVerfGE 85, 1 (11) – „Bayer-Aktionäre".
626 BVerfGE 85, 1 (12) – „Bayer-Aktionäre" (ohne Hervorhebungen im Original).
627 BVerfGE 85, 1 (12) – „Bayer-Aktionäre" (ohne Hervorhebungen im Original).
628 So zutreffend, wenn auch kritisch *Hufen*, Staatsrecht II Grundrechte, 6. Aufl. 2017, § 27 Rn. 10.
629 BVerfGE 20, 162 (175) – „Spiegel".

- jede drahtlose oder drahtgebundene Übermittlung von Gedankeninhalten durch **physikalische Wellen** (= Mediumskomponente),
- die **an einen unbestimmten Adressatenkreis gerichtet** ist (= Verbreitungskomponente).[630]

Von dem verfassungsrechtlichen Begriff des Rundfunks ist der deutlich **enger gefasste einfachrechtliche Rundfunkbegriff** zu unterscheiden. Dieser liegt dem Rundfunkstaatsvertrag (RStV) und den Telemediengesetzen der Länder zugrunde. § 2 Abs. 1 S. 1 2. Hs. RStV definiert Rundfunk als „die für die Allgemeinheit und zum zeitgleichen Empfang bestimmte Veranstaltung und Verbreitung von Angeboten in Bewegtbild oder Ton entlang eines Sendeplans unter Benutzung elektromagnetischer Schwingungen".

271 Charakteristisch für den Rundfunk insbesondere gegenüber der Presse ist damit die erste Komponente, also die Verbreitung der Informationen im Wege einer **unkörperlichen Übertragung**. Erfasst sind sowohl der herkömmliche **„Hörrundfunk** und **Fernsehrundfunk"**[631] als auch alle **neuartigen unkörperlichen Übertragungsformen**, insbesondere etwa das **Internet.**[632]

In den Gewährleistungsbereich der Rundfunkfreiheit fällt daher auch die sogenannte **„Online-Presse"**. Diese Einordnung hat zur Folge, dass auch die Internet-Berichterstattung grundsätzlich vom Grundversorgungsauftrag der öffentlich-rechtlichen Rundfunkanstalten erfasst ist.[633] Auf **einfachrechtlicher Ebene** sieht § 11d Abs. 2 Nr. 3 RStV insofern allerdings eine gewisse Beschränkung für **„presseähnliche Angebote"** (vgl. zum Begriff § 2 Abs. 2 Nr. 20 RStV) vor; diese dürfen nur **sendungsbezogen** sein. Damit soll die Konkurrenz zwischen den (gebührenfinanzierten) öffentlich-rechtlichen Rundfunkanstalten und den (nicht gebührenfinanzierten) privaten Presseunternehmen im Bereich der „Online-Presse" eingedämmt werden. Relevant wird dies insbesondere etwa für die (einfach)rechtliche Beurteilung der „Tagesschau-App".[634]

272 Die Verbreitungskomponente dient wiederum zur Abgrenzung des Rundfunks von der Individualkommunikation. Kein **unbestimmter Adressatenkreis** wird etwa mangels Bestimmung für die Öffentlichkeit bei der Übermittlung von privaten Emails, bei der Kommunikation im Rahmen von privaten Chats oder beim Online-Banking anzunehmen sein, wohl aber im Hinblick auf Pay-TV-Angebote, da diese für den jeweiligen Abonnentenkreis und damit zumindest für eine Teil-Öffentlichkeit bestimmt sind.

273 Auch der Schutzbereich der Rundfunkfreiheit als Abwehrrecht ist prinzipiell **unabhängig** vom Gegenstand der übermittelten **Inhalte** zu definieren, unbeschadet ihrer substantiellen objektiv-rechtlichen Gehalte.[635] Trotz der in Art. 5 Abs. 1 S. 2 GG gewählten Formulierung („Berichterstattung") schützt die Rundfunkfreiheit daher nicht nur die **Berichterstattung im eigentlichen Sinne**, sondern darüber hinausgehend **„jede Vermittlung von Information und Meinung"**.[636] Eine gewisse **redaktionelle**

630 Vgl. dazu und zum Folgenden wiederum *Papier/Schröder*, Verfassungsfragen des Dreistufentests, 2011, S. 66 ff.

631 BVerfGE 12, 205 (226) – „1. Rundfunkentscheidung".

632 Vgl. BVerfGE 121, 30 (51) – „Parteibeteiligung an Rundfunkunternehmen".

633 Vgl. zum Grundversorgungsauftrag der öffentlich-rechtlichen Rundfunkanstalten sogleich unten Rn. 276.

634 Vgl. dazu OLG Köln, Urt. v. 30.9.2016, 6 U 188/12, juris, in dem Kriterien für die Presseähnlichkeit von Angeboten wie der „Tagesschau-App" vorgegeben wurden. Gegen die Entscheidung des OLG hat der NDR nun Verfassungsbeschwerde eingelegt.

635 Vgl. dazu sogleich unten Rn. 275 f.

636 BVerfGE 57, 295 (319) – „3. Rundfunkentscheidung".

Bearbeitung der Inhalte wird man allerdings verlangen müssen,[637] wobei es keine Rolle spielt, ob es sich etwa um „Nachrichtensendungen, politische Kommentare oder Sendereihen über Probleme der Vergangenheit, der Gegenwart oder der Zukunft" handelt oder um „Hör- oder Fernsehspiele[n], musikalische[n] Darbietungen oder Unterhaltungssendungen".[638]

2. Reichweite des sachlichen Schutzbereichs

274 Als Abwehrrecht gegenüber dem Staat schützt auch die Rundfunkfreiheit die Tätigkeit des Rundfunkanbieters umfassend **„von der Beschaffung der Information bis zur Verbreitung der Nachrichten und Meinungen"**[639]. Insoweit kann auf die oben beschriebene Reichweite des Schutzbereichs der Pressefreiheit verwiesen werden. Darüber hinaus gehend erstreckt sich die Rundfunkfreiheit auf den **Einsatz medienspezifischer Mittel** wie z.B. von Aufnahme- und Übertragungsgeräten.[640]

3. Der objektiv-rechtliche Gehalt der Rundfunkfreiheit

275 Über die subjektiv-rechtlichen Wirkungen als Abwehrrecht hinaus entnimmt das **Bundesverfassungsgericht** der Rundfunkfreiheit wegen der heutzutage überragenden **Funktion des Rundfunks für den Prozess der öffentlichen Meinungsbildung** – und damit für die demokratische Ordnung insgesamt – auch und vor allem wichtige **objektiv-rechtliche Gehalte**. In diesem Sinne sei die „Rundfunkfreiheit primär eine der Freiheit der Meinungsbildung ... **dienende Freiheit**: Sie bildet unter den Bedingungen der modernen Massenkommunikation eine notwendige Ergänzung und Verstärkung dieser Freiheit; sie dient der Aufgabe, freie und umfassende Meinungsbildung durch den Rundfunk zu gewährleisten".[641]

276 Das Bundesverfassungsgericht hat in einer Reihe von Rundfunkentscheidungen wesentliche **Organisationsprinzipien der Rundfunkordnung** aus dem Grundgesetz abgeleitet, die der Gesetzgeber zu beachten bzw. zu verwirklichen hat. Hier sind insbesondere folgende Grundsätze zu unterscheiden, die allesamt auf die **„Gewährleistung freier und umfassender Berichterstattung"**[642] abzielen:[643]

- „Entscheidet sich der Gesetzgeber für eine **duale Rundfunkordnung**, in der öffentlichrechtliche und privatrechtliche Veranstalter nebeneinander bestehen, muss er ... dafür sorgen, dass die verfassungsrechtlichen Vorgaben gleichgewichtiger Vielfalt in der Berichterstattung im Ergebnis durch das Gesamtangebot aller Veranstalter erfüllt werden."[644]

---

637 Vgl. *Jarass*, AfP 1998, 133 (135).
638 BVerfGE 59, 231 (258) – „Freie Mitarbeiter".
639 BVerfGE 77, 65 (74) – „Beschlagnahme von Filmmaterial".
640 BVerfGE 91, 125 (134) – „Fernsehaufnahmen im Gerichtssaal I".
641 BVerfGE 57, 295 (320) – „3. Rundfunkentscheidung" (ohne Hervorhebung im Original).
642 BVerfGE 83, 238 (296) – „6. Rundfunkentscheidung" (ohne Hervorhebungen im Original).
643 Vgl. zur folgenden Systematisierung *Bumke/Voßkuhle*, Casebook Verfassungsrecht, 7. Aufl. 2015, Rn. 638 ff.
644 BVerfGE 83, 238 (296 f.) – „6. Rundfunkentscheidung" (ohne Hervorhebungen im Original).

- Darüber hinaus ist eine **öffentlich-rechtliche Grundversorgung** erforderlich, die – unter Wahrung der „**Staatsfreiheit** des Rundfunks"[645], die es ausschließt, „dass der Staat unmittelbar oder mittelbar eine Anstalt oder Gesellschaft beherrscht, die Rundfunksendungen veranstaltet"[646] – sicherstellt, „dass die öffentlichrechtlichen Rundfunkanstalten für die Gesamtheit der Bevölkerung Programme anbieten, die umfassend und in der vollen Breite des klassischen Rundfunkauftrags informieren, und dass im Rahmen dieses Programmangebots Meinungsvielfalt in der verfassungsrechtlich gebotenen Weise hergestellt wird".[647]
- Dabei muss der öffentlich-rechtliche Rundfunk nicht nur in seinem gegenwärtigen Bestand, sondern auch **in seiner zukünftigen Entwicklung gesichert** sein, d.h. auch die Nutzung neuer (technischer) Übertragungsformen und die Offenheit des Programmangebots „für neue Publikumsinteressen oder neue Formen und Inhalte" werden von der Gewährleistung der öffentlich-rechtlichen Grundversorgung umfasst.[648]
- Außerdem verpflichtet Art. 5 Abs. 1 S. 2 GG den Gesetzgeber, „für eine **ausreichende Finanzierung** des verfassungsrechtlich geschützten Programmangebots zu sorgen". Bei der Wahl der Finanzierungsart sind folgende Aspekte zu beachten: „Während die Finanzierung durch **Gebühren oder Haushaltsmittel** Möglichkeiten der politischen Einflussnahme auf die Programmgestaltung eröffnet, verschafft die **Werbefinanzierung** kommerziellen Interessen Einfluss auf das Programm. Die **Mischfinanzierung** ist demgegenüber geeignet, einseitige Abhängigkeiten zu lockern und die Programmgestaltungsfreiheit der Rundfunkveranstalter zu stärken."[649]
- Schließlich muss der Gesetzgeber bei der Einräumung von **privat-öffentlichen Veranstaltergemeinschaften** dafür Sorge tragen, „dass der Programmauftrag des öffentlichrechtlichen Rundfunks nicht auf diesem Wege von anderen, insbesondere tendenziösen oder kommerziellen, Orientierungen überlagert und schließlich ausgehöhlt wird".[650]

4. Abgrenzung zur Meinungsfreiheit und zur Pressefreiheit

277 Wie bei der Pressefreiheit ergeben sich auch im Verhältnis der Rundfunk- zur Meinungsfreiheit bisweilen Abgrenzungsfragen. Dabei können die oben beschriebenen Grundsätze zur Abgrenzung der **Meinungsfreiheit** von der Pressefreiheit entsprechend auch zur Abgrenzung von der Rundfunkfreiheit herangezogen werden. Von der **Pressefreiheit** ist die Rundfunkfreiheit, wie dargelegt, anhand des jeweiligen Übertragungsmediums zu unterscheiden.

645 BVerfGE 121, 30 (51) – „Parteibeteiligung an Rundfunkunternehmen".
646 BVerfGE 12, 205 (263) – „1. Rundfunkentscheidung".
647 BVerfGE 83, 238 (298) – „6. Rundfunkentscheidung".
648 BVerfGE 83, 238 (298 f.) – „6. Rundfunkentscheidung".
649 BVerfGE 83, 238 (310) – „6. Rundfunkentscheidung" (ohne Hervorhebungen im Original).
650 BVerfGE 83, 238 (306) – „6. Rundfunkentscheidung".

5. Persönlicher Schutzbereich

Träger der Rundfunkfreiheit können grundsätzlich alle natürlichen und – bei Vorliegen der Voraussetzungen des Art. 19 Abs. 3 GG – auch juristischen Personen sein. Traditionell sind dies die **öffentlich-rechtlichen Rundfunkanstalten**[651], aber auch **private Rundfunkanbieter**[652] sind Träger der Rundfunkfreiheit aus Art. 5 Abs. 1 S. 2 GG. 278

V. Filmfreiheit, Art. 5 Abs. 1 S. 2 Var. 3 GG

Art. 5 Abs. 1 S. 2 Var. 3 GG gewährleistet schließlich die Freiheit der Berichterstattung durch Film. Der Begriff des **Films** erfasst – in Anlehnung an die Definition des Rundfunks – alle Übermittlungen von Gedankeninhalten durch Bilderreihen, die zur Projektion bestimmt sind, gleich welchen Gegenstand die übermittelten Inhalte haben.[653] Auch die Reichweite des Schutzbereichs der Filmfreiheit erstreckt sich **von der Herstellung bis zur Verbreitung und Aufführung des Films.**[654] Die praktische Bedeutung der Filmfreiheit ist im Verhältnis zu den übrigen Kommunikationsgrundrechten aus Art. 5 Abs. 1 GG allerdings sehr gering, da sie vielfach nahezu vollständig in anderen Grundrechten, insbesondere der Kunstfreiheit und der Rundfunkfreiheit, aufgeht. 279

C. Eingriff

Ob ein Eingriff in eines der Rechte aus Art. 5 Abs. 1 GG vorliegt, bestimmt sich grundsätzlich nach den allgemeinen Regeln. 280

> **Zu Beispielsfall 5** (Rn. 250): Die strafgerichtliche Verurteilung zu der Geldstrafe ist eine rechtsförmige Sanktionierung der von J getätigten Meinungsäußerung, die absichtlich und unmittelbar auf deren Repression gerichtet und auch zwangsweise durchsetzbar ist. Es liegt daher ein verfassungsrechtlich rechtfertigungsbedürftiger Eingriff in die Meinungsfreiheit im klassischen Sinne vor.

D. Rechtfertigung

I. Schranken

Mögliche Beschränkungen der Grundrechte aus Art. 5 Abs. 1 GG ergeben sich aus **Art. 5 Abs. 2 GG.** 281

---

651 BVerfGE 31, 314 (322) – „2. Rundfunkentscheidung". Zur problematischen Frage der Grundrechtsberechtigung juristischer Personen des öffentlichen Rechts vgl. oben Rn. 105 ff.
652 BVerfGE 97, 298 (310 ff.) – „extra-radio".
653 Vgl. *Kingreen/Poscher,* Grundrechte Staatsrecht II, 33. Aufl. 2017, § 13 Rn. 682.
654 Vgl. *Sodan/Ziekow,* Grundkurs Öffentliches Recht, 7. Aufl. 2016, § 32 Rn. 23.

1. Allgemeine Gesetze, Art. 5 Abs. 2 Var. 1 GG

282 Bei der Schranke der „allgemeinen Gesetze" handelt es sich um einen **qualifizierten Gesetzesvorbehalt**. Eine Beschränkung bedarf somit stets einer **formell-gesetzlichen Grundlage**; dieses formelle Gesetz (und etwaige materielle Gesetze, zu deren Erlass das formelle Gesetz die Verwaltung ermächtigen kann) muss außerdem ein **allgemeines** Gesetz i.S.v. Art. 5 Abs. 2 GG sein.

283 Der Begriff des allgemeinen Gesetzes war jedenfalls im früheren staatsrechtswissenschaftlichen Schrifttum umstritten. Es können dabei seit der Zeit der Weimarer Reichsverfassung – die „Schranken der allgemeinen Gesetze" fanden sich bereits in Art. 118 Abs. 1 S. 1 WRV – grundsätzlich **zwei Ansätze** unterschieden werden:[655] Nach der sog. **Sonderrechtslehre** hebt sich ein allgemeines Gesetz von einem besonderen dadurch ab, dass „es nicht eine Meinung als solche verbietet, sich nicht gegen die Äußerung der Meinung als solcher richtet"[656]. Das Gesetz darf hiernach **nicht gegen eine bestimmte Meinung gerichtet** sein. Ein anderes Verständnis des allgemeinen Gesetzes verfolgt die sog. **Abwägungslehre**, der zufolge als allgemeine Gesetze diejenigen gelten, die dem Schutz eines gegenüber der Meinungsfreiheit **gewichtigeren Rechtsguts** dienen.[657]

284 Das **Bundesverfassungsgericht** hat sich zunächst für eine **Kombination** beider Ansätze entschieden und versteht als allgemeine Gesetze diejenigen Gesetze, „die ‚nicht eine Meinung als solche verbieten, die sich nicht gegen die Äußerung der Meinung als solche richten', die vielmehr ‚dem Schutz eines schlechthin, ohne Rücksicht auf eine bestimmte Meinung zu schützenden Rechtsguts dienen', dem Schutze eines Gemeinschaftswerts, der gegenüber der Betätigung der Meinungsfreiheit den Vorrang hat"[658]. Die Frage, ob ein Gesetz die Anforderungen eines allgemeinen Gesetzes erfüllt, erfordert demnach stets

- die Prüfung der **Meinungsneutralität** des Gesetzes, d.h. das in Rede stehende Gesetz
  - muss dem Schutz eines Rechtsguts dienen, dessen Bestand „in der Rechtsordnung allgemein und damit **unabhängig davon geschützt** ist, ob es **durch Meinungsäußerungen** oder auf andere Weise verletzt werden kann"[659] und
  - darf sich nicht „von vornherein nur gegen **bestimmte Überzeugungen, Haltungen oder Ideologien**"[660] richten.

  Gemäß § 90a StGB ist es strafbewehrt, die Bundesrepublik, die Länder oder die verfassungsmäßige Ordnung zu beschimpfen (Abs. 1) oder deren Hoheitssymbole zu verunglimpfen (Abs. 2). Diese Vorschrift knüpft zwar auch und vor allem an bestimmte Meinungsinhalte an – nämlich an die Äußerung abschätziger Werturteile über den Staat und

655 Vgl. dazu und zum Folgenden *Sodan/Ziekow*, Grundkurs Öffentliches Recht, 7. Aufl. 2016, § 32 Rn. 25.
656 *Anschütz*, VVDStRL 4 (1928), 74 (75).
657 *Smend*, VVDStRL 4 (1928), 44 (52).
658 BVerfGE 7, 198 (209 f.) – „Lüth".
659 BVerfGE 124, 300 (322) – „Wunsiedel" (ohne Hervorhebungen im Original).
660 BVerfGE 124, 300 (323) – „Wunsiedel" (ohne Hervorhebungen im Original).

seine Symbole –, schützt aber erkennbar das Ansehen des Staates, seiner Verfassungsordnung und seiner Hoheitssymbole **gegen Verletzungshandlungen jeder Art**, also etwa auch gegen verunglimpfende künstlerische Darstellungen o.ä. Die Vorschrift richtet sich dabei nicht gegen eine bestimmte linke, rechte oder sonstige politische Überzeugung oder Ideologie, sondern ist insofern **hinreichend offen** gefasst.[661]

- die Prüfung, ob das **Schutzgut** des Gesetzes – etwa die Persönlichkeitsrechte Dritter – gegenüber den Grundrechten aus Art. 5 Abs. 1 GG **gewichtiger** ist.

Da das Bundesverfassungsgericht in jüngeren Entscheidungen allerdings auf das Erfordernis eines höherrangigen Gemeinschaftswerts verzichtet hat,[662] wäre es in der **Fallbearbeitung** auch gut vertretbar, **nur die Meinungsneutralität des Gesetzes** zu prüfen. Ein für die Falllösung entscheidender Unterschied ergibt sich daraus nicht, da die Gewichtigkeit des Schutzgutes des beschränkenden Gesetzes jedenfalls bei der Prüfung der Verhältnismäßigkeit i.e.S. zu bestimmen ist, wo es um die Herstellung eines angemessenen Ausgleichs zwischen den betroffenen Rechtsgütern geht.

Eine **Ausnahme** von dem Erfordernis der Allgemeinheit meinungsbeschränkender Gesetze hat das Bundesverfassungsgericht jüngst in seinem **„Wunsiedel"-Beschluss** zur Vereinbarkeit von § 130 Abs. 4 StGB mit Art. 5 Abs. 1 und 2 GG gemacht: Die **Gutheißung der nationalsozialistischen Gewalt- und Willkürherrschaft** sei „in Deutschland ein Angriff auf die Identität des Gemeinwesens nach innen mit friedensbedrohendem Potential" und könne „allein auf der Grundlage der allgemeinen Regeln zu den Grenzen der Meinungsfreiheit nicht erfasst werden"[663]. Den Gewährleistungen des Art. 5 Abs. 1 und 2 GG sei daher „für Bestimmungen, die der propagandistischen Gutheißung des nationalsozialistischen Regimes in den Jahren zwischen 1933 und 1945 Grenzen setzen, eine Ausnahme vom Verbot des Sonderrechts für meinungsbezogene Gesetze immanent"[664]. 285

§ 130 Abs. 4 StGB stellt es unter Strafe, den öffentlichen Frieden in einer die Würde der Opfer des Nationalsozialismus verletzenden Weise zu stören, indem man die nationalsozialistische Gewalt- und Willkürherrschaft billigt, verherrlicht oder rechtfertigt. Nach anderer, ebenfalls vertretener Auffassung hätte man § 130 Abs. 4 StGB auch als **allgemeines Gesetz** qualifizieren können, da das Schutzgut „öffentlicher Friede" und die geschützte Menschenwürde der Opfer des Nationalsozialismus nicht nur vor Meinungsäußerungen, sondern auch vor anderen Angriffshandlungen geschützt würden. Dieser Ansicht folgte in jenem Zusammenhang etwa das Bundesverwaltungsgericht.[665] Dies hätte freilich zur Folge, dass der Begriff des „allgemeinen Gesetzes" deutlich ausgedehnt würde und damit erheblich an Bedeutung als die Meinungsfreiheit stärkendes Merkmal verlöre. Das Bundesverfassungsgericht betonte daher zu Recht das zweite Element des Gebots der Meinungsneutralität und sah in § 130 Abs. 4 StGB eine nicht hinreichend offen gefasste meinungsbeschränkende Norm „zur Abwehr von speziell solchen Rechtsgutverletzungen, die sich aus der Äußerung einer bestimmten Meinung, nämlich der Gutheißung der nationalsozialistischen Gewalt- und Willkürherrschaft, ergeben"[666], mithin also Sonderrecht.

661 Vgl. BVerfGE 47, 198 (232 f.) – „Wahlwerbesendungen".
662 Vgl. etwa die verkürzte Definition des allgemeinen Gesetzes bei BVerfGE 124, 300 (321 f.) – „Wunsiedel".
663 BVerfGE 124, 300 (328) – „Wunsiedel".
664 BVerfGE 124, 300 (327 f.) – „Wunsiedel".
665 Vgl. dazu BVerwGE 131, 216.
666 BVerfGE 124, 300 (326) – „Wunsiedel".

2. Recht des Jugendschutzes und der persönlichen Ehre, Art. 5 Abs. 2 Var. 2 und 3 GG

286 In die Rechte aus Art. 5 Abs. 1 GG kann gemäß Art. 5 Abs. 2 Var. 2 und 3 GG außerdem durch gesetzliche Bestimmungen zum Schutz der Jugend sowie zur Wahrung des Rechts der persönlichen Ehre eingegriffen werden. Zu diesen Vorschriften zählen insbesondere etwa §§ 185 ff. StGB und §§ 823, 826 BGB. Die eigenständige Bedeutung der Gesetze zum Jugendschutz und zur Wahrung des Rechts der persönlichen Ehre neben der Schranke der allgemeinen Gesetze ist allerdings gering, da das **Bundesverfassungsgericht** auch die §§ 185 ff. StGB als allgemeine Gesetze begreift[667] und Allgemeinheit i.S.v. **Meinungsneutralität auch als Anforderung für Gesetze des Jugend- und Ehrschutzes** formuliert hat.[668] Diese Vorbehalte können daher als **Unterfälle** des allgemeinen Vorbehalts des Art. 5 Abs. 2 Var. 1 GG erachtet werden.

Der ausdrücklichen Aufnahme des Jugend- und Ehrschutzes in Art. 5 Abs. 2 GG misst das Gericht lediglich **Klarstellungsfunktion** bei. Sie sollte „sicherstellen, dass solche Vorschriften weiterhin zulässig sind. Sie sollte jedoch nicht die an alle Gesetze zu stellenden Anforderungen an eine rechtsstaatliche Distanz durch Meinungsneutralität zurücknehmen."[669]

Zu Beispielsfall 5 (Rn. 250): Der mit der Verurteilung verbundene Eingriff in das Recht zur freien Meinungsäußerung des J könnte verfassungsrechtlich gerechtfertigt sein. Nach Art. 5 Abs. 2 GG findet das Recht auf freie Meinungsäußerung seine Schranken in den Vorschriften der allgemeinen Gesetze, zu denen auch die Vorschriften über den Schutz der persönlichen Ehre zu rechnen sind. Die Verurteilung des J erfolgte vorliegend auf der formell-gesetzlichen Grundlage des § 185 StGB. Die Vorschrift schützt die persönliche Ehre vor jeglichen Arten der Herabwürdigung. Sie knüpft dabei zwar durchaus auch an Meinungsinhalte an, schützt das Rechtsgut der persönlichen Ehre aber auch gegen Verletzungen, die in anderen Formen als in der Äußerung von Meinungen zum Ausdruck kommen. Außerdem richtet sich § 185 StGB nicht gegen eine bestimmte Überzeugung oder Ideologie, ist also „meinungsneutral". Sie ist daher kein Sonderrecht, sondern ein allgemeines Gesetz i.S.v. Art. 5 Abs. 2 GG.

II. Schranken-Schranken

287 Die durch Art. 5 Abs. 2 GG eröffnete Möglichkeit zur Beschränkung der Grundrechte aus Art. 5 Abs. 1 GG unterliegt ihrerseits gewissen verfassungsrechtlichen Grenzen. Diese richten sich prinzipiell nach den allgemeinen Grundsätzen, insbesondere müssen Eingriffe in die Rechte aus Art. 5 Abs. 1 GG stets **verhältnismäßig** sein. Darüber hinaus sieht Art. 5 Abs. 1 S. 3 GG mit dem **Zensurverbot** eine spezielle Schranken-Schranke vor, die eine Beschränkung in Form der Zensur für unzulässig erklärt. Zensur in diesem Sinne meint ein präventives Verfahren, „vor dessen Abschluss ein Werk nicht veröffentlicht werden darf"[670].

667 Vgl. etwa BVerfGE 93, 266 (291) – „Soldaten sind Mörder".
668 Vgl. BVerfGE 124, 300 (326 f.) – „Wunsiedel".
669 BVerfGE 124, 300 (327) – „Wunsiedel".
670 BVerfGE 87, 209 (230) – „Tanz der Teufel".

Zu beachten ist, dass Beschränkungen der Rechte aus Art. 5 Abs. 1 GG oftmals in Gestalt **straf- oder zivilgerichtlicher Urteile** und in Anwendung der §§ 90 ff., 130, 185 ff. StGB bzw. der §§ 823, 826, 1004 BGB erfolgen. Bei der verfassungsgerichtlichen Überprüfung jener Urteile[671] kommt es vor allem darauf an, ob die Gerichte bei der Auslegung und Anwendung jener Vorschriften die kollidierenden Rechtsgüter in verfassungsmäßiger Weise, also im Einklang mit dem **Verhältnismäßigkeitsgrundsatz im engeren Sinne**, gegeneinander abgewogen haben. 288

Im Zusammenhang mit der Prüfung der Verhältnismäßigkeit des Eingriffs in die **Meinungsfreiheit**, insbesondere bei der Bestimmung der Schwere des Eingriffs, wird häufig das Stichwort **„Wechselwirkungslehre"** des **Bundesverfassungsgerichts** genannt und in der Fallbearbeitung auch erwartet. Diese Rechtsprechung geht von einer Wechselwirkung zwischen den beschränkenden allgemeinen Gesetzen und der Rechte aus Art. 5 Abs. 1 GG in dem Sinne aus, „dass die ‚allgemeinen Gesetze' zwar dem Wortlaut nach dem Grundrecht Schranken setzen, ihrerseits aber … in ihrer das Grundrecht begrenzenden Wirkung selbst wieder eingeschränkt werden müssen"[672]. Mit anderen Worten: Bei der Auslegung des grundrechtsbeschränkenden Gesetzes ist – wenn möglich – diejenige Auslegungsmöglichkeit zu wählen, die mit dem Grundrecht vereinbar ist und diesem größtmögliche Wirksamkeit verleiht. Die im Zusammenhang mit Art. 5 GG als solche bezeichnete Wechselwirkungslehre entspricht somit der allgemeinen **grundrechtskonformen und -orientierten Auslegung und Anwendung**. 289

Dass dieser an sich auf alle Grundrechte übertragbare Wechselwirkungsgedanke im Zusammenhang mit der Meinungsfreiheit eine **besondere begriffliche Kennzeichnung** erfahren hat, dürfte damit zu erklären sein, dass das Bundesverfassungsgericht in seiner früh ergangenen **Lüth-Entscheidung** (1958) bei der grundrechtskonformen Auslegung und Ausfüllung einfachgesetzlicher Rechtsbegriffe mit Blick auf die Meinungsfreiheit noch ein Problem darin gesehen hatte, dass Art. 5 Abs. 2 GG auf die Schranke der allgemeinen Gesetze verweist; vor dem Hintergrund der Diskussion um die dem Art. 5 GG entsprechenden Vorschrift des Art. 118 Abs. 1 S. 1 WRV befürchtete das Gericht, man könnte auch im Hinblick auf Art. 5 GG die Auffassung vertreten, „hier habe die Verfassung selbst durch die Verweisung auf die Schranke der allgemeinen Gesetze den Geltungsanspruch des Grundrechts von vornherein auf den Bereich beschränkt, den ihm die Gerichte durch ihre Auslegung dieser Gesetze noch belassen".[673] Dem wollte das Gericht offensichtlich durch seinen Wechselwirkungsgedanken entschieden entgegentreten. Da derartige Befürchtungen heutzutage fernliegen, ist diese spezifische Begrifflichkeit mittlerweile wohl entbehrlich.

Diese Wechselwirkung hat im Rahmen der Rechtsgüterabwägung nicht nur Auswirkungen auf die Auslegung des allgemeinen Gesetzes, sondern umgekehrt auch auf die **Interpretation der Meinungsäußerung**, die im konkreten Fall mit anderen Schutzgütern kollidiert. Bei der Prüfung der **grundrechtskonformen Auslegung und Anwendung des Gesetzes** am Maßstab des Grundsatzes der **Verhältnismäßigkeit** ist daher zunächst eine **sachgerechte und kontextbezogene Auslegung** der Meinungsäußerung vorzunehmen, wobei der Interpretation das Verständnis eines **„unvorein-** 290

671 Vgl. allgemein zum Prüfungsmaßstab bei der Urteilsverfassungsbeschwerde oben Rn. 79 ff.
672 BVerfGE 7, 198 (208 f.) – „Lüth".
673 BVerfGE 7, 198 (207 f.) – „Lüth".

genommenen und verständigen Publikums"[674] zugrunde zu legen ist. Erweist sich die Meinungsäußerung dabei als **mehrdeutig**, so hat dies entscheidende Auswirkungen auf die im Rahmen der Prüfung der Verhältnismäßigkeit i.e.S. vorzunehmende Güterabwägung: So geht das Bundesverfassungsgericht etwa bei der Überprüfung von straf- oder zivilgerichtlichen **Sanktionen wegen *in der Vergangenheit* getätigter mehrdeutiger Meinungsäußerungen** von dem Grundsatz aus, dass sich die Gerichte bei der Auslegung der Meinungsäußerung nicht für den zur Sanktion führenden Sinn entscheiden dürfen, „ohne zuvor die Alternativen mit tragfähigen Gründen ausgeschlossen zu haben".[675] Andernfalls müsste der Meinungsäußernde stets befürchten, wegen einer Deutung, die den gemeinten Sinn seiner Äußerung verfehlt, mit staatlichen Sanktionen belegt zu werden; eine solche einschüchternde Wirkung wäre mit der Meinungsfreiheit schlechthin unverträglich. Ein anderes gilt freilich, wenn es um die **Unterlassung *künftiger* mehrdeutiger Meinungsäußerungen** geht. Hier ist bei der Abwägung zwischen Meinungsfreiheit und den kollidierenden Rechtsgütern zu berücksichtigen, „dass der Äußernde die Möglichkeit hat, sich in der Zukunft eindeutig auszudrücken und damit zugleich klarzustellen, welcher Äußerungsinhalt der rechtlichen Prüfung einer Verletzung des Persönlichkeitsrechts zu Grunde zu legen ist", und sind der Abwägung folglich „alle nicht entfernt liegenden Deutungsvarianten zu Grunde zu legen", die das kollidierende Rechtsgut beeinträchtigen.[676]

Zu Beispielsfall 5 (Rn. 250)**:** Beschränkungen des Rechts auf freie Meinungsäußerung sind indes auch nach den allgemeinen Gesetzen nicht grenzenlos zulässig. § 185 StGB muss seinerseits im Einklang mit sämtlichen formellen und materiellen verfassungsrechtlichen Vorgaben stehen (I.). Außerdem muss das Strafgericht die Vorschrift des § 185 StGB im konkreten Einzelfall in verfassungskonformer Weise ausgelegt und angewandt haben (II.).

Zu I.: Zweifel an der formellen **Verfassungsmäßigkeit des § 185 StGB** bestehen nicht. In materieller Hinsicht muss die Vorschrift vor allem den Anforderungen des Verhältnismäßigkeitsgrundsatzes genügen. Die Vorschrift bezweckt den Schutz der persönlichen Ehre, also eines Rechtsgutes, das in Art. 2 Abs. 1 i.V.m. Art. 1 Abs. 1 GG auch eine verfassungsrechtliche Grundlage findet. Die strafrechtliche Sanktionierung von Beeinträchtigungen der persönlichen Ehre ist durchaus auch geeignet zu deren Schutz, da sie vor Beleidigungen abschreckt und im Falle der strafgerichtlichen Verurteilung auch Vergeltungswirkung hat. Als gegenüber der strafrechtlichen, also der denkbar schärfsten Sanktionierung milderes Mittel kommt zwar stets auch die Einführung eines entsprechenden Ordnungswidrigkeitstatbestands in Betracht; ein solcher wäre indes nicht ebenso effektiv wie ein Straftatbestand. Da dem Gesetzgeber grundsätzlich ein gewisser Einschätzungsspielraum im Hinblick auf die Frage zusteht, welches Niveau des Rechtsgüterschutzes er anstrebt, ist davon auszugehen, dass die strafrechtliche Sanktionierung im Interesse eines effektiven Rechtsgüterschutzes auch erforderlich zum Schutz der persönlichen Ehre ist. Zwar würde es der relativ weit gefasste Wortlaut der Vorschrift („Beleidigung") unter dem Gesichtspunkt der Angemessenheit prinzipiell auch ermöglichen, im Einzelfall auch nur geringfügige, außer Verhältnis zu der mit der strafrechtlichen Sanktion verbundenen Beeinträchtigung stehende Herabwürdigungen zu bestrafen. Derartige Disproportionalitäten lassen sich indes im Wege der verfassungskonformen Auslegung bewältigen und führen nicht zur Verfassungswidrigkeit der Vorschrift.

674 BVerfGE 93, 266 (295) – „Soldaten sind Mörder".

675 BVerfGE 94, 1 (9) – „Deutsche Gesellschaft für Humanes Sterben". Vgl. auch BVerfGE 82, 43 (52 f.) – „Strauß-Transparent".

676 BVerfGE 114, 339 (350) – „IM-Sekretär". Vgl. kritisch zu dieser Differenzierung *Kingreen/Poscher*, Grundrechte Staatsrecht II, 33. Aufl. 2017, § 13 Rn. 698.

Zu II.: Auch die **Auslegung und Anwendung des § 185 StGB** müsste sich vorliegend allerdings als verfassungskonform erweisen. In Betracht kommt ein Verstoß gegen den Verhältnismäßigkeitsgrundsatz. Zwar verfolgte die Verurteilung mit dem Schutz der persönlichen Ehre des S einen legitimen Zweck und war prinzipiell auch geeignet und erforderlich, um diesen Zweck zu erreichen. Sie müsste indes auch angemessen gewesen sein, d.h. die Schwere des Eingriffs in die Meinungsfreiheit darf nicht außer Verhältnis zu dem Gewicht des damit verfolgten Zwecks stehen. Dazu ist zunächst der Inhalt der in Rede stehenden Meinungsäußerung im Wege einer **sachgerechten und kontextbezogenen Interpretation** zu ermitteln. Mit der Bezeichnung des S als „durchgeknallt" wollte J nicht allein die Person des S herabwürdigen und diffamieren, sondern die Führung der Ermittlungen im Fall M, genauer: die Informationspolitik der Staatsanwaltschaft kritisieren, die in den Augen des J offensichtlich in einem Maße gegen das mit Rücksicht auf die Persönlichkeitsrechte des M Gebotene verstießen, dass sie aus sachlichen und rationalen Gründen nicht mehr erklärbar war.[677] Auf dieser Grundlage ist die **Abwägung** der betroffenen verfassungsrechtlichen Belange durch das Gericht zu beurteilen. Vor dem Hintergrund der kontextbezogenen Interpretation wiegt der Eingriff in die Meinungsfreiheit des J über die mit einer strafgerichtlichen Verurteilung ohnehin verbundene stigmatisierende Wirkung hinaus umso schwerer, da die Äußerung einen klaren sachlichen Bezug zu einem in der Öffentlichkeit kontrovers diskutierten Thema aufwies, genauer: die Kritik der Ausübung staatlicher Macht betraf und damit gesteigerte Bedeutung für den Prozess der öffentlichen Meinungsbildung hatte.[678] Demgegenüber erscheint die mit der Äußerung verbundene Beeinträchtigung der persönlichen Ehre des S zwar ihrer herabwürdigenden Form nach als durchaus erheblich. Sie erfolgte allerdings in engem Zusammenhang mit der Auseinandersetzung mit einem Sachthema. Sie betraf außerdem nicht etwa das private Leben des S, sondern dessen öffentlich-berufliches Wirken als Staatsanwalt mit seinen weitreichenden gesellschaftlichen Folgen.[679] In Bezug auf Umstände und Vorgänge aus diesem Bereich sind dem Einzelnen persönlichkeitsrechtsrelevante Beeinträchtigungen durch Meinungsäußerungen eher zumutbar als im Hinblick auf Gegenstände aus dem rein privaten Leben. Die Schutzwürdigkeit der Rechte des S tritt daher im vorliegenden Fall hinter das Gewicht der Meinungsfreiheit des J zurück. Dem ist das Urteil des Strafgerichts weder in seiner Begründung noch in seinem Ergebnis gerecht geworden. Der Eingriff in die Meinungsfreiheit des J ist daher nicht gerechtfertigt. Durch die Verurteilung wurde J somit in seinem Recht aus Art. 5 Abs. 1 S. 1 GG verletzt. Eine gegen die Verurteilung eingelegte zulässige Verfassungsbeschwerde wäre begründet.

Literaturhinweise:

Allgemein	*Kingreen/Poscher*, Grundrechte Staatsrecht II, 33. Aufl. 2017, § 13 Rn. 645 ff.
Zu B. I. und II.	*Nolte/Tams*, Grundfälle zu Art. 5 Abs. 1 S. 1 GG, JuS 2004, 111 ff., 199 ff., 294 ff.
	Schmidt-Jortzig, Meinungs- und Informationsfreiheit, in: Isensee/Kirchhof (Hrsg.), Handbuch des Staatsrechts, Band VII, 3. Aufl. 2009, § 162 (zur Vertiefung)
Zu B. III., IV. und V.	*Bullinger*, Freiheit von Presse, Rundfunk, Film, in: Isensee/Kirchhof (Hrsg.), Handbuch des Staatsrechts, Band VII, 3. Aufl. 2009, § 163 (zur Vertiefung)

677 Vgl. BVerfG, Kammerbeschl. v. 12.5.2009, 1 BvR 2272/04, juris, Rn. 36 f.
678 Vgl. BVerfG, Kammerbeschl. v. 12.5.2009, 1 BvR 2272/04, juris, Rn. 38.
679 Vgl. BVerfG, Kammerbeschl. v. 12.5.2009, 1 BvR 2272/04, juris, Rn. 38.

Wichtige Rechtsprechung:

Zu A., B. I., D.	BVerfGE 7, 198 – „Lüth" (Grundrechte als objektive Wertordnung – Figur der mittelbaren Drittwirkung von Grundrechten – Begriff der Sittenwidrigkeit i.S.v. § 826 BGB im Lichte der Meinungsfreiheit aus Art. 5 Abs. 1 S. 1 GG – Begriff der allgemeinen Gesetze i.S.v. Art. 5 Abs. 2 GG – Wechselwirkungslehre)
Zu B. I.	BVerfGE 93, 266 – „Soldaten sind Mörder" (Vereinbarkeit einer strafgerichtlichen Verurteilung aus § 185 StGB wegen der Äußerung „Soldaten sind Mörder" mit der Meinungsfreiheit aus Art. 5 Abs. 1 S. 1 GG)
	BVerfGE 124, 300 – „Wunsiedel" (Vereinbarkeit von § 130 Abs. 4 StGB mit der Meinungsfreiheit aus Art. 5 Abs. 1 S. 1 GG – verfassungsimmanente Ausnahme vom Verbot des Sonderrechts für Bestimmungen, die der propagandistischen Gutheißung des nationalsozialistischen Regimes Grenzen setzen)
Zu B. II.	BVerfGE 27, 71 – „Leipziger Volkszeitung" (Vereinbarkeit der Einziehung einer DDR-Zeitung durch bundesdeutsche Behörden mit der Informationsfreiheit aus Art. 5 Abs. 1 S. 1 GG)
	BVerfGE 103, 44 – „Fernsehaufnahmen im Gerichtssaal II" (Vereinbarkeit des § 169 S. 2 GVG mit der Informationsfreiheit und der Rundfunkfreiheit aus Art. 5 Abs. 1 GG – Allgemeine Zugänglichkeit von Informationsquellen)
Zu B. III.	BVerfGE 20, 162 – „Spiegel" (Vereinbarkeit von Durchsuchungen in Presseräumen mit der Pressefreiheit aus Art. 5 Abs. 1 S. 2 GG)
Zu B. IV.	BVerfGE 83, 238 – „6. Rundfunkentscheidung" (Vorgaben der Rundfunkfreiheit aus Art. 5 Abs. 1 S. 2 GG für die Ausgestaltung der Rundfunkordnung)

§ 16 Kunst- und Wissenschaftsfreiheit (Art. 5 Abs. 3 GG)

Kunst und Wissenschaft, Forschung und Lehre sind frei. In diesen Worten gewährleistet Art. 5 Abs. 3 S. 1 GG zwei selbständige Grundrechte: die Kunstfreiheit und die Wissenschaftsfreiheit. 291

A. Schutzbereiche

I. Kunstfreiheit

Beispielsfall 6[680]

Verleger A verkauft bundesweit Exemplare des Taschenbuchs „Lasst uns bloß in Frieden", einer Sammlung antimilitaristischer Aufsätze und Gedichte, die anlässlich des fortwährenden Bundeswehr-Einsatzes in Afghanistan entstanden waren. Die vordere Umschlagseite des Buches zeigt einen Soldaten mit Totenkopf, der eine Wüstenuniform trägt. Die Rückseite des Umschlages besteht aus einer Collage, die aus zwei teils übereinander liegenden Fotografien zusammengesetzt wurde. Die untere Fotografie zeigt eine feierliche Zeremonie zur Entsendung von Bundeswehrsoldaten in den Auslandseinsatz, bei dem Soldaten eine Bundesflagge ausgebreitet halten. Die obere Fotografie zeigt einen bekleideten männlichen Torso von den Knien bis zur Brust. Der geöffnete Hosenschlitz wird durch die rechte Hand des Mannes in Urinierhaltung verdeckt. Hinter der Hand tritt ein gelber Urinstrahl hervor, der im Wege der Fotomontage in die untere Fotografie auf die ausgebreitete Bundesflagge gelenkt wird. Unter der Flagge ist auf dem Boden eine Urinpfütze dargestellt. Bald nach Bekanntwerden des Buches wird A wegen Verunglimpfung der Bundesflagge gemäß § 90a Abs. 1 Nr. 2 StGB zu einer Geldstrafe von 90 Tagessätzen verurteilt. Zur Begründung führt das Strafgericht aus, die Umschlagsrückseite des von A vertriebenen Buches stelle eine bildnerische Verunglimpfung der Farben und der Flagge der Bundesrepublik Deutschland mit dem einzigen Ziel der Herabwürdigung des Ansehens des Staates und seiner Organe dar, die zum Schutze der mit der Flagge versinnbildlichten freiheitlich-demokratischen Grundwerte nicht hinnehmbar sei. – **Ist eine gegen die Verurteilung erhobene zulässige Verfassungsbeschwerde des A begründet?**

1. Der verfassungsrechtliche Kunstbegriff

Der verfassungsrechtlich geschützte Lebensbereich der Kunst entzieht sich einer allge- 292
meingültigen, verfassungsrechtlich verbindlichen Definition. Denn die grundgesetzlich geschützte Kunstfreiheit ist keine statische Freiheitsverbürgung, sondern eine dynamische Garantie, die das dem Wesen der Kunst eigene Veränderungspotential anerkennt und in den Schutzbereich des Grundrechts mit einbezieht.[681] Diese **„Unmöglichkeit, Kunst generell zu definieren"**, wurde auch vom **Bundesverfassungsgericht** in seiner Entscheidung „Anachronistischer Zug" ausdrücklich anerkannt – zumal es ein „besondere[s] Merkmal des Kunstlebens" sei, dass die „Avantgarde" gerade darauf ab-

680 Nach BVerfGE 81, 278 – „Bundesflagge".
681 Vgl. *Zöbeley*, NJW 1998, 1372 (1373).

ziele, „die Grenzen der Kunst zu erweitern".[682] Dies entbinde allerdings „nicht von der verfassungsrechtlichen Pflicht", zu entscheiden, ob im konkreten Fall der Schutzbereich des Art. 5 Abs. 3 S. 1 GG eröffnet ist, d.h. es besteht die verfassungsrechtliche **Pflicht, zwischen Kunst und Nichtkunst zu differenzieren.**[683] Mit dieser Unterscheidung darf allerdings **keine Niveaukontrolle** einhergehen, also „eine Differenzierung zwischen ‚höherer' und ‚niederer', ‚guter' und ‚schlechter' (und deshalb nicht oder weniger schützenswerter) Kunst"[684].

So kann beispielsweise auch **Pornographie** Kunst i.S.v. Art. 5 Abs. 3 S. 1 GG sein.[685]

293 In Literatur und Rechtsprechung haben sich bestimmte „Formeln und Abgrenzungskriterien" entwickelt, um sich dem verfassungsrechtlichen Kunstbegriff anzunähern. Das Bundesverfassungsgericht zog in o.g. Entscheidung **drei** dieser **Kunstbegriffe** heran und vermochte ihnen „tragfähige Gesichtspunkte" zu entnehmen, „die **in ihrer Gesamtheit** im konkreten Einzelfall eine Entscheidung ermöglichen, ob ein Sachverhalt in den Schutzbereich des Art. 5 Abs. 3 S. 1 GG fällt",[686] namentlich

- den **formalen** Kunstbegriff,
- den **materialen** Kunstbegriff sowie
- den **offenen** Kunstbegriff.

294 Das Gericht legte sich dabei nicht auf eine bestimmte Definition fest, sondern subsumierte den konkreten Sachverhalt unter alle drei Begriffe. Auch in der Fallbearbeitung lassen sich diese Kunstbegriffe als **maßgebliche Kriterien** heranziehen, um festzustellen, ob im konkreten Fall der Schutzbereich des Art. 5 Abs. 3 S. 1 GG eröffnet ist.

Im Schrifttum wird freilich stets aufs Neue versucht, dem verfassungsrechtlichen Begriff der Kunst – auf der Grundlage eines offenen Kunstverständnisses – schärfere Konturen zu verleihen. Im Mittelpunkt stehen dabei meist **kommunikationsbezogene** Ansätze. So definiert beispielsweise der **„ideolektische Kunstbegriff"** Kunst als „jede Form der Kommunikation, deren Mitteilung sich eines singulären und individuellen, non-verbalen Codes – eben eines Ideolekts – bedient, der allein im Werk selbst angelegt ist, so dass sich die eigentliche Botschaft als nicht re-verbalisierbar sowie als weder konsensbedürftig noch endgültig konsensfähig darstellt".[687]

a) Formaler Kunstbegriff

295 Der **formale** Kunstbegriff orientiert sich an den typischen Erscheinungsformen der Kunst und sieht das Wesentliche eines Kunstwerks darin, dass es bei „formaler, typologischer Betrachtung die Gattungsanforderungen eines bestimmten **Werktyps** erfüllt", also der Malerei, der Bildhauerei, der Dichtung usw.[688]

682 BVerfGE 67, 213 (224 f.) – „Anachronistischer Zug".
683 BVerfGE 67, 213 (225) – „Anachronistischer Zug".
684 BVerfGE 75, 369 (377) – „Strauß-Karikatur".
685 Vgl. dazu BVerfGE 83, 130 (138 ff.) – „Josephine Mutzenbacher".
686 BVerfGE 67, 213 (226) – „Anachronistischer Zug" (ohne Hervorhebung im Original).
687 *Lenski*, Personenbezogene Massenkommunikation als verfassungsrechtliches Problem, 2006, S. 98.
688 BVerfGE 67, 213 (227) – „Anachronistischer Zug".

b) Materialer Kunstbegriff

Der als **material** bezeichnete Kunstbegriff versteht als das Wesentliche der künstlerischen Betätigung „die **freie schöpferische Gestaltung**, in der Eindrücke, Erfahrungen, Erlebnisse des Künstlers durch das Medium einer bestimmten Formensprache zu unmittelbarer Anschauung gebracht werden“[689]. 296

c) Offener Kunstbegriff

Demgegenüber sieht der **offene** Kunstbegriff „das kennzeichnende Merkmal einer künstlerischen Äußerung darin … , dass es wegen der Mannigfaltigkeit ihres Aussagegehalts möglich ist, der Darstellung im Wege einer fortgesetzten Interpretation immer weiter reichende Bedeutungen zu entnehmen, sodass sich eine praktisch unerschöpfliche, vielstufige Informationsvermittlung ergibt“[690]. 297

> **Zu Beispielsfall 6** (Rn. 291): Die Verfassungsbeschwerde ist begründet, wenn A durch die angegriffenen Verurteilungen in seinen Grundrechten verletzt ist. Vorliegend kommt eine Verletzung der Kunstfreiheit aus Art. 5 Abs. 3 S. 1 GG in Betracht. Die Abbildungen auf der Umschlagsrückseite müssten zunächst unter den Begriff der „Kunst“ i.S.v. Art. 5 Abs. 3 GG fallen. Bei **formeller Betrachtung** handelt es sich bei den Abbildungen auf der Umschlagsrückseite um eine Collage, also um eine inzwischen herkömmliche Form der Bildenden Kunst. Inhaltlich trifft der Urheber „durch die nicht maßstabsgerechte Zuordnung der Fotografien zueinander, also durch eine bildhafte und gleichzeitig verfremdende Verknüpfung zweier Lebensvorgänge, eine **eigenständige interpretationsfähige und -bedürftige Aussage**“; er bringt damit „durch **freie schöpferische Gestaltung**“ seinen Eindruck und seine Auffassung zu der Zeremonie anlässlich der Entsendung von Soldaten der Bundeswehr nach Afghanistan zum Ausdruck.[691] Die Abbildung auf der Umschlagsrückseite des Buches kann somit unter alle drei genannten Kunstbegriffe gefasst werden und ist daher als „Kunst“ i.S.v. Art. 5 Abs. 3 GG zu betrachten.

2. Reichweite des Schutzbereichs

Art. 5 Abs. 3 S. 1 GG gewährleistet die Freiheit der Betätigung im Kunstbereich umfassend. Daher sind „nicht nur 298

- die **künstlerische Betätigung (Werkbereich)**, sondern darüber hinaus auch
- die **Darbietung und Verbreitung des Kunstwerks“ (Wirkbereich)**

als sachnotwendige Voraussetzungen „für die Begegnung mit dem Werk“ vom Schutzbereich des Art. 5 Abs. 3 S. 1 GG umfasst.[692]

Dementsprechend sind in **persönlicher** Hinsicht nicht nur der **Künstler** selbst, sondern ggfs. auch andere Personen durch die Kunstfreiheit geschützt, die eine **vermit-** 299

689 So bereits BVerfGE 30, 173 (189) – „Mephisto“. Ebenso BVerfGE 67, 213 (226) – „Anachronistischer Zug“.
690 BVerfGE 67, 213 (227) – „Anachronistischer Zug“.
691 Vgl. BVerfGE 81, 278 (291) – „Bundesflagge“ (ohne Hervorhebungen im Original).
692 BVerfGE 30, 173 (189) – „Mephisto“ (ohne Hervorhebungen im Original).

telnde Tätigkeit ausüben zur Herstellung der Beziehungen zwischen Künstler und Publikum, also etwa der Verleger eines Romans, der Plattenhersteller usw.[693]

300 Als nicht von Art. 5 Abs. 3 GG geschützt wurde lange Zeit die **Inanspruchnahme fremden Eigentums oder sonstiger geschützter Rechtspositionen Dritter** betrachtet, etwa durch das Besprühen öffentlicher oder privater Bauwerke mit Graffiti-Kunstwerken.[694] Derartige Handlungen sollten demnach von vornherein nicht in den Schutzbereich der Kunstfreiheit fallen, so dass ihre Unterbindung von staatlicher Seite aus keiner an Art. 5 Abs. 3 GG zu messenden verfassungsrechtlichen Rechtfertigung bedurfte. Diese Rechtsprechung hat das Bundesverfassungsgericht mittlerweile in einer Entscheidung zu der vor allem in der „Hip Hop"-Kultur weit verbreiteten Nutzung von Tonsequenzen fremder Musikstücke ausdrücklich aufgegeben: „Jedes künstlerische Wirken bewegt sich [...] zunächst im Schutzbereich des Art. 5 Abs. 3 S. 1 GG, gleich wie und wo es stattfindet [...]. Ob die Kunstfreiheit dann wegen der Beeinträchtigung insbesondere von Grundrechten Dritter zurücktreten muss, ist erst anschließend zu entscheiden."[695]

Zu Beispielsfall 6 (Rn. 291): Die Tätigkeit des A ist vom persönlichen Schutzbereich des Art. 5 Abs. 3 GG erfasst, da er als Vertreiber der Bücher mit der besagten Umschlagsseite erst die Beziehung zwischen dem Gestalter und den Betrachtern herstellt und damit im **Wirkbereich** des Kunstwerks tätig wird. Der Schutzbereich der Kunstfreiheit ist daher eröffnet.

3. Verhältnis zu den Kommunikationsgrundrechten aus Art. 5 Abs. 1 GG

301 Als *lex specialis* geht die Kunstfreiheit den anderen Kommunikationsgrundrechten aus Art. 5 Abs. 1 GG vor.[696] So unterliegen insbesondere etwa **Meinungsäußerungen durch** im politischen und gesellschaftlichen Bereich engagierte **Kunst** dem Schutz des vorbehaltlos gewährleisteten Rechts aus Art. 5 Abs. 3 GG, nicht der Meinungsfreiheit aus Art. 5 Abs. 1 S. 1 GG.

II. Wissenschaftsfreiheit

1. Wissenschaft

302 **Wissenschaft** ist jede „Tätigkeit", die „nach Inhalt und Form als ernsthafter planmäßiger Versuch zur Ermittlung der Wahrheit anzusehen ist".[697] Der Begriff der Wissenschaft umfasst sowohl Forschung als auch Lehre: **Forschung** ist „die geistige Tätigkeit mit dem Ziele, in methodischer, systematischer und nachprüfbarer Weise neue Er-

693 Vgl. dazu mit weiteren Beispielen *Kingreen/Poscher*, Grundrechte Staatsrecht II, 33. Aufl. 2017, § 14 Rn. 722 f.
694 Vgl. BVerfG NJW 1984, 1293 (1294) – „Sprayer von Zürich"; BVerwG NJW 1995, 2648 (2649).
695 BVerfG NJW 2016, 2247 (2250) – „Sampling".
696 Vgl. etwa BVerfGE 30, 173 (191) – „Mephisto"; E 81, 278 (291) – „Bundesflagge".
697 BVerfGE 35, 79 (112) – „Hochschul-Urteil".

kenntnisse zu gewinnen"[698]. **Lehre** ist die „wissenschaftlich fundierte[n] Übermittlung der durch die Forschung gewonnenen Erkenntnisse"[699].

2. Reichweite des sachlichen Schutzbereichs

Die Wissenschaftsfreiheit aus Art. 5 Abs. 3 S. 1 GG schützt als **Abwehrrecht** jede wissenschaftliche Tätigkeit vor Eingriffen, also sowohl die an den Hochschulen ausgeübten **wissenschaftlichen** Tätigkeiten von **Hochschullehrern, ihrer Mitarbeiter und Studenten**[700] als auch wissenschaftliche Betätigung **außerhalb einer Hochschule.**[701] **303**

Darüber hinaus entfaltet Art 5 Abs. 3 GG noch andere Wirkungen, und zwar **304**

- als **subjektives Teilhaberecht i.e.S.**, etwa auf Teilhabe an der Ausstattung der Hochschule[702] sowie
- als **objektive Schutzpflicht** zur Funktionssicherung und zum Grundrechtsschutz in der Universität[703].

3. Persönlicher Schutzbereich

Neben den in der Wissenschaft tätigen **natürlichen Personen** schützt Art. 5 Abs. 3 GG auch juristische Personen, in erster Linie also die – i.d.R. als Körperschaften des öffentlichen Rechts errichteten – **Universitäten**. Letzteren gewährt Art. 5 Abs. 3 GG das **Recht auf akademische Selbstverwaltung**, welches insbesondere etwa die sog. **Satzungsautonomie** umfasst, also die Befugnis, eigenständig Rechtsnormen im Bereich der Forschung und der Lehre zu erlassen. **305**

Beispiel: In die Rechte einer Universität wird eingegriffen, wenn ihnen eine gesetzliche Pflicht zur **Akkreditierung** von neu einzuführenden Studiengängen durch externe Akteure auferlegt wird.[704]

B. Eingriff

Ob ein Eingriff in den Schutzbereich der Rechte aus Art. 5 Abs. 3 S. 1 GG vorliegt, bestimmt sich nach den allgemeinen Regeln. **306**

> **Zu Beispielsfall 6** (Rn. 291): Die strafgerichtliche Verurteilung gibt dem A repressiv auf, eine Geldstrafe für die Verbreitung der Bücher zu leisten. Diese Sanktion hat unvermeidlich zusätzlich eine durchaus bezweckte präventive Wirkung, indem sie die weitere Verbreitung

698 BVerfGE 35, 79 (112) – „Hochschul-Urteil".
699 BVerfGE 35, 79 (112) – „Hochschul-Urteil".
700 Vgl. BVerfGE 55, 37 (68 f.) – „Bremer Modell".
701 Vgl. zum Ganzen *Kingreen/Poscher*, Grundrechte Staatsrecht II, 33. Aufl. 2017, § 14 Rn. 731 f.
702 BVerfGE 43, 242 – „Universitätsgesetz Hamburg".
703 BVerfGE 35, 79 (113 ff.) – „Hochschulurteil".
704 Vgl. zur Verfassungswidrigkeit der bisherigen gesetzlichen Akkreditierungspflicht mangels hinreichender gesetzlicher Vorgaben für die Tätigkeit der in die Akkreditierung eingebundenen Akteure BVerfGE 141, 143 (164 ff.) – „Akkreditierung von Studiengängen".

der Bücher mit einem hohen finanziellen bzw. persönlichen Risiko verbindet.[705] Sie ist damit eine Maßnahme, die darauf gerichtet ist, das grundrechtlich geschützte Verhalten des A zu verhindern. Sie erfordert dazu keinen weiteren Vollzugsakt und ist damit auch unmittelbar. Schließlich erfolgt sie durch gerichtliches Urteil, also rechtsförmig, und kann auch mit Zwang durchgesetzt werden. In der Verurteilung liegt daher ein Eingriff im klassischen Sinne, der einer Rechtfertigung bedarf.

C. Rechtfertigung

307 Die Freiheiten aus Art. 5 Abs. 3 S. 1 GG sind grundsätzlich vorbehaltlos gewährleistet, d.h. sie unterliegen einzig den **verfassungsimmanenten Schranken**. Typische Kollisionslagen treten etwa auf zwischen der **Kunstfreiheit** und den **Persönlichkeitsrechten Dritter**; bei der Auflösung sind die kollidierenden Rechtspositionen unter Beachtung des Grundsatzes der **praktischen Konkordanz** angemessen gegeneinander abzuwägen.[706] Eine spezielle **verfassungsunmittelbare Schranke** enthält Art. 5 Abs. 3 S. 2 GG.

Zu Beispielsfall 6 (Rn. 291): Vorliegend erfolgt der Grundrechtseingriff auf der Grundlage des § 90a Abs. 1 Nr. 2 StGB, also aufgrund eines formellen Gesetzes. Schutzgut des § 90a Abs. 1 Nr. 2 StGB ist das Ansehen der von der Bundesflagge symbolisierten Bundesrepublik. Dieses Ansehen ist die Voraussetzung für die innere Zustimmung der Bürger mit den in der Bundesflagge versinnbildlichten freiheitlich-demokratischen Grundwerten und damit Voraussetzung für die verfassungsrechtliche Ordnung überhaupt. Der Eingriff in die Kunstfreiheit des A erfolgte somit zum Schutze verfassungsrechtlicher Belange.

308 Im Zusammenhang mit der Beschränkung der im Studium besonders relevanten **Kunstfreiheit** sollten vor allem zwei Besonderheiten bekannt sein, nämlich das Erfordernis einer **„werkgerechten Auslegung"** des Kunstwerks sowie die vom Bundesverfassungsgericht in Fällen einer Kollision mit den Persönlichkeitsrechten Dritter entwickelte **„Je-desto"-Formel.**[707]

Keine Relevanz hat auf Rechtfertigungsebene dagegen die Unterscheidung zwischen **Werkbereich** und **Wirkbereich** der Kunstfreiheit, etwa nach Art der für die Berufsfreiheit entwickelten „Stufentheorie".[708] Das Bundesverfassungsgericht hat die Existenz einer solchen Stufenstruktur bereits im Jahre 1987 ausdrücklich abgelehnt:[709] Schon mangels der Möglichkeit einer präzisen Abgrenzung zwischen diesen Bereichen sei eine solche Stufentheorie kaum geeignet zur Strukturierung der Abwägungsentscheidung, und auch in der Sache sei eine Differenzierung zwischen Werk- und Wirkbereich nicht gerechtfertigt, da Art. 5 Abs. 3 S. 1 GG die Kunstfreiheit insgesamt – und damit beide Bereiche gleichermaßen – vorbehaltlos gewährleiste.

705 Vgl. BVerfGE 54, 129 (136) – „Kunstkritik".
706 Vgl. beispielsweise die ausführliche Abwägung in BVerfGE 119, 1 (36 ff.) – „Esra".
707 So auch *Kingreen/Poscher*, Grundrechte Staatsrecht II, 33. Aufl. 2017, § 14 Rn. 740 f.
708 Vgl. dazu unten Rn. 381 ff.
709 Vgl. BVerfGE 77, 240 (254) – „Herrnburger Bericht".

Das Erfordernis **werkgerechter Auslegung** kommt im Rahmen der Prüfung der verfassungsrechtlichen Rechtfertigung von Beschränkungen der Kunstfreiheit zum Tragen und trägt dem **besonderen Charakter der Kunstfreiheit** Rechnung. Bei der Sanktion von Handlungen, für die der Beschwerdeführer sich auf die Kunstfreiheit beruft, oder bei der Abwägung mit gegenläufigen Rechten Dritter prüft das Bundesverfassungsgericht nicht nur, ob die betreffenden Handlungen in den Schutzbereich des Grundrechts fallen und dessen Umfang in der angegriffenen Entscheidung grundsätzlich richtig erkannt worden ist; es wird auch untersucht, ob das Gericht das Werk anhand der der Kunst eigenen Strukturmerkmale beurteilt, d.h. **bei der Deutung des Kunstwerks „werkgerechte" Maßstäbe angelegt** und auf dieser Grundlage die der Kunst gesetzten Schranken im Einzelnen zutreffend gezogen hat.[710] Schon einzelne Fehler bei der Deutung des Kunstwerks können nämlich zu einer Fehlgewichtung und damit zu einer unverhältnismäßigen Beeinträchtigung des Grundrechts führen. Dadurch wird die besondere Bedeutung der betroffenen Kunstfreiheit berücksichtigt. 309

Wie schon mit Blick auf die Auslegung von Meinungsäußerungen im Zusammenhang mit Beschränkungen der Meinungsfreiheit, empfiehlt es sich in der Fallbearbeitung, vor der Prüfung der Verhältnismäßigkeit von Beschränkungen der Kunstfreiheit zunächst eine **werkgerechte Auslegung** des Kunstwerks vorzunehmen, um anschließend die **Verhältnismäßigkeit** auf der Grundlage dieser Deutung prüfen zu können.

Beispiel: Wenn die Kunstfreiheit eines „Hip Hop"-Künstlers, der Tonsequenzen aus einem anderen Musikstück in eigenen Werken verwendet hat, gegen die von Art. 14 Abs. 1 GG geschützten urheberrechtlichen Rechtspositionen des Tonträgerherstellers in Bezug auf die verwendeten Sequenzen abgewogen wird, ist herauszuarbeiten, dass „die Übernahme fremder Werkausschnitte in eigene Werke als Mittel künstlerischen Ausdrucks und künstlerischer Gestaltung" in der „Hip Hop"-Musikkultur einen eigenständigen künstlerischen Wert hat.[711]

Speziell mit Blick auf Kollisionen der Kunstfreiheit mit **Persönlichkeitsrechten Dritter** hat das Bundesverfassungsgericht im Fall **„Esra"** außerdem eine **„Je-desto"-Formel** entwickelt, die es im Rahmen der Abwägung zwischen den kollidierenden Rechtsgütern zur Strukturierung der Abwägungsentscheidung aktiviert. In der Sache ging es um die Frage, ob durch die in einem Roman enthaltenen Schilderungen intimer, teilweise sexueller Details aus dem Leben der Romanfiguren die Persönlichkeitsrechte Dritter verletzt werden, wenn der Roman durch persönliche Erlebnisse des Autors inspiriert ist und deutliche Übereinstimmungen zwischen den Biografien der Romanfiguren und denen realer Personen aufweist. Das Gericht stellte fest, dass „zwischen dem Maß, in dem der Autor eine von der Wirklichkeit abgelöste ästhetische Realität schafft und der Intensität der Verletzung des Persönlichkeitsrechts ... eine Wechselbeziehung" bestehe: **„Je stärker** Abbild und Urbild übereinstimmen, **desto schwerer** wiegt die Beeinträchtigung des Persönlichkeitsrechts. **Je mehr** die künstlerische Darstellung die besonders geschützten Dimensionen des Persönlichkeitsrechts berührt, **desto stärker** muss die Fiktionalisierung sein, um eine Persönlichkeitsrechtsverletzung auszuschließen."[712] 310

710 Vgl. dazu BVerfGE 81, 278 (289 ff.) – „Bundesflagge".
711 BVerfG NJW 2016, 2247 (2250) – „Sampling".
712 BVerfGE 119, 1 (30) – „Esra". Vgl. dazu eingehend die Beiträge von *Schröder*, DVBl. 2008, 146 ff.; *Papier*, VerfBlog 2017/7/26 (https://verfassungsblog.de/inhalt-und-schranken-der-kunstfreiheit/).

Zu Beispielsfall 6 (Rn. 291): Die Einschränkbarkeit des Rechts aus Art. 5 Abs. 3 GG unterliegt ihrerseits verfassungsrechtlichen Grenzen. Die Einschränkung der Kunstfreiheit muss auf der Grundlage eines verfassungsgemäßen Gesetzes erfolgt sein (I.); dieses muss im Einzelfall in verfassungskonformer Weise ausgelegt und angewandt worden sein (II.).

Zu I.: In Betracht kommt ein Verstoß des § 90a Abs. 1 Nr. 2 StGB gegen den Grundsatz der Verhältnismäßigkeit. Verfassungslegitimes Schutzgut des § 90a Abs. 1 Nr. 2 StGB ist, wie bereits oben festgestellt, das Ansehen der von der Bundesflagge symbolisierten Bundesrepublik Deutschland. Die strafrechtliche Sanktion von Verunglimpfungen der Flagge ist sicherlich förderlich zum Schutze des Ansehens der mit der Flagge symbolisierten Bundesrepublik. Als milderes Mittel zum Schutze des Ansehens der Bundesrepublik käme vorliegend z.B. die Schaffung eines entsprechenden Ordnungswidrigkeitstatbestands in Betracht. Allerdings ist ein solcher Tatbestand nicht annähernd gleich effektiv wie ein Straftatbestand, wobei dem Gesetzgeber insoweit grundsätzlich ein weiter Einschätzungs- und Prognosespielraum zusteht.[713] Schließlich müssen die durch § 90a Abs. 1 Nr. 2 StGB ermöglichten Eingriffe auch abstrakt angemessen sein, d.h. ihre Intensität darf zu dem Gewicht des verfolgten legitimen Zwecks der Norm nicht außer Verhältnis stehen. Gegen eine Angemessenheit ließe sich vorbringen, dass die Vorschrift zugunsten des Symbolschutzes so auslegbar ist, dass jede Kritik und Ablehnung gegenüber dem Staat und seinen Symbolen unabhängig von ihrer Einordnung als „Kunst" im grundgesetzlichen Sinne strafwürdig ist, also zu einer „Immunisierung" des Staates gegen Kritik jedweder Art führen könnte.[714] Diese potentielle Unangemessenheit einer notwendigerweise abstrakt-generell gefassten Rechtsnorm ist allerdings nur dann schädlich, wenn die Norm eine angemessene Abwägung im Einzelfall durch verfassungskonforme Auslegung nicht zulässt. Die Vornahme einer derartigen Abwägung ist aber im Falle des § 90a Abs. 1 Nr. 2 StGB durchaus möglich. Im Einzelfall erlaubt es der offene Wortlaut der Norm („verunglimpft"), die widerstreitenden Verfassungsgüter des Symbolschutzes einerseits und der Kunstfreiheit andererseits im Wege der Auslegung in ein angemessenes Verhältnis zu bringen.

Zu II.: Allerdings müssten auch bei der **Auslegung und Anwendung** des § 90a Abs. 1 Nr. 2 StGB im Einzelfall die verfassungsrechtlichen Vorgaben beachtet worden sein. Vorliegend könnte die Anwendung der Norm die Kunstfreiheit des A zugunsten des Symbolschutzes in unverhältnismäßiger Weise einschränken. Fraglich ist zunächst, ob das Strafgericht bei der Anwendung des § 90a Abs. 1 Nr. 2 StGB eine **werkgerechte Auslegung** der Umschlagsrückseite vorgenommen hat. Das Gericht sah in der Darstellung eine bildnerische Verunglimpfung der Flagge mit dem „einzigen Ziel", das Ansehen des Staates und seiner Organe herabzusetzen. Schon wegen der antimilitaristischen Thematik des Buches, aber auch unabhängig davon, drängt sich dem Betrachter eine abweichende Interpretation auf. Die Karikatur hat vorrangig antimilitaristische und nur insoweit antistaatliche Tendenz. Sie richtet sich gegen die staatliche Verabschiedungszeremonie der Soldaten und bringt damit die Ablehnung gegen den Auslandseinsatz deutscher Soldaten zum Ausdruck. Die Abbildung zeigt zwar ein staatliches Symbol, das in „unwürdiger" Weise behandelt wird; damit sollen aber nicht die Staatlichkeit überhaupt oder die verfasste Ordnung der Bundesrepublik Deutschland insgesamt angegriffen werden. Angriffsziel ist der Staat nur insoweit, als er für die Entsendung deutscher Soldaten ins Ausland verantwortlich ist und sich durch die Verwendung seiner Symbole bei der Inpflichtnahme der Soldaten für jenen Einsatz eine besondere Legitimation verschafft. Dieser Aussagekern wird eingekleidet und verfremdet durch den Mann, der auf das bei der Zeremonie verwendete staatliche Symbol uriniert.[715] Diese (werkgerechte) Auslegung der Darstellung hat das Strafgericht der Verurteilung nicht zugrunde gelegt. Sofern sich dies auch auf das konkrete Abwägungsergebnis ausgewirkt hat, liegt ein Verstoß gegen die Kunstfreiheit aus Art. 5 Abs. 3 S. 1 GG vor.

713 Vgl. etwa BVerfGE 50, 290 (332 ff.) – „Mitbestimmung" (zu Art. 12 Abs. 1 GG).
714 Vgl. BVerfGE 81, 278 (294) – „Bundesflagge".
715 Vgl. insgesamt zu dieser werkgerechten Deutung BVerfGE 81, 278 (289 u. 295) – „Bundesflagge".

Zu prüfen ist daher, ob die Verurteilung des A unter Zugrundelegung der beschriebenen werkgerechten Deutung der Darstellung **angemessen** war. Dazu darf die Schwere des Eingriffs bei einer Gesamtabwägung nicht außer Verhältnis zu dem Gewicht des damit verfolgten Zwecks stehen. Der Eingriff in die Kunstfreiheit des A wiegt im vorliegenden Fall vergleichsweise schwer. Ihm wird durch die strafrechtliche Sanktionierung des Buchvertriebs der gesamte Wirkbereich der Umschlagsdarstellungen abgeschnitten. Außerdem handelt es sich um ein Kunstwerk, das sich inhaltlich mit öffentlichen Angelegenheiten auseinandersetzt und insofern einen Bezug zur demokratischen Meinungsbildung aufweist, was der Kunstfreiheit des A zusätzliches Gewicht verleiht. Auch das durch § 91a Abs. 1 StGB geschützte Ansehen der Bundesrepublik und ihrer Symbole ist indes nicht unerheblich betroffen. Die in der Collage zum Ausdruck kommende antimilitaristische Kritik erfolgt mittels einer groben Verächtlichmachung der Bundesflagge und des dahinter stehenden Staates. Dies ist zwar, wie dargelegt, nicht der zentrale Aussagekern des Kunstwerks; eine schrankenlos verunglimpfende Einkleidung der antimilitaristischen Kritik muss jedoch mit Blick auf die Bedeutung des mit § 91a Abs. 1 StGB verfolgten Schutzzwecks nicht hingenommen werden. Des Weiteren handelt es sich um eine bundesweite Verbreitung der Darstellungen auf dem Rücken eines Buches, und nicht etwa um das bloße Ausgeben von Handzetteln an einen begrenzten Kreis von Adressaten. Dennoch dürfte die Abwägung hier zu einem Vorrang der Kunstfreiheit führen, da dem Mittel der satirischen Verfremdung grundsätzlich ein größerer Freiraum zukommt als ihrem eigentlichen Inhalt und ein Sachbezug der Darstellung eindeutig gegeben ist. Überdies liegt in der Verurteilung des A schon deswegen eine Verletzung seiner Rechte aus Art. 5 Abs. 3 S. 1 GG, da das Gericht die Frage der Verunglimpfung durch die Karikatur möglicherweise anders beurteilt hätte, wenn ihm der einkleidende Charakter der inkriminierten Darstellung bewusst gewesen wäre.[716] Die Verfassungsbeschwerde des A wäre somit begründet.

Literaturhinweise:

Allgemein *Kobor*, Grundfälle zu Art. 5 Abs. 3 GG, JuS 2006, 593 ff., 695 ff.

Zu A. I. *von Arnauld*, Freiheit der Kunst, in: Isensee/Kirchhof (Hrsg.), Handbuch des Staatsrechts, Band VII, 3. Aufl. 2009, § 167 (zur Vertiefung)

Zu A. II. *Mager*, Freiheit von Forschung und Lehre, in: Isensee/Kirchhof (Hrsg.), Handbuch des Staatsrechts, Band VII, 3. Aufl. 2009, § 166 (zur Vertiefung)

Wichtige Rechtsprechung:

Zu A. I. BVerfGE 30, 173 – „Mephisto"
(Postmortales Persönlichkeitsrecht aus Art. 1 Abs. 1 GG – Materialer Begriff der Kunst i.S.v. Art. 5 Abs. 3 GG)

BVerfGE 67, 213 – „Anachronistischer Zug"
(Unmöglichkeit einer allgemeinen Definition von Kunst i.S.v. Art. 5 Abs. 3 GG – Offener Begriff der Kunst i.S.v. Art. 5 Abs. 3 GG)

Zu A. II. BVerfGE 35, 79 – „Hochschul-Urteil"
(Schutzbereich der Wissenschaftsfreiheit aus Art. 5 Abs. 3 GG – Objektiv-rechtlicher Gehalt des Art. 5 Abs. 3 GG)

Zu C. BVerfGE 119, 1 – „Esra"
(Verfassungsmäßigkeit eines Romanverbots – Abwägung der Kunstfreiheit aus Art. 5 Abs. 3 GG mit dem allgemeinen Persönlichkeitsrecht aus Art. 2 Abs. 1 i.V.m. Art. 1 Abs. 1 GG – Eingriff in den Kernbereich privater Lebensgestaltung durch die Schilderung intimster Details)

716 Vgl. auch BVerfGE 81, 278 (295 f.) – „Bundesflagge".

§ 17 Schutz von Ehe und Familie (Art. 6 GG)

A. Schutzbereiche

311 Art. 6 GG enthält verschiedene grundrechtliche Bestimmungen rund um Ehe und Familie. Seinem im Folgenden vorrangig zu behandelnden **abwehrrechtlichen** Gehalt nach werden die Ehe und die Familie (Abs. 1) sowie die freie elterliche Pflege und Erziehung (Abs. 2) grundsätzlich vor staatlichen Eingriffen geschützt.

I. Schutz der Ehe und Familie, Art. 6 Abs. 1 GG

1. Schutz der Ehe

a) Der (normgeprägte) Begriff der Ehe

312 Das Grundgesetz enthält keine eigene, an vorgefundene natürliche oder soziale Umstände anknüpfende Definition der **Ehe** und gewährleistet deren Schutz daher „nicht abstrakt, sondern in der **Ausgestaltung**, wie sie den jeweils herrschenden, in der **gesetzlichen Regelung** maßgebend zum Ausdruck gelangten Anschauungen entspricht ... ".[717] Der Ehebegriff bedarf somit in besonderem Maße „einer rechtlichen Regelung, die ausgestaltet und abgrenzt, welche Lebensgemeinschaft als Ehe den Schutz der Verfassung genießt".[718] Dem Gesetzgeber steht insoweit ein erheblicher **Gestaltungsspielraum** zu, „Form und Inhalt der Ehe zu bestimmen"[719].

Verfassungsrechtliche Grenzen findet indes auch der ausgestaltende Gesetzgeber in den objektiv-rechtlichen Vorgaben des Art. 6 Abs. 1 GG als **Institutsgarantie** und als **wertsetzender Grundsatznorm**.[720]

313 Unter den Schutz des Art. 6 Abs. 1 GG fallen **im Einzelnen** insbesondere

- nach **bürgerlichem Recht** (§§ 1303 ff. BGB) geschlossene Ehen, des Weiteren
- sog. **hinkende Ehen**, d.h. solche Ehen, die nur nach ausländischem Recht, nicht aber nach dem deutschen bürgerlichen Recht wirksam geschlossen worden sind,[721]
- **nicht** dagegen sog. **nichteheliche Lebensgemeinschaften**, **gleichgeschlechtliche Partnerschaften**[722] sowie **nur vor einem Geistlichen** geschlossene Ehen[723].

---

717 BVerfGE 105, 313 (345) – „Lebenspartnerschaftsgesetz". Vgl. zum Ehebegriff anschaulich *Coester-Waltjen*, Jura 2008, 108 (108 f.).
718 BVerfGE 105, 313 (345) – „Lebenspartnerschaftsgesetz".
719 BVerfGE 105, 313 (345) – „Lebenspartnerschaftsgesetz".
720 Vgl. dazu sogleich unten Rn. 315 f.
721 Vgl. BVerfGE 62, 323 (330 ff.) – „Hinkende Ehen".
722 Vgl. BVerfGE 105, 313 (345) – „Lebenspartnerschaftsgesetz".
723 Vgl. BVerwG NVwZ 2005, 1191 (1192).

b) Reichweite des sachlichen Schutzbereichs

Zu den von Art. 6 Abs. 1 GG geschützten Verhaltensweisen gehören **im Einzelnen** 314
insbesondere

- die **Eheschließung** mit einem frei gewählten Partner,[724]
- die Modalitäten des ehelichen **Zusammenlebens** sowie
- auch die **Ehescheidung**.[725]

c) Objektiv-rechtliche Gehalte des Art. 6 Abs. 1 GG: Institutsgarantie und wertentscheidende Grundsatznorm

Art. 6 Abs. 1 GG erschöpft sich indes nicht im abwehrrechtlichen Schutz der Ehe vor 315
staatlichen Eingriffen. So gehört es zu den **„wesentlichen Strukturprinzipien"** der Ehe, die Art. 6 Abs. 1 GG – nicht als subjektives Abwehrrecht, sondern als objektiv-rechtliche **Institutsgarantie** – verbürgt, und an die der einfache Gesetzgeber auch bei der gesetzlichen Ausgestaltung der Ehe zwingend gebunden ist, dass sie „die **Vereinigung eines Mannes mit einer Frau** zu einer **auf Dauer angelegten Lebensgemeinschaft** ist, begründet auf freiem Entschluss unter Mitwirkung des Staates ..., in der Mann und Frau in gleichberechtigter Partnerschaft zueinander stehen ... und über die Ausgestaltung ihres Zusammenlebens frei entscheiden können".[726]

Vor diesem Hintergrund dürfte die einfachgesetzliche Einführung der **„Ehe für alle"** (siehe § 1353 Abs. 1 S. 1 BGB n.F.) kaum mit Art. 6 Abs. 1 GG in seiner jetzigen Form vereinbar sein, zumal das Bundesverfassungsgericht auch in seinen jüngsten Entscheidungen zur Gleichstellung von Ehen und Lebenspartnerschaften[727] stets auf das strukturprinzipielle Merkmal der Ehe als Vereinigung von Mann und Frau hingewiesen hatte.

Überdies gebietet Art. 6 Abs. 1 GG „als **verbindliche Wertentscheidung** für den ge- 316
samten Bereich des Ehe und Familie betreffenden privaten und öffentlichen Rechts einen **besonderen Schutz durch die staatliche Ordnung**".[728]

Umstritten war früher die Frage, ob die objektiv-rechtlichen Gehalte des Art. 6 Abs. 1 GG – also die durch die Institutsgarantie vorgegebenen **wesentlichen Strukturprinzipien der Ehe** oder der kraft objektiver Wertentscheidung gebotene **besondere Schutz der Ehe** durch die staatliche Ordnung – es dem Gesetzgeber untersagen, „Rechtsformen für ein auf Dauer angelegtes Zusammenleben auch anderen Personenkonstellationen als der Verbindung von Mann und Frau anzubieten", die der Ehe im Übrigen entsprechen, insbesondere durch die Schaffung eines Rechtsinstituts der **eingetragenen (gleichgeschlechtlichen) Lebenspartnerschaft**.[729] Das Bundesverfassungsgericht hat die Zulässigkeit der Schaffung solcher Rechtsformen mit seiner Entscheidung zum **Lebenspartnerschaftsgesetz** aus dem Jahre 2002 grundsätzlich bejaht und ein aus Art. 6 Abs. 1 GG angeblich folgendes **„Abstandsgebot"**[730] zu Lasten gleichgeschlechtlicher Lebenspartnerschaften abgelehnt: „Das Ausmaß des rechtlichen Schutzes und der Förderung der Ehe wird in keinerlei Hinsicht verringert, wenn die Rechtsordnung auch **ande-**

724 Vgl. BVerfGE 31, 58 (67) – „Spanier-Beschluss".
725 Vgl. BVerfGE 53, 224 (245) – „Ehescheidung".
726 BVerfGE 105, 313 (345) – „Lebenspartnerschaftsgesetz".
727 Siehe dazu sogleich unten Rn. 316.
728 BVerfGE 105, 313 (346) – „Lebenspartnerschaftsgesetz" (ohne Hervorhebungen im Original).
729 BVerfGE 105, 313 (351) – „Lebenspartnerschaftsgesetz".
730 BVerfGE 105, 313 (350) – „Lebenspartnerschaftsgesetz".

re Lebensformen anerkennt, die **mit der Ehe** als Gemeinschaft verschiedengeschlechtlicher Partner **nicht in Konkurrenz** treten können. Es ist **verfassungsrechtlich** auch **nicht begründbar**, aus dem besonderen Schutz der Ehe abzuleiten, dass solche anderen Lebensgemeinschaften **im Abstand zur Ehe auszugestalten und mit geringeren Rechten zu versehen** sind."[731] Diesen Ansatz hat das Gericht in späteren Entscheidungen konsequent durchgehalten und Benachteiligungen der eingetragenen Lebenspartnerschaften gegenüber Ehen – etwa im Bereich der betrieblichen Hinterbliebenenversorgung[732], im Erbschaftssteuer- und Schenkungssteuergesetz[733] sowie insbesondere mit Blick auf das einkommensteuerrechtliche Ehegattensplitting[734] und im Adoptionsrecht[735] – für verfassungswidrig erachtet, da sich auch außerhalb des Art. 6 Abs. 1 GG keine hinreichend gewichtigen Differenzierungsgründe für derartige Benachteiligungen ergeben.

2. Schutz der Familie

317 **Familie** ist „die aus Eltern und Kind bestehende Gemeinschaft".[736] Zu den **Kindern** gehören dabei neben den leiblichen auch „Stief-, Adoptiv- und Pflegekinder",[737] die **Eltern** müssen nicht miteinander verheiratet sein.[738]

318 Der grundgesetzliche Schutz der Familie nach Art. 6 Abs. 1 GG erstreckt sich in sachlicher Hinsicht auf die **Familiengründung** sowie auf sämtliche Bereiche des **familiären Zusammenlebens**,[739] d.h.

- zunächst und in erster Linie auf „die **Lebens- und Erziehungsgemeinschaft zwischen Eltern und Kindern**", die „von der prinzipiellen Schutzbedürftigkeit des heranwachsenden Kindes bestimmt" ist,[740]
- sodann auf die familiäre **„Hausgemeinschaft"**, die entsteht, wenn „mit wachsender Handlungs- und Entscheidungsfähigkeit des Kindes ... Verantwortlichkeit und Sorgerecht der Eltern zurück[treten]",[741]
- sowie – nach Auflösung der Hausgemeinschaft – auf die **„Begegnungsgemeinschaft"**, „bei der Eltern und Kinder nur den gelegentlichen Umgang pflegen".[742]

---

731 BVerfGE 105, 313 (348) – „Lebenspartnerschaftsgesetz" (ohne Hervorhebungen im Original). Vgl. demgegenüber die abweichende Meinung des Richters Papier, BVerfGE 105, 313 (357 ff.) – „Lebenspartnerschaftsgesetz".
732 Vgl. BVerfGE 124, 199 (226 ff.) – „Hinterbliebenenversorgung eingetragener Lebenspartner".
733 Vgl. BVerfGE 126, 400 (419 ff.) – „Steuerliche Diskriminierung eingetragener Lebenspartner ".
734 Vgl. BVerfGE 133, 377 (407 ff.) – „Ehegattensplitting".
735 Vgl. BVerfGE 133, 59 (73 ff.) – „Sukzessivadoption".
736 BVerfGE 18, 97 (105 f.) – „Zusammenveranlagung". Vgl. zum Begriff der Familie weiterführend *Coester-Waltjen*, Jura 2008, 349 (349 f.).
737 BVerfGE 18, 97 (106) – „Zusammenveranlagung".
738 Vgl. etwa BVerfGE 106, 166 (176) – „Zählkindervorteil".
739 Vgl. *Kingreen/Poscher*, Grundrechte Staatsrecht II, 33. Aufl. 2017, § 15 Rn. 756.
740 BVerfGE 80, 81 (90) – „Volljährigenadoption I".
741 BVerfGE 80, 81 (90) – „Volljährigenadoption I".
742 BVerfGE 80, 81 (90 f.) – „Volljährigenadoption I".

II. Elternrecht, Art. 6 Abs. 2 S. 1 GG

Art. 6 Abs. 2 S. 1 GG schützt das (gegenüber Abs. 1 eigenständige, vielfach in seiner Tragweite unterschätzte) elterliche Recht auf Pflege und Erziehung der Kinder. Träger des von der Ehelichkeit unabhängigen Elternrechts sind die beiden **leiblichen Eltern**[743] und die **Adoptiveltern**[744], **nicht** jedoch die **Pflegeeltern**[745]. In sachlicher Hinsicht umfasst das elterliche Recht auf Pflege und Erziehung der Kinder die **freie Entscheidung** der Eltern darüber, „wie sie die **Pflege und Erziehung ihrer Kinder gestalten** und damit ihrer Elternverantwortung gerecht werden wollen",[746] einschließlich des **Umgangsrechts** eines Elternteils, das es ihm ermöglicht, sich stetig persönlich von der Entwicklung des Kindes zu überzeugen, verwandtschaftliche Beziehungen aufrechtzuerhalten und dem Liebesbedürfnis Rechnung zu tragen.[747] 319

B. Eingriff

Ob ein Eingriff in die Schutzbereiche des Art. 6 Abs. 1 und 2 GG vorliegt, bestimmt sich grundsätzlich nach den allgemeinen Regeln. Vor allem mit Blick auf den **Schutz der Ehe** ist allerdings zu beachten, dass wegen der Ausgestaltungsbedürftigkeit des Ehebegriffs nicht jede ehebezogene gesetzliche Regelung, die gegenüber der bestehenden Rechtslage zu einer Verschlechterung der Rechtsposition der Eheleute führt, zugleich einen Eingriff in das Abwehrrecht aus Art. 6 Abs. 1 GG darstellt. Es bedarf vielmehr stets einer Abgrenzung zwischen Regelungen, die in den Schutzbereich des Art. 6 Abs. 1 GG im grundrechtsdogmatischen Sinne **eingreifen** (und einer Rechtfertigung durch kollidierendes Verfassungsrecht bedürfen) und solchen Regelungen, die den Schutzbereich des Art. 6 Abs. 1 GG insofern erst **ausgestalten**. Letztere verletzen Art. 6 Abs. 1 GG nur dann, wenn sie nicht den oben genannten wesentlichen **verfassungsrechtlichen Strukturprinzipien** der Ehe gerecht werden. 320

Von einem „Eingriff" sollte in diesem Zusammenhang freilich nicht gesprochen werden, da in solchen Fällen nicht die Abwehrfunktion des Art. 6 Abs. 1 GG, sondern seine Funktion als **Institutsgarantie** betroffen ist.

Als **Eingriffsregelungen** im herkömmlichen Sinne kommen daher vor allem **außerhalb des bürgerlich-rechtlichen Ehe- und Familienrechts** liegende Normen in Betracht, die ihrem Sinn und Zweck nach **nicht auf eine einfach-rechtliche Ausgestaltung der Ehe angelegt** sind, sondern andere, externe Regelungszwecke verfolgen.[748] 321

---

743 Vgl. BVerfGE 92, 158 (177) – „Adoption II".
744 Vgl. BVerfGE 24, 119 (150) – „Adoption I".
745 Vgl. BVerfGE 79, 51 (60) – „Sorgerechtsprozess".
746 BVerfGE 59, 360 (376) – „Schülerberater" (ohne Hervorhebung im Original).
747 Vgl. BVerfG NJW 2015, 2561 (2561).
748 Vgl. *Kingreen/Poscher*, Grundrechte Staatsrecht II, 33. Aufl. 2017, § 14 Rn. 760 f. mit weiterführenden Erwägungen zur Zulässigkeit ausgestaltender Regelungen.

Eingriffe können beispielsweise mit **steuerrechtlichen** Bestimmungen verbunden sein, die das eheliche Zusammenleben erschweren (z.B. die Erhebung einer Steuer auf eine aus beruflichen Gründen gehaltene Zweitwohnung eines Verheirateten, dessen eheliche Wohnung in einer anderen Gemeinde liegt)[749]. Auch die **Ausweisung von Ausländern**, die im Inland verheiratet sind oder Kinder haben, wird regelmäßig als Eingriff in die Rechte der Beteiligten aus Art. 6 Abs. 1 GG zu qualifizieren sein;[750] ob es den zurückgebliebenen Personen zumutbar ist, die Ehe oder das Familienleben im Ausland fortzuführen, ist dann Frage der Verhältnismäßigkeit.[751]

C. Rechtfertigung

I. Beschränkungen des Ehe- und Familienschutzes, Art. 6 Abs. 1 GG

322 Der Schutz der Ehe und Familie nach Art. 6 Abs. 1 GG ist vorbehaltlos gewährleistet. Eingriffe können daher nur aufgrund **kollidierenden Verfassungsrechts** gerechtfertigt werden.

II. Beschränkungen des Elternrechts, Art. 6 Abs. 2 S. 2 und Abs. 3 GG

323 Beschränkungen des Elternrechts sind zum einen gemäß **Art. 6 Abs. 2 S. 2 GG** möglich, nämlich **zum Wohle des Kindes**, wobei diese wegen Art. 20 Abs. 3 GG nur durch ein Gesetz oder aufgrund eines Gesetzes erfolgen dürfen.[752] Im Ergebnis kommt Art. 6 Abs. 2 S. 2 GG damit einem **qualifizierten Gesetzesvorbehalt** gleich. In dieser Beschränkungsmöglichkeit kommt der besondere Charakter des Elternrechts zum Ausdruck: Das Elternrecht aus Art. 6 Abs. 2 S. 2 GG ist ein **„fiduziarisches Recht, ein dienendes Grundrecht"**, welches den Eltern (nur) deswegen anvertraut wurde, weil die Schöpfer des Grundgesetzes davon ausgegangen sind, „dass in aller Regel Eltern das Wohl des Kindes mehr am Herzen liegt als irgendeiner anderen Person oder Institution".[753] Bei Interessenkollisionen zwischen elterlicher Pflege und Erziehung und dem Wohl des Kindes kommt daher letzterem grundsätzlich Vorrang zu; der Staat hat dabei aus Art. 6 Abs. 2 S. 2 GG ersichtlich ein **„Wächteramt"** inne.[754]

324 Zum anderen sind Beschränkungen des Elternrechts auch möglich aufgrund **kollidierenden Verfassungsrechts.** Hier kommt insbesondere etwa der staatliche **Bildungs- und Erziehungsauftrag aus Art. 7 Abs. 1 GG** in Betracht.[755]

---

749 BVerfGE 114, 316 (333 ff.) – „Zweitwohnungssteuer II".

750 Vgl. BVerfGE 76, 1 (45 ff.) – „Familiennachzug"; einschränkend dagegen *Kingreen/Poscher*, Grundrechte Staatsrecht II, 33. Aufl. 2017, § 14 Rn. 764.

751 Vgl. *Jarass/Pieroth*, GG Kommentar, 14. Aufl. 2016, Art. 6 Rn. 14.

752 Vgl. BVerfGE 107, 104 (120) – „Anwesenheit im JGG-Verfahren".

753 BVerfGE 59, 360 (376 f.) – „Schülerberater" (ohne Hervorhebung im Original).

754 BVerfGE 59, 360 (376) – „Schülerberater" (ohne Hervorhebung im Original).

755 Vgl. *Kingreen/Poscher*, Grundrechte Staatsrecht II, 33. Aufl. 2017, § 15 Rn. 773.

Eine **Schranken-Schranke** enthält schließlich **Art. 6 Abs. 3 GG.**[756] Die Trennung des Kindes von seinen Eltern wird hier unter besondere Voraussetzungen gestellt, nämlich an das **Versagen der Erziehungsberechtigten** oder die **Verwahrlosung des Kindes aus anderen Gründen.** 325

Literaturhinweise:

Coester-Waltjen, Art. 6 GG und der Schutz der Ehe, Jura 2008, 108
dies., Art. 6 GG und der Schutz der Familie, Jura 2008, 349
Ipsen, Ehe und Familie, in: Isensee/Kirchhof (Hrsg.), Handbuch des Staatsrechts, Band VII, 3. Aufl. 2009, § 154 (zur Vertiefung)

Wichtige Rechtsprechung:

Zu A. I. 1. c) BVerfGE 105, 313 – „Lebenspartnerschaftsgesetz"
(Vereinbarkeit der gesetzlichen Einführung des Rechtsinstituts einer eingetragenen Lebenspartnerschaft mit Art. 6 Abs. 1 GG – keine Ableitbarkeit eines „Abstandsgebots" aus Art. 6 Abs. 1 GG)

756 Vgl. *Sodan/Ziekow*, Grundkurs Öffentliches Recht, 7. Aufl. 2016, § 34 Rn. 17.

§ 18 Versammlungsfreiheit (Art. 8 GG)

A. Grundsätzliches zur Versammlungsfreiheit

326 Als Freiheit zu kollektiver Meinungsäußerung gehört das durch Art. 8 GG gewährleistete Grundrecht der Versammlungsfreiheit wie die Rechte aus Art. 5 GG und Art. 9 GG zu den sog. Kommunikationsgrundrechten. Es hat damit ebenfalls „die Bedeutung eines **grundlegenden und unentbehrlichen Funktionselementes**" innerhalb der **demokratischen** Ordnung.[757]

B. Schutzbereich

I. Sachlicher Schutzbereich

327 Art. 8 GG gewährleistet das Recht, sich ohne Erlaubnis oder Anmeldung friedlich und ohne Waffen zu versammeln.

Beispielsfall 7[758]

Die Gemeinde G plant den Bau einer Synagoge im Gemeindezentrum. Der Landesverband der rechtsextremen Rechts-Partei (R) meldet daher für den 27. Januar eine Kundgebung unter dem Motto „Keine Steuergelder für den Synagogenbau! Für Meinungsfreiheit!" auf einem zu den Seiten hin unbegrenzten öffentlichen Platz direkt vor der geplanten Baustelle in G an. Zu der Veranstaltung werden rund 500 Teilnehmer überwiegend aus der rechtsextremen Szene erwartet. Nach Rücksprache mit dem Landesverband, in deren Rahmen der Verband vor allem Wert auf den Termin der Kundgebung legt, untersagt die zuständige Behörde die Kundgebung auf der Grundlage des einschlägigen landesrechtlichen Versammlungsgesetzes, welches Versammlungsbeschränkungen und -verbote zum Schutz der „öffentlichen Sicherheit oder Ordnung" ermöglicht. Zur Begründung führt die Behörde aus, dass auf der Veranstaltung Äußerungen inhaltlich anstößiger, rechtsextremistischer Meinungen zu erwarten seien. Zwar erfüllten diese Meinungsäußerungen nicht notwendig den Volksverhetzungstatbestand (§ 130 StGB) und liege daher keine Gefahr für die „öffentliche Sicherheit" vor. Allerdings gefährdeten die Meinungsäußerungen die „öffentliche Ordnung", da sie den in Deutschland vorherrschenden Wertvorstellungen zuwiderliefen, die zentraler Ausdruck der Abkehr von rechtsextremistischen Ideologien wie dem Nationalsozialismus seien. Im Übrigen wies die Behörde darauf hin, dass der 27. Januar als Jahrestag der Befreiung des Konzentrationslagers Auschwitz 1945 staatlicherseits zum offiziellen Tag des Gedenkens an die Opfer des Nationalsozialismus bestimmt worden sei und die Durchführung der angemeldeten Kundgabe an jenem Gedenktag eine mit der „öffentlichen Ordnung" ebenfalls unvereinbare Provokation darstelle. – **Ist der Landesverband der R-Partei in seinem Recht aus Art. 8 Abs. 1 GG verletzt?**

757 BVerfGE 69, 315 (347) – „Brokdorf" (ohne Hervorhebungen im Original).
758 Nach BVerfGE 111, 147 – „Inhaltsbezogenes Versammlungsverbot" und BVerfG, Kammerbeschl. v. 26.1.2001, 1 BvQ 9/01, juris – „Holocaust-Gedenktag".

1. Versammlung

Eine **Versammlung** i.S.v. Art. 8 Abs. 1 GG ist eine **328**

- örtliche Zusammenkunft von mindestens zwei/drei/sieben (str.) Personen (= **quantitative** Komponente)
- zur gemeinschaftlichen, auf die Teilhabe an der öffentlichen Meinungsbildung gerichteten Erörterung oder Kundgebung (= **qualitative** Komponente).

Auch im **einfachgesetzlichen Versammlungsrecht**, welches seit Inkrafttreten der Föderalismusreform I in die Gesetzgebungszuständigkeit der Länder fällt, finden sich Definitionen des Versammlungsbegriffs. So sieht etwa Art. 2 Abs. 1 des Bayerischen Versammlungsgesetzes folgende Definition vor: „Eine Versammlung ist eine Zusammenkunft von mindestens zwei Personen zur gemeinschaftlichen, überwiegend auf die Teilhabe an der öffentlichen Meinungsbildung gerichteten Erörterung oder Kundgebung." Diese einfachgesetzlichen Begriffe können freilich **nicht unmittelbar** zur **Auslegung des Art. 8 GG** herangezogen werden.

a) Örtliche Zusammenkunft mehrerer Personen

Im Hinblick auf das **quantitative** Erfordernis einer Personenmehrheit wird – teils un- **329**
ter Verweis auf den angeblich mehr als nur zwei Personen nahelegenden Wortlaut, teils unter Rückgriff auf vereinsrechtliche Bestimmungen (§§ 56, 73 BGB) – bisweilen gefordert, es müsse sich um eine Zusammenkunft von mindestens drei bzw. sieben Personen handeln.[759] Diese restriktiven Auslegungen überzeugen indes nicht, zumal „eine unterschiedliche rechtliche Einordnung einer Veranstaltung mit zwei und einer mit drei Personen" – also eine Verengung des Gewährleistungsbereichs – „unter Verweis auf ein – **vages** – **Sprachgefühl** und ‚natürliches Verständnis' … angesichts des auch **individualbezogenen Schutzzwecks** des Art. 8 GG und des daraus zu folgernden **Verbots einer staatlichen Isolierung des Einzelnen**" kaum haltbar sein dürfte.[760] Sie werden daher zu Recht überwiegend abgelehnt. Es genügt somit nach vorzugswürdiger Auffassung eine Zusammenkunft von **zwei Personen**.

b) Zweck der Zusammenkunft

Mit der **qualitativen** Komponente des Versammlungsbegriffs sind zwei Fragen ver- **330**
bunden: Zunächst ist eine Abgrenzung der Versammlung zur bloßen **Ansammlung** anhand des Merkmals „gemeinschaftlich" vorzunehmen. Das Zusammensein der Personen darf somit nicht auf letztlich zufälligen Umständen beruhen, vielmehr muss von ihnen ein gemeinsamer Zweck verfolgt werden, d.h. es ist eine gewisse **innere Verbindung** der Personen zu **„gemeinschaftlicher"** Zweckverfolgung erforderlich.[761] Dies ist etwa nicht gegeben bei einem Auflauf Schaulustiger, bei „Volksbelustigungen" usw. **Nicht** erforderlich ist dagegen eine **inhaltliche Einigkeit** bei der Zweckverfolgung, d.h. es sind etwa auch diejenigen in den Schutz des Art. 8 GG einbezogen, die

---

759 Vgl. dazu die Nachweise bei *Kunig*, in: von Münch/Kunig (Hrsg.), GG Kommentar, Bd. I, 6. Aufl. 2012, Art. 8 Rn. 13.

760 VGH Mannheim, Urt. v. 25.4.2007, 1 S 2828/06, juris, Rn. 22 f. (ohne Hervorhebungen im Original).

761 BVerfGE 69, 315 (343) – „Brokdorf".

den verkündeten Meinungen kritisch gegenüber stehen. Beteiligung an der Versammlung setzt insofern „keine Unterstützung des Versammlungsziels voraus, sondern erlaubt auch Widerspruch und Protest" – allerdings muss die Bereitschaft vorliegen, „die Versammlung in ihrem Bestand hinzunehmen und abweichende Ziele allein mit kommunikativen Mitteln zu verfolgen".[762]

331 Darüber hinaus ist streitig, ob für die Eröffnung des Schutzbereichs bereits die Verfolgung irgendeines Zwecks genügt, oder ob mit der Zusammenkunft eine **bestimmte Art von Zwecken** verfolgt werden muss. Nach Ansicht des **Bundesverfassungsgerichts** setzt Art. 8 GG voraus, „dass die Zusammenkunft auf die Teilhabe an der **öffentlichen Meinungsbildung** gerichtet ist"[763]. Diese Voraussetzung liegt nicht vor, wenn die Zusammenkunft in erster Linie Tanz-, Spaß- oder sonstigen Unterhaltungszwecken dient und die Meinungskundgabe völlig in den Hintergrund tritt.[764] Das Bundesverfassungsgericht kann sich bei dieser engeren Auslegung des Art. 8 GG insbesondere auf die gerade „in Demokratien mit parlamentarischem Repräsentativsystem und geringen plebiszitären Mitwirkungsrechten" **grundlegende Funktion** der Versammlungsfreiheit für den **Prozess der öffentlichen Meinungsbildung** stützen, welche dazu führt, dass die Versammlungsfreiheit einen herausgehobenen Schutz genießt und „Rechte anderer (zum Beispiel von Anwohnern, Verkehrsteilnehmern und Gewerbetreibenden) häufig wegen des hohen Rangs der Versammlungsfreiheit zurücktreten" müssen.[765]

Das Bundesverfassungsgericht hatte es daher verfassungsrechtlich nicht beanstandet, dass Verwaltungsgerichte die Berliner **„Love Parade"** und die **„Fuckparade"** unter Verweis auf das Fehlen eines hinreichenden Bezugs der Veranstaltungen zur öffentlichen Meinungsbildung nicht als Versammlungen im Sinne von Art. 8 GG qualifiziert haben.[766] Anders als das Abhalten solcher Musik- und Tanzveranstaltungen selbst sind von Art. 8 GG allerdings Veranstaltungen geschützt, die sich dafür einsetzen, „dass bestimmte Musik- und Tanzveranstaltungen auch in Zukunft ermöglicht werden", da in solchen Fällen durchaus eine kommunikative Einflussnahme auf die öffentliche Meinung vorliegt, die auf die zukünftige Durchführung solcher Veranstaltungen hinwirken soll.[767]

2. Friedlichkeit und Waffenlosigkeit der Versammlung

332 Eine Versammlung ist **unfriedlich**, wenn sie einen gewalttätigen oder aufrührerischen Verlauf nimmt oder zu nehmen droht.[768] Der Begriff der **Gewalttätigkeit** ist dabei nicht mit dem (weiten) Begriff der Gewalt i.S.v. § 240 StGB gleichzusetzen, zumal die Friedlichkeit in Art. 8 Abs. 1 GG zusammen mit der Waffenlosigkeit genannt wird und

---

762 BVerfGE 84, 203 (209) – „Republikaner".
763 BVerfGE 104, 92 (104) – „Sitzblockade III" (ohne Hervorhebung im Original).
764 Vgl. BVerfG, Kammerbeschl. v. 12.7.2001, 1 BvQ 28/01, 1 BvQ 30/01, juris, Rn. 23 ff.
765 BVerfG, Kammerbeschl. v. 12.7.2001, 1 BvQ 28/01, 1 BvQ 30/01, juris, Rn. 19, 22. Vgl. auch BVerfGE 104, 92 (104) – „Sitzblockade III". Zu den Argumenten der Gegenansicht vgl. statt vieler etwa *Kingreen/Poscher,* Grundrechte Staatsrecht II, 33. Aufl. 2017, § 17 Rn. 808 ff.
766 Vgl. BVerfG, Kammerbeschl. v. 12.7.2001, 1 BvQ 28/01, 1 BvQ 30/01, juris, Rn. 23 ff.
767 BVerfG, Kammerbeschl. v. 12.7.2001, 1 BvQ 28/01, 1 BvQ 30/01, juris, Rn. 25.
768 Vgl. dazu die Formulierung in §§ 5 Nr. 3, 13 Abs. 1 Nr. 2 VersammlG, die als solche freilich nicht zur Auslegung des Art. 8 GG herangezogen werden dürfen.

insofern erhöhte Anforderungen an die Versagung des Grundrechtsschutzes zu stellen sind.[769] Zu fordern sind daher „äußerliche Handlungen von einiger Gefährlichkeit wie etwa Gewalttätigkeiten oder aggressive Ausschreitungen gegen Personen oder Sachen".[770] Das Merkmal der **Aufruhr** meint demgegenüber den aktiven körperlichen Widerstand gegen rechtmäßig handelnde Vollstreckungsbeamte.[771]

Waffen i.S.v. Art. 8 Abs. 1 GG sind Waffen im technischen Sinne (vgl. § 1 WaffG, also Schusswaffen, Dolche usw.) sowie – nach h.M. – auch andere gefährliche Gegenstände (z.B. Baseballschläger, Eisenketten usw.), sofern sie zum Einsatz im Rahmen der Versammlung mitgeführt werden.[772] **333**

3. Reichweite des sachlichen Schutzbereichs

Art. 8 GG schützt alle Verhaltensweisen, die „mit der Versammlung in unmittelbarem sachlichen Zusammenhang stehen",[773] insbesondere **334**

- die (unterstützende oder kritische) **Teilnahme** an der Versammlung bzw. das **Fernbleiben**,
- den freien **Zugang** zu der Versammlung und die freie **Abreise** sowie
- die freie **Bestimmung** über **Ort**, **Zeitpunkt**, **Art** und **Inhalt** der Versammlung.

  Die Versammlungsfreiheit gewährleistet mit dem Selbstbestimmungsrecht allerdings **keinen freien Zutritt zu beliebigen Orten**.[774] Hier gilt es zu unterscheiden:

  – Die Versammlungsfreiheit verbürgt die Durchführung von Versammlungen jedenfalls im **„öffentlichen Straßenraum"**, da dieser das „natürliche und geschichtlich leitbildprägende Forum" ist, „auf dem Bürger ihre Anliegen besonders wirksam in die Öffentlichkeit tragen und hierüber die Kommunikation anstoßen können".[775]

  Beispiele: Versammlungen auf innerörtlichen Straßen und Plätzen, in Fußgängerzonen und verkehrsberuhigten Bereichen.

  – Auch außerhalb des öffentlichen Straßenraums liegende **„Orte allgemeinen kommunikativen Verkehrs"** genießen den Schutz der Versammlungsfreiheit, sofern sie „der Öffentlichkeit allgemein geöffnet und zugänglich sind"[776] – und zwar unabhängig davon, ob es sich um Privatgrundstücke handelt und sich der Eigentümer auf Art. 14 GG berufen kann.[777] Art. 8 Abs. 1 GG verschafft demgegenüber **keinen Zutritt** zu Orten, die „der Öffentlichkeit **nicht allgemein zugänglich** sind oder zu denen schon den äußeren Umständen nach **nur zu**

769 Vgl. BVerfGE 73, 206 (248) – „Sitzblockade I" m.w.N.
770 BVerfGE 73, 206 (248) – „Sitzblockade I".
771 Vgl. *Kingreen/Poscher,* Grundrechte Staatsrecht II, 33. Aufl. 2017, § 17 Rn. 817.
772 Vgl. *Jarass/Pieroth*, GG Kommentar, 14. Aufl. 2016, Art. 8 Rn. 9.
773 *Sodan/Ziekow*, Grundkurs Öffentliches Recht, 7. Aufl. 2016, § 36 Rn. 4.
774 Vgl. zum Folgenden grundlegend BVerfGE 128, 226 (251 ff.) – „Fraport".
775 BVerfGE 128, 226 (251) – „Fraport" (ohne Hervorhebung im Original).
776 BVerfGE 128, 226 (252 f.) – „Fraport".
777 Vgl. BVerfG NJW 2015, 2485 (2485) – „Bierdosen-Flashmob".

bestimmten Zwecken Zugang gewährt wird".[778] Als ein wichtiges Kriterium für die Bestimmung der Frage, ob ein bestimmter Ort in dem von der Versammlungsfreiheit geschützten öffentlichen Kommunikationsraum liegt, kommt das **„Leitbild des öffentlichen Forums"** in Betracht.[779]

Beispiele für geschützte Bereiche: Versammlungen in Einkaufszentren und Ladenpassagen, wo durch die Verbindung von Ladengeschäften, Dienstleistungsanbietern, Restaurants und Erholungsflächen ein „Raum des Flanierens" und „Orte des Verweilens und der Begegnung" entstehen, ferner in großen Teilen eines Flughafens oder Bahnhofs, wo ein entsprechender, allgemein zugänglicher Kommunikationsraum geschaffen wurde – **Beispiele für nichtgeschützte Bereiche:** Versammlungen in Verwaltungsgebäuden, öffentlichen Schwimmbädern oder Krankenhäusern, ferner im Abflugbereich eines Flughafens, wo durch eine individuelle Eingangskontrolle der Zutritt nur für bestimmte Personen (Flugpassagiere) sichergestellt ist – Sauber **zu trennen** sind diese Schutzbereichsabgrenzungen freilich von der Frage der **Grundrechtsbindung** (z.B. der Ladeninhaber, des Flughafenbetreibers usw.). Diese stellt sich ggfs. bei der Prüfung eines Grundrechts**eingriffs** durch die konkret beanstandete Versammlungsbeschränkung, bei der **Rechtfertigung** der Beschränkung durch gegenläufige Grundrechtsgewährleistungen betroffener privater Dritter sowie im Zusammenhang mit dem verfassungsgerichtlichen Beurteilungsmaßstab bei der Überprüfung von **Zivilgerichtsentscheidungen**.

4. Verhältnis der Versammlungsfreiheit zur Meinungsfreiheit aus Art. 5 Abs. 1 GG

335 Anders als etwa im Verhältnis der Meinungsfreiheit (Art. 5 Abs. 1 GG) zur spezielleren Kunstfreiheit (Art. 5 Abs. 3 GG) geht das **Bundesverfassungsgericht** nicht von einem Vorrang der Versammlungsfreiheit als der spezielleren Kommunikationsfreiheit aus, sondern wendet die Versammlungs- und die Meinungsfreiheit **nebeneinander** an („Art. 8 Abs. 1 in Verbindung mit Art. 5 Abs. 1 S. 1 GG"[780]). Welchem Grundrecht es dann die verfassungsrechtlichen Maßstäbe für die konkret in Rede stehende Maßnahme bzw. für die einzelnen Bestandteile von deren Begründung entnimmt, richtet sich danach, ob es um eine Anknüpfung der Versammlungsbeschränkung an die (zu erwartenden) **kommunizierten Inhalte** der Versammlung geht oder an die **Versammlung als solche**, also etwa an das äußere Erscheinungsbild eines Aufzugs usw.[781] Verstößt dabei eine an Art. 5 GG zu messende Anknüpfung der Versammlungsbeschränkung an bestimmte (zu erwartende) Meinungsinhalte gegen die Meinungsfreiheit, ist freilich zugleich auch Art. 8 GG verletzt. Denn „der Inhalt einer Meinungsäußerung, der im Rahmen des Art. 5 GG nicht unterbunden werden darf, kann ... auch nicht zur Rechtfertigung von Maßnahmen herangezogen werden, die das Grundrecht des Art. 8 GG beschränken".[782] Daher hat in versammlungsrechtlichen Fällen stets auch die Meinungsfreiheit große Bedeutung, insbesondere auch bei Versammlungen mit **rechts- oder linksextremem Hintergrund**.[783]

778 BVerfGE 128, 226 (251, 253) – „Fraport" (ohne Hervorhebungen im Original).
779 BVerfGE 128, 226 (253) – „Fraport" (ohne Hervorhebung im Original).
780 BVerfGE 124, 300 (317, 341) – „Wunsiedel".
781 Vgl. grundlegend BVerfGE 90, 241 (246) – „Auschwitzlüge".
782 BVerfGE 111, 147 (155) – „Inhaltsbezogenes Versammlungsverbot".
783 Vgl. jüngst etwa BVerfGE 124, 300 – „Wunsiedel".

Diese **„parallele" Anwendung** von Versammlungsfreiheit und Meinungsfreiheit erscheint auf den ersten Blick zwar verwirrend, ist aber sachgerecht, da die **Träger der Versammlungsfreiheit** – insbesondere der Versammlungsleiter –, und die **Urheber** der auf der Versammlung vorgenommenen oder zu erwartenden **Meinungsäußerungen** häufig **auseinanderfallen** dürften. Vor diesem Hintergrund zeigt sich die Notwendigkeit, in jedem Falle stets auch von einer Eröffnung des Schutzbereichs der Versammlungsfreiheit auszugehen. Vorrangig an den **Anforderungen der Meinungsfreiheit** aus Art. 5 Abs. 1 S. 1 GG (und damit auch an den Anforderungen des Vorbehalts aus Art. 5 Abs. 2 GG) zu messen sind dann z.B. versammlungsrechtliche Auflagen, mit denen dem Veranstalter einer Versammlung aufgelegt wird, dafür Sorge zu tragen, dass es im Laufe der Veranstaltung nicht zur Leugnung oder Verharmlosung der Judenverfolgung im Dritten Reich kommt.[784]

Zu Beispielsfall 7 (Rn. 327): Der Schutzbereich der Versammlungsfreiheit müsste eröffnet sein. Bei der angemeldeten Kundgabe zum Bau der geplanten Synagoge in G handelt es sich um eine örtliche Zusammenkunft von mehr als zwei Personen zum Zwecke der gemeinschaftlichen kommunikativen Stellungnahme, die prinzipiell geeignet ist, zur öffentlichen Meinungsbildung mit Blick auf den Synagogenbau beizutragen. Eine Versammlung i.S.v. Art. 8 Abs. 1 GG liegt daher vor. Anzeichen für Gewalttätigkeiten oder aggressive Ausschreitungen gegen Personen oder Sachen sind nicht ersichtlich und können insbesondere nicht pauschal aus der Herkunft des zu erwartenden Teilnehmerkreises aus dem rechtsextremen Bereich abgeleitet werden. Von der Friedlichkeit und Waffenlosigkeit der angemeldeten Versammlung kann daher ausgegangen werden. Vom Schutzbereich des Art. 8 Abs. 1 GG sind vorliegend die Wahl des Veranstaltungsthemas, die Wahl des allgemein zugänglichen Kundgebungsortes vor der geplanten Baustelle sowie die Wahl des konkreten Kundgebungstermins erfasst. Möglicherweise könnte allerdings die Meinungsfreiheit aus Art. 5 Abs. 1 S. 1 GG vorrangig zur Anwendung kommen, soweit die Untersagung der Kundgebung auf die im Rahmen der Veranstaltung erwarteten Meinungsäußerungen gestützt wird. Zwischen Versammlungs- und Meinungsfreiheit besteht indes kein Spezialitätsverhältnis; vielmehr kommen beide Grundrechte nebeneinander zur Anwendung. Welchem Grundrecht die verfassungsrechtlichen Maßstäbe für die konkret in Rede stehende Maßnahme bzw. für die betreffende Begründung entnommen wird, richtet sich danach, ob es um eine Anknüpfung der Versammlungsbeschränkung an die (zu erwartenden) kommunizierten Inhalte der Versammlung geht oder an die Versammlung als solche, also an deren äußeres Erscheinungsbild.[785] Dies ändert allerdings nichts daran, dass auch bei inhaltsbezogenen Versammlungsbeschränkungen der Schutzbereich der Versammlungsfreiheit grundsätzlich betroffen ist,[786] zumal es vorliegend überhaupt nicht um Meinungsäußerungen seitens des Landesverbandes der R-Partei selbst geht, sondern um Bekundungen Dritter.

II. Persönlicher Schutzbereich

In persönlicher Hinsicht schützt Art. 8 GG zum einen natürliche Personen, die **Deutsche i.S.v. Art. 116 Abs. 1 GG** sind. Zum anderen sind nach Maßgabe des Art. 19 Abs. 3 GG auch **juristische Personen** geschützt, insbesondere etwa dann, wenn es sich bei dem Versammlungsveranstalter um eine Personenvereinigung handelt. 336

784 Vgl. dazu BVerfGE 90, 241 (246) – „Auschwitzlüge" und im Anschluss daran BVerfGE 111, 147 (154 f.) – „Inhaltsbezogenes Versammlungsverbot".

785 Vgl. grundlegend BVerfGE 90, 241 (246) – „Auschwitzlüge".

786 Vgl. in diesem Sinne BVerfGE 111, 147 (155) – „Inhaltsbezogenes Versammlungsverbot", wo auch im Falle inhaltsbezogener Versammlungsbeschränkungen von einer Beeinträchtigung des Grundrechts aus Art. 8 Abs. 1 GG ausgegangen wird.

Zu Beispielsfall 7 (Rn. 327): Der Landesverband der R-Partei kann sich als solcher auf die Versammlungsfreiheit berufen, wenn die Voraussetzungen des Art. 19 Abs. 3 GG vorliegen. Bei dem Landesverband handelt es sich um eine inländische juristische Person i.S.v. Art. 19 Abs. 3 GG. Die hinter der juristischen Person stehenden Mitglieder des Landesverbandes sind Träger des Grundrechts aus Art. 8 Abs. 1 GG, ein Durchgriff auf diese rechtfertigt daher die Einbeziehung der juristischen Person selbst in den Schutzbereich des Art. 8 Abs. 1 GG. Die Versammlungsfreiheit ist daher auch ihrem Wesen nach auf den Landesverband anwendbar, soweit es um die Veranstaltung der Kundgebung geht.

C. Eingriff

337 Ob ein Eingriff in das Recht aus Art. 8 GG vorliegt, bestimmt sich nach den allgemeinen Grundsätzen. Zwei mögliche Eingriffe – die Festlegung einer Anmeldungs- oder Erlaubnispflicht – sind dabei im Grundrechtstext von Art. 8 Abs. 1 GG ausdrücklich (als „Schranken-Schranken") erwähnt.

Zu Beispielsfall 7 (Rn. 327): In der behördlichen Untersagung der Kundgebung liegt eine rechtsförmige Beeinträchtigung der Versammlungsfreiheit, welche die Veranstaltung der Kundgebung final und unmittelbar unterbinden soll und nötigenfalls auch mit Zwang durchsetzbar ist. Es liegt ein Grundrechtseingriff im klassischen Sinne vor, der einer verfassungsrechtlichen Rechtfertigung bedarf.

D. Rechtfertigung

338 Bei der Prüfung der verfassungsrechtlichen Rechtfertigung eines Eingriffs ist zunächst zu unterscheiden zwischen Versammlungen **unter freiem Himmel** und **in geschlossenen Räumen**, da Art. 8 Abs. 2 GG insofern unterschiedliche Beschränkungsmöglichkeiten („Schranken") vorsieht. Die gegenüber der vorbehaltlosen Gewährleistung von Versammlungen in geschlossenen Bereichen erleichterte Beschränkungsmöglichkeit für Versammlungen unter freiem Himmel erklärt sich daraus, dass bei letzteren „wegen der **Berührung mit der Außenwelt** ein **besonderer**, namentlich organisationsrechtlicher und verfahrensrechtlicher **Regelungsbedarf**" besteht.[787] Für die Abgrenzung der beiden Versammlungsformen kommt es, diesem Beschränkungszweck entsprechend, nur darauf an, ob die Versammlung **„von der Allgemeinheit abgeschirmt"** ist, so dass „Konflikte, die eine Regelung erforderten, weniger vorgezeichnet sind", oder ob die Versammlung **„in der unmittelbaren Auseinandersetzung mit einer unbeteiligten Öffentlichkeit"** stattfinden soll, was „ein höheres, weniger be-

787 BVerfGE 69, 315 (348) – „Brokdorf" (ohne Hervorhebungen im Original).

herrschbares Gefahrenpotential" birgt, da sich „Emotionalisierungen der durch eine Versammlung herausgeforderten Auseinandersetzung … im Gegenüber zu einem allgemeinen Publikum schneller zuspitzen und eventuell Gegenreaktionen provozieren" können.[788] Eine Überdachung spielt entgegen dem Wortlaut „unter freiem Himmel" daher ebenso wenig eine entscheidende Rolle wie die Frage, ob der Versammlungsort zu den Seiten hin räumlich umschlossen ist oder nicht.[789]

In der **Fraport**-Entscheidung ordnete das Bundesverfassungsgericht eine Versammlung im Frankfurter Flughafengebäude als eine Versammlung „unter freiem Himmel" ein. Zwar sollte die Versammlung im Flughafengebäude und „damit überdacht und seitlich begrenzt" stattfinden. Ausschlaggebend für die Zuordnung zu Art. 8 Abs. 2 GG waren allerdings die Berührungen mit dem allgemeinen Flughafenpublikum, an das sich die Meinungskundgaben richteten.[790]

Beschränkungen des Grundrechts aus Art. 8 Abs. 1 GG können demnach entweder auf **einfache formelle Gesetze** mit **schlicht legitimen Regelungszielen** gestützt werden – so bei Versammlungen unter freiem Himmel – oder aber nur auf die **verfassungsimmanenten Schranken** der Versammlungsfreiheit – so bei Versammlungen in geschlossenen Räumen. Beschränkungen für Versammlungen sowohl unter freiem Himmel als auch in geschlossenen Räumen sehen insbesondere die **Versammlungsgesetze** des Bundes bzw. der Länder vor. **339**

In der Praxis führt die Ankündigung einer Versammlung häufig zu **Gegendemonstrationen**, die ebenfalls den Schutz des Art. 8 Abs. 1 GG genießen, und deren Teilnehmerzahl die der Ursprungsversammlung nicht selten übersteigt. Ein Vorgehen der Versammlungsbehörde gegen die ursprüngliche Versammlung muss sich in solchen Fällen am **Verhältnismäßigkeitsgrundsatz** messen lassen – als relativ milderes Mittel kommt immer auch ein Vorgehen gegen die Gegendemonstration in Betracht, und unter Angemessenheitsgesichtspunkten muss den Teilnehmern und dem Veranstalter der ursprünglichen Versammlung die versammlungsrechtliche Inanspruchnahme zumutbar sein. Grundsätzlich gilt hier der **Prioritätsgrundsatz**, d.h. die früher angemeldete Versammlung genießt mit Blick auf das „Ob" und das „Wie" der Versammlung grundsätzlich Vorrang – es sei denn, dass etwa ein bestimmter Veranstaltungsort über Jahre hinweg „blockiert" würde.[791] Drohen **Gewalttaten** als Gegenreaktion auf Versammlungen, so müssen sich „behördliche Maßnahmen **primär gegen die Störer** richten".[792] Es ist Aufgabe der zum Schutz der rechtsstaatlichen Ordnung berufenen Polizei, in unparteiischer Weise auf die Verwirklichung des Versammlungsrechts hinzuwirken.[793] Dieser Schutz muss gegebenenfalls unter Hinzuziehung externer Polizeikräfte verwirklicht werden. **340**

788 BVerfGE 128, 226 (256) – „Fraport".
789 So aber wohl *Kingreen/Poscher*, Grundrechte Staatsrecht II, 33. Aufl. 2017, § 17 Rn. 822. Vgl. wie hier BVerfGE 128, 226 (255 f.) – „Fraport".
790 BVerfGE 128, 226 (256) – „Fraport".
791 Vgl. zum Ganzen etwa BVerfG, Kammerbeschl. v. 6.5.2005, 1 BvR 961/05, juris, Rn. 25 ff.
792 Vgl. BVerfGE 69, 315 (360 f.) – „Brokdorf" (ohne Hervorhebung im Original).
793 Vgl. dazu und zum Folgenden BVerfG, Kammerbeschl. v. 18.8.2000, 1 BvQ 23/00, juris, Rn. 42.

Zu Beispielsfall 7 (Rn. 327): Die Kundgebung soll auf dem zu den Seiten hin unbegrenzten Platz vor der geplanten Baustelle, mithin also unter freiem Himmel i.S.v. Art. 8 Abs. 2 GG stattfinden. Die Gewährleistung der Versammlungsfreiheit unterliegt damit vorliegend einem **einfachen Gesetzesvorbehalt**. Die Untersagung erfolgte hier auf der Grundlage des landesrechtlichen Versammlungsgesetzes und wird dieser Anforderung daher prinzipiell gerecht. Verfassungsmäßig ist sie indes nur dann, wenn die gesetzliche Grundlage ihrerseits mit den formellen und materiellen verfassungsrechtlichen Vorgaben in Einklang steht (I.) und sich auch die Untersagung selbst als verfassungskonform erweist (II.).

Zu I.: Bedenken mit Blick auf die formelle **Verfassungsmäßigkeit des landesrechtlichen Versammlungsgesetzes** bestehen nicht. Auch in materieller Hinsicht erscheint es prinzipiell – jedenfalls in Anbetracht des Art. 8 Abs. 2 GG – als verfassungsrechtlich unbedenklich, dass das Versammlungsgesetz Beschränkungen und Verbote von Versammlungen zum Schutze der sicherheitsrechtlichen Schutzgüter der „öffentlichen Sicherheit" (i.e. die Unversehrtheit der objektiven Rechtsordnung, der Schutz der subjektiven Rechte und Rechtsgüter des Einzelnen und der Einrichtungen der staatlichen Hoheitsträger) und der „öffentlichen Ordnung" (i.e. die Gesamtheit der ungeschriebenen Regeln, deren Befolgung nach den herrschenden sozialen und ethischen Anschauungen unverzichtbar für ein geordnetes Zusammenleben ist) zulässt. Soweit die Untersagung allerdings an zu erwartende Äußerungen von Meinungsinhalten anknüpft, müssen sich die Rechtsgrundlage und ihre Auslegung und Anwendung indes auch an den **Vorgaben der Meinungsfreiheit** aus Art. 5 Abs. 1 S. 1 GG messen lassen, insbesondere am **Erfordernis der Allgemeinheit meinungsbeschränkender Gesetze**, Art. 5 Abs. 2 GG. Im Grundsatz erfüllt das landesrechtliche Versammlungsgesetz auch diese Voraussetzung, da sich der darin vorgesehene Schutz der öffentlichen Sicherheit oder Ordnung abstrakt-generell weder gegen Verletzungen dieser Schutzgüter gerade durch Meinungsäußerungen noch gegen eine bestimmte Überzeugung oder Ideologie richtet, mithin also meinungsneutral erfolgt. Die Rechtsgrundlage der Untersagung ist daher verfassungsgemäß.

Zu II.: Sie muss von der Behörde allerdings auch **verfassungskonform ausgelegt und angewandt** worden sein. Soweit die Untersagung auf zu erwartende **Meinungsäußerungen** gestützt wurde, müsste die Behörde bei der Auslegung der Rechtsgrundlage die Vorgaben des Art. 5 Abs. 2 GG berücksichtigt, die gesetzliche Ermächtigung zur Beschränkung der Versammlungen zum Schutz der öffentlichen Ordnung also als „allgemeines Gesetz" i.S.v. Art. 5 Abs. 2 GG ausgelegt und angewandt haben. Dies ist vorliegend fraglich, da die Behörde einen Verstoß der zu erwartenden Meinungsäußerungen gegen die öffentliche Ordnung angenommen hatte, weil die Äußerungen den in Deutschland vorherrschenden Wertvorstellungen zuwiderliefen, die zentraler Ausdruck der Abkehr von rechtsextremistischen Ideologien wie dem Nationalsozialismus seien. Die Behörde hatte die gesetzliche Ermächtigung zu Versammlungsbeschränkungen zum Schutz der „öffentliche Ordnung" damit als eine gegen bestimmte Meinungsinhalte gerichtete Vorschrift ausgelegt. Diese Auslegung der Rechtsgrundlage ist **mit Art. 5 Abs. 2 GG nicht vereinbar**, denn die Ausübung der Meinungsfreiheit darf als „Recht auch zum Schutz von Minderheiten … nicht allgemein und ohne eine tatbestandliche Eingrenzung, die mit dem Schutzzweck des Grundrechts übereinstimmt, unter den Vorbehalt gestellt werden, dass die geäußerten Meinungsinhalte herrschenden sozialen oder ethischen Auffassungen nicht widersprechen."[794] Dagegen könnte man zwar argumentieren, dass sich das Grundgesetz angesichts der Erfahrungen mit dem Nationalsozialismus für eine **wehrhafte Demokratie** entschieden habe, dass insoweit über Art. 5 Abs. 2 GG **hinaus zusätzliche Schranken der Meinungsfreiheit** anzuerkennen und bei der Auslegung des Begriffs der öffentlichen Ordnung zu berücksichtigen seien.[795] Diesen Stimmen ist das

---

794 BVerfGE 111, 147 (156) – „Inhaltsbezogenes Versammlungsverbot".

795 Vgl. dazu insbesondere *Battis/Grigoleit*, NVwZ 2001, 121 ff. sowie aus der Rechtsprechung OVG Münster NJW 2001, 2111; NJW 2001, 2113; NJW 2001, 2114. Das Bundesverfassungsgericht behandelte dieses Argument als Frage einer möglichen anderen Rechtsgrundlage neben der versammlungsrechtlichen Generalklausel, vgl. BVerfGE 111, 147 (158 f.) – „Inhaltsbezogenes Versammlungsverbot".

Bundesverfassungsgericht indes nicht gefolgt, sondern hat festgestellt: „In der Tat will das Grundgesetz nationalsozialistische Bestrebungen abwehren. Zugleich schafft es rechtsstaatliche Sicherungen, deren Fehlen das menschenverachtende Regime des Nationalsozialismus geprägt hat. Dementsprechend enthält das Grundgesetz einen Auftrag zur Abwehr von Beeinträchtigungen der Grundlagen einer freiheitlichen demokratischen Ordnung mit den Mitteln des Rechtsstaats. Dem trägt die Rechtsordnung insbesondere in den **Strafgesetzen** durch **besondere Schutznormen** Rechnung." Versammlungsverbote können daher in verfassungsrechtlich zulässiger Weise nicht alleine mit der Gefährdung der öffentlichen Ordnung durch den Inhalt einer zu erwartenden Meinungsäußerung begründet werden. Erst wenn dieser Inhalt – anders als hier – die durch ihrerseits verfassungskonforme Strafgesetze (v.a. durch § 130 StGB) gezogenen Grenzen der Legalität überschreitet und also die öffentliche Sicherheit gefährdet, kann die Versammlung verboten werden. Ein Versammlungsverbot zugunsten des Schutzguts der öffentlichen Ordnung ist daneben nur (ausnahmsweise) verfassungsrechtlich zulässig, wenn es sich nicht auf den Inhalt, sondern auf die **am Maßstab des Art. 8 GG zu messende Art und Weise der kollektiven Meinungsäußerung** bezieht, mithin der Verhinderung provokativer, aggressiver und einschüchternder Versammlungen gilt, durch die ein Klima der Gewaltbereitschaft erzeugt werden soll.

Soweit die Untersagung sich auf den Inhalt zu erwartender Meinungsäußerungen stützt, verstößt sie gegen Art. 5 Abs. 2 GG und verletzt den Landesverband zugleich in seinem Recht aus Art. 8 Abs. 1 GG. Anders ist dagegen der Verweis auf die Anmeldung der Kundgebung am **Holocaust-Gedenktag** zu beurteilen. Denn „es leuchtet unmittelbar ein und ist auch verfassungsrechtlich tragfähig, wenn die Versammlungsbehörde der Durchführung eines Aufzugs durch Personen aus dem [rechtsextremen] Umfeld ... an diesem Gedenktag eine Provokationswirkung zumisst und dies als Gefahr einer erheblichen Beeinträchtigung des sittlichen Empfindens der Bürgerinnen und Bürger bewertet."[796] Hierin liegt keine Anknüpfung an die Inhalte der kollektiven Meinungsäußerung, sondern an die **Art und Weise der Meinungsbekundungen**. Insoweit bestehen gegen die Untersagung keine grundsätzlichen verfassungsrechtlichen Bedenken. Ein Anderes würde freilich gelten, wenn die Versammlung nicht an dem Holocaust-Gedenktag selbst, sondern nur in zeitlicher Nähe zu diesem angemeldet worden wäre. Denn aus der bloßen zeitlichen Nähe des Zeitpunkts der Versammlung zu einem symbolkräftigen Gedenktag allein kann eine die öffentliche Ordnung berührende provokative Wirkung nicht abgeleitet werden: „In bloßer Nähe zu einem dem Gedenken an das nationalsozialistische Unrechtsregime und seine Opfer gewidmeten Gedenktag liegenden Terminen kommt in der Gesellschaft kein eindeutiger Sinngehalt zu, der bei Durchführung eines Aufzugs an solchen Tagen in einer Weise angegriffen wird, dass hierdurch in gleicher Weise grundlegende soziale oder ethische Anschauungen in erheblicher Weise verletzt werden, wie dies für gerade an solchen Gedenktagen stattfindende Versammlungen der Fall sein kann."[797] Im vorliegenden Fall hat der Landesverband der R-Partei allerdings auf einer Kundgebung gerade am 27. Januar bestanden und war zu einer Verlegung der Veranstaltung offensichtlich nicht bereit. Die auf die Provokationswirkung des Kundgebungstermins gestützte Untersagung erweist sich damit als verfassungsgemäß. Der Landesverband der R-Partei ist daher nur insoweit in seinem Recht aus Art. 8 Abs. 1 GG verletzt, als die Behörde die Versammlung unter Verweis auf die zu erwartenden Meinungsäußerungen untersagt hat.

Literaturhinweise:

Lembke, Grundfälle zu Art. 8 GG, JuS 2005, 984 ff., 1081 ff.

Kloepfer, Versammlungsfreiheit, in: Isensee/Kirchhof (Hrsg.), Handbuch des Staatsrechts, Band VII, 3. Aufl. 2009, § 164 (zur Vertiefung)

796 BVerfG, Kammerbeschl. v. 26.1.2001, 1 BvQ 9/01, juris, Rn. 15 – „Holocaust-Gedenktag".

797 BVerfG, Kammerbeschl. v. 26.1.2006, 1 BvQ 3/06, juris, Rn. 12.

Wichtige Rechtsprechung:

Zu A. und B. I. BVerfGE 69, 315 – „Brokdorf"
(Bedeutung des Grundrechts der Versammlungsfreiheit aus Art. 8 Abs. 1 GG – verfassungsrechtlicher Versammlungsbegriff)

BVerfGE 128, 226 – „Fraport"
(Grundrechtsbindung gemischtwirtschaftlicher Unternehmen – Gewährleistung der Versammlungsfreiheit aus Art. 8 Abs. 1 GG im öffentlichen Kommunikationsraum)

§ 19 Vereinigungs- und Koalitionsfreiheit (Art. 9 GG)

A. Grundsätzliches zu Art. 9 GG

Art. 9 GG enthält zwei Grundrechte: In Art. 9 Abs. 1 GG wird die **allgemeine Vereinigungsfreiheit** gewährleistet, Art. 9 Abs. 3 GG garantiert im Besonderen die **Koalitionsfreiheit**, also die Freiheit, besondere Vereinigungen zur Wahrung und Förderung der Arbeits- und Wirtschaftsbedingungen zu gründen. Das damit verfassungsrechtlich verankerte **„Prinzip freier sozialer Gruppenbildung"** hat das Bundesverfassungsgericht als „ein konstituierendes Prinzip der demokratischen und rechtsstaatlichen Ordnung des Grundgesetzes" bezeichnet.[798] Beide Gewährleistungen sind besonders **normgeprägt**, so dass sich gewisse Schwierigkeiten bei der Prüfung von Grundrechtseingriffen ergeben. **341**

B. Schutzbereiche

I. Allgemeine Vereinigungsfreiheit, Art. 9 Abs. 1 GG

1. Vereine und Gesellschaften (= Vereinigungen)

Der Begriff des Vereins ist in § 2 Abs. 1 VereinsG definiert als „Vereinigung, zu der sich eine Mehrheit natürlicher oder juristischer Personen für längere Zeit zu einem gemeinsamen Zweck freiwillig zusammengeschlossen und einer organisierten Willensbildung unterworfen haben". Wenngleich diese Legaldefinition nicht ohne Weiteres mit dem über den Vereinsbegriff des einfachen Rechts hinausgehenden verfassungsrechtlichen Vereinigungsbegriff gleichgesetzt werden darf, so wird doch allgemein davon ausgegangen, dass diese Definition bei der Bestimmung des Schutzbereichs des Art. 9 Abs. 1 GG mit heranzuziehen ist.[799] **342**

Eine **Vereinigung** i.S.v. Art. 9 Abs. 1 GG ist somit jeder **343**

- Zusammenschluss von **mindestens zwei Personen**, welcher
- **freiwillig**, also nicht zwangsweise, erfolgte und der
- Verfolgung **(irgend)eines gemeinsamen Zwecks** dient und
- ein Mindestmaß an **zeitlicher Stabilität** und
- an **organisierter Willensbildung** aufweist,

wobei die genannten Voraussetzungen allesamt weit auszulegen sind.

798 BVerfGE 50, 290 (353) – „Mitbestimmung".
799 Vgl. etwa die nahezu wörtliche Übernahme dieser Definition bei BVerwGE 106, 177 (181).

2. Persönlicher Schutzbereich

344 Art 9 Abs. 1 GG schützt neben allen (vereinigungswilligen bzw. zu Vereinigungen zusammengeschlossenen) natürlichen Personen, die **Deutsche i.S.v. Art. 116 Abs. 1 GG** sind, auch die Personenmehrheiten, die sich zu **Vereinigungen i.S.v. Art. 9 Abs. 1 GG** zusammenschließen, als solche. Ob dies dogmatisch einen Rückgriff auf Art. 19 Abs. 3 GG entbehrlich macht, ist umstritten;[800] praktisch bedeutsam ist dieser Streit freilich kaum.

3. Reichweite des sachlichen Schutzbereichs

345 Als **Individualgrundrecht** schützt die Vereinigungsfreiheit aus Art. 9 Abs. 1 GG

- den freien Zusammenschluss zu einer Vereinigung (sog. **„Gründungsfreiheit"**) und
- den freien Beitritt zu einer bestehenden Vereinigung (sog. **„Beitrittsfreiheit"**),[801]
- die „freie Teilnahme der Mitglieder an der Selbstbestimmung über die eigene Organisation, das Verfahren ihrer Willensbildung und die Führung der Geschäfte" (sog. **interne Betätigungsfreiheit**)[802] sowie
- die Freiheit, „aus einer Vereinigung auszutreten oder ihr fernzubleiben" (sog. **negative Vereinigungsfreiheit**),[803]

Nicht spezifisch durch Art. 9 Abs. 1 GG geschützt wird dagegen das Recht, von einer gesetzlich angeordneten **Pflichtmitgliedschaft** in einer öffentlich-rechtlichen Körperschaft (etwa in der Industrie- und Handelskammer, vgl. § 2 Abs. 1 IHKG) verschont zu bleiben. Insofern kann nur ein (im Ergebnis gerechtfertigter) Eingriff in die allgemeine Handlungsfreiheit aus Art. 2 Abs. 1 GG geltend gemacht werden.[804]

346 Als **Kollektivgrundrecht** schützt die Vereinigungsfreiheit in erster Linie „die Selbstbestimmung über die eigene Organisation, das Verfahren ihrer Willensbildung und die Führung ihrer Geschäfte" (sog. **interne Organisationsautonomie**).[805] Umstritten ist, inwiefern auch die **Tätigkeit der Vereinigung nach außen** hin geschützt ist (sog. **externe Betätigungsfreiheit**).[806] Dagegen spricht insbesondere, dass durch einen derart umfassenden Schutz von Vereinigungen die besonderen Anforderungen des Art. 19 Abs. 3 GG umgangen werden könnten. Erfüllt nämlich eine Personenmehrheit die dort genannten Voraussetzungen für den Grundrechtsschutz juristischer Personen im Hinblick auf das tätigkeitsspezifische Grundrecht nicht, könnte sie sich dennoch stets auf Art. 9 Abs. 1 GG berufen. Das **Bundesverfassungsgericht** sieht daher

---

800 Für die Entbehrlichkeit z.B. *Sodan/Ziekow,* Grundkurs Öffentliches Recht, 7. Aufl. 2016, § 37 Rn. 3. Dagegen z.B. *Kingreen/Poscher,* Grundrechte Staatsrecht II, 33. Aufl. 2017, § 18 Rn. 851.

801 BVerfGE 50, 290 (354) – „Mitbestimmung" (ohne Hervorhebungen im Original).

802 BVerfGE 123, 186 (230).

803 BVerfGE 50, 290 (354) – „Mitbestimmung" (ohne Hervorhebungen im Original).

804 Vgl. zur Pflichtmitgliedschaft in der IHK jüngst BVerfG, Urt. v. 12.7.2017, 1 BvR 2222/12 u.a., juris, Rn. 77 ff.

805 BVerfGE 50, 290 (354) – „Mitbestimmung". Vgl. *Sodan/Ziekow,* Grundkurs Öffentliches Recht, 7. Aufl. 2016, § 37 Rn. 5.

806 Vgl. dazu und zum Folgenden *Sodan/Ziekow,* Grundkurs Öffentliches Recht, 7. Aufl. 2016, § 37 Rn. 5.

lediglich einen **„Kernbereich des Vereinsbestandes und der Vereinstätigkeit"**[807] als durch Art. 9 Abs. 1 GG geschützt an, also etwa „in gewissem Umfang die Namensführung"[808] oder die „Freiheit der Selbstdarstellung und Mitgliederwerbung"[809].

II. Koalitionsfreiheit, Art. 9 Abs. 3 GG

1. Koalitionen

Die durch Art. 9 Abs. 3 GG geschützten **Koalitionen** unterscheiden sich von den allgemeinen Vereinigungen zunächst durch ihre spezielle **Zwecksetzung**, nämlich der „Wahrung und Förderung der Arbeits- und Wirtschaftsbedingungen".[810] Gemeint sind die Gewerkschaften und Arbeitgeberverbände sowie ihre jeweiligen Dachorganisationen. Die Koalitionen müssen darüber hinaus **„gegnerfrei"** (d.h. nur Arbeitnehmer bzw. nur Arbeitgeber dürfen ihnen jeweils angehören) und „ihrer Struktur nach **unabhängig genug** sein, um die **Interessen ihrer Mitglieder** auf arbeitsrechtlichem und sozialrechtlichem Gebiet **nachhaltig zu vertreten**", sowie auf **„überbetrieblicher Grundlage organisiert"** sein.[811] **347**

2. Persönlicher Schutzbereich

Die Koalitionsfreiheit schützt sowohl **natürliche Personen** – die nicht notwendigerweise Deutsche i.S.v. Art. 116 Abs. 1 GG sein müssen – als auch die **Koalitionen als solche**. Man spricht insofern wiederum von individueller und kollektiver Koalitionsfreiheit. **348**

3. Reichweite des sachlichen Schutzbereichs

Die sachliche Reichweite der individuellen und kollektiven Koalitionsfreiheit entspricht grundsätzlich der Reichweite der allgemeinen Vereinigungsfreiheit. Allerdings beschränkt sich der Schutz der **kollektiven Koalitionsfreiheit** nach neuerer, klarstellender Rechtsprechung des Bundesverfassungsgerichts nicht lediglich auf den Kernbereich des Koalitionsbestandes und der Koalitionstätigkeit, sondern erfasst **„alle Verhaltensweisen**, die **koalitionsspezifisch** sind"[812], also insbesondere **349**

- das Aushandeln und den Abschluss von **Tarifverträgen**[813] (sog. **Tarifautonomie**),
- die **Werbung von Mitgliedern**[814] sowie
- die auf den Abschluss von Tarifverträgen gerichteten **Arbeitskampfmaßnahmen**[815].

---

807 BVerfGE 30, 227 (241) – „Vereinsname".
808 BVerfGE 30, 227 (241) – „Vereinsname".
809 BVerfGE 84, 372 (379) – „Lohnsteuerhilfeverein".
810 Vgl. dazu und zum Folgenden *Kingreen/Poscher*, Grundrechte Staatsrecht II, 33. Aufl. 2017, § 18 Rn. 853 f.
811 Vgl. BVerfGE 50, 290 (368) – „Mitbestimmung" (ohne Hervorhebungen im Original) sowie E 4, 96 (106) – „Hutfabrikant".
812 BVerfGE 93, 352 (358) – „Mitgliederwerbung II" (ohne Hervorhebungen im Original).
813 BVerfGE 94, 268 (283) – „Wissenschaftliches Personal".
814 BVerfGE 93, 352 (358) – „Mitgliederwerbung II".
815 BVerfGE 84, 212 (225) – „Aussperrung".

C. Eingriff

350 Sowohl für die Gewährleistung der **allgemeinen Vereinigungsfreiheit** (Art. 9 Abs. 1 GG), die bestimmte vereins- und gesellschaftsrechtliche Regelungen notwendig voraussetzt, als auch mit Blick auf die von der Gewährleistung der **Koalitionsfreiheit** (Art. 9 Abs. 3 GG) erfassten **Tarifvertragsfreiheit** gelten Besonderheiten bei der Bestimmung der Frage, ob im Einzelfall ein Eingriff in die Schutzbereiche jener Freiheitsrechte vorliegt. Es handelt sich um besonders **normgeprägte Grundrechtsgewährleistungen**, welche – ähnlich wie etwa die Eigentumsfreiheit (Art. 14 GG), der Schutz der Ehe (Art. 6 GG) und die Rechtsschutzgarantie (Art. 19 Abs. 4 GG) – in besonderem Maße auf eine einfachrechtliche **Ausgestaltung durch den Gesetzgeber** angewiesen sind.

Dies zeigt sich besonders deutlich am **Beispiel der Tarifautonomie**, also der Freiheit, Tarifverträge auszuhandeln und abzuschließen. Diese besteht nicht im Schutze eines natürlichen Zustandes, wie etwa bei der körperlichen Unversehrtheit, oder in der Freiheit zur Vornahme einer natürlichen Handlung, wie etwa bei der freien Meinungsäußerung oder der freien Berufsausübung, sondern in der „Freiheit zur Ausübung eines rechtlichen Könnens",[816] nämlich der rechtlichen Befugnis zur Setzung normativer Regelungen im Bereich der Arbeits- und Wirtschaftsbedingungen, insbesondere mit Blick auf „das Arbeitsentgelt und die anderen materiellen Arbeitsbedingungen".[817] Erst durch die Verleihung dieses rechtlichen Könnens, dieser Regelungsbefugnis, erlangen die Träger der Tarifvertragsfreiheit die spezifisch rechtliche, grundrechtlich gewährleistete Handlungsfreiheit, über die sie von Natur aus nicht verfügen.[818]

351 Zu differenzieren ist daher grundsätzlich zwischen zwei Formen der gesetzgeberischen Intervention im Schutzbereich der Vereinigungsfreiheiten, nämlich den **Ausgestaltungsregelungen** und den **Eingriffs- bzw. Schrankenregelungen**. Während letztere die klassische subjektiv-rechtliche Abwehrfunktion des Grundrechts „aktivieren"[819], sind die Ausgestaltungsregelungen der objektiv-rechtlichen Schutz- und Leistungsdimension des Grundrechts zuzuordnen, die den Gesetzgeber dazu verpflichtet, im Schutzbereich des Grundrechts ausgestaltend und konkretisierend tätig zu werden. Ausgestaltungsregelungen zielen darauf ab, sachlich-gegenständlich die **Voraussetzungen** und **systemischen Rahmenbedingungen** für die Wahrnehmung des Freiheitsrechts zu regeln. Eingriffsregelungen verfolgen dagegen andere, **externe Regelungszwecke**.

Dies bedeutet freilich nicht, dass der Gesetzgeber bei der **Ausgestaltung** der Vereinigungs- und der Koalitionsfreiheit überhaupt keinen verfassungsrechtlichen Bindungen unterliegt. Auch Ausgestaltungsregelungen im Schutzbereich dieser Grundrechte können **beeinträchtigende Wirkungen** für die Rechtsträger haben, die einer Rechtfertigung bedürfen.[820] Im Rahmen seiner Ausgestaltungskompetenz unterliegt der Gesetzgeber allerdings **nicht** in gleicher Weise den **strikten Vorgaben des Übermaßverbotes** und einer entsprechend stringenten (verfassungs-)

---

816 *Kemper*, in: von Mangoldt/Klein/Starck (Hrsg.), GG Kommentar, Bd. I, 6. Aufl. 2010, Art. 9 Rn. 141.

817 BVerfGE 100, 271 (282) – „Lohnabstandsklausel".

818 Vgl. zum Beispiel der Tarifautonomie ausführlich den Beitrag von *Papier/Krönke*, ZfA 2011, 807 (821 ff.).

819 So *Engels*, RdA 2008, 331 (335) mit Blick auf die Koalitionsfreiheit.

820 Vgl. jüngst zur gesetzlichen Tarifeinheitsregel BVerfG, Urt. v. 11.7.2017, 1 BvR 1571/15, juris, Rn. 134 ff. Das Gericht bezeichnet darin die Tarifeinheitsregel, nach der im Falle einer Kollision zweier Tarifverträge der Tarifvertrag der Mehrheitsgewerkschaft denjenigen der Minderheitsgewerkschaft verdrängen soll, bewusst nicht als Eingriff in die Koalitionsfreiheit, sondern spricht konsequent und durchgehend von einer „Beeinträchtigung mit der Wirkung eines Eingriffs".

gerichtlichen Kontrolldichte, wie dies im Falle eines Eingriffs in einen vorgefundenen grundrechtlichen Schutzbereich gilt. Vielmehr unterliegt die Einschätzung darüber, was zu einer sinnvollen, tragfähigen und effizienten Ausgestaltung der gewährleisteten Freiheiten geeignet und erforderlich sowie angemessen ist, einem **weiteren**, zweifelsohne nicht grenzenlosen, **Prognose- und Einschätzungsspielraum** und einer entsprechenden **Prärogative des Gesetzgebers.**[821]

D. Rechtfertigung

I. Allgemeine Vereinigungsfreiheit, Art. 9 Abs. 1 GG

Entgegen seinem Wortlaut („sind verboten") wird **Art. 9 Abs. 2 GG** als **qualifizierter Gesetzesvorbehalt** verstanden, der entsprechende Vereinigungsverbote (erst) ermöglicht. Die auf dieser Grundlage erlassenen Verbotsregelungen müssen allerdings auf einem der in Art. 9 Abs. 2 GG genannten Gründe beruhen – insofern ist der Vorbehalt qualifiziert. Art. 9 Abs. 2 GG ermöglicht des Weiteren auch **mildere Eingriffe** als Vereinigungsverbote. Darüber hinaus unterliegt das Recht aus Art. 9 Abs. 1 GG grundsätzlich auch den **verfassungsimmanenten Schranken.** 352

II. Koalitionsfreiheit, Art. 9 Abs. 3 GG

Mit Blick auf die Koalitionsfreiheit aus Art. 9 Abs. 3 GG ist **umstritten**, ob die Schrankenbestimmung des **Art. 9 Abs. 2 GG** auch auf sie anwendbar ist. Das **Bundesverfassungsgericht** betrachtet die Koalitionsfreiheit als **„vorbehaltlos gewährleistet"**[822], d.h. sie unterliegt – anders als die allgemeine Vereinigungsfreiheit – allein den verfassungsimmanenten Schranken. 353

Bei der Einschränkung der Koalitionsfreiheit zugunsten kollidierenden Verfassungsrechts ist allerdings **Art. 9 Abs. 3 S. 3 GG** zu beachten. Diese Vorschrift enthält eine **Schranken-Schranke** für den Bereich des Arbeitskampfrechts und verbietet insofern jede Beschränkung. 354

Literaturhinweise:

Allgemein	*Günther/Franz*, Grundfälle zu Art. 9 GG, JuS 2006, 788 ff., 873 ff.
Zu A. I.	*Merten*, Vereinsfreiheit, in: Isensee/Kirchhof (Hrsg.), Handbuch des Staatsrechts, Band VII, 3. Aufl. 2009, § 165 (zur Vertiefung)
Zu B. I.	*Scholz*, Koalitionsfreiheit, in: Isensee/Kirchhof (Hrsg.), Handbuch des Staatsrechts, Band VIII, 3. Aufl. 2010, § 175 (zur Vertiefung)

821 Vgl. mit Blick auf das Beispiel der Tarifautonomie wiederum *Papier/Krönke*, ZfA 2011, 807 (826, 844 ff.).

822 BVerfGE 84, 212 (228) – „Aussperrung".

Wichtige Rechtsprechung:

BVerfGE 50, 290 – „Mitbestimmung"
(Vereinbarkeit einer Beteiligung von Arbeitnehmern an wirtschaftlichen und sozialen Entscheidungen im Betrieb und Unternehmen mit den Grundrechten der Anteilseigner und der Unternehmen aus Art. 14 Abs. 1, Art. 9 Abs. 1, Art. 12 Abs. 1 und Art. 2 Abs. 1 GG sowie mit der Koalitionsfreiheit aus Art. 9 Abs. 3 GG)

§ 20 Brief-, Post- und Fernmeldegeheimnis (Art. 10 GG)

A. Sachlicher Schutzbereich

Art. 10 Abs. 1 GG schützt das Brief-, Post- und Fernmeldegeheimnis. **355**

In der Literatur werden die Telekommunikationsgeheimnisse des Art. 10 GG teils als drei eigenständige Grundrechte, teils als einheitliches Grundrecht der Vertraulichkeit bestimmter Kommunikationsvorgänge[823] begriffen. In der **Fallbearbeitung** ist zumindest bezüglich der in Art. 10 Abs. 1 GG genannten verschiedenen Kommunikationsmittel eine begriffliche Differenzierung erforderlich.

I. Briefgeheimnis

Das Briefgeheimnis schützt „den **brieflichen Verkehr** der Einzelnen untereinander **gegen eine Kenntnisnahme** der öffentlichen Gewalt von dem Inhalt des Briefes".[824] **Briefe** i.S.v. Art. 10 GG sind dabei alle Sendungen, die eine „individuelle schriftliche Mitteilung" enthalten.[825] **Verschlossen** müssen die Sendungen dabei **nicht** sein.[826] **356**

II. Postgeheimnis

Das Postgeheimnis „schützt umfassend die **Vertraulichkeit** aller durch Einrichtungen der Post abzuwickelnden **Transport- und Kommunikationsvorgänge**, insbesondere den Inhalt von Briefen, Paketen und Warensendungen jeglicher Art, wobei es unerheblich ist, ob letztere verschlossen oder nicht verschlossen in den Postbetrieb gelangt sind".[827] **357**

Der Begriff der postalischen Beförderung ist mit dem Wegfall des staatlichen Postmonopols problematisch geworden. Dabei ist umstritten, ob sich der Schutz des Postgeheimnisses nunmehr auch auf die Beförderung von Sendungen durch **rein private Unternehmen** erstreckt. Teilweise wird dies abgelehnt und davon ausgegangen, dass das Postgeheimnis seinen Schutzgegenstand weitgehend verloren hat.[828] Andere sehen den Schutzgegenstand des Art. 10 GG unabhängig vom Anbieter als den durch einen (öffentlichen oder privaten) Postdienstleister vermittelten Postverkehr.[829] Eine Entscheidung des Bundesverfassungsgerichts zur dieser Frage liegt bislang nicht vor. **358**

---

823 Vgl. etwa *Kingreen/Poscher*, Grundrechte Staatsrecht II, 33. Aufl. 2017, § 19 Rn. 884.
824 BVerfGE 33, 1 (11) – „Strafgefangene" (ohne Hervorhebungen im Original).
825 *Kingreen/Poscher*, Grundrechte Staatsrecht II, 33. Aufl. 2017, § 19 Rn. 887.
826 Vgl. BVerwGE 113, 208 (210).
827 BVerwGE 113, 208 (210).
828 Vgl. *Kingreen/Poscher*, Grundrechte Staatsrecht II, 33. Aufl. 2017, § 19 Rn. 892.
829 Vgl. *Jarass/Pieroth*, GG Kommentar, 14. Aufl. 2016, Art. 10 Rn. 4.

III. Fernmeldegeheimnis

359 Das Fernmeldegeheimnis schützt schließlich „sämtliche mit Hilfe der verfügbaren Telekommunikationstechniken erfolgenden **Übermittlungen von Informationen**" unter Einzelnen vor staatlicher Kenntnisnahme, ohne Rücksicht auf die Übermittlungsart (Kabel oder Funk, digitale oder analoge Übermittlung usw.) und die Ausdrucksform (Sprache, Bilder, Töne, Zeichen usw.).[830] Dabei sind nicht nur die **Inhalte** der Kommunikation geschützt, sondern auch die **näheren Umstände** der Kommunikation, also vor allem „ob, wann und wie oft zwischen welchen Personen oder Telekommunikationseinrichtungen Telekommunikationsverkehr stattgefunden hat oder versucht worden ist".[831]

360 Erfasst ist damit allerdings zeitlich nur der Kommunikationsvorgang; **nicht** geschützt sind dagegen die nach Abschluss des Übertragungsvorgangs im Herrschaftsbereich des Telekommunikationsteilnehmers **gespeicherten Informationen**.[832] Diese sind vielmehr geschützt über Art. 13 GG, über das Recht auf informationelle Selbstbestimmung sowie das Recht auf Vertraulichkeit und Integrität informationstechnischer Systeme, Art. 2 Abs. 1 i.V.m. Art. 1 Abs. 1 GG. Trotzdem vom Schutz des Art. 10 GG umfasst ist demgegenüber die sogenannte Quellen-Telekommunikationsüberwachung i.e.S.[833] Zwar setzt diese – anders als die herkömmliche Telekommunikationsüberwachung – technisch einen Zugriff auf das betreffende informationstechnische System voraus. Sofern sich die Überwachung allerdings allein auf den Telekommunikationsvorgang bezieht und „durch technische Vorkehrungen und rechtliche Vorgaben sichergestellt" ist, dass über die Inhalte und Umstände der Telekommunikation hinaus keine weiteren persönlichkeitsrelevanten Informationen erhoben werden,[834] betrifft sie ausschließlich den Schutzgegenstand des Art. 10 GG.

In jüngerer Zeit ist vor allem die sog. **Vorratsdatenspeicherung** immer wieder Gegenstand intensiver sicherheitspolitischer und verfassungsrechtlicher Diskussionen. Es geht in der Sache darum, Telekommunikationsunternehmen dazu zu verpflichten, „Verkehrsdaten, die Auskunft geben über die an einer Telekommunikationsverbindung beteiligten Anschlüsse, über die Zeit, zu der die Telekommunikation stattgefunden hat, und über die Orte, von denen aus kommuniziert worden ist, für sechs Monate zu speichern und für die staatliche Aufgabenwahrnehmung verfügbar zu halten".[835] Das Bundesverfassungsgericht sah im Jahr 2010 in der damals geltenden gesetzlichen „Anordnung gegenüber Kommunikationsunternehmen, Telekommunikationsdaten zu erheben, zu speichern und an staatliche Stellen zu übermitteln, jeweils einen (v.a. wegen der Streuwirkung und der Anlasslosigkeit der Datenerhebung nicht mehr verhältnismäßigen) Eingriff in Art. 10 Abs. 1 GG".[836] Auch der EuGH betrachtete die Vorratsdatenspeicherung als einen (unverhältnismäßigen) Eingriff in die Charta-Grundrechte auf Achtung des Privatlebens und auf Schutz personenbezogener Daten und erklärte die EU-Richtlinie über die Vorrats-

830 BVerfGE 106, 28 (36) – „Mithörvorrichtung" (ohne Hervorhebung im Original).
831 BVerfGE 125, 260 (309) – „Vorratsdatenspeicherung".
832 Vgl. BVerfGE 115, 166 (182 f.) – „Kommunikationsverbindungsdaten".
833 Vgl. dazu BVerfGE 120, 274 (309) – „Online-Durchsuchung"; ebenso E 141, 220 – „BKA-Gesetz".
834 Vgl. zu dieser Einschränkung BVerfGE 120, 274 (309) – „Online-Durchsuchung".
835 BVerfGE 125, 260 (264) – „Vorratsdatenspeicherung" (aus dem Tatbestand zitiert).
836 BVerfGE 125, 260 (310) – „Vorratsdatenspeicherung".

datenspeicherung für ungültig.[837] Gegen die mittlerweile modifizierte deutsche Regelung zur Vorratsdatenspeicherung sind wieder mehrere Verfahren anhängig.

B. Eingriff

Ob ein Eingriff in den Schutzbereich des Art. 10 Abs. 1 GG vorliegt, bestimmt sich grundsätzlich nach den allgemeinen Regeln. Eingriffe liegen daher zum einen im **unmittelbaren Zugriff** auf die übermittelten Informationen (z.B. im Abfangen von Briefen, im Abhören von Telefongesprächen usw.) sowie in der **Verwertung** der dabei erlangten Informationen (z.B. durch Speicherung, durch Verwertung als Beweismittel im gerichtlichen Verfahren usw.).[838] **361**

C. Rechtfertigung

Die Kommunikationsgeheimnisse stehen gemäß **Art. 10 Abs. 2 S. 1 GG** grundsätzlich unter **einfachem Gesetzesvorbehalt**. Darüber hinaus ermöglicht **Art. 10 Abs. 2 S. 2 GG** unter den dort genannten Voraussetzungen eine für den Grundrechtsträger besonders intensive Form der Beschränkung seiner Rechte aus Art. 10 Abs. 1 GG, nämlich die Beschränkung ohne Mitteilung und ohne Rechtsschutzmöglichkeit vor Gerichten (**erweiterter Gesetzesvorbehalt**).[839] **362**

Literaturhinweis:

Schoch, Der verfassungsrechtliche Schutz des Fernmeldegeheimnisses (Art. 10 GG), Jura 2011, 194

Wichtige Rechtsprechung:

Zu A. III. BVerfGE 125, 260 – „Vorratsdatenspeicherung"
(Vereinbarkeit der Pflicht zur Speicherung von Verbindungsdaten und der Ermächtigung zum Abruf und zur Nutzung der Daten zum Zwecke der Gefahrenabwehr und der Strafverfolgung mit der Telekommunikationsfreiheit aus Art. 10 Abs. 1 GG)

837 EuGH, Urt. Digital Rights Ireland und Seitlinger u.a., C-293/12 und C-594/12, EU:C:2014:238.
838 Vgl. BVerfGE 85, 386 (399) – „Fangschaltungen" sowie E 125, 260 (309 f.) – „Vorratsdatenspeicherung".
839 Vgl. *Kingreen/Poscher*, Grundrechte Staatsrecht II, 33. Aufl. 2017, § 19 Rn. 908.

§ 21 Freizügigkeit (Art. 11 GG)

A. Sachlicher Schutzbereich

363 Art. 11 GG schützt die **Freizügigkeit**, i.e. „das Recht, an jedem Orte innerhalb des Bundesgebiets Aufenthalt und Wohnsitz zu nehmen, auch zu diesem Zweck in das Bundesgebiet einzureisen".[840] Keinen Schutz genießt dagegen nach ständiger Rechtsprechung des Bundesverfassungsgerichts die Ausreise und Auswanderung aus dem Bundesgebiet.[841]

Die Gewährleistung der **Ausreisefreiheit** wird daher dem Auffanggrundrecht des Art. 2 Abs. 1 GG entnommen. In jüngerer Zeit wurden Ausreisebeschränkungen – etwa durch Entzug des Personalausweises – im Zusammenhang mit der Bekämpfung des islamistischen Terrorismus wieder vermehrt diskutiert. Durch entsprechende Maßnahmen sollten gewaltbereite Dschihadisten an der Ausreise in Kampfgebiete gehindert werden. Im Rahmen der Beurteilung der verfassungsrechtlichen Rechtfertigung sollte dabei berücksichtigt werden, dass solche Ausreisebeschränkungen ihrem Gewicht nach deutlich schwerer wiegen als schlichte Beeinträchtigungen der Handlungsfreiheit (z.B. das Reiten im Walde) und daher zumindest im Ergebnis ähnlichen Maßstäben der Verhältnismäßigkeit unterliegen, wie sie für Beschränkungen der Freizügigkeit aus Art. 11 GG gelten.

364 **Wohnsitz** meint dabei die ständige Niederlassung an einem Ort, vgl. § 7 Abs. 1 BGB. Der Begriff des **Aufenthalts** ist weiter gefasst und meint jedes auch nur vorübergehende Verweilen.[842] Welche Anforderungen an dieses Verweilen zu stellen sind – insbesondere zur Abgrenzung der Freizügigkeit gegenüber der Fortbewegungsfreiheit nach Art. 2 Abs. 2 GG – ist umstritten. Überwiegend wird dabei vertreten, dass Art. 11 GG einen Ortswechsel **von einiger Bedeutung und Dauer** erfordert.[843] Eine Entscheidung des Bundesverfassungsgerichts zu dieser Frage liegt bislang nicht vor.

B. Eingriff

365 Eingriffe in die Freizügigkeit aus Art. 11 GG sind grundsätzlich nach den allgemeinen Regeln festzustellen.

C. Rechtfertigung

366 Das Recht auf Freizügigkeit unterliegt gewissen Schranken, die in **Art. 11 Abs. 2 GG** näher bestimmt sind (sog. **qualifizierter Gesetzesvorbehalt**): In Art. 11 Abs. 1 GG

840 BVerfGE 2, 266 (273) – „Notaufnahme".
841 Vgl. BVerfGE 6, 32 (35 f.) – „Elfes".
842 Vgl. etwa *Kingreen/Poscher*, Grundrechte Staatsrecht II, 33. Aufl. 2017, § 20 Rn. 916.
843 Vgl. etwa *Pagenkopf*, in: Sachs (Hrsg.), GG Kommentar, 8. Aufl. 2018, Art. 11 Rn. 16.

darf in den dort genannten Fällen und zur Erreichung der dort genannten Zwecke auf formell-gesetzlicher Grundlage eingegriffen werden.

Literaturhinweise:

Schoch, Das Grundrecht der Freizügigkeit, Jura 2005, 34
Hailbronner, Freizügigkeit, in: Isensee/Kirchhof (Hrsg.), Handbuch des Staatsrechts, Band VII, 3. Aufl. 2009, § 152 (zur Vertiefung)

§ 22 Berufsfreiheit (Art. 12 Abs. 1 GG)

A. Grundsätzliches zur Berufsfreiheit aus Art. 12 Abs. 1 GG

367 Obwohl der Wortlaut des Art. 12 Abs. 1 GG darauf hindeutet, dass in dieser Norm verschiedene Schutzbereiche – namentlich der Berufs*wahl*freiheit, der freien *Wahl* des Arbeitsplatzes und der Ausbildungsstätte einerseits (Satz 1) und der Berufs*ausübungs*freiheit andererseits (Satz 2) – enthalten sind, wird Art. 12 Abs. 1 GG allgemein als **„einheitliches Grundrecht** (der ‚Berufsfreiheit') " begriffen.[844] Denn die in Art. 12 Abs. 1 S. 1 GG genannten „Begriffe ‚Wahl' und ‚Ausübung' des Berufes lassen sich nicht so trennen, dass jeder von ihnen nur eine bestimmte zeitliche Phase des Berufslebens bezeichnete, die sich mit der andern nicht überschnitte"; so stellt etwa „die Aufnahme der Berufstätigkeit sowohl den Anfang der Berufs*ausübung* dar wie die gerade hierin – und häufig *nur* hierin – sich äußernde Betätigung der Berufs*wahl*".[845] Eine Rolle spielt diese Differenzierung allerdings im Rahmen der verfassungsrechtlichen Rechtfertigung von Eingriffen in die Berufsfreiheit.

B. Schutzbereich

I. Sachlicher Schutzbereich

368 Das einheitliche Grundrecht der Berufsfreiheit aus Art. 12 Abs. 1 GG schützt die Wahl und die Ausübung des Berufes, die Wahl des Arbeitsplatzes und der Ausbildungsstätte.

Beispielsfall 8[846]

Im Land L wird durch das „Gesetz über das Glücksspielwesen in L" (GlüSpG) u.a. das Veranstalten von Sportwetten der staatlichen Lotteriegesellschaft vorbehalten. Die Veranstaltung von Sportwetten durch Private wird durch das GlüSpG dagegen ausdrücklich verboten und ist daher, wegen § 284 StGB, mit Strafe bedroht. Zur Begründung dieses staatlichen Wettmonopols wird in den Materialien zum GlüSpG auf den Schutz der Bevölkerung vor den Gefahren der Spiel- und Wettsucht verwiesen, welcher es rechtfertige, den Sportwettenmarkt zur Vermeidung von Spielsucht und problematischem Spielverhalten stark einzudämmen und auf das staatliche Wettangebot zu beschränken. Dieses sei seinerseits aber legitim, da die natürliche Wettleidenschaft der Bevölkerung dadurch in geordnete, begrenzte und sichere Bahnen gelenkt werden solle und somit der Gefahr begegnet werde, dass die Bevölkerung auf illegale, unbegrenzte und unsichere Wettangebote ausweicht. Gleichwohl bewirbt die staatliche Lotterieverwaltung ihr Wettangebot überall auffallend und präsent und erweckt dabei stets den Eindruck, die Leute zum „Mitwetten" animieren zu wollen; die Wettannahmen erfolgen vor allem

844 BVerfGE 7, 377 (402) – „Apotheken-Urteil". Vgl. ebenso BVerfGE 33, 303 (330, 336) – „Numerus clausus I".

845 BVerfGE 7, 377 (401) – „Apotheken-Urteil" (mit Hervorhebungen im Original).

846 Nach BVerfGE 115, 276 – „Sportwetten".

in den zahlreichen kleinen Zeitschriften- und Tabakläden, aber auch im Internet und per SMS. Der deutsche Staatsangehörige S war lange Jahre im Ausland bei einem Wettunternehmen tätig und möchte sich nun selbständig machen. Er plant daher, in L ein großes Wettbüro zu eröffnen und dort Sportwetten zu veranstalten. – **Ist S durch das im GlüSpG vorgesehene Verbot des Veranstaltens von Sportwetten durch Private in seinem Recht aus Art. 12 Abs. 1 S. 1 GG verletzt?**

1. Wahl und Ausübung des Berufes

a) Beruf

Unter dem verfassungsrechtlichen Begriff des **Berufes** ist „jede auf Erwerb gerichtete 369
Tätigkeit zu verstehen, die auf Dauer angelegt ist und der Schaffung und Aufrechterhaltung einer Lebensgrundlage dient".[847] Diese Definition ist grundsätzlich weit zu verstehen.

Dies gilt zum einen im Hinblick auf die erforderliche **Dauer** der Tätigkeit. Auch Gele- 370
genheits- und Ferienjobs gehören daher zu den geschützten Verhaltensweisen.[848] Eine Tätigkeit fällt nur dann aus dem Schutzbereich des Art. 12 Abs. 1 GG heraus, wenn sie sich „in einem einmaligen Erwerbsakt erschöpft".[849]

Gleiches gilt für das Erfordernis der Schaffung und Erhaltung der **Lebensgrundlage**. 371
Auch nebenberufliche Tätigkeiten sind daher vom Schutzbereich des Art. 12 Abs. 1 GG erfasst.[850] Die Tätigkeit muss aber zumindest zur Erhaltung der Lebensgrundlage beitragen; nicht geschützt sind daher etwa Hobbies o.Ä.[851]

Gelegentlich wird – unter Berufung auf Formulierungen in früheren Entscheidungen 372
des Bundesverfassungsgerichts – vertreten, dass nur solche Tätigkeiten vom Schutz der Berufsfreiheit erfasst sind, die **nicht verboten** sind.[852] Gegen diese Einschränkung spricht prinzipiell, dass es nicht in der Hand des (einfachen) Gesetzgebers liegen darf, den Schutzbereich der Berufsfreiheit von vornherein durch Verbote zu begrenzen und damit den Vorbehalt des Art. 12 Abs. 1 S. 2 GG zu umgehen. Das **Bundesverfassungsgericht** hat daher in jüngeren Entscheidungen klargestellt, dass einer Tätigkeit, welche die o.g. Merkmale des Berufsbegriffs erfüllt, der Schutz der Berufsfreiheit „nicht schon dann versagt [ist], wenn das einfache Recht die gewerbliche Ausübung dieser Tätigkeit verbietet"; vielmehr komme „eine Begrenzung des Schutzbereichs von Art. 12 Abs. 1 GG in dem Sinne, dass dessen Gewährleistung von vornherein nur erlaubte Tätigkeiten umfasst, allenfalls hinsichtlich solcher Tätigkeiten in Betracht, die schon ihrem Wesen nach als verboten anzusehen sind, weil sie aufgrund ihrer **Sozial-**

847 BVerfGE 115, 276 (300) – „Sportwetten". Vgl. ebenso BVerfGE 7, 377 (397) – „Apotheken-Urteil".
848 Vgl. *Epping*, Grundrechte, 7. Aufl. 2017, Rn. 378.
849 BVerfGE 97, 228 (253) – „Kurzberichterstattung".
850 BVerfGE 110, 141 (157) – „Kampfhunde".
851 Vgl. wiederum *Epping*, Grundrechte, 7. Aufl. 2017, Rn. 378.
852 Vgl. etwa die Formulierung „(erlaubten) Betätigungen" in BVerfGE 7, 377 (397) – „Apotheken-Urteil".

und Gemeinschaftsschädlichkeit schlechthin nicht am Schutz durch das Grundrecht der Berufsfreiheit teilhaben können".[853]

Klassische **Beispiele** sind hier etwa der **Auftragsmörder**, der **Trickdieb** oder der **Rauschgift-Dealer**. Von Art. 12 Abs. 1 GG geschützt ist dagegen etwa das Veranstalten von öffentlichem **Glücksspiel** durch Private, obgleich die Veranstaltung vieler Glücksspielformen v.a. wegen der mit ihnen verbundenen Gefahren der Spiel- und Wettsucht lange Zeit grundsätzlich staatlichen Anbietern vorbehalten, Privaten dagegen untersagt war und sich gemäß § 284 StGB strafbar machte, wer unerlaubt Glücksspiel anbot.[854] Hinzuweisen ist in diesem Zusammenhang auf den zwischen den Bundesländern (mit Ausnahme Schleswig-Holsteins) geschlossenen **Glücksspielstaatsvertrag**, der vor allem im Bereich der Sportwetten eine Öffnung des Marktes auch für private Anbieter vorsieht.[855]

372a Auch Tätigkeiten im **öffentlichen Dienst** können als (unselbständige) Berufe eingeordnet werden.[856] Für sie ist allerdings in **Art. 33 GG**, der insoweit Teilsonderregelungen zu Art. 12 GG enthält, ein die Berufswahlfreiheit modifizierendes (grundrechtsgleiches Gleichheits-)Recht auf gleichen Zugang zu öffentlichen Ämtern (Art. 33 Abs. 2 GG) sowie eine Grundlage für zusätzliche Schrankenregelungen (Art. 33 Abs. 5 GG) vorgesehen. Erst recht auf die Berufsfreiheit können sich schließlich Träger sogenannter **„gebundener Berufe"** (z.B. Notare, Prüfingenieure) berufen, die der Staat mit der Wahrnehmung von Staatsaufgaben betraut hat, ohne sie in den öffentlichen Dienst einzugliedern. Für sie kann der Staat nach der Rechtsprechung des Bundesverfassungsgerichts Sonderregelungen, die umso stärker „in Anlehnung an Art. 33 GG die Wirkung des Grundrechts der Berufsfreiheit zurückdrängen" können, „je näher ein solcher Beruf dem öffentlichen Dienst steht".[857]

b) Reichweite des sachlichen Schutzbereichs

373 Art. 12 Abs. 1 S. 1 GG schützt zunächst die **freie Wahl** des Berufes, also die Entscheidung, einen bestimmten Beruf zu ergreifen. Geschützt ist außerdem die **freie Ausübung** des Berufes, i.e. die Gesamtheit der mit der Berufstätigkeit zusammenhängenden Modalitäten, also Ort, Inhalt, Umfang, Dauer, äußere Erscheinungsform, Verfahrensweisen usw.[858] Geschützt sind dabei auch jeweils die **negative** Berufswahl- und Berufsausübungsfreiheit. **Nicht** geschützt ist dagegen ein (Leistungs-)**Recht auf Arbeit**.

374 Da Art. 12 Abs. 1 GG „grundsätzlich auch die **‚Unternehmerfreiheit'** im Sinne freier Gründung und Führung von Unternehmen" schützt,[859] stellt sich oftmals die Frage, inwieweit die Vorschrift auch die **Freiheit des Wettbewerbs** „der als Anbieter und Nachfrager auf dem Markt auftretenden Unternehmer" gewährleistet.[860] Hier ist zu unterscheiden: Die Berufsfreiheit schützt nach Maßgabe der o.g. Grundsätze das **freie**

853 BVerfGE 115, 276 (301) – „Sportwetten" (ohne Hervorhebung im Original).
854 Vgl. BVerfGE 115, 276 (301) – „Sportwetten".
855 Vgl. zum Ganzen eingehend *Papier/Krönke*, Sportwetten und Verfassungsrecht, 2012.
856 Vgl. etwa BVerfG NVwZ 2015, 1279 (1281) – „Einstellungshöchstaltersgrenzen öffentlicher Dienst".
857 BVerfGE 73, 301 (315 f.) – „Vermessungsingenieure".
858 Vgl. ausführlich *Mann*, in: Sachs (Hrsg.), GG Kommentar, 8. Aufl. 2018, Art. 12 Rn. 79.
859 BVerfGE 50, 290 (363) – „Mitbestimmung" (ohne Hervorhebung im Original).
860 BVerfGE 32, 311 (317) – „Steinmetz".

„Verhalten der Unternehmer *in* diesem Wettbewerb“.[861] Zu dessen „Funktionsbedingungen“ gehört es allerdings auch, dass man im Wettbewerb unterliegen kann; dementsprechend schützt Art. 12 Abs. 1 GG **nicht die Freiheit *vor* Wettbewerb**, gewährleistet also weder Schutz vor der Konkurrenz durch andere Wettbewerber noch einen „Anspruch auf Erfolg im Wettbewerb und auf Sicherung künftiger Erwerbsmöglichkeiten“.[862] In gewisser Weise schützt Art. 12 Abs. 1 GG nur dann vor Konkurrenz, wenn der **Staat selbst** den freien **Wettbewerb** und damit auch die freie Betätigung des Unternehmers **in erheblichem Maße beeinträchtigt**, etwa indem

- er „durch die einseitige **Subventionierung** eines Konkurrenten die **Wettbewerbslage verzerrt** und die wirtschaftliche Stellung des nicht begünstigten Unternehmers in unerträglichem Maße und unzumutbar schädigt“,[863] indem
- durch **eigene wirtschaftliche Betätigung** des Staates „jede **private Konkurrenz unmöglich**“ gemacht wird[864] oder indem
- der Staat private Konkurrenten durch **Monopolisierung** ausschaltet.[865]

Auf eine Eingrenzung des Schutzbereichs in Bezug auf die unternehmerische Marktbetätigung zielt auch die im Schrifttum stark umstrittene Definition des Gewährleistungsbereichs der Berufsfreiheit, die das Bundesverfassungsgericht in seiner **„Glykol“**-Entscheidung (2002) getroffen hat. In der Sache ging es um die Vereinbarkeit der staatlichen Verbreitung marktrelevanter Informationen mit den Grundrechten der von den Informationen betroffenen Unternehmen. Das Gericht stellte fest, dass die Berufsfreiheit „nicht vor der **Verbreitung zutreffender und sachlich gehaltener Informationen am Markt** [schützt], die für das wettbewerbliche Verhalten der Marktteilnehmer von Bedeutung sein können“, soweit im Einzelfall die allgemeinen **„rechtlichen Vorgaben für Informationshandeln“** gewahrt worden sind.[866] Auch hier argumentierte das Gericht mit den Funktionsbedingungen des Marktes: „Ein am Markt tätiges Unternehmen setzt sich der Kommunikation und damit auch der Kritik der Qualität seiner Produkte oder seines Verhaltens aus.“[867] Die Berufsfreiheit verbürge daher „kein Recht auf eigene Außendarstellung und damit auf eine uneingeschränkte unternehmerische Selbstdarstellung am Markt“; zwar dürfe ein Unternehmen „selbst darüber entscheiden, wie es sich und seine Produkte im Wettbewerb präsentieren möchte. Art. 12 Abs. 1 GG vermittelt aber nicht ein Recht des Unternehmens, nur so von anderen dargestellt zu werden, wie es gesehen werden möchte oder wie es sich und seine Produkte selber sieht.“[868]

Zu Beispielsfall 8 (Rn. 368): S möchte dauerhaft zu Erwerbszwecken und zur Aufrechterhaltung seiner Lebensgrundlage – mithin also **berufsmäßig** – Sportwetten veranstalten. Vom Schutzbereich des Art. 12 Abs. 1 S. 1 GG ist insbesondere auch die Aufnahme einer bestimmten beruflichen Tätigkeit erfasst. Problematisch könnte hier sein, dass das Veranstalten von Sportwetten durch Private einfachgesetzlich verboten und wegen § 284 StGB sogar möglicherweise strafbewehrt ist; man könnte daher in Erwägung ziehen, dass das Veranstalten von Glücksspiel allgemein und von Sportwetten im Besonderen wegen der damit verbundenen Gefahren der Spiel- und Wettsucht als eine **sozial- und gemeinschädliche Tätigkeit** zu betrachten ist, die den Schutz der Berufsfreiheit nicht genießt. Dem ist freilich entgegenzu

861 BVerfGE 32, 311 (317) – „Steinmetz“.
862 BVerfGE 105, 252 (265) – „Glykol“.
863 BVerwGE 71, 183 (193).
864 BVerwGE 39, 329 (336) (ohne Hervorhebung im Original).
865 Vgl. etwa BVerwG NJW 1995, 2938 (2939).
866 BVerfGE 105, 252 (265) – „Glykol“. Vgl. dazu bereits oben Rn. 134 ff. sowie (zum Informationshandeln der Regierung) *Papier/Krönke*, Grundkurs Öffentliches Recht 1, 2. Aufl. 2015, § 9 Rn. 398.
867 BVerfGE 105, 252 (266) – „Glykol“.
868 BVerfGE 105, 252 (266) – „Glykol“.

halten, dass § 284 StGB nur das „unerlaubte" Veranstalten von Glücksspiel unter Strafe stellt, umgekehrt also erlaubte Formen des öffentlichen Glücksspiels durchaus anerkannt sind. Die Rechtsordnung kennt gerade auch das gewerbliche Anbieten von Sportwetten als erlaubte Betätigung: Das Rennwett- und Lotteriegesetz lässt mit den Pferderennwetten eine besondere Form der Sportwetten zu und gestaltet den Beruf des Buchmachers in diesem Bereich als privates Gewerbe aus.[869] Das Veranstalten von Sportwetten genießt daher grundsätzlich den Schutz des Art. 12 Abs. 1 S. 1 GG. Der sachliche Schutzbereich der Berufsfreiheit ist somit eröffnet.

2. Wahl des Arbeitsplatzes

375 Neben der freien Wahl und Ausübung des Berufes schützt Art. 12 Abs. 1 GG außerdem die freie Arbeitsplatzwahl. **Arbeitsplatz** i.S.v. Art. 12 Abs. 1 S. 1 GG ist die „Stelle", an der der Einzelne „dem gewählten Beruf nachgehen möchte" bzw. nachgeht.[870] Der Begriff ist dabei **nicht räumlich** zu verstehen, vielmehr geht es „um die Entscheidung für eine **konkrete Betätigungsmöglichkeit** oder ein **bestimmtes Arbeitsverhältnis**".[871] Im Verhältnis zur Gewährleistung der freien Wahl und Ausübung des Berufes hat die freie Arbeitsplatzwahl allerdings kaum eigenständige Bedeutung, da mit der freien Arbeitsplatzwahl i.a.R. zugleich die Berufswahl- und Berufsausübungsfreiheit betroffen ist.[872]

3. Wahl der Ausbildungsstätte

376 Von Art. 12 Abs. 1 GG geschützt ist schließlich auch die freie Wahl der Ausbildungsstätte. **Ausbildungsstätten** i.S.v. Art. 12 Abs. 1 S. 1 GG sind „Einrichtungen", die der „Ausbildung für einen Beruf" dienen.[873] Dazu zählen insbesondere Berufsschulen, Universitäten und staatliche Vorbereitungsdienste; auch schulische Einrichtungen des zweiten Bildungswegs[874] sowie die „allgemeinbildenden weiterführenden Schulen (Gymnasien)"[875] werden vom Bundesverfassungsgericht als Ausbildungsstätten i.S.v. Art. 12 Abs. 1 S. 1 GG begriffen.

II. Persönlicher Schutzbereich

377 Neben natürlichen Personen, die **Deutsche i.S.v. Art. 116 GG** sind, schützt Art. 12 Abs. 1 GG nach Maßgabe des Art. 19 Abs. 3 GG auch **inländische juristische** Personen. Wie sich dieser augenscheinlich diskriminierende Schutz von Inländern gegenüber Personen aus dem **EU-Ausland** mit den unionsrechtlichen Grundfreiheiten und dem Diskriminierungsverbot des Art. 18 Abs. 1 AEUV verträgt, ist umstritten. Dabei

869 Vgl. BVerfGE 115, 276 (300 ff.) – „Sportwetten".
870 BVerfGE 84, 133 (147) – „Warteschleife".
871 BVerfGE 84, 133 (147) – „Warteschleife" (ohne Hervorhebung im Original).
872 Vgl. *Jarass/Pieroth*, GG Kommentar, 14. Aufl. 2016, Art. 12 Rn. 1 m.w.N.
873 BVerfGE 33, 303 (330) – „Numerus clausus I".
874 BVerfGE 41, 251 (259 ff.) – „Speyer-Kolleg".
875 BVerfGE 58, 257 (273) – „Schulentlassung". Mit Blick auf letztere a.A. etwa *Manssen*, Staatsrecht II Grundrechte, 14. Aufl. 2017, § 26 Rn. 615.

kann auf die allgemeinen Ausführungen zu den Deutschengrundrechten[876] sowie auf die vergleichbare Problematik im Zusammenhang mit Art. 19 Abs. 3 GG[877] verwiesen werden.

> **Zu Beispielsfall 8** (Rn. 368): S ist deutscher Staatsangehöriger und kann sich daher auf das Recht aus Art. 12 Abs. 1 S. 1 GG berufen.

C. Eingriff

Ob ein Eingriff in die Berufsfreiheit vorliegt, ist grundsätzlich nach den allgemeinen Regeln zu bestimmen. Neben final-unmittelbaren rechtsförmigen Beschränkungen können daher grundsätzlich auch mittelbare und faktische Beeinträchtigungen der geschützten Verhaltensweisen Eingriffe in den Schutzbereich der Berufsfreiheit darstellen. Das **Bundesverfassungsgericht** fordert bei solchen **mittelbar-faktischen Eingriffen** in die Berufsfreiheit allerdings in ständiger Rechtsprechung, dass die Norm, auf die die betreffende Maßnahme gestützt ist, oder die Maßnahme selbst 378

- sich **unmittelbar auf die Berufstätigkeit beziehen** oder
- zumindest in einem engen Zusammenhang mit der Ausübung eines Berufs stehen und also eine **objektiv berufsregelnde Tendenz** haben.[878]

Eine solche Tendenz haben all diejenigen Normen, welche „nach Entstehungsgeschichte und Inhalt im Schwerpunkt **Tätigkeiten** betreffen, die **typischerweise beruflich ausgeübt** werden".[879] Relevant wird dieses Erfordernis insbesondere etwa bei grundrechtsbeeinträchtigenden Wirkungen von steuer- und abgabenrechtlichen Vorschriften, wenn es also um die Statuierung von Geldleistungspflichten in einem weiteren Sinne geht.[880]

Oftmals wird bereits unter dem Punkt „Eingriff" gemäß der sog. **Drei-Stufen-Lehre** des Bundesverfassungsgerichts zwischen Berufswahl- und Berufsausübungsregelungen differenziert, zumal diese Lehre an verschiedene Eingriffsformen anknüpft. Streng genommen handelt es sich aber um eine Frage der **„Schranken-Schranken"**, da die Drei-Stufen-Lehre „stufenförmig" unterschiedliche verfassungsrechtliche Grenzen der Einschränkbarkeit festlegt.[881]

> **Zu Beispielsfall 8** (Rn. 368): Das in dem GlüSpG vorgesehene Veranstaltungsverbot erfolgt durch Gesetz, also rechtsförmig, und ist ggfs. mit Zwang durchsetzbar. Es entfaltet Rechtswirkung unmittelbar auch gegenüber S und zielt gerade darauf ab, das Veranstalten von Sportwetten zu unterbinden. Es liegt ein Eingriff im klassischen Sinne vor; ein solcher hat immer auch berufsregelnde Tendenz.

876 Siehe dazu oben Rn. 90.
877 Vgl. oben Rn. 101.
878 BVerfGE 13, 181 (185 f.) – „Schankerlaubnissteuer".
879 BVerfGE 97, 228 (254) – „Kurzberichterstattung".
880 Vgl. etwa BVerfGE 13, 181 (186) – „Schankerlaubnissteuer".
881 Vgl. zur Drei-Stufen-Theorie sogleich ausführlich unten Rn. 381 ff.

D. Rechtfertigung

I. Schranken

379 Gemäß **Art. 12 Abs. 1 S. 2 GG** kann die Berufsausübung durch Gesetz oder aufgrund eines Gesetzes geregelt werden. Da Art. 12 Abs. 1 GG ein einheitliches Grundrecht der Berufsfreiheit gewährleistet, bezieht sich dieser Regelungsvorbehalt nach allgemeiner Auffassung grundsätzlich nicht nur auf die Berufsausübung, sondern über den Wortlaut hinaus auch auf alle übrigen Aspekte der Berufsfreiheit.[882] Art. 12 Abs. 1 S. 2 GG enthält somit einen **einheitlichen Gesetzesvorbehalt.**

Allerdings gelten für die verschiedenen Aspekte der Berufsfreiheit gemäß der **Drei-Stufen-Lehre** unterschiedliche verfassungsrechtliche Grenzen der Beschränkbarkeit.[883]

380 Dieser **„Regelungsvorbehalt"** wird vom Bundesverfassungsgericht zwar ausdrücklich vom allgemeinen einfachen Gesetzesvorbehalt abgegrenzt – mit der Folge, dass auf der Ebene der Schranken-Schranken das Zitiergebot des Art. 19 Abs. 1 S. 2 GG und die Wesensgehaltsgarantie des Art. 19 Abs. 2 GG keine Anwendung finden.[884] In der Sache wird Art. 12 Abs. 1 S. 2 GG aber in der heutigen Lehre seit langem **wie ein einfacher Gesetzesvorbehalt** behandelt, d.h. Beschränkungen der Berufsfreiheit sind grundsätzlich durch formelles Gesetz oder auf formell-gesetzlicher Grundlage möglich.

> **Zu Beispielsfall 8** (Rn. 368): Der mit dem Veranstaltungsverbot verbundene Eingriff könnte aber verfassungsrechtlich gerechtfertigt sein. Beschränkungen der Berufsfreiheit müssen durch Gesetz oder auf Grund einer gesetzlichen Grundlage erfolgen, Art. 12 Abs. 1 S. 2 GG. Das Veranstaltungsverbot wird durch ein förmliches Landesgesetz statuiert und genügt daher prinzipiell den Anforderungen des Art. 12 Abs. 1 S. 2 GG.

II. Schranken-Schranken

381 Auf der Ebene der Schranken-Schranken, d.h. bei der Festlegung und Prüfung der verfassungsmäßigen Grenzen der Einschränkbarkeit des grundrechtlich geschützten Verhaltens, geht das **Bundesverfassungsgericht** schließlich doch auf die in Art. 12 Abs. 1 S. 2 GG angelegte Unterscheidung von **Berufs*wahl*** und **Berufs*ausübung*** ein. Je nachdem, welcher dieser Aspekte betroffen ist, muss die Prüfung der verfassungsrechtlichen Rechtfertigung der Grundrechtsbeeinträchtigung an entsprechend höherrangigen Gemeinwohlbelangen ausgerichtet werden.[885] Das Gericht unterscheidet dabei seit dem berühmten **Apotheken-Urteil** grundsätzlich zwischen drei verschiedenen Arten von Beschränkungen der Berufsfreiheit (sog. **Drei-Stufen-Lehre**):

882 BVerfGE 7, 377 (402) – „Apotheken-Urteil".
883 Vgl. dazu sogleich unten Rn. 381 ff.
884 Vgl. BVerfGE 7, 377 (403 f.) – „Apotheken-Urteil". Vgl. dazu und zum Folgenden ausführlich *Mann*, in: Sachs (Hrsg.), GG Kommentar, 8. Aufl. 2018, Art. 12 Rn. 105 f.
885 Vgl. zur Ratio der Drei-Stufen-Lehre sogleich unten Rn. 384.

- **Berufsaus*übungs*regelungen,**
- **subjektive Berufs*wahl*regelungen** sowie
- **objektive Berufs*wahl*regelungen.**[886]

In der **Fallbearbeitung** bedeutet dies Folgendes: In einem ersten Schritt ist zu prüfen, welcher Aspekt, welche **„Stufe"** der Berufsfreiheit im konkreten Fall betroffen ist (vgl. dazu sogleich unten 1. und 2.). Sodann ist, in einem zweiten Schritt, eine Prüfung der **Verhältnismäßigkeit** des Eingriffs vorzunehmen.[887] Die Verhältnismäßigkeitsprüfung ist dabei den Anforderungen der Drei-Stufen-Lehre anzupassen. Allgemein gilt hier Folgendes: Unter dem Punkt **„Legitimer Zweck"** ist zu prüfen, ob die sich nach der Drei-Stufen-Lehre ergebenden Anforderungen an das mit dem Eingriff verfolgte Gemeinwohlziel vorliegen. Außerdem muss der Gesetzgeber unter dem Gesichtspunkt der **Erforderlichkeit** „Regelungen nach Art. 12 Abs. 1 S. 2 GG jeweils auf der ‚Stufe' vornehmen, die den geringsten Eingriff in die Freiheit der Berufswahl mit sich bringt, und darf die nächste ‚Stufe' erst dann betreten, wenn mit hoher Wahrscheinlichkeit dargetan werden kann, dass die befürchteten Gefahren mit (verfassungsmäßigen) Mitteln der vorausgehenden ‚Stufe' nicht wirksam bekämpft werden können"[888]. Schließlich ist die je nach Art bzw. „Stufe" der Beschränkung unterschiedliche Intensität des Eingriffs im Rahmen der **Angemessenheitsprüfung** besonders zu berücksichtigen und in die dort erforderliche Abwägung einzustellen. 382

1. Berufsausübungsregelungen

Am „lockersten" sind die verfassungsrechtlichen Grenzen für Eingriffe in die Berufsausübung. Eine **Regelung der Berufsausübung** liegt vor, wenn die Regelung „auf die Freiheit der Berufswahl nicht zurückwirkt, vielmehr nur bestimmt, **in welcher Art und Weise** die Berufsangehörigen ihre Berufstätigkeit im Einzelnen zu gestalten haben".[889] Beispiele für Berufsausübungsregelungen sind etwa 383

- Pflichten zur **Anmeldung** der Berufstätigkeit,
  Beispiel: Anmeldung eines Gewerbes nach § 14 GewO,
- Regelungen über die **Werbung**,
  Beispiele: Werbeverbote für Tabakwaren und Alkohol sowie Werbebeschränkungen, etwa das Sachlichkeitsgebot für Werbung durch Rechtsanwälte (§ 43b BRAO)[890],
- Regelungen über den **zeitlichen Rahmen** der Berufstätigkeit
  Beispiel: Ladenöffnungszeitenregelungen nach den Ladenschlussgesetzen der Länder[891]

886 Vgl. grundlegend BVerfGE 7, 377 (404 ff.) – „Apotheken-Urteil".
887 Vgl. dazu allgemein oben Rn. 149 ff.
888 BVerfGE 7, 377 (408) – „Apotheken-Urteil".
889 BVerfGE 7, 377 (405 f.) – „Apotheken-Urteil" (ohne Hervorhebung im Original).
890 Vgl. dazu etwa BVerfG, Kammerbeschl. v. 5.3.2015, 1 BvR 3362/14, juris. Der beschwerdeführende Anwalt wollte eine Werbetasse mit dem Bildnis eines Mannes bedrucken lassen, der mit einem Stock auf das entblößte Gesäß einer Frau schlägt, zusammen mit dem Schriftzug „Wurden Sie Opfer einer Straftat?" und seinen Kontaktdaten. Siehe dazu auch den didaktischen Beitrag von Rast, JuS 2017, 229.
891 Vgl. etwa BVerfGE 138, 261 – „Thüringer Ladenöffnungsgesetz".

- die **Indienstnahme** Privater bei der Erfüllung staatlicher Aufgaben, sowie

  Beispiele: Ausgehend von der Pflicht zur Lagerung von Mineralölvorräten für Krisenfälle[892] hatten das Bundesverfassungsgericht und der Bundesgerichtshof über verschiedene Konstellationen der Indienstnahme zu entscheiden, zuletzt in der Entscheidung zur Indienstnahme der Betreiber von Telekommunikationsnetzen für die Durchführung der Vorratsdatenspeicherung im Interesse der öffentlichen Sicherheit[893] Als Besonderheit einer Indienstnahme Privater für die Erfüllung von Staatsaufgaben ist zu beachten, dass diese nach ständiger Rechtsprechung „über die Verhältnismäßigkeit hinaus einer **besonderen Rechtfertigung**" bedarf[894], weil „die Lasten durch die Erfüllung öffentlicher Aufgaben grundsätzlich von der Allgemeinheit zu tragen sind"[895]. Erforderlich ist daher eine hinreichende „ Sach- und Verantwortungsnähe zwischen der beruflichen Tätigkeit und der auferlegten Verpflichtung"[896].

- allgemein alle **sonstigen Vorschriften**, die nicht unter den Begriff der (subjektiven und objektiven) **Berufswahlregelung** fallen,[897] etwa ein gesetzliches Rauchverbot in Gaststätten.[898]

  Da sich die Berufsausübungsregelungen somit in erster Linie in Abgrenzung von Berufswahlbeschränkungen, also **negativ** definieren, empfiehlt es sich, in der Fallbearbeitung zunächst zu prüfen, ob eine subjektive oder objektive **Berufs*wahl*regelung** vorliegt. Wenn dies nicht der Fall ist, kann ohne Subsumtionsaufwand eine Berufsausübungsregelung bejaht werden.

384 Solche Beschränkungen der Berufsausübung sind **grundsätzlich** bereits dann rechtmäßig, wenn **„vernünftige Erwägungen des Gemeinwohls"** den Eingriff rechtfertigen.[899] Ob dies der Fall ist, muss dann im Rahmen der an diese Vorgabe angepassten Verhältnismäßigkeitsprüfung ermittelt werden. Die Anforderungen an die Rechtfertigung können im Einzelfall allerdings **ausnahmsweise** auch **strenger** ausfallen. Dies ist dann der Fall, wenn sich die in Rede stehende, ihrer Form nach als Berufsausübungsregelung zu qualifizierende Norm auch auf die Freiheit der Berufswahl auswirken kann oder sie ihrer Intensität nach einer Berufswahlbeschränkung gleichkommt.[900]

Dies zeigt, dass die Drei-Stufen-Lehre **kein völlig starres Schema** statuiert, an das sich der Rechtsanwender sklavisch halten müsste. Sie folgt der Überlegung, dass die drei von ihr erfassten Eingriffsformen (Ausübungsregelung, subjektive und objektive Zulassungsregelung) typischerweise eine sehr unterschiedliche Eingriffsintensität aufweisen, und dass deswegen auch unterschiedlich hohe Rechtfertigungsanforderungen an sie zu stellen sind. Wenn diese Typisierung im Einzelfall nicht zu einem angemessenen Rechtfertigungsmaßstab führt (z.B. weil sich eine Ausübungsregel im konkreten Fall wie eine Zulassungsregel auswirkt, aber auch im umgekehrten Fall[901]), ist der Maßstab entsprechend anzupassen. Insofern können die drei Stufen in der Tat gelegentlich „inein-

892 BVerfGE 30, 292 (334 f.) – „Erdölbevorratung". Siehe zum Ganzen auch *Burgi*, JZ 2013, 745 (748 ff.).
893 BVerfGE 125, 260 (362) – „Vorratsdatenspeicherung".
894 *Jarass/Pieroth*, GG Kommentar, 14. Auflage 2016, Art. 12 Rn. 84.
895 BGHZ 134, 1 (21).
896 BVerfGE 125, 260 (361) – „Vorratsdatenspeicherung".
897 Vgl. *Kingreen/Poscher*, Grundrechte Staatsrecht II, 33. Aufl. 2017, § 21 Rn. 963 f. mit weiteren Beispielen.
898 Vgl. dazu BVerfGE 121, 317 (344 ff.) – „Nichtraucherschutz" mit einer gerade im Rahmen der Ausbildung sehr lesenswerten Grundrechtsprüfung.
899 BVerfGE 7, 377 (405) – „Apotheken-Urteil".
900 Siehe dazu sogleich unten Rn. 358 (mit dem Beispiel der Kassenarztzulassung).
901 Dazu sogleich unten Rn. 387 (mit dem Beispiel des Insolvenzverwalters).

ander verschwimmen".[902] Da das Bundesverfassungsgericht aber nach wie vor an den Terminologien der Drei-Stufen-Lehre festhält,[903] ist diese keineswegs überkommen.

2. Berufswahlregelungen

Eine **Berufswahlregelung** ist demgegenüber eine Regelung, „die schon die Aufnahme der Berufstätigkeit von der Erfüllung bestimmter Voraussetzungen abhängig macht".[904] 385

Die Unterscheidung von Berufswahl- und Berufsausübungsregelungen ist zunächst **förmlich** zu verstehen, erfolgt also in erster Linie nach dem Kriterium, ob es um die Aufnahme eines – durch (oftmals gesetzgeberisch) **fixierte Berufsbilder**[905] – bestimmten Berufes geht oder nur um dessen Ausübung. Keine Rolle spielen für die Unterscheidung zunächst die **materiellen** Auswirkungen der Regelungen und ihre Intensität für den betroffenen Grundrechtsträger. So hatte das **Bundesverfassungsgericht** etwa in seiner Entscheidung zur **Kassenarztzulassung** aus dem Jahre 1960 die gesetzlichen Voraussetzungen für die Zulassung als Kassenarzt als bloße Berufsausübungsregelung eingeordnet, da die „Zulassung zu den Krankenkassen ... den Kassenarzt nicht so aus dem Kreis der übrigen frei praktizierenden Ärzte heraus[hebt], dass man seine Tätigkeit als besonderen Beruf bezeichnen könnte",[906] obwohl erst eine Zulassung zu den Kassen die sinnvolle Ausübung des Berufs eines frei praktizierenden Arztes ermöglichte – der nicht zugelassene Arzt könnte nämlich nur Privatpatienten und solche Kassenpatienten behandeln, die bereit sind, ihn selbst zu honorieren, was zumindest damals keine wirtschaftlich tragbare Berufspraxis eröffnete. Das Gericht erkannte freilich, dass die Regelungen der Zulassungsvoraussetzungen deswegen „einer ‚objektiven Zulassungsvoraussetzung' in Gestalt einer Bedürfnisklausel nahe[kamen]", und behandelte die Berufsausübungsregelung im Rahmen der Abwägung **materiell wie eine objektive Berufswahlregelung**.[907] In der **Fallbearbeitung** wäre es in solchen Fällen ebenso vertretbar, die Abgrenzung zunächst formell vorzunehmen und dann herauszuarbeiten, dass die festgestellte förmliche Berufsausübungsregelung faktisch bzw. materiell wie eine (subjektive oder objektive) Berufswahlregelung wirkt und die Prüfung dann entsprechend der **materiellen Einordnung** fortzusetzen.

a) Subjektive Berufswahlregelungen

Von einer **subjektiven** Berufswahlregelung spricht man, wenn die Berufswahlregelung an das Vorliegen bestimmter **„persönlicher Eigenschaften, Fähigkeiten, Fertigkeiten"** anknüpft,[908] also beispielsweise bei Anknüpfungen an 386

- **Altersgrenzen**[909] und anderen körperlich-physischen Merkmalen,

902 So treffend *Kingreen/Poscher*, Grundrechte Staatsrecht II, 33. Aufl. 2017, § 21 Rn. 981.

903 So werden zumal für Berufsausübungsregeln weiterhin „vernünftige Erwägungen des Gemeinwohls" verlangt, vgl. BVerfG, Kammerbeschl. v. 20.12.2017, 1 BvR 2233/17, juris, Rn. 11; für subjektive Zulassungsbeschränkung müsse dagegen „ein Beitrag zu [...] einem besonders wichtigen Gemeinschaftsgut geleistet" werden, vgl. BVerfG NJW 2016, 930 (932) – „Insolvenzverwalter".

904 BVerfGE 7, 377 (406) – „Apotheken-Urteil".

905 Vgl. dazu und insbesondere zur Eingriffsqualität von gesetzlichen Berufsbildfixierungen *Mann*, in: Sachs (Hrsg.), GG Kommentar, 8. Aufl. 2018, Art. 12 Rn. 67 ff.; *Sodan/Ziekow*, Grundkurs Öffentliches Recht, 7. Aufl. 2016, § 40 Rn. 11 ff.

906 BVerfGE 11, 30 (41) – „Kassenarzt-Urteil".

907 BVerfGE 11, 30 (44 f.) – „Kassenarzt-Urteil".

908 BVerfGE 9, 338 (345) – „Hebammenaltersgrenze".

909 Vgl. BVerfGE 9, 338 (345) – „Hebammenaltersgrenze"; aus der jüngeren Rechtsprechung BVerfGE 139, 19 – „Einstellungshöchstaltersgrenzen öffentlicher Dienst".

- die rechtliche **Organisationsform** (z.B. Ausschluss juristischer Personen von bestimmten Tätigkeiten, etwa als Insolvenzverwalter)[910] sowie
- **Befähigungs- oder Leistungsnachweise**[911].

387 Beschränkungen der Berufsfreiheit durch subjektive Berufswahlregelungen sind **grundsätzlich** nur dann rechtmäßig, wenn sie durch ein **„wichtiges Gemeinschaftsgut"** gerechtfertigt werden können.[912] Dies ist im Rahmen der an diese Vorgabe angepassten Verhältnismäßigkeitsprüfung zu ermitteln. Auch hier ist zu beachten, dass im Einzelfall **ausnahmsweise** auch **höhere** oder **geringere** Anforderungen an die Rechtfertigung zu stellen sein können, je nach Intensität der Beeinträchtigung im konkreten Fall.

Beispiel: In seiner Entscheidung zum gesetzlichen Ausschluss juristischer Personen vom Amt des Insolvenzverwalters stellte das Bundesverfassungsgericht etwa fest, dass die Beschwerdeführerin, eine GmbH, ohne Weiteres mit als natürlichen Personen tätigen Insolvenzverwaltern kooperieren könne und sie durch die an sich als subjektive Berufswahlbeschränkung einzuordnende Ausschlussregelung „kaum gewichtiger als im Fall einer Begrenzung ihrer freien Berufsausübung" betroffen sei.[913]

b) Objektive Berufswahlregelungen

388 **Objektiv** ist eine Berufswahlregelung schließlich dann, wenn die Erfüllung der an die Aufnahme der Berufstätigkeit geknüpften Voraussetzungen „dem Einfluss des Einzelnen schlechthin entzogen" ist.[914] Zu diesen objektiven Berufswahlregelungen gehören insbesondere etwa

- sog. **Bedürfnisklauseln**, die eine Berufszulassung vom Bestehen eines bestimmten öffentlichen Bedürfnisses abhängig machen, wie z.B. die Regelung in Art. 3 Abs. 1 ApoG a.F., die dem Apotheken-Urteil des Bundesverfassungsgerichts zugrunde lag,[915] sowie
- **staatliche Monopole**, welche die Ausübung einer bestimmten Tätigkeit der öffentlichen Hand vorbehalten, z.B. das staatliche Monopol für bestimmte Bereiche des Glücksspiels.[916]

389 Solche objektiven Berufswahlregelungen sind nur rechtmäßig, wenn sie **„zur Abwehr nachweisbarer und höchstwahrscheinlicher schwerer Gefahren für ein überragend wichtiges Gemeinschaftsgut"** erforderlich sind.[917] Auch dies ist im Rahmen einer an diese strengen Vorgaben angepassten Verhältnismäßigkeitsprüfung festzustellen.

---

910 Vgl. BVerfGE 141, 121 – „Insolvenzverwalter".
911 Vgl. BVerfGE 117, 126 (138) – „Hufbeschlaggesetz".
912 BVerfGE 13, 97 (107) – „Handwerksordnung".
913 BVerfG NJW 2016, 930 (932) – „Insolvenzverwalter".
914 BVerfGE 7, 377 (407) – „Apotheken-Urteil".
915 Vgl. BVerfGE 7, 377 (380) – „Apotheken-Urteil".
916 Vgl. etwa BVerfGE 115, 276 (303 ff.) – „Sportwetten".
917 BVerfGE 7, 377 (408) – „Apotheken-Urteil".

Zu Beispielsfall 8 (Rn. 368): Ein mit einer gesetzlichen Regelung verbundener Eingriff in die Berufsfreiheit ist indes nur dann verfassungsrechtlich gerechtfertigt, wenn das Gesetz in formeller und materieller Hinsicht mit den verfassungsrechtlichen Anforderungen in Einklang steht. In formeller Hinsicht ergeben sich keine Zweifel an der Verfassungsmäßigkeit des GlüSpG, zumal der Bundesgesetzgeber von einer möglichen konkurrierenden Gesetzgebungszuständigkeit nach Art. 74 Abs. 1 Nr. 11 GG – abgesehen von dem durch das Rennwett- und Lotteriegesetz geregelten Bereich der Pferderennwetten – bislang keinen Gebrauch gemacht hat.[918] Das GlüSpG könnte allerdings gegen den materiell-verfassungsrechtlichen Verhältnismäßigkeitsgrundsatz verstoßen. Entsprechend der **Drei-Stufen-Lehre** des Bundesverfassungsgerichts gilt es dabei zunächst zu prüfen, ob es sich bei dem GlüSpG um Berufswahlregelungen oder um Berufsausübungsbeschränkungen handelt. Die Statuierung des Verbots der Veranstaltung von Sportwetten betrifft nicht lediglich die Berufsausübung, sondern die **Wahl eines bestimmten Berufs**, nämlich des Veranstalters von Sportwetten. Das Verbot hängt außerdem nicht von persönlichen Eigenschaften, Fähigkeiten oder Fertigkeiten der Betroffenen ab, sondern gilt pauschal für sämtliche privaten Anbieter; es handelt sich daher um eine **objektive Berufswahlbeschränkung**. Eine derart intensive Form der Beeinträchtigung der Berufsfreiheit ist nur dann verfassungsrechtlich gerechtfertigt, wenn sie „zur Abwehr nachweisbarer und höchstwahrscheinlicher schwerer Gefahren für ein überragend wichtiges Gemeinschaftsgut" erforderlich ist.[919] Die mit dem Veranstaltungsverbot verbundene Beeinträchtigung der Berufsfreiheit müsste sich nach diesen Maßgaben als **verhältnismäßig** erweisen.

Der Grund für die Errichtung eines staatlichen Wettmonopols und die Begrenzung und Ordnung des Wettwesens liegt in der Bekämpfung der Spiel- und Wettsucht. Dies ist ein „**überragend wichtiges Gemeinwohlziel**, da Spielsucht zu schwerwiegenden Folgen nicht nur für die Betroffenen selbst, sondern auch für ihre Familien und für die Gemeinschaft führen kann."[920] Bei der Beurteilung der **Geeignetheit** des Veranstaltungsverbots für Private zur Erreichung des Regelungsziels steht dem Gesetzgeber ein gewisser Einschätzungs- und Prognosespielraum zu, bei dessen Ausfüllung die Sachgesetzlichkeiten der betreffenden Sachmaterie zu beachten sind.[921] Nach diesem Maßstab lässt sich die Entscheidung des Gesetzgebers zur Errichtung des Veranstaltungsmonopols nicht beanstanden, und zwar auch mit Blick auf die angestellte Prognose, dass eine Marktöffnung im Sportwettenbereich zu einer „Zunahme von problematischem und suchtgefährdetem Verhalten" führe.[922] Auch mit Blick auf die **Erforderlichkeit** des Veranstaltungsverbots steht dem Gesetzgeber ein weiter Einschätzungs- und Prognosespielraum zu. Als ein milderes Mittel zur Erreichung des Regelungsziels käme hier etwa die Öffnung des Sportwettenmarktes für Private in Betracht, unter Nutzung der üblichen gewerberechtlichen Kontrollinstrumente, um das problematische Spielverhalten einzudämmen. Vorliegend durfte der Gesetzgeber angesichts der Bedeutung und Tragweite des Schutzgutes indes davon ausgehen, dass die Regelungsziele „mit Hilfe eines auf die Bekämpfung von Sucht und problematischem Spielverhalten ausgerichteten Wettmonopols mit staatlich verantwortetem Wettangebot effektiver beherrscht werden können als im Wege einer Kontrolle privater Wettunternehmen".[923] Das Veranstaltungsmonopol ist daher auch erforderlich zur Bekämpfung der Spiel- und Wettsucht.

Fraglich ist indes, ob die Monopolerrichtung auch eine **angemessene** Beschränkung der Berufswahlfreiheit darstellt, zumal diese durch den strafbewehrten Ausschluss von der beruflichen Betätigung im Sportwettbereich in besonders intensiver Weise betroffen ist. Ein solch intensiver Eingriff ist den „an entsprechender beruflicher Tätigkeit interessierten Bürgern ... nur dann zumutbar, wenn das bestehende Wettmonopol auch in seiner konkreten Ausge-

918 Vgl. BVerfGE 115, 276 (304) – „Sportwetten".
919 BVerfGE 7, 377 (408) – „Apotheken-Urteil".
920 BVerfGE 115, 276 (305) – „Sportwetten" (ohne Hervorhebung im Original).
921 Vgl. dazu und zum Folgenden BVerfGE 115, 276 (308) – „Sportwetten".
922 BVerfGE 115, 276 (308) – „Sportwetten".
923 BVerfGE 115, 276 (309) – „Sportwetten".

staltung der Vermeidung und Abwehr von Spielsucht und problematischem Spielverhalten dient."[924] Vor allem die eigene wirtschaftliche Betätigung der staatlichen Lotteriegesellschaft Sportwetten – die im Grundsatz gewiss zulässig ist, soweit dadurch eine hinreichend attraktive, gleichwohl staatlich kontrollierte Alternative zum illegalen Sportwettangebot geschaffen und der Schutzzweck des GlüSpG damit gefördert werden soll – lässt dabei „nicht ohne weiteres eine **konsequente und wirkliche Ausrichtung an der Bekämpfung und Begrenzung von Wettsucht und problematischem Spielverhalten** erkennen. Vielmehr muss sich dies in der rechtlichen wie tatsächlichen Ausgestaltung des Wettmonopols **positiv** ausdrücken."[925] Im vorliegenden Fall dürften diese Voraussetzungen nicht erfüllt sein:[926] Die staatliche Lotteriegesellschaft beschränkt sich bei der Werbung für das staatliche Wettangebot nicht auf sachliche Hinweise, um die Bürger auf das legale Wettangebot aufmerksam zu machen, sondern bewirbt das Angebot aktiv und anreizend und ermuntert zur Teilnahme. Des Weiteren ist das Netz der Annahmestellen darauf angelegt, das Wettangebot möglichst bürgernah zu gestalten und als allerorts verfügbares normales Gut des täglichen Lebens zu präsentieren. Auch die Teilnahmemöglichkeiten über das Internet und per SMS sorgen dafür, dass die Sportwetten überall und zu jeder Zeit spielbar sind. Diese tatsächliche Ausgestaltung des Wettmonopols wird dem mit der Errichtung des Monopols an sich erhobenen Schutzanspruch nicht gerecht. Die mit dem Ausschluss Privater von der Betätigung auf dem Sportwettenmarkt verbundene Beschränkung der Berufswahlfreiheit ist den Grundrechtsträgern nicht zuzumuten und daher unangemessen. Das Veranstaltungsmonopol verstößt damit gegen den Verhältnismäßigkeitsgrundsatz. Auch S wird daher durch das Gesetz in seinem Recht aus Art. 12 Abs. 1 S. 1 GG verletzt.

Literaturhinweise:

Nolte/Tams, Grundfälle zu Art. 12 Abs. 1 GG, JuS 2006, 31 ff., 130 ff., 218 ff.
Breuer, Freiheit des Berufs, in: Isensee/Kirchhof (Hrsg.), Handbuch des Staatsrechts, Band VIII, 3. Aufl. 2010, § 170 (zur Vertiefung)

Wichtige Rechtsprechung:

Zu B., D. BVerfGE 7, 377 – „Apotheken-Urteil"
(Schutzbereich des einheitlichen Grundrechts der Berufsfreiheit aus Art. 12 Abs. 1 GG – Entwicklung der Drei-Stufen-Theorie – Vereinbarkeit einer Bedarfsklausel für die Zulassung als Apotheker mit der Berufsfreiheit aus Art. 12 Abs. 1 GG)

Zu D. BVerfGE 121, 317 – „Nichtraucherschutz"
(Vereinbarkeit eines absoluten und eines relativen Rauchverbots in Gaststätten mit der Berufsfreiheit aus Art. 12 Abs. 1 GG – Verfassungsrechtliche Anforderungen an die Angemessenheit von Eingriffen in die Berufsfreiheit aus Art. 12 Abs. 1 GG)

924 BVerfGE 115, 276 (309 f.) – „Sportwetten".
925 BVerfGE 115, 276 (311) – „Sportwetten". Vgl. zum Erfordernis eines konsequenten Schutzkonzepts als letztlich entscheidendes Element der Prüfung der Angemessenheit von Beschränkungen der Berufsfreiheit auch BVerfGE 121, 317 (355 ff.) – „Nichtraucherschutz".
926 Vgl. zum Folgenden BVerfGE 115, 276 (314 ff.) – „Sportwetten".

§ 23 Unverletzlichkeit der Wohnung (Art. 13 GG)

A. Sachlicher Schutzbereich

Art. 13 GG schützt die Unverletzlichkeit der Wohnung. 390

I. Wohnung

Der Begriff der **Wohnung** i.S.v. Art. 13 Abs. 1 GG ist weit auszulegen und erfasst die 391 gesamte **„räumliche Privatsphäre"**.[927] Wohnung in diesem Sinne ist jeder nicht allgemein zugängliche Raum, der zur Stätte des Aufenthalts oder Wirkens von Menschen gemacht wird, es geht also nicht nur um Räume der Wohnung i.e.S., sondern auch um Nebenräume (z.B. Keller, Dachboden) und dazugehörige Flächen (z.B. räumlich abgeschlossene Höfe und Gärten) sowie Gäste- und Hotelzimmer.[928]

Umstritten ist, inwiefern auch **Arbeits-, Betriebs- und Geschäftsräume** in den 392 Schutzbereich des Art. 13 Abs. 1 GG fallen. Das **Bundesverfassungsgericht** sieht diese Räumlichkeiten grundsätzlich als geschützt an und kann sich dabei auf die Entstehungsgeschichte der Vorschrift berufen.[929] Erfasst sind damit prinzipiell auch solche Geschäftsräume, die der Hausrechtsinhaber **der Allgemeinheit zugänglich** gemacht hat (z.B. Verkaufsläden, Warenhäuser, Gaststätten).

Der **Grundrechtsschutz** wird hier allerdings nur **abgestuft** gewährleistet, der im Rahmen der Prüfung der Verhältnismäßigkeit des in Rede stehenden Eingriffs zu berücksichtigen ist: Ein **voller** Grundrechtsschutz besteht nur in Bezug auf die **nicht allgemein zugänglichen Räume**. Der Wille des Hausrechtsinhabers, die Räume denjenigen Personen zugänglich zu machen, die ein Geschäft mit ihm eingehen möchten, hebt den **Privatcharakter der Räume** zu einem gewissen Grad auf. Daraus folgt, dass Gesetze, die gegenüber Inhabern solcher Räume ein schärferes Einwirken zulassen, als es an sich dem Art. 13 GG entsprechen würde, nicht grundgesetzwidrig sind, weil sich dann der Schutz des Art. 13 GG von den Voraussetzungen her nicht in vollem Umfang auf sie erstreckt.[930]

II. Sachliche Reichweite des Schutzbereichs

Zu beachten ist, dass Art. 13 Abs. 1 GG **sachlich** nicht vor jeglichen Beeinträchtigun- 393 gen schützt, die einen Wohnungsinhaber treffen können. Denn Schutzgut des Art. 13 Abs. 1 GG ist „die räumliche Sphäre, in der sich das Privatleben entfaltet"; insofern gewährleistet Art. 13 Abs. 1 GG nur „das Recht, in diesen Räumen in Ruhe gelassen zu werden", also die **„Privatheit" der Wohnung**.[931]

---

927 BVerfGE 32, 54 (72) – „Betriebsbetretungsrecht".
928 Vgl. *Papier*, in: Maunz/Dürig, GG Kommentar, 71. EL 2014, Art. 13 Rn. 10 m.w.N.
929 Vgl. BVerfGE 32, 54 (68 ff.) – „Betriebsbetretungsrecht".
930 Vgl. *Papier*, in: Maunz/Dürig, GG Kommentar, 71. EL 2014, Art. 13 Rn. 14.
931 BVerfGE 89, 1 (12) – „Besitzrecht des Mieters".

Beispiel: Die **Kündigung eines Mietverhältnisses** berührt das Recht aus Art. 13 Abs. 1 GG **nicht**.[932]

III. Verhältnis zum allgemeinen Persönlichkeitsrecht

394 Da Art. 13 Abs. 1 GG den räumlichen Bereich der Privatsphäre schützt, kann es im Einzelfall insbesondere zu Konkurrenzen mit dem allgemeinen Persönlichkeitsrecht aus Art. 2 Abs. 1 i.V.m. Art. 1 Abs. 1 GG kommen, ggfs. auch in dessen speziellen Ausprägungen als Recht auf informationelle Selbstbestimmung und als Recht auf Vertraulichkeit und Integrität informationstechnischer Systeme. **Art. 13 Abs. 1 GG** ist dabei insofern ***lex specialis*** zu Art. 2 Abs. 1 i.V.m. Art. 1 Abs. 1 GG, als es um einen spezifischen Eingriff in die **räumliche** Privatsphäre geht.[933]

B. Eingriff

395 Ob ein Eingriff in das Grundrecht aus Art. 13 Abs. 1 GG vorliegt, bestimmt sich grundsätzlich nach den allgemeinen Regeln. Aus **Art. 13 Abs. 2 bis 5 GG** selbst ergeben sich **typische Grundrechtseingriffe**, jedoch können auch andere Hoheitsakte Eingriffscharakter haben, vgl. Art. 13 Abs. 7 GG („im Übrigen").

C. Rechtfertigung

396 Die verfassungsrechtliche Rechtfertigung von Eingriffen in das Grundrecht aus Art. 13 Abs. 1 GG richtet sich nach den Regelungen in Art. 13 Abs. 1 bis 7 GG.

I. Rechtfertigung von Durchsuchungen, Art. 13 Abs. 2 GG

397 Art. 13 Abs. 2 GG sieht Beschränkungen der Unverletzlichkeit der Wohnung in Form von Durchsuchungen vor und unterwirft sie besonderen Anforderungen. **Durchsuchung** i.S.v. Art. 13 Abs. 2 GG ist „das ziel- und zweckgerichtete Suchen staatlicher Organe in einer Wohnung, um dort planmäßig etwas aufzuspüren, was der Inhaber der Wohnung von sich aus nicht offenlegen oder herausgeben will".[934]

Keine Durchsuchung in diesem Sinne sind daher z.B. die durch einen Sachverständigen in der Wohnung durchgeführte **Schallmessung** im Rahmen eines zwischen dritten Personen schwe-

---

932 Vgl. dazu BVerfGE 89, 1 (11 ff.) – „Besitzrecht des Mieters".

933 Vgl. BVerfGE 51, 97 (105) – „Zwangsvollstreckung I" sowie *Papier*, in: Maunz/Dürig, GG Kommentar, 71. EL 2014, Art. 13 Rn. 148.

934 BVerwGE 47, 31 (37). Auf die Rechtsprechung des Bundesverwaltungsgerichts nimmt auch das Bundesverfassungsgericht Bezug, vgl. etwa BVerfGE 51, 97 (106 f.) – „Zwangsvollstreckung I".

benden Zivilprozesses[935] oder Rechte zum **Betreten und Besichtigen von Betriebsräumen**, um zu sehen, ob die Betriebsinhaber ihren jeweiligen Beruf ordnungsgemäß ausüben.[936]

Der Vorschrift des Art. 13 Abs. 2 GG („in den *Gesetzen* vorgesehenen") ist ein **qualifizierter Gesetzesvorbehalt** zu entnehmen. Dursuchungen bedürfen demnach neben einer **formell-gesetzlichen Grundlage** grundsätzlich einer vorherigen richterlichen Anordnung (sog. **präventiver Richtervorbehalt**).[937] Wichtige Eingriffsgrundlagen sind hier §§ 102 ff. StPO für die Strafverfolgung, § 758 ZPO im Rahmen der zivilprozessualen Zwangsvollstreckung sowie die jeweils einschlägigen Bestimmungen in den Polizei- und Sicherheitsgesetzen der Länder. **398**

II. Rechtfertigung von technischen Überwachungen, Art. 13 Abs. 3 bis 6 GG

Die im Jahre 1998 eingefügten Abs. 3 bis 6 des Art. 13 GG erlauben die Beschränkung des Rechts aus Art. 13 Abs. 1 GG in Form der akustischen und optischen Überwachung von Wohnungen (sog. **„Lauschangriff"**). **399**

Art. 13 Abs. 3 GG enthält einen **qualifizierten Gesetzesvorbehalt** im Hinblick auf die akustische Wohnraumüberwachung zur **Strafverfolgung**, also zur Verfolgung bereits begangener Straftaten. Die entsprechenden gesetzlichen Eingriffsermächtigungen finden sich in §§ 100c ff. StPO. **400**

In seiner Entscheidung **„Großer Lauschangriff"** urteilte das **Bundesverfassungsgericht** über die Verfassungsmäßigkeit des Art. 13 Abs. 3 GG (am Maßstab des Art. 79 GG) sowie der strafprozessualen Umsetzung des Art. 13 Abs. 3 GG in den genannten Vorschriften der StPO; es erklärte dabei die Vorschriften der StPO in ihrer damaligen Fassung für verfassungswidrig.[938]

Art. 13 Abs. 4 GG enthält einen **qualifizierten Gesetzesvorbehalt** im Hinblick auf die akustische, optische und sonstige technische Überwachung zur **präventiven Gefahrenabwehr**, also zur Verhinderung oder Abwehr von Verletzungen der öffentlichen Sicherheit. Der Begriff der **öffentlichen Sicherheit** entstammt dem Polizeirecht und meint „den Schutz zentraler Rechtsgüter wie Leben, Gesundheit, Freiheit, Ehre, Eigentum und Vermögen des Einzelnen sowie die **Unversehrtheit der Rechtsordnung** und der staatlichen Einrichtungen".[939] Wichtige Eingriffsgrundlagen finden sich im Polizei- und Sicherheitsrecht der Länder. **401**

935 Vgl. BVerfGE 75, 318 (327) – „Sachverständiger".
936 Vgl. dazu *Papier*, in: Maunz/Dürig, GG Kommentar, 71. EL 2014, Art. 13 Rn. 24.
937 Vgl. *Papier*, in: Maunz/Dürig, GG Kommentar, 71. EL 2014, Art. 13 Rn. 21.
938 Vgl. BVerfGE 109, 279 (309 ff.) – „Großer Lauschangriff".
939 BVerfGE 69, 315 (352) – „Brokdorf". Auf diese Entscheidung verweist BVerfGE 109, 279 (366) – „Großer Lauschangriff".

III. Rechtfertigung von sonstigen Eingriffen, Art. 13 Abs. 7 GG

402 Für sonstige Eingriffe in das Recht aus Art. 13 Abs. 1 GG sieht **Art. 13 Abs. 7 Hs. 1 GG** als **verfassungsunmittelbare Schranke** eine Beschränkungsmöglichkeit in den dort genannten Fällen vor; für bestimmte andere Fälle enthält demgegenüber **Art. 13 Abs. 7 Hs. 2 GG** einen **qualifizierten Gesetzesvorbehalt**.[940]

Literaturhinweise:

Schoch, Die Unverletzlichkeit der Wohnung nach Art. 13 GG, Jura 2010, 22
Papier, in: Maunz/Dürig, GG Kommentar, 71. EL 2014, Art. 13 (zur Vertiefung)
ders., Schutz der Wohnung, in: Merten/Papier (Hrsg.), Handbuch der Grundrechte, Band IV, 2011, § 91 (zur Vertiefung)

Wichtige Rechtsprechung:

Zu C. BVerfGE 109, 279 – „Großer Lauschangriff"
(Verfassungsmäßigkeit der gesetzlichen Einführung einer akustischen Überwachung des Wohnraumes – Schutz des Kernbereichs privater Lebensgestaltung nach Art. 2 Abs. 1 i.V.m. Art. 1 Abs. 1 GG)

940 Vgl. *Papier*, in: Maunz/Dürig, GG Kommentar, 71. EL 2014, Art. 13 Rn. 121.

§ 24 Eigentumsgarantie (Art. 14 GG)

A. Grundsätzliches zu Art. 14 GG

Der Eigentumsfreiheit „kommt im Gesamtgefüge der Grundrechte die Aufgabe zu, dem Träger des Grundrechts einen Freiheitsraum im vermögensrechtlichen Bereich sicherzustellen und ihm damit eine eigenverantwortliche Gestaltung des Lebens zu ermöglichen"; sie steht damit in einem **„inneren Zusammenhang mit der Garantie der persönlichen Freiheit"**.[941] **403**

Art. 14 Abs. 1 S. 1 GG gewährleistet das Privateigentum sowohl als **Rechtsinstitut** im Sinne einer **Institutsgarantie**[942] wie auch als **subjektives Recht** des einzelnen Eigentümers, also vor allem als **Abwehrrecht**[943] gegenüber staatlichen Beeinträchtigungen. Der verfassungsrechtliche Eigentumsschutz kann freilich – im Gegensatz zu anderen grundrechtlich geschützten Rechtsgütern und Verhaltensweisen wie z.B. Leben, Gesundheit, Berufsausübung, freie Meinungsäußerung usw., und ähnlich wie dies bereits für den Schutz der Ehe und die Vereinigungs- und Koalitionsfreiheit festgestellt wurde – nicht an natürliche oder soziale Gegebenheiten anknüpfen. Eigentum ist vielmehr ein rein **rechtliches Konstrukt** und setzt daher das Vorhandensein einer rechtlichen Regelung zwingend voraus.[944] **404**

Dies zeigt sich bereits an der Definition des Eigentums im bürgerlich-rechtlichen Sinne, welches aus § 903 Satz 1 BGB ersichtlich die umfassende Herrschafts**befugnis** einer Person im Hinblick auf eine bestimmte Sache bezeichnet. Eigentum in diesem Sinne ist ein **Recht**, welches von der Rechtsordnung erst geschaffen werden musste.

Auch die Eigentumsfreiheit ist daher gekennzeichnet durch eine besonders intensive Normgeprägtheit. Sie gewährleistet einerseits das Eigentum und schützt es vor staatlichen Beschränkungen, andererseits überantwortet die Vorschrift die Inhaltsbestimmung des Eigentums dem einfachen Gesetzgeber (vgl. Art. 14 Abs. 1 S. 2 GG: *„Inhalt* und *Schranken* werden durch die Gesetze bestimmt."). Anders als bei den normgeprägten Grundrechten aus Art. 6 und Art. 9 GG verläuft die problematische Abgrenzungslinie wegen der in Art. 14 Abs. 1 S. 2 GG vorgesehenen **Gleichbehandlung von Inhalts- und Schrankenbestimmungen** allerdings nicht zwischen Ausgestaltungs- und Eingriffsregelungen,[945] sondern zwischen Inhalts- und Schrankenbestimmungen i.S.v. Art. 14 Abs. 1 S. 2 GG einerseits und Enteignungen i.S.v. Art. 14 Abs. 3 GG andererseits.[946] **405**

941 BVerfGE 24, 367 (389) – „Hamburgisches Deichordnungsgesetz". Vgl. dazu auch *Papier*, in: Maunz/Dürig, GG Kommentar, 59. EL 2010, Art. 14 Rn. 1.

942 Vgl. zu dieser Grundrechtsfunktion allgemein oben Rn. 51.

943 Vgl. zu dieser klassischen Grundrechtsfunktion allgemein oben Rn. 33 ff.

944 Vgl. *Wieland*, in: Dreier (Hrsg.), GG Kommentar, Bd. I, 3. Aufl. 2013, Art. 14 Rn. 31.

945 Vgl. zum Fehlen sachlicher Unterschiede zwischen Inhalts- und Schrankenbestimmungen *Papier*, in: Maunz/Dürig, GG Kommentar, 59. EL 2010, Art. 14 Rn. 307 m.w.N.

946 Vgl. zur Abgrenzung zwischen Inhalts- und Schrankenbestimmungen einerseits und Enteignungen andererseits ausführlich unten Rn. 410 ff.

Beispielsfall 9[947]

A ist Eigentümer eines Grundstücks, auf dem eine seit Jahren leer stehende und stark renovierungsbedürftige Villa steht, die ein Kulturdenkmal im Sinne des einschlägigen Denkmalschutzgesetzes des Landes L (DSchG) darstellt. Wegen des auf rund eine Million Euro geschätzten Sanierungsaufwandes und der von A kraft des DSchG zu tragenden jährlichen Unterhaltskosten in Höhe von rund 300.000 Euro hat A bislang keinen Käufer, Mieter oder Pächter für das Grundstück gefunden. Er möchte die Villa daher abreißen lassen und beantragt bei der zuständigen Behörde eine Abbruchgenehmigung nach dem DSchG. Zur Begründung trägt A vor, dass ihm eine wirtschaftliche Nutzung des Grundstücks nicht mehr möglich sei. Angesichts der nach dem DSchG bestehenden Erhaltungspflichten sei sein Eigentumsrecht mittlerweile zur Last geworden. Die Abbruchgenehmigung wird ihm indes von der Behörde versagt. Das DSchG statuiere ein grundsätzliches Beseitigungsverbot und verlange für eine nur ausnahmsweise zu erteilende Abbruchgenehmigung, dass „andere Erfordernisse des Gemeinwohls die Belange des Denkmalschutzes überwiegen und den überwiegenden Erfordernissen des Gemeinwohls nicht auf andere Weise Rechnung getragen werden kann". Diese Voraussetzungen seien nicht gegeben, da dem Denkmalschutz hier keine Gemeinwohlbelange entgegenstehen. Zwar bestimme das DSchG, dass das Land eine angemessene Entschädigung zu zahlen habe, falls eine Maßnahme des DSchG „enteignet wirkt". Eine solche enteignende Wirkung liege aber nicht vor, da A selbst die Verantwortung für die hohen Unterhaltskosten trage, zumal er entsprechende Erhaltungsmaßnahmen jahrelang unterlassen habe. – **Ist A durch die Versagung der Abbruchgenehmigung in seinem Recht aus Art. 14 Abs. 1 S. 1 GG verletzt?**

B. Sachlicher Schutzbereich

I. Eigentum

406 Trotz der Normgeprägtheit des sachlichen Schutzbereichs wird der verfassungsrechtliche Eigentumsbegriff nicht etwa mit dem zivilrechtlichen Begriff des Eigentums (§ 903 BGB) gleichgesetzt, sondern „muss aus der Verfassung selbst gewonnen werden".[948] **Eigentum** i.S.v. Art. 14 Abs. 1 S. 1 GG sind demnach zunächst **alle vermögenswerten Rechte – jedenfalls – des Privatrechts.**[949] Dazu zählen insbesondere

- das **Eigentum nach bürgerlichem Recht** (§ 903 BGB), also das dingliche „Vollrecht" an einer Sache,
- sonstige **vermögenswerte Rechte** wie z.B. beschränkte dingliche Rechte (Hypotheken, Grundschulden usw.), das in einer Aktie verkörperte „Anteilseigentum"[950], Patentrechte und obligatorische Rechte (Kaufpreisansprüche[951], das Besitzrecht des Mieters[952] usw.) sowie

947 Nach BVerfGE 100, 226 – „Denkmalschutz".
948 BVerfGE 58, 300 (335) – „Nassauskiesung".
949 BVerfGE 1, 264 (278) – „Bezirksschornsteinfeger".
950 BVerfGE 14, 263 (276 f.) – „Feldmühle-Urteil".
951 BVerfGE 45, 142 (179) – „Rückwirkende Verordnungen".
952 BVerfGE 89, 1 (6) – „Besitzrecht des Mieters".

- nach nicht unbestrittener Ansicht das **Recht am eingerichteten und ausgeübten Gewerbebetrieb**[953],
- **nicht** hingegen das **Vermögen als solches**[954], also die Gesamtheit der Vermögenswerte des Einzelnen schlechthin im Sinne seiner gesamten wirtschaftlichen Potenz; ausnahmsweise kommt Art. 14 GG allerdings in Extremfällen zum Zuge, wenn eine staatlich auferlegte Geldleistungspflicht (z.B. im Rahmen der Erhebung von Abgaben) den Einzelnen übermäßig belastet und seine Vermögensverhältnisse grundlegend beeinträchtigt, d.h. eine **„erdrosselnde Wirkung"** hat.[955]

Inwiefern auch **vermögenswerte subjektiv-öffentliche Rechte** (also z.B. auf öffentlich-rechtlichen Vorschriften beruhende Ansprüche des Einzelnen gegen den Staat) unter den Eigentumsbegriff des Art. 14 GG fallen, ist umstritten. Dagegen spricht vor allem, dass eine vom Staat einmal vorgenommene Vermögensverteilung – insbesondere in Erfüllung seiner sozialen Fürsorgepflicht – über den Eigentumsschutz des Art. 14 GG zementiert würde und das einmal bestehende Leistungsniveau dann aufrechterhalten werden müsste.[956] Das **Bundesverfassungsgericht** hat andererseits aber zutreffend festgestellt, dass „der Großteil der Bevölkerung seine wirtschaftliche Existenzsicherung weniger durch privates Vermögen als durch den Arbeitsertrag und die daran anknüpfende, solidarisch getragene Altersversorgung" erlangt, und dass „die **Anrechte des Einzelnen auf Leistungen der Rentenversicherung** an die Stelle privater Vorsorge und Sicherung getreten [sind] und ... daher denselben Grundrechtsschutz [verlangen], der dieser zukommt".[957] Das Gericht fasst daher solche vermögenswerten subjektiv-öffentlichen Rechte unter Art. 14 Abs. 1 S. 1 GG, die dem Einzelnen „als **privatnützig** zugeordnet" sind und „auf **nicht unerheblichen Eigenleistungen** des Versicherten" beruhen und „zudem der **Sicherung seiner Existenz**" dienen.[958] **407**

> **Zu Beispielsfall 9** (Rn. 405): A ist im bürgerlich-rechtlichen Sinne Eigentümer des in Rede stehenden Grundstücks, zu dem als wesentlicher Bestandteil auch die Villa gehört, § 94 Abs. 1 BGB. Das Grundstück unterfällt damit prinzipiell dem Schutz der Eigentumsgarantie des Art. 14 Abs. 1 S. 1 GG.

953 Vgl. ebenso *Papier*, in: Maunz/Dürig, GG Kommentar, 59. EL 2010, Art. 14 Rn. 95; BGHZ 111, 349 (356); BVerwGE 81, 49 (54). Das Bundesverfassungsgericht hat diese Frage bislang eher offen gelassen, vgl. etwa BVerfGE 51, 193 (221) – „Schlossberg"; E 66, 116 (145) – „Springer/Wallraff".

954 BVerfGE 4, 7 (17) – „Investitionshilfe", seither in ständiger Rechtsprechung.

955 BVerfGE 14, 221 (241) – „Fremdrenten" (ohne Hervorhebung im Original). Vgl. etwa auch BVerfGE 38, 61 (102) – „Leberpfennig".

956 Vgl. dazu ausführlich *Papier*, in: Maunz/Dürig, GG Kommentar, 59. EL 2010, Art. 14 Rn. 123 ff.

957 BVerfGE 100, 1 (32) – „DDR-Renten" (ohne Hervorhebung im Original).

958 BVerfGE 69, 272 (300) – „Krankenversicherung der Rentner" (ohne Hervorhebungen im Original); jüngst erneut BVerfG, Kammerbeschl. v. 13.12.2016, 1 BvR 713/13, juris, Rn. 8.

II. Reichweite des sachlichen Schutzbereichs

408 Art. 14 Abs. 1 S. 1 GG schützt den **Bestand** des vorhandenen Eigentums sowie dessen **Nutzung**, also z.B. den bestimmungsgemäßen Gebrauch einer Sache, den Verbrauch oder die Veräußerung.[959] **Nicht** geschützt sind dagegen nach ständiger Rechtsprechung des Bundesverfassungsgerichts bloße **Erwerbs- oder Gewinnaussichten**, die möglicherweise mit einem bestimmten Gegenstand erzielt werden könnten.[960] In Abgrenzung zu den Gewährleistungen des Art. 12 GG gilt deswegen: „Art. 14 Abs. 1 GG schützt das **Erworbene**, das Ergebnis der Betätigung, Art. 12 Abs. 1 GG dagegen den **Erwerb**, die Betätigung selbst."[961]

> **Zu Beispielsfall 9** (Rn. 405): Von der Reichweite des sachlichen Schutzbereichs ist nicht nur der Bestand, sondern auch die **Nutzung** des Eigentums umfasst. Vorliegend geht es um den Abriss eines auf dem Grundstück befindlichen Gebäudes sowie, damit verbunden, um die Veräußerungsmöglichkeit des Grundstücks, da diese entscheidend von dem Abbruch der Villa abhängt. Sowohl die Beseitigung und Vernichtung von Grundstücksbestandteilen als auch die Veräußerung des Grundstücks fallen unter den Schutz des Art. 14 Abs. 1 S. 1 GG. Der Schutzbereich ist daher eröffnet.

C. Eingriff

409 Ob ein Eingriff in die Eigentumsfreiheit aus Art. 14 Abs. 1 S. 1 GG vorliegt, bestimmt sich grundsätzlich nach den allgemeinen Regeln. Ob es sich dabei um Inhalts- und Schrankenbestimmungen (Art. 14 Abs. 1 S. 2 GG), Enteignungen (Art. 14 Abs. 3 GG) oder faktische Beeinträchtigungen handelt, ist bei der Eingriffsprüfung noch nicht erheblich und wird erst im Rahmen der verfassungsrechtlichen Rechtfertigung relevant.

Vielfach wird diese Differenzierung allerdings schon bei der Prüfung des Eingriffs vorgenommen, da es sich um verschiedene Formen des Eingriffs handelt. In der **Fallbearbeitung** sind beide Vorgehensweisen zulässig.

> **Zu Beispielsfall 9** (Rn. 405): Das DSchG enthält ein grundsätzliches Beseitigungsverbot für Kulturdenkmäler, das dem A das von Art. 14 Abs. 1 S. 1 GG geschützte Abreißen der Villa untersagt. Dieses Verbot wird durch den ablehnenden Bescheid rechtsförmig aktualisiert. Der Bescheid entfaltet unmittelbare Rechtswirkung gegenüber dem A und zielt gerade darauf ab, das grundrechtlich geschützte Verhalten zu unterbinden. Das durch den Bescheid aufrechterhaltene Verbot ist auch ggfs. mit Zwang durchsetzbar. Es liegt somit ein Eingriff im klassischen Sinne vor, der einer verfassungsrechtlichen Rechtfertigung bedarf.

---

959 Vgl. dazu und zum Folgenden ausführlich *Kingreen/Poscher*, Grundrechte Staatsrecht II, 33. Aufl. 2017, § 23 Rn. 1042 ff.

960 Vgl. *Papier*, in: Maunz/Dürig, GG Kommentar, 59. EL 2010, Art. 14 Rn. 55 m.w.N.

961 BVerfGE 30, 292 (335) – „Erdölbevorratung" (ohne Hervorhebungen im Original).

D. Rechtfertigung

Bei der Rechtfertigung von Eingriffen in die Eigentumsfreiheit ist entsprechend der Unterscheidung in Art. 14 Abs. 1 S. 2 und Abs. 3 GG zu differenzieren zwischen **Inhalts- und Schrankenbestimmungen (Art. 14 Abs. 1 S. 2 GG)** einerseits und **Enteignungen (Art. 14 Abs. 3 GG)** andererseits. 410

I. Die Abgrenzung von Inhalts- und Schrankenbestimmungen und Enteignungen

1. Frühere Rechtsprechung des Bundesgerichtshofs und des Bundesverwaltungsgerichts

Die Abgrenzung von Inhalts- und Schrankenbestimmungen und Enteignungen wurde in der Rechtsprechung des **Bundesverwaltungsgerichts** und des **Bundesgerichtshofs** lange Zeit nach dem Kriterium der **Schwere des Eingriffs** bzw. dem **Sonderopfercharakter** für den betroffenen Eigentümer vorgenommen (sog. Schweretheorie des Bundesverwaltungsgerichts bzw. Sonderopfertheorie des Bundesgerichtshofs). Es bestand somit zwischen Inhalts- und Schrankenbestimmungen einerseits und Enteignungen andererseits lediglich ein **gradueller Unterschied**. Dies führte letztlich zu einer „Ausuferung" des Enteignungsbegriffs.[962] Sobald ein gewisser Grad an Schwere des Eingriffs überschritten war, sollte keine Inhalts- und Schrankenbestimmung mehr vorliegen, sondern eine Enteignung, die an Art. 14 Abs. 3 GG zu messen war. Diese Schwelle konnte überschritten sein, wenn sie den Einzelnen übermäßig belastete, ihm also im Vergleich zu den anderen Eigentümern ein „Sonderopfer" abverlangte, oder wenn die Beeinträchtigung rechtswidrig war, also gegen höherrangiges Recht verstieß. Auf der Rechtsfolgenseite hatte der Einzelne im Falle von als „Enteignungen" qualifizierten Eingriffen praktisch ein **Wahlrecht**, ob er (primären) Rechtsschutz gegen die Enteignung suchen oder die Enteignung dulden, zugleich aber (sekundär) Entschädigungsansprüche gegen den Staat geltend machen wollte („Dulde und liquidiere!").[963] Art. 14 GG war nach dieser Rechtsprechung weg von ihrer substanzbewahrenden Funktion hin zu einer nur wertschützenden Grundrechtsgewährleistung gerückt. 411

Um die Entschädigungsansprüche zu begründen, entwickelte die **fachgerichtliche Rechtsprechung** in diesem Zusammenhang die Figuren des „enteignenden Eingriffs" und des „enteignungsgleichen Eingriffs". Beim **enteignenden Eingriff** handelt es sich um eine Beeinträchtigung des Eigentums durch i.d.R. unvorhergesehene Nebenfolgen an sich **rechtmäßigen** hoheitlichen Handelns, die dem betroffenen Eigentümer ein „Sonderopfer" abverlangt.[964] Ist die Eigentumsbeeinträchtigung dagegen **rechtswidrig** und verlangt dem Betroffenen insoweit ein „Sonderopfer" ab, so spricht man von einem **enteignungsgleichen** Eingriff.[965] Nach früherer

962 Vgl. dazu und zum Folgenden ausführlich *Papier*, in: Maunz/Dürig, GG Kommentar, 59. EL 2010, Art. 14 Rn. 354 ff. sowie in Zusammenschau mit dem Staatshaftungsrecht *Maurer/Waldhoff*, Allgemeines Verwaltungsrecht, 19. Aufl. 2017, § 27 Rn. 1 ff.
963 Vgl. *Maurer/Waldhoff*, Allgemeines Verwaltungsrecht, 19. Aufl. 2017, § 27 Rn. 25.
964 Vgl. *Maurer/Waldhoff*, Allgemeines Verwaltungsrecht, 19. Aufl. 2017, § 27 Rn. 24.
965 Vgl. *Maurer/Waldhoff*, Allgemeines Verwaltungsrecht, 19. Aufl. 2017, § 27 Rn. 20.

Rechtsprechung sollten jene Eingriffe eine Entschädigungspflicht des Hoheitsträgers **analog Art. 14 Abs. 3 GG** auslösen, über die dann meist nicht – wie Art. 14 Abs. 3 GG dies an sich vorsieht – der Gesetzgeber, sondern die Gerichte zu entscheiden hatten.

2. Rechtsprechung des Bundesverfassungsgerichts

412 Spätestens mit seinem **Nassauskiesungsbeschluss** aus dem Jahre 1981 ist das **Bundesverfassungsgericht** dieser Rechtsprechung des Bundesgerichtshofs und des Bundesverwaltungsgerichts einschränkend entgegengetreten. Das Gericht betonte, dass „Inhaltsbestimmungen, Legalenteignungen und Administrativenteignungen … jeweils eigene Rechtsinstitute [sind], die das Grundgesetz deutlich voneinander absetzt".[966] Sie stehen, wie das Gericht in dieser und den nachfolgenden Entscheidungen feststellte, nicht in einem graduellen Verhältnis zueinander und sind insofern „nicht beliebig austauschbar", sondern **schließen sich gegenseitig kategorial aus.**[967] Die Abgrenzung nimmt das Bundesverfassungsgericht dementsprechend **formal** vor: Nicht die Intensität des Eingriffs oder die Sonderopferstellung des Betroffenen sind maßgeblich, sondern der Umstand, ob die Regelung, die in den Schutzbereich eingreift bzw. auf deren Grundlage der Eingriff erfolgt, **abstrakt-generellen** Charakter aufweist (dann liegt eine Inhalts- und Schrankenbestimmung vor) oder ob sie **konkret-individuellen** Charakter hat und der **hoheitlichen Güterbeschaffung** dient (dann liegt eine Enteignung vor).

413 Eine **Enteignung** i.S.v. Art. 14 Abs. 3 GG ist demnach **eng** zu definieren als eine Maßnahme, die auf „die

- vollständige oder teilweise **Entziehung**
- konkreter subjektiver, durch Art. 14 Abs. 1 S. 1 GG gewährleisteter **Rechtspositionen**" gerichtet ist,
- um **„Güter hoheitlich [zu beschaffen]**, mit denen ein konkretes, der Erfüllung **öffentlicher Aufgaben** dienendes Vorhaben durchgeführt werden soll".[968]

Mit dieser Beschränkung der Enteignung auf Fälle, in denen Güter hoheitlich beschafft werden, ist das Bundesverfassungsgericht im Wesentlichen zu dem klassischen (engen) Enteignungsbegriff des 19. Jahrhunderts zurückgekehrt, der Enteignungen als **Güterbeschaffungsvorgänge** verstand.[969] In seiner Atomausstiegsentscheidung (2016), die eine eigentumsrechtliche Einordnung der mit der Laufzeitverkürzung für Atomkraftwerke verbundenen Beschränkung der Reststrom- und der Zusatzstrommengen erforderte, hat sich das Bundesverfassungsgericht erneut klar zu der Notwendigkeit eines Güterbeschaffungsvorgangs bekannt. Dafür spreche insbesondere ein „**praktischer Bedarf** für den bloßen Eigentumsentzug, der nicht zugleich mit einem Übergang des Eigentums auf den Staat oder einen Drittbegünstigten verbunden ist" und daher als Inhalts- und Schrankenbestimmung zu qualifizieren sei; dies gelte gerade dann, „wenn das Eigentumsrecht im weitesten Sinne bemakelt ist oder in sonstiger Weise als Gemeinwohllast wahrgenommen wird".[970] Auch biete das Erfordernis der Güterbeschaffung den „**Vorteil einer klaren Abgrenzung** zur Inhalts- und Schrankenbestimmung".

966 BVerfGE 58, 300 (331) – „Nassauskiesung".
967 BVerfGE 58, 300 (331) – „Nassauskiesung".
968 BVerfGE 104, 1 (9) – „Baulandumlegung".
969 Vgl. dazu ausführlich *Papier*, in: Maunz/Dürig, GG Kommentar, 59. EL 2010, Art. 14 Rn. 354 ff.
970 Dazu und zum Folgenden BVerfG NJW 2017, 217 (223) – „Atomausstieg". Siehe zur eigentumsdogmatischen Einordnung der Entscheidung übersichtlich *Fröse*, NJW 2017, 444.

Die Enteignung ist grundsätzlich in zwei verschiedenen Formen denkbar, nämlich zum einen als Enteignung durch Gesetz (sog. **Legalenteignung**), zum anderen als Enteignung auf Grund eines Gesetzes durch administrative Maßnahmen (sog. **Administrativenteignung**). **414**

Inhalts- und Schrankenbestimmungen i.S.v. Art. 14 Abs. 1 S. 2 GG sind demgegenüber Regelungen, die „generell und abstrakt die Rechte und Pflichten des Eigentümers fest[legen]".[971] Inhalts- und Schrankenbestimmungen sind daher Rechtsnormen, die den Inhalt des Eigentums vom Zeitpunkt ihres Inkrafttretens an für die Zukunft in allgemeiner Form bestimmen.[972] **415**

Neben dieser Verengung des Enteignungsbegriffs stellte das Bundesverfassungsgericht außerdem klar, dass ein Gericht, welches ein Gesetz wegen Verstoßes gegen Art. 14 Abs. 3 GG für verfassungswidrig und nichtig hält, das Gesetz nicht anwenden und unter Rückgriff auf Art. 14 Abs. 3 GG selbst eine Entschädigung gewähren darf, sondern es gemäß Art. 100 Abs. 1 GG dem Bundesverfassungsgericht vorzulegen hat.[973] Daraus folgt, dass der Einzelne im Falle einer Enteignung **kein Wahlrecht** mehr hat, „ob er sich gegen eine wegen Fehlens der gesetzlichen Entschädigungsregelung rechtswidrige ‚Enteignung' zur Wehr setzen oder unmittelbar eine Entschädigung verlangen will".[974] Mit dieser Klarstellung sowie mit der Verengung des verfassungsrechtlichen Enteignungsbegriffs hat das Gericht den **Vorrang der Bestandsgarantie vor der Eigentumswertgarantie** erheblich gestärkt. **416**

Zu Beispielsfall 9 (Rn. 405): Beschränkungen der Eigentumsfreiheit sind als Inhalts- und Schrankenbestimmungen (Art. 14 Abs. 1 S. 2 GG), aber auch in Form von Enteignungen (Art. 14 Abs. 3 GG) denkbar. „Weder die zur Prüfung gestellte Norm, auf der die Genehmigungspflicht für die Beseitigung geschützter Kulturdenkmäler beruht, noch die Versagung der Genehmigung selbst stellen eine Enteignung im Sinne von Art. 14 Abs. 3 GG dar. Die Regelung **entzieht keine konkreten Eigentumspositionen zur Erfüllung bestimmter öffentlicher Aufgaben**, sondern beschränkt **generell und abstrakt** die Nutzungsmöglichkeiten eines mit einem Denkmal bebauten Grundstücks; der Versagungsakt aktualisiert diese Beschränkung. [Die Vorschrift des DSchG] bestimmt damit Inhalt und Schranken des Eigentums im Sinne von Art. 14 Abs. 1 Satz 2 GG. Diese Einordnung der Norm ist von der Intensität der den Rechtsinhaber treffenden Belastung unabhängig. Sie behält ihre Gültigkeit selbst in den Fällen, in denen der Eingriff in seinen Auswirkungen für den Betroffenen einer Enteignung nahe- oder gleichkommt."[975] Maßgeblich ist daher der in Art. 14 Abs. 1 S. 2 und Abs. 2 GG enthaltene einfache Gesetzesvorbehalt. Dem wird das landesrechtliche DSchG prinzipiell gerecht.

971 BVerfGE 58, 300 (330) – „Nassauskiesung".
972 Vgl. in diesem Sinne auch *Kingreen/Poscher*, Grundrechte Staatsrecht II, 33. Aufl. 2017, § 23 Rn. 1051.
973 Vgl. BVerfGE 58, 300 (322 f.) – „Nassauskiesung".
974 BVerfGE 58, 300 (324) – „Nassauskiesung".
975 BVerfGE 100, 226 (240) – „Denkmalschutz" (ohne Hervorhebungen im Original).

II. Rechtfertigung von Inhalts- und Schrankenbestimmungen, Art. 14 Abs. 1 S. 2 GG

417 Eingriffe in die Eigentumsfreiheit in Form von Inhalts- und Schrankenbestimmungen sind aus Art. 14 Abs. 1 S. 2 GG ersichtlich möglich „durch die Gesetze". Die Vorschrift enthält damit einen **einfachen Gesetzesvorbehalt**.

418 Bei der Prüfung, ob im Einzelfall die verfassungsrechtlichen Grenzen der Beschränkung der Eigentumsfreiheit eingehalten worden sind, ist – wie im Allgemeinen bei Grundrechtseingriffen – vor allem die Einhaltung des Grundsatzes des **Verhältnismäßigkeit** von entscheidender Bedeutung. Besonderen Niederschlag hat dabei das Spannungsverhältnis zwischen der (privatnützigen) Eigentumsgarantie und dem Wohl der Allgemeinheit gefunden, welches in Art. 14 Abs. 2 GG mit der **Sozialbindung des Eigentums** auf den Begriff gebracht worden ist. Der einfache Gesetzgeber muss hier – wie auch sonst – „die schutzwürdigen Interessen der Beteiligten in einen gerechten Ausgleich und ein ausgewogenes Verhältnis bringen".[976] Dies ist vor allem eine Frage der **Angemessenheit** des Eingriffs.[977]

Hieraus ergibt sich, dass es sich bei Art. 14 Abs. 1 S. 2 und Art. 14 Abs. 2 GG nicht etwa um verschiedene Beschränkungsmöglichkeiten handelt, sondern um einen **einheitlichen Gesetzesvorbehalt**. Somit wird das Ziel der Sozialpflichtigkeit des Eigentums im Rahmen der Inhalts- und Schrankenbestimmung durch den Gesetzgeber verfolgt.[978]

419 Bisweilen stellt sich die Frage, ob der Gesetzgeber einen besonders intensiven Eingriff in die Eigentumsfreiheit, der – für sich betrachtet – unverhältnismäßig wäre, durch (vor allem finanziellen) Ausgleich kompensieren oder zumindest mildern kann oder muss und die Beeinträchtigung dadurch verfassungsrechtlich zu rechtfertigen vermag. Ein solcher besonders intensiver Eingriff liegt vor allem dann nahe, wenn dem Betroffenen konkrete Eigentumspositionen entzogen werden, dies mangels Güterbeschaffungsvorgangs jedoch nicht als echte Enteignung qualifiziert werden kann.[979] Damit sind die sog. **ausgleichspflichtigen Inhalts- und Schrankenbestimmungen** angesprochen. Ein besonders intensiver Eingriff in die Eigentumsfreiheit kann durch einen solchen Ausgleich **ganz ausnahmsweise** – und in Durchbrechung des Grundsatzes vom Vorrang der Bestandsgarantie vor der bloßen Eigentumswertgarantie – gerechtfertigt werden, wenn

- der Ausgleich auf einer **„gesetzlichen Grundlage"** beruht,
- der Gesetzgeber in erster Linie Vorkehrungen getroffen hat, „die eine **unverhältnismäßige Belastung** des Eigentümers **real vermeiden** und die Privatnützigkeit des Eigentums so weit wie möglich erhalten", insbesondere durch „Übergangsregelungen, Ausnahme- und Befreiungsvorschriften", ein solcher Ausgleich aber „im Einzelfall nicht oder nur mit unverhältnismäßigem Aufwand möglich ist" (sog. **Vorrang der Bestandsgarantie**) und

---

976 BVerfGE 79, 174 (198) – „Straßenverkehrslärm".
977 Vgl. BVerfGE 79, 174 (198) – „Straßenverkehrslärm".
978 Vgl. *Papier*, in: Maunz/Dürig, GG Kommentar, 59. EL 2010, Art. 14 Rn. 306.
979 Vgl. BVerfG NJW 2017, 217 (224) – „Atomausstieg".

– die Verwaltung bei der Anwendung der konkreten Inhalts- und Schrankenbestimmung „**zugleich** über den gegebenenfalls erforderlichen **Ausgleichsanspruch** zumindest dem Grunde nach entscheiden" muss.[980]

Zu Beispielsfall 9 (Rn. 405): Die mit der Versagung der Abrissgenehmigung verbundene Beschränkung der Eigentumsfreiheit des A ist nur dann verfassungsrechtlich gerechtfertigt, wenn sie auf einer in formeller und materieller Hinsicht verfassungsgemäßen Rechtsgrundlage beruht und sich auch selbst als verfassungskonform erweist.

Fraglich ist hier schon die **Verfassungsmäßigkeit der Rechtsgrundlage**. In formeller Hinsicht bestehen keine Bedenken, zumal sich aus Art. 73, 74 GG keine entsprechende Kompetenz des Bundes ergibt. Möglicherweise stellen aber die Regelungen über das grundsätzliche Abrissverbot und die nur ausnahmsweise zu erteilende Abbruchgenehmigung – welche voraussetzt, dass „andere Erfordernisse des Gemeinwohls die Belange des Denkmalschutzes überwiegen und den überwiegenden Erfordernissen des Gemeinwohls nicht auf andere Weise Rechnung getragen werden kann" – eine **unverhältnismäßige Beschränkung** der Eigentumsfreiheit dar. Der Schutz von Kulturdenkmälern ist ein **legitimes gesetzgeberisches Anliegen**, die einschränkende Regelungen im Sinne von Art. 14 Abs. 1 S. 2 GG zu rechtfertigen vermag. Da der Abbruch eines Denkmals nur genehmigt werden darf, wenn „andere Erfordernisse des Gemeinwohls die Belange des Denkmalschutzes überwiegen", und zu prüfen ist, ob den überwiegenden Erfordernissen des Gemeinwohls „nicht auf andere Weise Rechnung getragen werden kann", ist der Denkmalschutz **in nahezu allen Fällen gesichert**. Ein **anderes, gleich wirksames**, aber das Eigentum **weniger beeinträchtigendes** Mittel ist nicht erkennbar. Möglicherweise führt die Anwendung der Norm aber zu einer **unverhältnismäßigen** Belastung des Eigentümers **im engeren Sinn**. Durch das grundsätzliche Abrissverbot wird die bestehende Nutzung eines Denkmals nicht eingeschränkt. „Angesichts des hohen Ranges des Denkmalschutzes und im Blick auf Art. 14 Abs. 2 S. 2 GG muss der Eigentümer es grundsätzlich hinnehmen, dass ihm möglicherweise eine rentablere Nutzung des Grundstücks verwehrt wird. Art. 14 Abs. 1 GG schützt nicht die einträglichste Nutzung des Eigentums."[981] In Ausnahmefällen kann das Abrissverbot allerdings dazu führen, dass – wie im vorliegenden Fall – keine Möglichkeit zu einer sinnvollen Nutzung des Grundstücks mehr besteht und es sich praktisch auch nicht mehr veräußern lässt. In diesen Fällen wird dessen Privatnützigkeit nahezu vollständig beseitigt. „Nimmt man die gesetzliche Erhaltungspflicht hinzu, so wird aus dem Recht eine Last, die der Eigentümer allein im öffentlichen Interesse zu tragen hat, ohne dafür die Vorteile einer privaten Nutzung genießen zu können. Die Rechtsposition des Betroffenen nähert sich damit einer Lage, in der sie den Namen ‚Eigentum' nicht mehr verdient. Die Versagung einer Beseitigungsgenehmigung ist dann **nicht mehr zumutbar**."[982] Da die Regelung des DSchG über die Erteilung der Abbruchgenehmigung lediglich die Berücksichtigung von dem Denkmalschutz entgegenstehenden „Erfordernissen des *Gemeinwohls*", nicht aber von *Individualinteressen* des betroffenen Eigentümers zulässt, sieht sie in derartigen Härtefällen eine dem Betroffenen nicht mehr zumutbare Entscheidung vor und ist daher an sich **nicht angemessen**.

Möglicherweise ändert sich diese Bewertung aber infolge der im DSchG für „enteignende" Maßnahmen vorgesehenen Entschädigungspflicht des Landes. Ausgleichs- und Entschädigungsregelungen sind „nicht generell ein verfassungsrechtlich zulässiges Mittel, unverhältnismäßige Eigentumsbeschränkungen mit Art. 14 Abs. 1 GG in Einklang zu bringen".[983] Diese vermögen unverhältnismäßige Eingriffe in die Eigentumsfreiheit nur ausnahmsweise zu korrigieren, wenn der Ausgleich auf einer **„gesetzlichen Grundlage"** beruht, der Gesetzgeber in erster Linie Vorkehrungen getroffen hat, „die eine **unverhältnismäßige Belastung** des Eigentümers **real vermeiden** und die Privatnützigkeit des Eigentums so weit wie möglich erhal-

980 BVerfGE 100, 226 (245 f.) – „Denkmalschutz" (ohne Hervorhebungen im Original).
981 BVerfGE 100, 226 (242 f.) – „Denkmalschutz".
982 BVerfGE 100, 226 (243) – „Denkmalschutz" (ohne Hervorhebung im Original).
983 BVerfGE 100, 226 (244) – „Denkmalschutz".

ten", insbesondere durch „Übergangsregelungen, Ausnahme- und Befreiungsvorschriften", ein solcher Ausgleich aber „im Einzelfall nicht oder nur mit unverhältnismäßigem Aufwand möglich ist" (sog. **Vorrang der Bestandsgarantie**) und die Verwaltung bei der Anwendung der konkreten Inhalts- und Schrankenbestimmung „**zugleich** über den gegebenenfalls erforderlichen **Ausgleichsanspruch** zumindest dem Grunde nach entscheiden" muss.[984]

Diese Voraussetzungen sind vorliegend allerdings nicht erfüllt, da das DSchG keine hinreichenden Vorkehrungen zur Bestandssicherung, sondern unmittelbar eine Entschädigungspflicht vorsieht, sofern eine Maßnahme „enteignend" wirkt. Die Ausgleichsregelung vermag die festgestellte Unverhältnismäßigkeit der in Rede stehenden Vorschriften des DSchG nicht zu beseitigen. Die Versagung der Abbruchgenehmigung erfolgte daher auf verfassungswidriger Grundlage und verletzte den A somit in seinem Recht aus Art. 14 Abs. 1 S. 1 GG.

III. Rechtfertigung von Enteignungen, Art. 14 Abs. 3 GG

420 Eine Enteignung muss gemäß Art. 14 Abs. 3 S. 2 GG **durch Gesetz** (Legalenteignung) oder **aufgrund eines Gesetzes** (Administrativenteignung) erfolgen. Dabei müssen das Gesetz und die ggfs. darauf gestützte administrative Maßnahme die folgenden verfassungsrechtlichen Anforderungen erfüllen:

1. Enteignung zum Wohl der Allgemeinheit, Art. 14 Abs. 3 S. 1 GG

421 Die Enteignung muss **zum Wohl der Allgemeinheit** erfolgen. Dies ist dann der Fall, wenn sie „zur Erfüllung einer **bestimmten öffentlichen Aufgabe** erforderlich" ist.[985] Die Enteignung darf „kein Instrument zur Vermehrung des Staatsvermögens"[986] oder zum Vorteil bloßer Privatinteressen[987] sein.

422 Problematisch ist diese Voraussetzung insbesondere dann, wenn im Bereich der **Daseinsvorsorge** oder bei der Verfolgung **strukturpolitischer Ziele** ein **privater Vorhabenträger begünstigt** werden soll, der seinerseits eigene erwerbswirtschaftliche Zwecke verfolgt. In solchen Fällen ist eine Enteignung nur dann zulässig, wenn

- „eine so **genaue gesetzliche Beschreibung des Enteignungszwecks** [vorliegt], dass die Entscheidung über die Zulässigkeit der Enteignung insoweit nicht in die Hand der Verwaltung gegeben wird",
- differenzierte materiell- und verfahrensrechtliche **Regelungen zur Sicherung einer sorgfältigen Interessenabwägung** „im Interessendreieck Gemeinwohl-Enteigneter-Begünstigter" getroffen werden und
- der Gesetzgeber **„Vorkehrungen zur dauerhaften Sicherung des ... angestrebten Enteignungszwecks"** oder zumindest „entsprechende Grundlagen für solche Sicherungsmaßnahmen" trifft.[988]

---

984 BVerfGE 100, 226 (245 f.) – „Denkmalschutz" (ohne Hervorhebungen im Original).
985 BVerfGE 38, 175 (180) – „Rückenteignung" (ohne Hervorhebung im Original).
986 BVerfGE 38, 175 (180) – „Rückenteignung".
987 Vgl. *Papier*, in: Maunz/Dürig, GG Kommentar, 59. EL 2010, Art. 14 Rn. 577.
988 BVerfGE 74, 264 (286 ff.) – „Boxberg"; vgl. erneut BVerfG NVwZ 2017, 399 (401).

2. Junktimklausel, Art. 14 Abs. 3 S. 2 GG

423 Das der Enteignung zugrunde liegende förmliche Gesetz muss gemäß Art. 14 Abs. 3 S. 2 GG zugleich „Art und Ausmaß der Entschädigung" regeln (sog. **Junktimklausel**). Diese Bestimmung erfüllt eine **Warn- und Offenbarungsfunktion gegenüber dem Gesetzgeber** und soll diesen zwingen, selbst zu entscheiden und darüber Rechenschaft abzulegen, ob er eine Enteignung zulässt und in welcher Höhe er Entschädigungen, welche den öffentlichen Haushalt belasten, gewährt.[989] Im Übrigen werden die **Fachgerichte** dazu gezwungen, Gesetze ohne eine diesen Anforderungen entsprechende Entschädigungsregelung nach Art. 100 Abs. 1 GG dem Bundesverfassungsgericht vorzulegen, und dürfen **selbst keine Entschädigungen zuerkennen**.[990]

3. Bestimmung der Entschädigung unter gerechter Abwägung, Art. 14 Abs. 3 S. 3 GG

424 Gemäß Art. 14 Abs. 3 S. 3 GG ist die Entschädigung unter **gerechter Abwägung** der **Allgemeininteressen** und der **Interessen der Beteiligten** zu gewähren. Dies betrifft sowohl die Regelung von Art und Ausmaß der Entschädigung durch den Gesetzgeber als auch ggfs. deren konkrete Festlegung durch die Verwaltung.

4. Verhältnismäßigkeit der Enteignung

425 Schließlich ist auch bei Enteignungen der **allgemeine Verhältnismäßigkeitsgrundsatz** zu beachten, d.h. es sind Geeignetheit und Erforderlichkeit der Enteignung zum Wohle des jeweiligen Gemeinwohlaspekts sowie die Angemessenheit des Eingriffs zu prüfen.

IV. Sonstige Eingriffe und ihre verfassungsrechtliche Rechtfertigung

426 Abgesehen von gesetzlich oder administrativ vorgenommenen Enteignungen und abstrakt-generellen Inhalts- und Schrankenbestimmungen sind des Weiteren noch **sonstige konkret-individuelle Eingriffe** in die Eigentumsfreiheit denkbar.

1. Anwendungs- und Vollzugsakte von Inhalts- und Schrankenbestimmungen

427 Zum einen und weit überwiegend sind dies Maßnahmen der Exekutive und Judikative, die in **Anwendung von Inhalts- und Schrankenbestimmungen** ergehen.[991] Diese Anwendungs- und Vollzugsmaßnahmen sind gemäß den allgemeinen Grundsätzen dann verfassungsrechtlich gerechtfertigt, wenn die ihnen zugrunde liegenden Inhalts-

---

989 Vgl. *Papier*, in: Maunz/Dürig, GG Kommentar, 59. EL 2010, Art. 14 Rn. 561.
990 Vgl. dazu bereits oben Rn. 416.
991 Vgl. dazu und zum Folgenden *Kingreen/Poscher*, Grundrechte Staatsrecht II, 33. Aufl. 2017, § 23 Rn. 1066 f.

und Schrankenbestimmungen verfassungskonform sind und sie jene Bestimmungen in verfassungskonformer Weise anwenden und vollziehen.[992]

2. Enteignende und enteignungsgleiche Eingriffe

428 Zum anderen werden unter dem Stichwort der sonstigen **(faktischen) Beeinträchtigungen** der Eigentumsfreiheit vor allem Beeinträchtigungen behandelt, die in der Rechtsprechung der Fachgerichte als **enteignende Eingriffe** und **enteignungsgleiche Eingriffe** entwickelt worden sind.[993] Problematisch ist dabei freilich, dass die dazu ergangene Rechtsprechung des Bundesgerichtshofs spätestens durch den Nassauskiesungsbeschluss des Bundesverfassungsgerichts grundsätzlich in Frage gestellt worden ist.[994] Aus **verfassungsrechtlicher Sicht** gilt dabei Folgendes:

429 Soweit es um **enteignende Eingriffe** geht, also um die Nebenfolgen eines im Übrigen rechtmäßigen hoheitlichen Handelns, und diese im Einzelfall auch als „Eingriffe" im grundrechtlichen Sinne zu qualifizieren sind, ist die jeweilige Rechtsgrundlage der hoheitlichen Maßnahme als **Inhalts- und Schrankenbestimmung** im Sinne des Art. 14 Abs. 1 S. 2 GG zu verstehen und die verfassungsrechtliche Rechtfertigung an dem Maßstab vorzunehmen, der auch für sonstige Anwendungs- und Vollzugsakte von Inhalts- und Schrankenbestimmungen gilt.

430 Soweit es dagegen um **enteignungsgleiche Eingriffe** geht, also um rechtswidrige Beeinträchtigungen durch hoheitliches Handeln, stellen diese schon aufgrund ihrer Rechtswidrigkeit **verfassungsrechtlich nicht gerechtfertigte Eingriffe** in die Eigentumsgarantie des Art. 14 Abs. 1 S. 1 GG dar, da sie ohne (verfassungsmäßige) gesetzliche Grundlage ergehen. Gegen sie muss sich der Einzelne grundsätzlich zur Wehr setzen, bevor er etwaige richterrechtlich anerkannte Entschädigungsansprüche geltend machen kann.[995]

Literaturhinweise:

Jochum/Durner, Grundfälle zu Art. 14 GG, JuS 2005, 220 ff., 320 ff., 412 ff.
Papier, in: Maunz/Dürig, GG Kommentar, 59. EL 2010, Art. 14 (zur Vertiefung)

Wichtige Rechtsprechung:

Zu D. BVerfGE 58, 300 – „Nassauskiesung"
(Abgrenzung von Inhalts- und Schrankenbestimmungen i.S.v. Art. 14 Abs. 1 S. 2 GG und Enteignungen i.S.v. Art. 14 Abs. 3 S. 1 GG – Vorrang des Primärrechtsschutzes gegen enteignende Maßnahmen vor sekundären Entschädigungsansprüchen)
BVerfGE 100, 226 – „Denkmalschutz"
(Ausgleichspflichtige Inhalts- und Schrankenbestimmung)

992 Vgl. zur Prüfung der verfassungsrechtlichen Rechtfertigung von Grundrechtseingriffen der Exekutive und Judikative oben Rn. 157 ff.
993 So etwa *Kingreen/Poscher*, Grundrechte Staatsrecht II, 33. Aufl. 2017, § 23 Rn. 1086 ff.
994 Vgl. dazu bereits oben Rn. 411 f.
995 Vgl. zum Wegfall der Möglichkeit einer Duldung der Beeinträchtigung und einer direkten Geltendmachung der Entschädigungsansprüche bereits oben Rn. 416.

§ 25 Asylrecht (Art. 16a GG)

A. Grundsätzliches zu Art. 16a GG

Die historischen Wurzeln des in Art. 16a GG verbürgten Rechts auf Asyl (von griech. *asilon* = unverletzlich, sicher) reichen bis in die Antike zurück. Ursprünglich gewährleistete das Grundgesetz in Art. 16 Abs. 2 S. 2 GG a.F. vorbehaltlos: **„Politisch Verfolgte genießen Asylrecht."** Seine heutige Gestalt hat das grundgesetzliche Asylrecht vor allem durch die **Asylrechtsreform aus dem Jahre 1993** erhalten. Das Asylgrundrecht wurde vom Verbot des Entzugs der Staatsangehörigkeit und der Auslieferung (Art. 16 GG) gelöst und in einen neu geschaffenen Art. 16a Abs. 1 GG n.F. überführt. Dabei wurden mit den neuen Regelungen des Art. 16a Abs. 2 bis 4 GG erhebliche **Einschränkungen des Grundrechtsschutzes** vorgenommen. Hintergrund dieser Einschränkungen war die „aus den weltweiten Flucht- und Wanderungsbewegungen entstehende Lage",[996] namentlich die **rasant steigende Zahl von Asylsuchenden** und der wachsende Anteil von Asylbewerbern, die **nicht aus politischen Gründen verfolgt** wurden. Der verfassungsändernde Gesetzgeber wandte sich daher „von dem bisherigen Konzept ab, die Probleme, die mit der Aufnahme von politischen Flüchtlingen verbunden sind, allein durch Regelungen des innerstaatlichen Rechts zu lösen", und verwies Asylbegehrende nunmehr gemäß **Art. 16a Abs. 2 GG** „auf den anderweitigen Schutz, den sie in einem **sicheren Drittstaat** erlangen können".[997] Insbesondere setzte der Gesetzgeber fortan auf die Konzeption einer europäischen Gesamtregelung des Asylrechts, die in den folgenden Jahren schrittweise mit dem Ziel vorangetrieben wurde, eine Lastenverteilung unter den teilnehmenden Staaten herzustellen.[998] Des Weiteren schuf der verfassungsändernde Gesetzgeber 1993 mit **Art. 16a Abs. 3 i.V.m. Abs. 4 GG** die Möglichkeit, „für Asylanträge von Flüchtlingen aus **sicheren Herkunftsstaaten** ein modifiziertes (verkürztes) Verfahren" einzuführen.[999] Das Bundesverfassungsgericht befand die Änderungen für mit Art. 79 Abs. 3 GG vereinbar.[1000] **430a**

Aufgrund der mit der Asylrechtsreform von 1993 verbundenen Begrenzungen sowie in Folge der zunehmend dichten Regulierungen des gesamteuropäischen Asylrechts hat das **verfassungsrechtliche Asylrecht** heute deutlich an **praktischer Relevanz eingebüßt**.[1001] Zum einen ist die Bundesrepublik ausschließlich von sicheren Drittstaaten i.S.v. Art. 16 Abs. 2 S. 1 GG umgeben. Zum anderen treten nationale Grundrechtsverbürgungen im Anwendungsbereich des Unionsrechts gegenüber den einschlägigen Gewährleistungen der Grundrechte-Charta – siehe Art. 18 GR-Charta – sowie den Sekundärrechtsakten als Maßstab prinzipiell zurück. Mit Blick auf Art. 16a GG sollten gleichwohl folgende Grundzüge bekannt sein. **430b**

996 BVerfGE 94, 49 (85) – „Sichere Drittstaaten".
997 BVerfGE 94, 49 (85) – „Sichere Drittstaaten" (ohne Hervorhebung im Original).
998 Vgl. zur „Europäisierung" des Asylrechts die Darstellung bei *Fröhlich*, Das Asylrecht im Rahmen des Unionsrechts, 2011, S. 1 ff.
999 BVerfGE 94, 115 (132 f.) – „Sichere Herkunftsstaaten" (ohne Hervorhebung im Original).
1000 Vgl. dazu BVerfGE 94, 49 (85 ff.) – „Sichere Drittstaaten".
1001 Vgl. dazu eingehend *Papier*, NJW 2016, 2391 (2392 ff.).

Praktisch weitaus relevanter als das Asylgrundrecht aus Art. 16a GG sind daher die sehr weitreichenden völker- und unionsrechtlichen Vorgaben sowie die an diese Vorgaben anknüpfenden einfachgesetzlichen Regelungen des **Asylgesetzes (AsylG)**. Dieses gilt – entgegen der insoweit irreführenden Gesetzesbezeichnung – nicht nur für Ausländer, die Schutz vor politischer Verfolgung im Sinne des Art. 16a GG suchen und eine Anerkennung als „Asylberechtigte" anstreben (§ 2 AsylG), sondern auch Personen, die internationalen Schutz begehren, d.h. die Flüchtlingseigenschaft nach der Genfer Flüchtlingskonvention (§ 3 AsylG) oder den deutlich über den eigentlichen Asylschutz hinausreichenden sogenannten „subsidiären Schutz" (§ 4 AsylG). – Von erheblicher Bedeutung ist ferner die sogenannte **Dublin III-Verordnung** der Europäischen Union, welche die Zuständigkeiten für die Durchführung des Asylverfahrens innerhalb der Union verteilt.[1002] Demnach ist in der Regel der Mitgliedstaat für das Asylverfahren zuständig, den der Flüchtling zuerst betreten hat. Auch wenn diese Regel im Zuge der Flüchtlingskrise seit 2015 durch einen Selbsteintritt der Bundesrepublik Deutschland nach Art. 17 der Dublin III-Verordnung gleichsam ausgesetzt wurde, ist die Bundesrepublik bei einer Zuwanderung auf dem Landweg mangels eigener EU-Außengrenze nach dem Regelfall der Verordnung für Asylverfahren faktisch nicht mehr zuständig.[1003]

B. Schutzbereich

I. Sachlicher Schutzbereich

430c In sachlicher Hinsicht setzt Art. 16a GG politische Verfolgung voraus. Eine **Verfolgung** liegt vor, wenn sich der Betroffene im Falle der Auslieferung an seinen Heimatstaat „Verfolgungsmaßnahmen mit **Gefahr** für **Leib und Leben** oder Beschränkungen [seiner] **persönlichen Freiheit** ausgesetzt" sieht[1004] oder **sonstige „Beeinträchtigungen** der bezeichneten Rechtsgüter" zu befürchten hat, sofern diese Beeinträchtigungen „nach ihrer Intensität und Schwere die Menschenwürde verletzen und über das hinausgehen, was die Bewohner des Heimatstaats aufgrund des dort herrschenden Systems allgemein hinzunehmen haben".[1005]

430d **Politische** Verfolgung ist jede von einem **„Staat** ausgehende oder ihm zurechenbare"[1006] Verfolgung aus Gründen, die „allein in seiner **politischen Überzeugung** oder **religiösen Grundentscheidung** oder in unverfügbaren, jedem Menschen **von Geburt an anhaftenden Merkmalen** liegen".[1007] Allgemeine Bedrohungen – etwa durch „Hunger, Naturkatastrophen" oder die allgemeinen Auswirkungen von „Unruhen, Revolutionen und Kriegen"[1008] – begründen grundsätzlich keinen Asylanspruch nach Art. 16a GG, sondern allenfalls einen Anspruch auf subsidiären Schutz nach Maßgabe des einfachen Asylgesetzes. Auch die bloß wirtschaftliche Perspektivlosigkeit ist kein Asylgrund i.S.d. Art. 16a GG.

1002 VO (EU) Nr. 604/2013 des Europäischen Parlaments und des Rates v. 26.6.2013 (ABl. 2013 L 180, 31).
1003 Vgl. dazu *Papier*, NJW 2016, 2391 (2392 f.).
1004 BVerfGE 9, 174 (180 f.) – „Politisch Verfolgter" (ohne Hervorhebung im Original).
1005 BVerfGE 54, 341 (357) – „Wirtschaftsasyl" (ohne Hervorhebung im Original).
1006 BVerfGE 80, 315 (340) – „Tamilen".
1007 BVerfGE 76, 143 (157 f.) – „Ahmadiyya-Glaubensgemeinschaft" (ohne Hervorhebung im Original).
1008 BVerfGE 80, 315 (335) – „Tamilen".

II. Persönlicher Schutzbereich

Der persönliche Schutzbereich des Art. 16a GG ist seit der Asylrechtsreform von 1993 stark eingeengt. Gemäß **Art. 16a Abs. 2 S. 1 Var. 1 GG** kann sich nicht auf Art. 16a GG berufen, wer aus einem **Mitgliedstaat der Europäischen Union** eingereist ist. **430e**

Regelungstechnisch ist mit Blick auf die Drittstaatenregelung des Art. 16a Abs. 2 GG Folgendes zu beachten: Während **Art. 16a Abs. 2 S. 1 Var. 1 GG** den persönlichen Schutzbereich des Art. 16a GG **verfassungsunmittelbar** verengend definiert, wird die in Art. 16a Abs. 2 S. 1 Var. 2 GG vorgesehene Beschränkung in Bezug auf die Bestimmung anderer sicherer Drittstaaten aus Art. 16a Abs. 2 S. 2 GG ersichtlich dem einfachen Gesetzgeber überantwortet. Insofern handelt es sich bei **Art. 16a Abs. 2 S. 1 Var. 1 i.V.m. S. 2 GG** um einen **qualifizierten Gesetzesvorbehalt**, der prüfungssystematisch auf der Rechtfertigungsebene anzusprechen ist.[1009]

C. Eingriff

Das Vorliegen eines Eingriffs in den Schutzbereich des Asylrechts bestimmt sich nach den allgemeinen Regeln. Eingriffe können insbesondere alle staatlichen Maßnahmen sein, die den **Aufenthalt** des Asylsuchenden im Inland **verweigern** oder **beenden**.[1010] **430f**

D. Rechtfertigung

Neben der erwähnten Drittstaatenregelung in **Art. 16a Abs. 2 S. 1 Var. 2 GG** enthalten auch **Art. 16a Abs. 3 bis 5 GG** seit 1993 **qualifizierte Gesetzesvorbehalte**, auf deren Grundlage das Asylrecht aus 16a GG eingeschränkt werden darf. Hervorzuheben ist insoweit das Konzept **sicherer Herkunftsstaaten** nach Art. 16a Abs. 3 i.V.m. Abs. 4 GG, für die Art. 16a Abs. 3 S. 2 GG eine Vermutung für das Nichtbestehen eines Asylrechts formuliert wird und Abs. 4 die Möglichkeit einer Rechtsschutzverkürzung vorsieht. **430g**

Literaturhinweis:

Hailbronner, Asylrecht, in: Merten/Papier (Hrsg.), Handbuch der Grundrechte, Band V, 2013, § 123 (zur Vertiefung)
Papier, Asyl und Migration als Herausforderung für Staat und EU, NJW 2016, 2391 ff. (zur Vertiefung und zum unions- und völkerrechtlichen Kontext)

Wichtige Rechtsprechung:

BVerfGE 94, 49 – „Sichere Drittstaaten"
(Vereinbarkeit der Einschränkung des Asylgrundrechts durch die Drittstaatenregelung in Art. 16a Abs. 2 GG mit den Vorgaben des Art. 79 Abs. 3 GG)

1009 Vgl. ebenso *Sodan/Ziekow*, Grundkurs Öffentliches Recht, 7. Aufl. 2016, § 43 Rn. 12 (mit Fn. 38) m.w.N.
1010 Vgl. *Sodan/Ziekow*, Grundkurs Öffentliches Recht, 7. Aufl. 2016, § 43 Rn. 13.

§ 26 Rechtsweggarantie (Art. 19 Abs. 4 GG)

A. Grundsätzliches zu Art. 19 Abs. 4 GG

431 Art. 19 Abs. 4 GG ist ein **Verfahrensgrundrecht.** Es knüpft an die dem Einzelnen aus den materiellen Grundrechten, aber auch aus dem einfachen Recht erwachsenden **subjektiven Rechte** an und verbürgt, dass diese in gerichtlichen Verfahren zu tatsächlicher Wirksamkeit gelangen. Es gewährleistet damit den Rechtsweg bzw. den Gerichtsschutz als **Individualrechtsschutz** gegen Akte der öffentlichen Gewalt.[1011]

432 Art. 19 Abs. 4 GG enthält außerdem eine **institutionelle Garantie** der Gerichtsbarkeit, die in der Lage ist, den verbürgten Individualrechtsschutz gegen Akte der öffentlichen Gewalt wirksam und in angemessener Zeit zu gewähren. Wie andere Grundrechte, deren Gewährleistungsgehalt die Bereitstellung rechtlicher Einrichtungen umfasst, ist auch Art. 19 Abs. 4 GG daher ein stark **normgeprägtes** Grundrecht, da die Vorschrift einen durch Gerichtsverfassungs- und Gerichtsverfahrensgesetze ausgestalteten Rechtsweg weitgehend voraussetzt.[1012] Das **Bundesverfassungsgericht** verlangt vom Gesetzgeber insoweit eine Ausgestaltung des Rechtswegs, die dem Schutzzweck des Art. 19 Abs. 4 GG genügt und „das Ziel dieser Gewährleistung – den **wirkungsvollen** Rechtsschutz" verfolgt.[1013]

B. Sachlicher Schutzbereich

433 Gemäß Art. 19 Abs. 4 S. 1 GG steht jedem der Rechtsweg offen, der durch die öffentliche Gewalt in seinen Rechten verletzt wird.

I. Öffentliche Gewalt

434 **Öffentliche Gewalt** i.S.v. Art. 19 Abs. 4 S. 1 GG meint nach der Rechtsprechung des Bundesverfassungsgerichts nur die **vollziehende Gewalt**, also die Exekutive. Bei Rechtsverletzungen durch die gesetzgebende[1014] und die rechtsprechende[1015] Gewalt ist der Schutzbereich des Art. 19 Abs. 4 GG dagegen nicht eröffnet. Richtigerweise wer-

1011 Vgl. dazu *Papier*, Rechtsschutzgarantie, in: Isensee/Kirchhof (Hrsg.), Handbuch des Staatsrechts, Band VIII, 3. Aufl. 2010, § 177 Rn. 1 f.

1012 Vgl. BVerfGE 60, 253 (268) – „Anwaltszwang" sowie oben Rn. 312, 320 f. (zu Art. 6 GG), Rn. 350 f. (zu Art. 9 GG) und Rn. 404 f. (zu Art. 14 GG).

1013 BVerfGE 60, 253 (269) – „Anwaltszwang".

1014 Vgl. dazu BVerfGE 24, 33 (49) – „AKU-Beschluss". Vgl. kritisch zur generellen Herausnahme von Akten der Legislative aus dem Schutzbereich des Art. 19 Abs. 4 GG *Papier*, Rechtsschutzgarantie, in: Isensee/Kirchhof (Hrsg.), Handbuch des Staatsrechts, Band VIII, 3. Aufl. 2010, § 177 Rn. 40.

1015 Vgl. bereits BVerfGE 4, 74 (96) – „Ärztliches Berufsgericht" sowie ausführlich BVerfGE 107, 395 (403 ff.) – „Rechtsschutz gegen den Richter I".

den Gerichte allerdings dann der öffentlichen Gewalt i.S.v. Art. 19 Abs. 4 GG zugeordnet, „wenn sie außerhalb ihrer spruchrichterlichen Tätigkeit auf Grund eines ausdrücklich normierten **Richtervorbehalts** tätig werden", z.B. auf der Grundlage von Art. 13 Abs. 2 oder von Art. 104 Abs. 2 GG.[1016]

Nicht zu verwechseln ist die nur im Rahmen der Schutzbereichseröffnung relevante Frage der Rechtsverletzung „durch die öffentliche Gewalt" mit der Prüfung des **Eingriffs** in den Schutzbereich des Art. 19 Abs. 4 GG. Ein solcher kann freilich auch durch die rechtsprechende Gewalt erfolgen.

Dieser Begriff der öffentlichen Gewalt unterscheidet sich damit von den in Art. 1 **435**
Abs. 1 und 3 GG und Art. 20 Abs. 2 GG verwendeten Begriffen, die jeweils alle drei Gewalten umfassen. Die Gewährleistung des Art. 19 Abs. 4 S. 1 GG ist als ein **Spezialfall des allgemeinen Justizgewähranspruchs** zu verstehen, der sich aus dem Rechtsstaatsprinzip (Art. 20 Abs. 3 GG) ableiten lässt und Rechtsschutz insbesondere auch gegenüber Akten der Judikative gewährleistet, wenn fundamentale Grundlagen für die Gewähr richtiger Entscheidungen missachtet werden – etwa bei Verletzungen des Anspruchs auf rechtliches Gehör. Der allgemeine Justizgewähranspruch hat zwar als solcher unmittelbar keine Grundrechtsqualität, seine Verletzung lässt sich allerdings über Art. 2 Abs. 1 GG i.V.m. dem Rechtsstaatsprinzip rügen.[1017]

II. Rechtsverletzung

Zur Eröffnung des Schutzbereichs des Art. 19 Abs. 4 GG genügt jede **(behauptete)** **436**
objektiv rechtswidrige Beeinträchtigung eines subjektiven Rechts („in *seinen* Rechten verletzt"), gleich ob dieses subjektive Recht durch ein materielles Grundrecht verbürgt, einfachgesetzlich normiert oder nur rechtsgeschäftlich begründet ist.[1018] Erfasst sind daher in einem weiteren Sinne alle **rechtlich geschützten Interessen des Einzelnen**.[1019] Auf Art. 19 Abs. 4 S. 1 GG selbst kann freilich zur Begründung eines subjektiven Rechts nicht abgestellt werden, denn diese Vorschrift setzt ein verletztes (materielles) Recht voraus, schafft es aber nicht.[1020]

III. Offenstehen des Rechtswegs

Rechtsweg i.S.v. Art. 19 Abs. 4 S. 1 GG ist der „Weg zu einem **staatlichen Gericht**" **437**
i.S.v. **Art. 92 und 97 GG**.[1021] Gemeint ist der **repressive** Rechtsschutz, d.h. die richterli-

1016 BVerfGE 107, 395 (406) – „Rechtsschutz gegen den Richter" (ohne Hervorhebung im Original).

1017 Vgl. zum Ganzen BVerfGE 107, 395 (401 ff.) – „Rechtsschutz gegen den Richter I" sowie ausführlich *Papier*, Justizgewähranspruch, in: Isensee/Kirchhof (Hrsg.), Handbuch des Staatsrechts, Band VIII, 3. Aufl. 2010, § 176.

1018 Vgl. zu den Begriffen des subjektiven und des objektiven Rechts bereits oben Rn. 10.

1019 Vgl. *Papier*, Rechtsschutzgarantie, in: Isensee/Kirchhof (Hrsg.), Handbuch des Staatsrechts, Band VIII, 3. Aufl. 2010, § 177 Rn. 46 ff.

1020 Vgl. BVerfGE 15, 275 (281 f.) – „Rechtsweg".

1021 BVerfGE 11, 232 (233) – „Korntal".

che Kontrolle ergangener Hoheitsakte; präventive Richtervorbehalte sind zwar in der Verfassung teilweise vorgesehen (vgl. z.B. Art. 13 Abs. 2, Art. 104 Abs. 2 GG), werden aber nicht von Art. 19 Abs. 4 GG selbst gefordert.

438 Das **Offenstehen** des Rechtswegs i.S.v. Art. 19 Abs. 4 S. 1 GG bezieht sich auf die Zugänglichkeit und die Wirksamkeit des gerichtlichen Rechtsschutzes, also auf den **Zugang zum Gericht**, das **Verfahren vor dem Gericht** sowie die **Entscheidung durch das Gericht**, und zwar prinzipiell im Rahmen der gesetzlichen Ausgestaltung von Gerichtsverfassung und Gerichtsverfahren.[1022]

Hier greift wieder die **Normgeprägtheit** des Art. 19 Abs. 4 GG durch. Da nämlich die Rechtswegeröffnung notwendig einen Rechtsweg voraussetzt und an eine bestimmte normative Ausgestaltung anknüpfen muss, verfügt der Gesetzgeber grundsätzlich über einen „beträchtlichen Gestaltungsspielraum".[1023] Hier ist zu unterscheiden zwischen dem vom Gesetzgeber einfachrechtlich ausgestalteten Schutzbereich des durch Art. 19 Abs. 4 GG verbürgten **Abwehrrechts** und den von der **institutionellen Garantie** des Art. 19 Abs. 4 GG verlangten verfahrensrechtlichen Mindestanforderungen, die der Gesetzgeber bereitzustellen hat. Mit Blick auf die letztgenannte Gewährleistung verlangt das Bundesverfassungsgericht, wie schon anfangs erwähnt, zumindest eine Ausgestaltung im Sinne eines effektiven, also **wirksamen Rechtsschutzes**.[1024]

C. Eingriff

439 Ob ein Eingriff in den Schutzbereich des Art. 19 Abs. 4 GG vorliegt, bestimmt sich zunächst nach den allgemeinen Regeln. Eingriffe sind demnach potentiell **alle hoheitlichen Maßnahmen** der gesetzgebenden, vollziehenden und rechtsprechenden Gewalt (!), die dem eine **Rechtsverletzung durch die Exekutive** (!) geltend machenden Bürger den Zugang zum Gericht, das Verfahren vor dem Gericht oder die Entscheidung des Gerichts erschweren. Wegen der Normgeprägtheit des Art. 19 Abs. 4 GG kommen dabei jedoch Elemente der **gesetzgeberischen** Ausgestaltung des Rechtswegs **grundsätzlich nicht** in Betracht.[1025]

Ausnahmsweise können allerdings auch gesetzgeberische Zugangsregelungen rechtfertigungsbedürftige Beeinträchtigungen der Gewährleistungen des Art. 19 Abs. 4 GG darstellen, wenn die gesetzliche Ausgestaltung dem Schutzzweck des Art. 19 Abs. 4 GG nicht genügt und dem „Ziel dieser Gewährleistung – [dem] **wirkungsvollen** Rechtsschutz" – zuwiderläuft, insbesondere, wenn sie **„unangemessen hohe verfahrensrechtliche Hindernisse** für den Zugang zum Gericht" aufstellt[1026] oder die **richterliche Kontrolldichte unangemessen stark beschränkt**[1027]. In diesem Zusammenhang muss nicht zwingend von einem „Eingriff" gesprochen werden, da hier nicht die abwehrrechtliche Dimension, sondern die leistungsrechtliche Funktion des Art. 19 Abs. 4 GG aktiviert wird.

1022 Vgl. *Kingreen/Poscher,* Grundrechte Staatsrecht II, 33. Aufl. 2017, § 26 Rn. 1170.
1023 BVerfGE 101, 106 (123) – „Akteneinsichtsrecht".
1024 Vgl. etwa BVerfGE 84, 34 (49) – „Gerichtliche Prüfungskontrolle".
1025 Vgl. *Kingreen/Poscher,* Grundrechte Staatsrecht II, 33. Aufl. 2017, § 26 Rn. 1175.
1026 BVerfGE 60, 253 (269) – „Anwaltszwang".
1027 Siehe zur didaktischen Aufbereitung einer solchen Konstellation *Krönke*, GewArch 2017, 230 (234 f.).

D. Rechtfertigung

Die Rechtsschutzgarantie des Art. 19 Abs. 4 GG ist vorbehaltlos gewährleistet. Beschränkungen können sich daher lediglich aus kollidierendem Verfassungsrecht ergeben (sog. **verfassungsimmanente Schranken**). **440**

Literaturhinweise:

Papier, Justizgewähranspruch, in: Isensee/Kirchhof (Hrsg.), Handbuch des Staatsrechts, Band VIII, 3. Aufl. 2010, § 176 (zur Vertiefung)

ders., Rechtsschutzgarantie gegen die öffentliche Gewalt, in: Isensee/Kirchhof (Hrsg.), Handbuch des Staatsrechts, Band VIII, 3. Aufl. 2010, § 177 (zur Vertiefung)

Wichtige Rechtsprechung:

Zu B. und C. BVerfGE 107, 395 – „Rechtsschutz gegen den Richter I"
(Fehlen einer Regelung in der ZPO über eine fachgerichtliche Abhilfemöglichkeit für den Fall, dass ein Gericht den Anspruch auf rechtliches Gehör verletzt, als Verstoß gegen das Rechtsstaatsprinzip i.V.m. Art. 103 Abs. 1 GG)

§ 27 Recht auf den gesetzlichen Richter (Art. 101 Abs. 1 S. 2 GG)

A. Sachlicher Schutzbereich

441 Gemäß Art. 101 Abs. 1 S. 2 GG darf niemand seinem **gesetzlichen Richter** entzogen werden.

I. Richter

442 **Richter** i.S.v. Art. 101 Abs. 1 S. 2 GG ist jeder staatliche Richter, d.h. jeder im Einzelfall zur (Mitwirkung an der) Entscheidung berufene Richter, aber auch jedes Gericht im organisatorischen Sinne und das erkennende Gericht als Spruchkörper (Einzelrichter, Abteilung, Kammer, Senat),[1028] und zwar von der jeweils untersten Instanz bis hin zu den obersten Gerichtshöfen des Bundes (Art. 95 Abs. 1 GG) sowie zum Bundesverfassungsgericht[1029] und zum Gerichtshof der Europäischen Union[1030].

II. Gesetzlich

1. Gesetzliche Zuständigkeit des Richters

443 Der **gesetzliche** Richter ist zunächst derjenige Richter, dessen (örtliche, sachliche usw.) Zuständigkeit für den konkreten Fall sich aus einer **„normativen, abstrakt-generellen Vorherbestimmung"** ergibt.[1031] Die Verfassungsbestimmung des Art. 101 Abs. 1 S. 2 GG knüpft damit an bestehende einfachrechtliche Zuständigkeitsregelungen an, die sich aus dem Prozessrecht, namentlich aus der Anwendung des Gerichtsverfassungsgesetzes (GVG) und eines oder mehrerer anderer Prozessgesetze (z.B. ZPO, VwGO) ergeben. Das verfassungsmäßige Recht auf den gesetzlichen Richter gewährleistet insofern, dass der im Einzelfall zuständige Richter auch der „gesetzlich" zuständige Richter ist, d.h. durch die Anwendung der von vornherein geltenden, abstrakt-generellen Zuständigkeitsregelungen des einfachen Rechts ermittelt worden ist.

2. Unabhängigkeit und Unparteilichkeit des Richters

444 Daneben verbürgt Art. 101 Abs. 1 S. 2 GG nach ständiger Rechtsprechung des Bundesverfassungsgerichts außerdem das Recht auf einen Richter, der in jeder Hinsicht **„den Anforderungen des Grundgesetzes entspricht"**, insbesondere einen „Richter,

1028 Vgl. etwa BVerfGE 19, 52 (59) – „Überbesetzung".
1029 Vgl. zur Verletzung des Rechts auf den gesetzlichen Richter durch Verstoß gegen die Vorlagepflicht aus Art. 100 Abs. 1 GG jüngst BVerfG, Urt. v. 16.12.2014, 1 BvR 2142/11, juris, Rn. 66 ff.
1030 Siehe dazu BVerfGE 73, 339 (366 f.) – „Solange II".
1031 BVerfGE 95, 322 (327 f.) – „Spruchgruppen" (ohne Hervorhebung im Original). Vgl. dazu und zum Folgenden *Kingreen/Poscher*, Grundrechte Staatsrecht II, 33. Aufl. 2017, § 30 Rn. 1221 ff.

dessen **Unabhängigkeit** und **Unparteilichkeit** … gewährleistet" ist (vgl. Art. 92 und 97 GG), der also auch insofern **nicht „ungesetzlich"** ist.[1032]

B. Eingriff

Von einem Eingriff in das Recht aus Art. 101 Abs. 1 S. 2 GG geht das Grundgesetz aus, wenn jemand „seinem gesetzlichen Richter **entzogen**" wird. Ein solcher Entzug ist grundsätzlich durch jede hoheitliche Maßnahme aller drei Gewalten denkbar. **445**

Eingriffe durch die **Legislative** liegen etwa vor, wenn es „an einer **abstrakt-generellen** und **hinreichend klaren** Regelung [fehlt], aus der sich der im Einzelfall zur Entscheidung berufene Richter **möglichst eindeutig** ablesen lässt".[1033] Art. 101 Abs. 1 S. 2 GG erfordert allerdings eine Bestimmung des zur Entscheidung zuständigen Richters „anhand von **Kriterien** (…), die **subjektive Wertungen weitgehend ausschließen**".[1034] **446**

Auch Eingriffe durch die **Exekutive** sind zwar grundsätzlich möglich und bilden die historischen Wurzeln des Rechts auf den gesetzlichen Richter, welches sich ursprünglich gegen jede Art von „Kabinettsjustiz" richtete.[1035] Sie kommen praktisch allerdings kaum mehr vor. **447**

Praktisch bedeutsam sind demgegenüber Entziehungen durch die **Judikative**, da die gesetzlichen Zuständigkeitsregelungen ganz überwiegend von den Gerichten selbst angewendet werden.[1036] An sich könnte man dabei jede falsche Anwendung jener Zuständigkeitsvorschriften bereits als Eingriff in das Recht auf den gesetzlichen Richter betrachten, denn dann wurde im Einzelfall nicht derjenige Richter für zuständig erachtet, der bei korrekter Anwendung der allgemeinen Zuständigkeitsvorschriften zuständig gewesen wäre. Ein solches Verständnis würde allerdings wiederum dazu führen, dass dem Bundesverfassungsgericht die Rolle einer **Superrevisionsinstanz in Zuständigkeitsfragen** zukäme. Nach ständiger Rechtsprechung des Bundesverfassungsgerichts sind daher Maßnahmen und Entscheidungen eines Gerichts, die gegen Zuständigkeitsvorschriften verstoßen, nur dann als Eingriffe in Art. 101 Abs. 1 S. 2 GG zu bewerten, „wenn sie **willkürlich** sind".[1037] Dies gilt z.B. auch für höchstinstanzliche gerichtliche Entscheidungen, die entgegen der **Vorlagepflicht** aus **Art. 267 Abs. 3** des Vertrags über die Arbeitsweise der Europäischen Union (AEUV) von einer Anrufung des EuGH absehen; die Auslegung und Anwendung des Art. 267 Abs. 3 AEUV wie auch aller sonstigen Zuständigkeitsnormen des innerstaatlichen Rechts stellen nur **448**

1032 BVerfGE 82, 286 (298) – „Amtszeit eines Verfassungsrichters" (ohne Hervorhebungen im Original). Vgl. dazu und zum Folgenden ausführlich *Kingreen/Poscher*, Grundrechte Staatsrecht II, 33. Aufl. 2017, § 30 Rn. 1225 f.

1033 BVerfGE 95, 322 (329 f.) – „Spruchgruppen".

1034 BVerfGE 95, 322 (330) – „Spruchgruppen".

1035 BVerfGE 4, 412 (416) – „Gesetzlicher Richter".

1036 Vgl. dazu und zum Folgenden *Kingreen/Poscher*, Grundrechte Staatsrecht II, 33. Aufl. 2017, § 30 Rn. 1231.

1037 BVerfGE 3, 359 (364) – „Tatsachenfeststellungen".

dann einen Eingriff in Art. 101 Abs. 1 S. 2 GG dar, „wenn sie bei verständiger Würdigung der das Grundgesetz bestimmenden Gedanken **nicht mehr verständlich** erscheinen **und offensichtlich unhaltbar** sind".[1038]

Die sich aus Art. 101 Abs. 1 S. 2 GG ergebenden Prüfungsanforderungen mit Blick auf die **Willkürlichkeit der Vorlagepflichtverletzung (Art. 267 Abs. 3 AEUV)** sind im Einzelnen umstritten und waren eine gewisse Zeit auch von den beiden Senaten des Bundesverfassungsgerichts nicht in jeder Hinsicht einheitlich gesehen worden. Zumindest **drei anerkannte Fallgruppen** haben sich insoweit herausgebildet: Eine Willkür liegt jedenfalls vor bei (1.) einer **grundsätzlichen Verkennung der Vorlagepflicht**, bei (2.) **bewusstem Abweichen von der Rechtsprechung des EuGH** sowie bei (3.) **Nichtvorlage trotz Unvollständigkeit der Rechtsprechung des EuGH**, wobei der Anknüpfungspunkt dabei lange Zeit weniger die Handhabung des die Vorlagepflicht begründenden Art. 267 Abs. 3 AEUV als vielmehr die Auslegung der dem Rechtsstreit jeweils zugrunde liegenden materiellen Unionsrechtsnorm war.[1039] Die letztgenannte Fallgruppe („Nichtvorlage trotz Unvollständigkeit der EuGH-Rechtsprechung") birgt indes ein gewisses Streitpotential, da sie an die Auslegung des Art. 267 Abs. 3 AEUV anknüpft, die der EuGH selbst seit seiner CILFIT-Entscheidung[1040] praktiziert. Der Erste Senat des Bundesverfassungsgerichts hat die Willkürprüfung dementsprechend mittlerweile ausdrücklich (auch) **an den CILFIT-Kriterien des EuGH ausgerichtet**.[1041] Nachdem der Zweite Senat diese Ausrichtung zunächst nicht mittragen und seine Prüfung weiterhin am materiellen Unionsrecht orientieren wollte,[1042] schwenkte er Anfang 2014 (zumindest stillschweigend) auf die Linie des Ersten Senats um und knüpft bei der Prüfung der Willkürlichkeit seither ebenfalls an die Handhabung des Art. 267 Abs. 3 AEUV an.[1043] Vor dem Hintergrund des Art. 19 Abs. 1 UAbs. 2 EUV, der die Schaffung von Rechtsbehelfen zur Gewährleistung wirksamen Rechtsschutzes im Anwendungsbereich des Unionsrechts gebietet, erscheint es sehr sinnvoll, sich bei der Handhabung des Willkürmaßstabs nach Art. 101 Abs. 1 S. 2 GG an der Rechtsprechung des EuGH zu Art. 267 Abs. 3 AEUV zu orientieren.[1044]

C. Rechtfertigung

449 Das Recht aus Art. 101 Abs. 1 S. 2 GG ist vorbehaltlos gewährleistet. Eine Rechtfertigung von Beschränkungen aufgrund kollidierenden Verfassungsrechts ist kaum denkbar; bereits die Möglichkeit einer Rechtfertigung von Eingriffen in das Recht aus Art. 101 Abs. 1 S. 2 GG wird daher i.a.R. verneint.[1045]

Literaturhinweise:

Kingreen/Poscher, Grundrechte Staatsrecht II, 33. Aufl. 2017, § 30 Rn. 1219 ff.
Degenhart, Gerichtsorganisation, in: Isensee/Kirchhof (Hrsg.), Handbuch des Staatsrechts, Band V, 3. Aufl. 2007, § 114 Rn. 33 ff. (zur Vertiefung)

1038 BVerfGE 126, 286 (315) – „Honeywell" (ohne Hervorhebungen im Original). Vgl. grundlegend BVerfGE 73, 339 (366) – „Solange II".
1039 Vgl. dazu und zum Folgenden eingehend *Schröder*, EuR 2011, 808 (814).
1040 Vgl. grundlegend EuGH, Rs. 283/81, Slg. 1982, 3415 – „CILFIT".
1041 Vgl. BVerfG NJW 2010, 1268 (1269); NJW 2011, 288 (288 f.).
1042 Vgl. dezidiert BVerfGE 126, 286 (316) – „Honeywell".
1043 Vgl. BVerfGE 135, 155 (233) – „Filmabgabe". Siehe zum Ganzen eingehend *Wolff*, AöR 141 (2016), 40 (41 ff.).
1044 Vgl. überzeugend *Schröder*, EuR 2011, 808 (826 f.).
1045 Vgl. *Sodan/Ziekow*, Grundkurs Öffentliches Recht, 7. Aufl. 2016, § 49 Rn. 4b m.w.N.

§ 28 Anspruch auf rechtliches Gehör (Art. 103 Abs. 1 GG)

A. Sachlicher Schutzbereich

Gemäß Art. 103 Abs. 1 GG hat jedermann vor Gericht Anspruch auf rechtliches Gehör. **450**

I. Rechtliches Gehör

Anspruch auf rechtliches Gehör bezeichnet das Recht eines „an einem gerichtlichen Verfahren Beteiligten", „im Verfahren zu Wort zu kommen, namentlich sich zu dem einer gerichtlichen Entscheidung zugrunde liegenden **Sachverhalt** und zur **Rechtslage** zu **äußern**".[1046] In Literatur[1047] und Rechtsprechung[1048] werden **drei Verwirklichungsstufen** des Anspruchs auf rechtliches Gehör unterschieden: **451**

- Die wirksame Wahrnehmung des Anhörungsrechts setzt zunächst ausreichende **Informationen** über die Einleitung, den Inhalt und den derzeitigen Stand des Verfahrens voraus. Verbürgt sind daher z.B. „gerichtliche **Hinweise** oder **Mitteilungen** – etwa über den Eingang von Schriftsätzen, die Beiziehung von Akten oder die Durchführung einer Beweisaufnahme"[1049] – sowie ein Recht auf **Akteneinsicht**[1050].
- Art. 103 Abs. 1 GG gewährleistet in seinem Kern als **Äußerungsrecht** die Möglichkeit, zumindest schriftliche **Ausführungen zu Tatsachen- und Rechtsfragen** zu machen, die nach dem jeweiligen Verfahrensstand – und nach der Rechtsauffassung des Gerichts – „für die spätere Entscheidung möglicherweise erheblich sein können".[1051]
- Art. 103 Abs. 1 GG legt dem Gericht schließlich eine **Beachtungspflicht** auf, welche es gebietet, „die Ausführungen der Prozessbeteiligten **zur Kenntnis zu nehmen** und **in Erwägung zu ziehen**". Kenntnisnahme setzt dabei freilich die Gegenwart, Aufnahmefähigkeit und Aufnahmebereitschaft der Richter voraus – an der es z.B. fehlt, wenn der Richter während der mündlichen Verhandlung schläft.[1052] **Keine** Verletzung des rechtlichen Gehörs liegt selbstverständlich vor, wenn das Gericht einer von einem Verfahrensbeteiligten geäußerten **Rechtsauffassung** nicht folgt und daher z.B. bestimmte Beweisvorbringen, die nach der richterlichen Rechtsauffassung nicht entscheidungserheblich sind, unberücksichtigt lässt.

1046 BVerfGE 64, 135 (143) (ohne Hervorhebungen im Original).

1047 Vgl. ausführlich *Remmert*, in: Maunz/Dürig, GG Kommentar, 78. EL 2016, Art. 103 Abs. 1 Rn. 62 ff.

1048 Vgl. etwa BVerfGE 64, 135 (143 ff.).

1049 BVerfGE 64, 135 (144) (ohne Hervorhebungen im Original).

1050 Vgl. dazu etwa BVerfGE 18, 399 (405).

1051 *Remmert*, in: Maunz/Dürig, GG Kommentar, 78. EL 2016, Art. 103 Abs. 1 Rn. 76.

1052 Vgl. zur Problematik des „schlafenden Richters" BVerwG NJW 1986, 2721 (2721 f.).

II. Vor Gericht

452 Unter Gerichten i.S.v. Art. 103 Abs. 1 GG sind – in Anknüpfung an Art. 92, 97 GG – nur **staatliche Gerichte** zu verstehen. **Nicht** von Art. 103 Abs. 1 GG geschützt sind daher zum einen Verfahrensbeteiligte vor Schieds-, Vereins- und Verbandsgerichten usw. sowie Beteiligte in Verwaltungsverfahren oder in Verfahren vor dem Rechtspfleger.[1053] Ein Anhörungsrecht kann in den letztgenannten Fällen allerdings aus dem Rechtsstaatsprinzip bzw. aus den jeweils betroffenen materiellen Grundrechten folgen.

B. Eingriff

453 Ob ein Eingriff in den Schutzbereich des Art. 103 Abs. 1 GG vorliegt, bestimmt sich nach den allgemeinen Regeln.

C. Rechtfertigung

454 Mangels ausdrücklicher Schrankenbestimmungen können Eingriffe in das Recht aus Art. 103 Abs. 1 GG grundsätzlich nur durch **kollidierendes Verfassungsrecht** gerechtfertigt werden, etwa durch den Grundsatz der Rechtssicherheit oder die Funktionsfähigkeit der Rechtspflege. Zumeist wird in solchen Fällen aber bereits der Schutzbereich des Art. 103 Abs. 1 GG einschränkend ausgelegt.[1054]

Literaturhinweise:

Kingreen/Poscher, Grundrechte Staatsrecht II, 33. Aufl. 2017, § 31 Rn. 1238 ff.
Knemeyer, Rechtliches Gehör im Gerichtsverfahren, in: Isensee/Kirchhof (Hrsg.), Handbuch des Staatsrechts, Band VIII, 3. Aufl. 2010, § 178 (zur Vertiefung)

1053 Vgl. BVerfGE 101, 397 (404) – „Kontrolle des Rechtspflegers".
1054 Vgl. ebenso *Kingreen/Poscher,* Grundrechte Staatsrecht II, 33. Aufl. 2017, § 31 Rn. 1246.

Stichwortverzeichnis

Die Zahlen verweisen auf die Randnummern.